“十二五”职业教育国家规划教材
经全国职业教育教材审定委员会审定
21世纪高等职业教育文秘类精品教材——任务驱动与项目导向系列

秘书礼仪实务

（第3版）

王　芬　主　编
郭　纹　龙新辉　周　颖　副主编

電子工業出版社
Publishing House of Electronics Industry
北京 • BEIJING

内容简介

本书针对商务秘书日常工作中常用礼仪礼节进行指导和训练，旨在加强和提高秘书的职业素养。创设仿真办公室秘书工作情境，以职业行为导向理念设计一个个具体的工作任务，在实践操作中解决一个个礼仪问题。本书内容主要包括礼仪认知、职业形象礼仪、接待礼仪、办公室礼仪、商务酬宾礼仪、差旅礼仪、商务活动主持礼仪、涉外礼仪与礼俗共 8 个模块 27 个单元，同时辅以大量情景训练、案例分析、图片展示，并免费提供丰富、完整的配套数字化教学资源。

本书既可作为高职高专文秘专业礼仪教学用书，也可作为商务人士职场礼仪实践指导书籍或培训教材。

图书在版编目（CIP）数据

秘书礼仪实务 / 王芬主编. —3 版. —北京：电子工业出版社，2020.3
ISBN 978-7-121-37720-4

Ⅰ. ①秘…　Ⅱ. ①王…　Ⅲ. ①秘书－礼仪－高等职业教育－教材　Ⅳ. ①C931.46

中国版本图书馆 CIP 数据核字（2019）第 237655 号

责任编辑：贾瑞敏　　文字编辑：张　京
印　　刷：固安县铭成印刷有限公司
装　　订：固安县铭成印刷有限公司
出版发行：电子工业出版社
　　　　　北京市海淀区万寿路 173 信箱　邮编：100036
开　　本：787×1 092　1/16　印张：16.25　字数：416 千字
版　　次：2009 年 2 月第 1 版
　　　　　2020 年 3 月第 3 版
印　　次：2026 年 1 月第 12 次印刷
定　　价：52.00 元

凡所购买电子工业出版社图书有缺损问题，请向购买书店调换。若书店售缺，请与本社发行部联系，联系及邮购电话：（010）88254888，88258888。

质量投诉请发邮件至 zlts@phei.com.cn，盗版侵权举报请发邮件至 dbqq@phei.com.cn。

本书咨询联系方式：（010）88254019，jrm@phei.com.cn。

前　言

本书以国家职业标准为依据，以培养技术应用能力为主线，全面设计学生的知识、职业能力和培养方案，以“实用、适用、够用”为原则，从职业分析入手，根据职业岗位所需的知识来确定具体内容。在理论知识适度的前提下，力争实现理论与实践相结合、知识与应用相统一，从而达到高等职业教育的教学目标。本书知识阐述部分力求简洁，注重使用图表展示内容，方便易学。

本书以项目任务带动理论知识，使高等职业院校的学生在职业行为导向带动下提高并增加商务人员应具备的职业能力。通过“情景导入、项目任务、任务分析、相关知识、实践训练、知识小结”这“六步走”的新式体例，使礼仪应用与秘书工作有机融合。特别在“附录 D”中通过辅助的“活页式”的“秘书礼仪实训项目单”，对每个项目任务的实施情况都提出鉴定方式与考核标准，真正做到“做有目标，查有依据”。此外，每一模块中的“温馨提示”“小锦囊”和“附录 B”“附录 C”又成为拓展阅读、拔高练习的重要一环，从而使“教”与“学”层层递进、“用”与“做”步步加强。建议教师以班为单位设立虚拟商业活动的各种情景，通过听、看、做、练等训练环节，强化学生仪表、言谈举止，从而使商务服务更加职业和规范。

本书由王芬任主编，并提出编写思路及统稿；由郭纹、龙新辉、周颖任副主编。模块 1 由太原旅游职业学院周颖编写；模块 2 由山西煤炭管理干部学院郭纹编写；模块 3 和模块 4 的第 1、2、4 单元及模块 5 由长沙民政职业技术学院王芬编写；模块 4 的第 3 单元、模块六由佛山市顺德区万家乐物业管理有限公司办公室主任孙向杰编写；模块 7 由湖南大众传媒职业技术学院罗赛清编写；模块 8 由长沙民政职业技术学院汪念明编写；由长沙民政职业技术学院龙新辉负责对全书进行审稿；湖南机电职业技术学院何月珍与企业对接、调研，负责部分教学案例的更新。

在编写过程中，我们参考了大量礼仪方面的书籍及相关资料，也到许多企业进行调研走访，获得大量案例，得到了许多领导和同人的关心和指导。尤其是天津公安警官职业学院的马世君老师、内蒙古大学的韩冬老师提供了较多的资料与教学案例；湖南通程商业集团的行政部经理艾恋颖、人力资源部经理李敏等都给予了一定的帮助与指导。在此谨向有关人员表示衷心的感谢！

由于缺乏经验，本书难免存在某些缺点和不足，在此，恳请广大读者提出宝贵意见和建议，以便今后修订完善。

编　者

引言

本书背景与项目案例情境

背景描述：

星盛商业集团（虚拟）系一大型商业连锁企业，总部设于湖南省长沙市。该公司旗下拥有星盛商城等10家分公司（具体见“公司结构图”），业务遍及全国各地，经营项目以百货连锁、酒店服务、房地产及商业贸易为主，还涉及商业物流、电子通信、汽车贸易及服装贸易。

公司结构图：

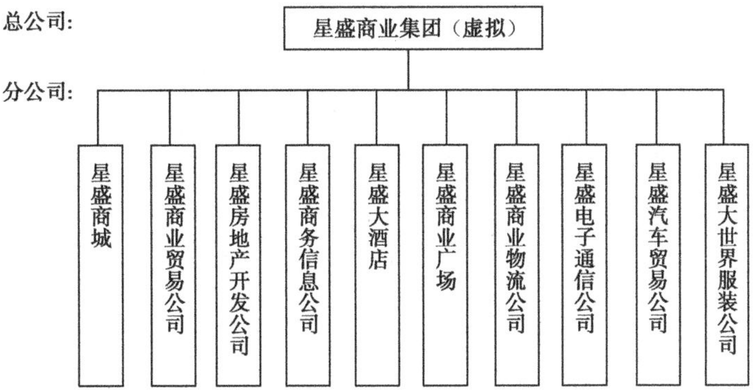

书中主人公：

王皓宇：男，48岁，星盛商业集团总裁。

欧阳毅：男，46岁，星盛商业集团总经理。

赵建中：男，39岁，总经理办公室主任。他为人平和，处事经验丰富，重视和关心年轻人的成长，注重商务人员的外在形象和内在素质。

周　洁：女，35岁，总经理办公室资深秘书。

吴诗怡：女，22岁，大学毕业后刚刚踏上工作岗位的总经理办公室秘书。

张　华：男，21岁，总经理办公室实习文秘专业学生。

杭　帆：女，24岁，星盛商城总经理办公室秘书。

曹　凡：男，28岁，星盛商业贸易公司业务部经理。

龚成博：男，26岁，星盛商业贸易公司公关部部长。

柳敏郁：男，25岁，星盛商业贸易公司干事。

苏　绮：女，23岁，星盛房地产开发公司总经理助理。

白　琳：女，24岁，星盛房地产开发公司销售部秘书。

王建新：男，32岁，星盛商务信息公司总经理。

孙　卓：男，31岁，星盛商务信息公司副总经理。

郑　晨：男，30岁，星盛商务信息公司办公室主任。

尹　琼：女，26岁，星盛商务信息公司总经理办公室秘书。

郑　重：男，28岁，星盛大酒店总经理办公室主任。

沈唯音：女，26岁，星盛大酒店总经理办公室秘书。

唐玉涵：女，24岁，星盛商业广场总经理办公室秘书。

任明纹：女，23 岁，星盛商业物流公司办公室秘书。
江顾湘：男，35 岁，星盛电子通信公司总经理。
郑星怡：女，27 岁，星盛电子通信公司公关部部长。
童　彤：女，24 岁，星盛电子通信公司秘书。
王进春：男，36 岁，星盛汽车贸易公司总经理。
罗正阳：男，32 岁，星盛汽车贸易公司办公室主任。
聂　晶：女，25 岁，星盛汽车贸易公司行政助理。
单晓斌：男，24 岁，星盛汽车贸易公司秘书。
张　蓉：女，24 岁，星盛大世界服装公司秘书。

目　　录

模块1 礼仪认知

习训目标

知识学习目标：

- 了解礼仪的概念、特征及发展。
- 掌握商务礼仪的特征、原则及商务人士礼仪素质的培养。

能力培养目标：

- 树立秘书礼仪意识，培养规范行为。

素质拓展目标：

- 培养学生把商务秘书礼仪的相关知识运用到实际生活、学习中的良好习惯，以适应今后商务工作需要，提高自身的综合素养。

第1单元　秘书礼仪认知

情景导入

星盛商城是星盛商业集团旗下的子公司。它是长沙的一家大型商业零售企业，其销售额一直在全省大型商场中位居前列。商城总经理办公室秘书杭帆在办公室工作了三年，她很努力，一方面如饥似渴地学习商业知识，熟悉营销业务；另一方面又满怀热情地投入工作，因而深得总经理的赏识。在不久前，她被提拔为总经理助理，以下是杭帆所经历的一天。

6月16日清晨，一阵急促的闹铃声打破了杭帆的梦境，此时，距离上班时间还有一个半小时。今天是商城在成功开办五个连锁店后，第六个连锁店——某市朝阳大厦与星盛商城签约的日子。作为总经理助理，杭帆必须提前赶到办公室，为即将举行的签约仪式做好各项准备工作。她精心地打扮了一下自己，把柔顺的长发盘好，化了淡妆，穿上西服套裙，看上去端庄得体大方，充满自信。于是，她出发了。

7:00来到办公室后，杭帆像往日一样，首先把办公室整理了一遍，喷了一点空气清新剂，让人一走进办公室便有一种清新舒爽的感觉，再给欧阳毅总经理泡好茶，然后打开电脑开始了准备工作。8:00左右，欧阳毅总经理来到办公室。杭帆微笑地问候："欧总，早上好！"（员工们习惯把欧阳总经理尊称为欧总）再把当天签约仪式的程序和讲话稿及当天的工作日志双手呈给了总经理。随后，杭帆立即赶往商城，去检查会场布置和接待工作是否已安排妥当。虽然杭帆在赶时间，但她抬头挺胸，步履坚定，显得沉稳自信。

8:20，杭帆赶到商城四楼会议室。因为上级有关领导和来宾一行人在参观完商场后，要到四楼会议室小憩片刻，而且客人中有省政府、省商务厅有关部门的领导，报社和电视台的新闻记者也要来采访，所以接待得如何直接关系到商城的形象。杭帆必须在他们到达之前，认真落实和检查以下工作：①会标是否悬挂好；②席卡是否按职务高低次序摆好；③茶盘及茶点是否摆好；④音响设备是否正常；⑤礼仪接待是否就绪；⑥新闻单位记者是否到齐。在策划部工作人员及其他人员的协助下，9:00 以前准备工作终于就绪。随后，杭帆又安排两位礼仪小姐在会议室负责接待，并通知相关人员和乐队到大门口迎接来宾。这期间，杭帆一直面带微笑，在与同事交谈时目光平视、亲切和蔼、吐字清晰、说话不缓不急、条理分明，显得沉着大方又聪慧干练。

9:20，在悠扬的乐曲声中，来宾们走进商城的营业大厅。在商城董事长、总经理等人的陪同下，来宾们逐层参观。参观完毕后，已是 10:20，来宾们又在总经理的陪同下前往某星级宾馆举行签约仪式。杭帆比他们提前 15 分钟赶到了宾馆，尽管前一天下午就已经和秘书黄芳一起做好了签约仪式的一切准备工作，但她还是有点不放心，提前到是为了再做一次检查。当时针指向 11:00 时，签约仪式的最后一道程序结束了，双方签字人热烈握手，并相互祝贺。此时，杭帆的心才完全放下来，这个月的一件大事终于圆满结束了。

午宴中，双方总经理互相道贺，杭帆也向朝阳大厦孙宏总经理敬酒。几句祝酒词使对方听后非常高兴，特意回敬了杭帆一杯酒。这时，站在杭帆身边的欧总说道：“这次仪式能够如此顺利圆满，杭助理出了不少力啊！”孙总经理也赞同地点头道：“年轻人，前途无量啊！”听了两位总经理的夸奖，杭帆连声道谢。

午宴结束后，杭帆赶到商城办公室，已经是下午 2:30 了，正好是上班时间。她刚进办公室就有两位顾客拎了一双鞋子来找总经理讨说法。处理过太多投诉的杭帆早已处变不惊；请两位顾客坐下后，杭帆又招呼秘书为她们每人递上一杯热腾腾的茶水。年轻的女顾客开始发话：“5 月 16 日，我在你们商城为我母亲买了双皮鞋，谁知才穿了一个月，后跟就脱胶了。我母亲 60 多岁了，平时穿鞋很爱惜，所以我认为这鞋的质量有问题，希望调换或者退款。可是二楼鞋帽部负责人的答复和处理不能使我们满意，我们要求总经理给个说法。”尽管一旁有别人谈话的干扰，但杭帆一直面带笑意，集中注意力倾听她们的陈述。了解过事情的原委后，她客气地答道：“今天总经理不在，我代表他处理这件事。首先，我代表商城向你们道歉！你们有什么要求，我们会尽量满足你们的！”然后，她引导两位女顾客，来到二楼的鞋帽部调换其他款式的鞋子，并适时介绍一些品牌及护理的方法。两位顾客非常感动，最后满意而归。

杭帆再回到办公室时，已是下午 3:00 了。在这个空当，她抓紧时间电话通知相关人员，召开了一个采购办公设备的协调会，把草拟好的采购方案拿到会上讨论通过后，交由采购部门去采购。之后，她又打开电子邮箱，看到美国某著名品牌超市发来了一封邀请函，欢迎星盛商城的领导到美国去考察，并提出拟在长沙合作经营一个新卖场的想法。杭帆赶紧把相关内容打印出来，交给欧总。欧总得知此事非常兴奋，说道：“无论能否合作成功，我们都应该走出去，学习一下国外先进的经营理念。”这句话使杭帆联想到近一段时间她曾经陪同欧总去过全国几个大城市参观考察，收获确实不小。而且，由于每一次外出时杭帆都认真细致、周到具体地做好各项繁杂的准备工作，使欧总感觉轻松很多，因此也愿意让杭帆随行。不知这次出国能否让她随行，这个机会太难得了，她心里不禁这样想到。

当杭帆回到办公室时已是下午4:30了。这时，电话铃响了，杭帆依然在铃响第二声后拿起电话并问候对方。这是一位客户打过来的咨询电话，说是本市百货大楼为庆祝建店十周年，所有商品将大幅优惠出售，问星盛商城是否有打折的意向，杭帆礼貌而客气地回复了对方后，立即又向总经理做了汇报。总经理便指示她马上通知各营业部经理到四楼会议室开会，商量对策。会议一直开到下班时间，他要求部门经理马上通知各柜台组长带人到市百货大楼采价，然后确定本商城同类商品的价格，并下令晚上加班把优惠价签附在原价之下。会议结束后，已是晚上7:45了。

当杭帆带着几分倦意走出商城时，市中心的钟楼传来了八下钟声。

项目任务

读了这篇文章后，你有何感想？

商务工作离不开与人打交道，要想做得好，秘书应该具备怎样的礼仪素养？这些礼仪素养与秘书工作有何关系？

任务分析

杭帆的一天让人深刻地感受到：秘书工作是繁忙、琐碎和辛苦的，但也是非常重要的。哪一个环节没有处理得当，都可能影响组织的形象和声誉。

“我不仅仅是我，我就是公司的形象代言人”，这是对秘书工作重要性的最好诠释，每个秘书都必须外塑形象、内炼修为。既要重视秘书的良好职业形象的塑造，又要加强秘书的职业意识，还要重视秘书的内涵建设、提高个人修养，只有这样才能成为一名优秀的秘书。

相关知识

我国素以“礼仪之邦”著称于世。源远流长的礼仪文化是先人留下的一笔宝贵财富。礼仪使我们的生活更有秩序，使人际关系更为和谐。随着我国经济的迅速发展，掌握并运用好商务活动中的礼仪规范，正日益成为现代企业竞争取胜的一个重要法宝。

在商务活动中，赢得别人的尊重和好感是非常重要的，它会带来许多商机。谁愿意与一个举止粗鲁、不讲礼貌的人谈生意呢？谁会相信一个不懂规矩的人能讲诚信呢？“三秒定乾坤”的说法固然夸张，但初次与人打交道，良好的礼仪修养是今后交往顺利进行的前提和基础，这是毫无疑问的。

1. 礼仪的含义

礼仪的含义是什么？礼仪是礼节、仪式的统称。它是由一系列具体的表现礼貌的礼节或仪式所构成的，是人们在社会交往过程中所共同遵守的行为举止规范。礼节是指人们在交往中使用的表示友好的具体的行为举止，如握手、介绍等。仪式是指在正式场合有固定程序的一整套礼节，如庆典仪式、签约仪式、剪彩仪式等。

2. 礼仪的特点

作为一门专门研究人的交际行为规范的学科，礼仪与其他学科相比有其独具的特征，这主要表现在其规范性、差异性、变化性、可操作性四个方面。

（1）规范性。

礼仪是在社会实践中，特别是人际交往的实践中所形成的待人接物的行为规范，这种规范是约定俗成的。就像使用不同语言的人为了沟通和理解，必须寻求一种共同的语言一样，人们也需要大家都认可的表示敬人和自尊的礼仪。这种礼仪约束着人们在一切交际场合的言辞话语、行为举止，使之合乎礼仪，从而减少摩擦、增进感情。任何不符合这种规范的做法都被视为无礼。例如，握手时人们都用右手，如果有人改用左手，除非他是右手残疾，否则很可能会被看作有意侮辱对方的意思。因此，任何人要想在交际场合表现得合乎礼仪、彬彬有礼，都必须无条件地遵守礼仪。

（2）差异性。

不同国家、不同民族都有自己独特的礼仪，即使同一民族，礼仪也因地域不同或信仰不同而存在差异。“十里不同风，百里不同俗”就充分说明了这种现象。例如，不同民族的见面礼就各不相同，有的是握手礼，有的是鞠躬礼，有的是合十礼，甚至毛利人用的是碰鼻礼。礼仪的差异性与规范性并不矛盾，在一定地域、民族或行业内，人们的举止总是相对规范的，而和其他地域、民族、行业有所差异。

（3）变化性。

礼仪是社会发展的产物，具有鲜明的时代特点。它会随着人们生活的不断变化而变化。变化性体现在两个方面：纵向看，礼仪的变化趋势越来越简约务实，如我国清代繁杂的跪拜礼已经消亡了，现代流行的是简约的握手礼；横向看，各国、各地、各民族的交往日趋频繁，不同的礼仪相互影响、相互渗透，也会造成礼仪的变化。

（4）可操作性。

礼仪来源于社会实践，又直接为社会实践服务。规则简明、实用可行、易学易会、便于操作、切实有效是礼仪的一大特点。作为职业人士，应在工作中始终展示自己的职业素养、专业精神，应当着装庄重规范，举止大方得体，言谈文雅有礼。礼仪既有总体上的礼仪原则、礼仪规范，又在具体的细节上有一系列的方式、方法，仔细周详地对礼仪原则、礼仪规范加以贯彻，把它们落到实处，使之“言之有物”“行之有礼”，不崇尚空谈，便于操作。

3. 商务秘书礼仪的特点

商务秘书礼仪是礼仪的一个分支，它与其他礼仪有共同之处，也有商务活动的独特之处。商务秘书礼仪主要有以下两个方面的特点。

（1）根据职务、身份确定礼仪次序。

商界与政界、外交界一样，非常讲究身份、地位。次序是体现礼仪的一个重要方面，社交礼仪中常讲的女士优先原则，在商务活动中则强调人的职务、身份。首先是以职务高者为尊，尊者优先，其次才是以客为先、长者为先、女士优先。可见，性别差异在商务活动中不起主要作用。

（2）体现组织意志、组织文化。

在商务活动中，不管个人的言行举止是否符合礼仪，都不被客户视为个人行为，而是代表所在组织。“我不仅仅是我，我就是公司的形象代言人！”这句话若能成为每一个员工心中的信念，其工作形象、工作效率则是显而易见的。因此，凡是管理有方的公司，会通过各种规范化的礼仪训练，激发员工对组织的自豪感，增强组织的凝聚力、向心力。例如，松下公司创作了自己的“松下之歌”“松下社训”，每天早晨8:00，遍布各地的松下企业员工一起高唱松下歌曲，使每一名员工都以自己是松下的员工而感到光荣。目前，我国的许多企业通过统一企业标志、统一企业服装等，塑造组织统一的社会形象，也使员工自觉地维护组织的形象。组织通过开业庆典、周年纪念、表彰大会等仪式，激发员工对本组织的了解、爱戴，加深感情，增强组织的凝聚力和向心力。可见，礼仪在塑造组织形象中的作用是十分巨大的。

4. 商务秘书礼仪的原则

商务秘书应该在日常工作中学习礼仪、应用礼仪，遵守礼仪的以下原则。

（1）平等适度原则。

礼仪的核心是平等，不能因为交往对象之间身份、年龄、性别、种族、财富等不同而厚此薄彼。它包括在礼仪活动中注重“礼尚往来”，如一方对另一方礼数应有对等的反应，表现为回答对方的致敬或致礼、答谢对方的宴请等；另外，在礼仪活动中，要注重平衡，如在签订条约协定时，应遵守“轮换制”，即每个缔约国在其保存的一份文本上名列首位，由它的代表在这份文本上签字。这种平衡的做法体现的就是平等原则。

所谓适度，就是针对具体情况，认真得体，掌握分寸，恰到好处，恰如其分。在商务交往中，要把握与特定环境相适应的人们彼此之间的感情尺度，要注意技巧，合乎规范。礼仪规格要与受礼者的身份相对应。例如接待规格，对方是总经理出面，我方也应是总经理出面；对方是主任出面，我方也应由主任出面。要自尊但不要自负，要坦诚但不要粗鲁，要信人但不要轻信人，要活泼但不要轻浮。

（2）敬人自律原则。

敬人原则是在交际活动中，与交往对象既要相互尊敬、和睦共处，又要尊重交往对象的人格，尊重交往对象的劳动、感情和喜好。只有这样，才能让对方感受到自己的敬意、友好和自己良好的修养和素质，自己也才能得到对方的真诚回报。

自律是礼仪规范中对待个人的要求，也是礼仪的基础和出发点。讲究礼仪，最重要的就是自我要求、自我控制、自我约束、自我对照、自我反省，达到“文质彬彬，然后君子”的境界。

（3）宽容待人原则。

宽容是一种较高的礼仪境界。人们在商务交往中应严于律己，更要宽以待人。站在对方的立场去考虑一切是制胜的法宝。要多容忍他人，多体谅他人，多理解他人，千万不要求全责备，斤斤计较，过分苛求，咄咄逼人。要能够容纳不同观点、不同看法、不同行为，应该求同存异。宽容待人，尊重他人的选择。

（4）入乡随俗原则。

常言道：“十里不同风，百里不同俗。”由于国情、民族、文化背景不同，不同的人之间存在差异是不可避免的。尊重对方所特有习俗，易于增进双方的相互理解和沟通，有助于表达亲善友好之意。应坚持入国问禁、入乡随俗、入门问讳，与绝大多数人的习惯保持一致。既不能少见多怪、妄加非议，又不能目中无人、唯我独尊；否则将无法与他人和谐相处，更无法与他人愉快合作。

实践训练

1. 情景训练

【情景 1】××专业××班的张小惠因有急事，没有来得及办理请假手续就离开了学校。这时，正碰上学校对各班的出勤情况进行大检查。同班的李勤特意到系办向相关教师说明了张小惠的特殊情况，使张小惠免受了批评，但系里要求张小惠回来后立即补办请假手续。张小惠回来以后，对李勤……

实训要求：

（1）讨论：张小惠应该对李勤表达自己怎样的心情。

（2）分组训练：三人一组，一人扮演张小惠，一人扮演李勤，一人扮演办公室里的老师。

（3）规范地演示这个过程。

【情景 2】王欣然因为对上学期英语成绩不及格感到不相信，想到××系办公室查询。她来到系办门前……

实训要求：

（1）讨论：从语言表达和行为举止两个方面讨论，王欣然应该如何完成咨询事宜。

（2）分组训练：两人一组，一人扮演王欣然，一人扮演办公室里的老师。

（3）规范地演示这个过程。

2. 综合训练

【案例分析】

周先生要聘用一个没带任何介绍信的小伙子到他的办公室做事，周先生的朋友宋先生感到奇怪。周先生说："其实，他带来了不止一封介绍信。你看，他在进门前先蹭掉脚上的泥土，进门后又先脱帽，随手关上了门，这说明他很懂礼貌，做事很仔细；当看到那位残疾老人时，他立即起身让座，这表明他心地善良，知道体贴别人；那本书是我故意放在地上的，所有的应试者都不屑一顾，只有他俯身捡起，放在桌上；当我和他交谈时，我发现他衣着整洁，头发梳得整整齐齐，指甲修得干干净净，谈吐温文尔雅，思维十分敏捷。怎么，难道你不认为这些细节是极好的介绍信吗？"

实训要求：

（1）请谈谈看完这则案例后，你有什么感想。

（2）先讨论，再发表看法。

【综合情景训练】

上了电梯，我站在四个陌生人的身后。看他们的衣着和言谈，很容易判断出四个人的组合模式是：两个是总公司的高层领导，一个是分公司领导，而另一个是女秘书。

这个分公司领导模样的人衣着笔挺，身穿收腰身藏青色西装上衣和米色长裤，风衣搭在小臂上。他说着地道的上海话和流利的英语，分别与其他三人低语。我默默看在眼里，有这样一群在被外来文化同化的过程中成长起来的上海人，他们早就不是我们这座城市的异类了。

他们的楼层到了，电梯门打开。那位分公司领导模样的人，立刻很有风度地伸出手去，用自己的胳膊挡住门，好让他的上司先出去，不被门夹到。可是他竟然把他的女同事落在了后面，她险些撞到门上，幸好反应敏捷，飞快地闪了出去，她“啊哟”的惊呼声从即将关合的门的缝隙中飘进了我的耳朵。

当我走入自己的办公室脱下外套的时候，我发现原先挂外套的位置已经被另一件衣服抢占了。那是件咖啡色呢料男式长大衣，式样似乎已经过时，比较难看，想不起来曾经见谁穿过，因而也就猜不出是谁的。于是，我有些不高兴，以为是哪位同事要抢我的风水宝地。思量中，还是把外套挂了上去，靠在那件陌生大衣的外面。后来才知道，那件大衣属于一位从总公司过来短期出差的人，大家叫他小王。他后来也感觉到自己不小心占用了别人的地方。以后，他总是小心翼翼地把我的衣服拿下来，把自己的挂进去，再把我的重新挂到上面，然后，还仔细地整理一下我的衣领，却不在意自己的衣领被压倒。我坐在远处，偷偷看他做这些事情，慢慢地就对他尊敬了起来。他走的那天，和大家道别，就穿着那件我一度认为过时而难看的大衣，大衣居然被他穿得很有型，绝对是下一年的时尚款式。

实训要求：

（1）实操训练：六人一组，分别演示“我”、电梯中的四个人及办公室中的小王。

（2）小组讨论：电梯一幕和办公室一幕分别给人什么不同的感觉，为什么？

第2单元　商务秘书礼仪素质的培养

情景导入

风景秀丽的某海滨城市的中正大街，高耸着一座宏伟建筑，楼顶上“星盛商业集团星盛贸易公司”几个大字格外醒目。某照明器材厂的业务员梁先生按照计划，手拿企业新设计的照明器样品，兴冲冲地爬上六楼，脸上的汗珠未及擦拭，便直接走进了业务部曹凡经理的办公室，正在处理业务的曹经理被吓了一跳。“对不起，这是我们单位开发设计的新产品，请您过目”，梁先生说。曹经理停下手中的工作，接过梁先生递过的照明器，随口赞道：“好漂亮啊！”并请梁先生坐下，倒了一杯茶递给他，然后拿起照明器仔细研究起来。梁先生看到曹经理对新产品如此感兴趣，如释重负，便往沙发上一靠，跷起二郎腿，一边吸烟一边悠闲地环视着曹经理的办公室。当曹经理问他电源开关为什么装在这个位置时，梁先生习惯性地用手搔了搔头皮。这是他多年的习惯，每当别人问他问题，他就会不自觉地用手去搔头皮。虽然梁先生做了较详尽的解释，曹经理还是有点半信半疑。谈到价格时，曹经理强调：“这个价格比我们的预算高出很多，能否再降低一些？”梁先生回答：“我们经理说了，这是最低价格，一分也不能少了。”曹经理沉默了半天没有开口，梁先生有点沉不住气了。他不由自主地拉松领带，眼睛直盯着曹经理。曹经理皱了皱眉说：“这种照明器的性能先进在什么地方？”梁先生又搔了搔头皮，反反复复地说：“造型新，寿命长，节电。”曹经理对他的回答颇不满意，便独自一个人又拿起照明器，反反复复地看。梁先生觉得无聊，便非常随便地抄起办公桌上的电话，同一个朋友闲谈起来。过了一会儿，曹经理对梁先生说：“这样吧，我对你们的这个新产品很感兴趣，但我想看看再说。”梁先生一听，心里急了，还想再说什么，但他看到曹经理那坚定的神态便知道这次的生意做不成了，只好悻悻而归。一路上，他一直在琢磨，曹经理原本对这个新产品是非常感兴趣的，但为什么还要看看再说呢？虽然还没有想明白，但他心中却已经有了一个明确的目标，就是一定要想办法，解决所有问题后，再来找曹经理做成这笔生意。

项目任务

梁先生的这笔生意为什么没有谈成？

假如你是梁先生，在与客户交往过程中应注意哪些问题？请你为梁先生支招儿。

任务分析

照明器材厂的业务员梁先生这次的业务之所以没有成功主要与他个人的礼仪素养及业务水平有关。

首先在礼仪素养方面，梁先生在业务拜访前没有提前预约，进入他人办公室时不敲门而直接闯入的做法，一遇到问题便用手搔头的不良习惯，在商谈业务过程中不自觉地拉松领带的动作，一坐在座位上就毫无顾忌地跷起二郎腿，与他人交谈时眼睛直盯着对方，随意拿起他人的电话闲聊等，都说明他的个人修养欠佳，难以让人对其个人产生信任感。其次在业务沟通时，梁先生业务表现欠佳，当对方提出疑问时，他只会用简单的“造型新，寿命长，节电”来回答，而不能从专业角度进行详细说明和解释，使人对其产品难以产生信任感。因此，这次的生意没有成功也是可想而知的了。

那么，梁先生如何在下次的商谈中获得成功？首先应提高个人礼仪素养，其次应提高业务能力，只有这样才可能成功。

相关知识

1. 商务秘书应具备的素质

商务工作是一种知识性、技术性很强的开拓性活动，要求商务秘书具备广博的知识、多方面的才能。具体包括以下几方面的素质。

（1）政治思想素质。

热爱祖国，拥护党的路线、方针、政策；牢固树立全心全意为人民服务的思想；联系群众，有民主作风；有强烈的事业心、使命感。

（2）职业道德素质。

良好的职业道德是一名商务秘书必备的。具体表现在：诚实的人品、良好的敬业精神和坚定的正义立场，忠于职守；不损公肥私，不损人利己；在重大原则问题上要立场坚定。因为其所代表的不仅仅是个人形象，还代表组织形象，要具备强烈的集体主义观念。

（3）业务素质。

业务素质是指商务秘书的个人业务水平和能力。这是企业在市场竞争中求生存、求发展的基本条件。良好的业务素质包括：较高的文化水平，多方面的经济知识、科技知识、工艺知识和文化修养；熟悉本行业的相关业务，懂得相关的经济政策、法律和法规；有较强的协调能力和组织能力；具备一定的社会活动能力；具有分析问题、解决问题的能力，遇到困难能及时果断地解决。

（4）个人礼仪修养。

① 自觉遵守社会公德。包括保护自然环境、爱护公共设施、尊老爱幼、见义勇为，不损害他人利益等。

② 自律是道德修养的最高境界。自律性是提高自身修养最为重要的要求。在没有他人监督或知晓的情况下，不被利益所诱惑，不为权力所屈服，坚守自己的道德准则，这也是古人提倡的“慎独”——修养的最高境界。

③ 自尊、自强、自信。自尊是人际交往中非常重要的一个方面。也许你的职位不高、工资较低、能力不强，但只要努力去学、勤奋工作，就可以坦然地面对一切。如果动不动就神经过敏、暴跳如雷，或常以表面的傲慢、不在意来掩盖，说明在你的内心深处隐藏着一种叫作自卑的东西。所以，只要你是自尊的，你就能做到彬彬有礼、坦然面对一切，最终能够赢得他人对你的尊重和喜爱。

④ 平等宽容待人。不管是组织与组织之间，还是人与人之间，平等相待都是彼此交往的基本条件，是合作的基础。在商务礼仪中，到处强调由于职位不同而体现出不同的尊卑关系，这种地位上的差异确实存在，但并不是说对位卑者就可以不尊重。商务礼仪在表明各自地位的同时，也标示出各自的责任。如果没有礼仪，就会造成混乱。既要学会宽以待人，又要容忍别人的过失。气度宽宏的人，心胸开阔；气度小的人，心胸狭窄，区区小事也会如鲠在喉。

⑤ 诚实守信，与人为善。信任是交往的基础，交朋友应诚实守信，言出必行，不轻易食言。人们会觉得这种人可信赖，愿与之交往，即使付以重托也不必担心。那种表里不一、口是心非的人即使表面上讲礼仪也不过是虚伪的外表，人们当然不会轻信，更不会与之深交。常言道：“己所不欲，勿施于人。”自己不喜欢的东西不要强加于人，不能以伤害他人来发泄自己的怨气，不要把自己的快乐建立在别人的痛苦之上，更不能落井下石。

⑥ 性格开朗，开拓进取。商务工作是一种开放型的对外经济活动，与各种经济组织和客户发生频繁的联系，如建立分公司、商务办事处、贸易小组等。一些商务交易要通过商务人员的各种交往活动来完成，这就要求商务人员具有外向型和开拓型的性格特征。具体包括性格开朗、和悦近人、开拓进取、兴趣广泛、语言幽默、外语娴熟，能与不同性格的人打交道，具有较强的社会活动能力等。

2. 提高个人礼仪修养的方法

作为一名商务工作者，在实际工作中处处离不开礼仪，要想尽快提高自己的礼仪修养，适应工作的需要，就应该重视礼仪的学习。提高个人礼仪修养的主要方法有以下两种。

（1）注重学习。注重学习又分为集中学习和感悟经历并总结规律两种方法。

① 集中学习。

a. 参加专业培训。现在许多高校已经开设了礼仪课程，这对即将走上工作岗位的学生来说非常必要。另外，一些正规的公司对员工都有各种专业培训，其中包括礼仪培训。这些课程和培训都可以使人在短期内掌握相应的礼仪知识。

b. 阅读专业书籍。现在讲解各种礼仪的书籍非常多，可以选择适合自己工作性质、具有行业特点的礼仪书籍学习。这些书籍中，有的重理论，有的重实践和操作，可以有针对性地学习。

② 感悟经历并总结规律。每个人都有着不同的人生经历，丰富的阅历能使自己以独到的眼光观察世界、体验生活。因此，平时注意观察和总结，能从中学习到很多东西。而且礼仪本身

也是随着现实生活的变化而不断发展变化的。只要做一个有心人，就能不断地总结出最新的礼仪变化规律。

（2）付诸实践，提高自身综合素养，才是礼仪的终极目标。礼仪的实践性极强，学了不用等于没学。有一些人，虽然意识到了礼仪的重要性，但又一时难以改变自己已有的种种错误习惯，认为到了重要场合再用不迟。实际上，这些人即使到了重要场合，也会手忙脚乱、错误百出，根本不能行由心生、从容自然。这样的人，永远无法真正学好礼仪。

礼仪的最高境界是你的举止非常得体自然，从容大方；种种礼节不用刻意去遵守，也不会出错。就像健康的人不会时时注意自己的呼吸一样。

所以，学习礼仪的关键在于坚持、在于自律。在平时就主动按照礼仪要求约束自己的举止，无论是在工作场合、社交场合还是在休闲场合都要注意遵守相应的礼仪。经过一段时间的外塑形象、内炼修为的努力学习和实践，就会“习惯成自然”，你也才真正变成一个庄重大方、热情友好、谈吐文雅、讲究礼貌，具备良好职业素养的人。

实践训练

1. 情景训练

【情景 1】赵同学到食堂就餐，刚进食堂，就看到成堆的人在前面拥挤。他们都举着自己的饭盒，向炊事员大声喊道：“该我了，我已经等很久了。”“喂，这里啊，我也等了很久了。”……

实训要求：

（1）讨论：面对这种场面，赵同学该怎么做？

（2）分组训练：八人一组，一人扮演赵同学，六个人扮演买饭的同学，一个扮演炊事员。

（3）请演示规范的就餐过程。

【情景 2】黄同学走到学生服务大厅柜台前，想咨询一下如何补办校园卡。看到柜台里的工作人员正在低头忙着整理资料，他……

实训要求：

（1）讨论：从语言表达和行为举止两个方面，谈谈黄同学应该如何完成咨询事宜。

（2）分组训练：两人一组，一人扮演黄同学，一人扮演柜台里的工作人员。

（3）规范地演示这个过程。

2. 综合训练

【案例分析】

某高校应届毕业生 20 人，实习期间被导师带到国家某部委实验室参观。全体学生坐在会议室里等待部长的到来，这时有秘书给大家倒水，同学们表情木然地看着她忙活，其中一个还问了句：“有绿茶吗？天气太热了，真受不了。”秘书客气地回答说：“抱歉，刚刚用完了。”其中的一个学生叫常青，他听到有同学这样说，心里感到很别扭。轮到他时，他面带微笑，轻声地说：“谢谢！大热天的，辛苦您了！”秘书抬头看了他一眼，满含惊奇，虽然这是很普通的客气话，却是她今天唯一听到的一句感谢的话。

门开了，部长走进来热情地与大家打招呼，但不知怎么回事，下面却静悄悄的，没有一个人回应。常青左右看了看，犹犹豫豫地鼓了几下掌，同学们这才稀稀落落地跟着拍了几下手，由于不齐，越发显得零乱。部长挥了挥手说：“欢迎同学们到这里来参观。平时一般都由办公厅负责接待，因为我和你们的导师是老同学，非常要好，所以这次我亲自来给大家介绍一些有关情况。我看同学们好像都没有带笔记本，这样吧，王秘书，请你去拿一些我们部里印的纪念手册，送给同学们留作纪念。”接下来，更尴尬的事情发生了。大家都坐在那里，很随意地用一只手接过部长双手递过来的手册。部长脸色越来越难看，来到常青面前时，他已经快要没有耐心了。就在这时，常青礼貌地站起来，身体微倾，双手握住手册，恭敬地说了一声：“谢谢您。”部长闻听此言，不觉眼前一亮，伸手拍了拍常青的肩膀：“你叫什么名字？”常青照实回答，部长微笑点头，回到自己的座位上。早已汗颜的导师看到此景，才微微松了一口气。

两个月后，毕业分配表上，常青的去向栏里赫然写着国家某部委实验室。几位颇感不满的同学找到导师，说：“常青的学习成绩最多算是中等，凭什么选他而没选我们？”导师看了看这几张尚属稚嫩的脸，笑道：“是人家点名来要的。其实你们的机会是完全一样的，你们的成绩甚至比常青更好，但是除学习之外，你们需要学的东西太多了——修养是第一课。”

实训要求：

请谈谈看完这则案例后，你有什么感想。

【综合情景训练】

情景：【案例分析】中的情景。

实训要求：

（1）小组训练：23个人一组，一人扮演常青，19人扮演其他同学，其他三人分别扮演导师、部长和秘书。

（2）针对案例进行讨论，哪些地方做得欠妥，哪些地方应该怎么做，请规范礼貌地演示这个过程。

知识小结

礼仪是礼节、仪式的统称。它是由一系列的、具体的表现礼貌的礼节或仪式所构成的，是人们在社会交往过程中所共同遵守的行为举止规范。

礼仪的特点是规范性、差异性、变化性、可操作性四个方面。

商务秘书礼仪的特点一是根据职务、身份确定礼仪次序，二是体现组织意志、组织文化。

商务秘书礼仪的原则是平等适度原则、敬人自律原则、宽容待人原则、入乡随俗原则。

商务秘书应具备以下几方面的素质：政治思想素质、职业道德素质、业务素质、个人礼仪修养。

模块2　职业形象礼仪

习训目标

知识学习目标：

- 了解和掌握仪态、仪装、仪容的基本知识。

能力培养目标：

- 培养塑造职场个人形象的能力。
- 遵循 TPO 原则，熟练塑造职场个人形象的技巧。

素质拓展目标：

- 培养学生树立职业意识，养成规范、得体的行为习惯。
- 使礼仪真正融入学生的日常行为的各个环节，塑造良好的职业形象。

第1单元　仪　　态

情景导入

白琳是星盛商业集团旗下星盛房地产开发公司销售部秘书。她人际交往能力强，业务拓展能力也很强，上司对她非常器重。最近，她准备与一家当地颇有影响且颇具规模的房地产公司商谈一项大的合作事宜，这项业务若能成功，对白琳事业的发展将会有重要的意义，因此，她非常重视这次合作，希望对这家房地产公司多一些了解。后来，她听说这家公司前不久曾与另一家有较强实力的房地产公司商谈过合作事宜，却没有成功。失败的原因是在商谈过程中，那家房地产公司秘书的行为举止让人感到无法接受。她当着众多客人的面儿一会儿摆弄身上的饰品，一会儿接听手机，漫不经心，好像根本不在乎他们的存在。于是，他们断然停止了与那家公司的合作。通过这件事，白琳意识到一个人的行为举止在人际交往中其实是非常重要的，它甚至关系到一个合作的成功与否，自己以前一直只重视说了什么，却不太在意行为举止方面，看来以后一定要重视这些细节问题了。

项目任务

假如你是销售部秘书白琳，在与那家房地产公司打交道的过程中，你应该如何注意自己的行为举止呢？

任务分析

白琳要想获得成功，必须先搞清楚另一家公司合作失败的原因，再对症下药，纠正过失，才可能成功。其实，另一家房地产公司失败的主要原因就是公司的秘书在商谈过程中，不分场合、不顾众多客人，一会儿摆弄身上的饰品，一会儿接听手机，漫不经心，好像根本不在乎他人的存在。这当然让对方感到受到轻视，缺乏合作的诚意。那么，还有谁愿意与这样的公司合作呢？

这说明一个人的行为举止不仅是个人素质和修养的问题，还可能关系到组织的切身利益。不规范、不妥当的个人行为一旦让人产生被忽略、不被重视的感觉，就会使人对你所在公司的员工工作态度、组织管理水平、生产能力等都产生怀疑，那么与这样的组织合作自然不可能顺利。因此，得体的举止、优雅的气质，定会为你及你所在的组织增强信任感，成功概率必定大大提高。

相关知识

仪态是指人的体态礼仪。作为秘书，在工作或人际交往中应该注意自己体态语言的规范性。仪态的重要性在某种意义上不亚于口头语言所发挥的作用。心理学家的研究证明：人际交往中大约20%的信息是通过口头语言传递的，而另外大约80%的信息则是通过人的举止、动作等体态语言传递的。因此，人们称仪态为人的“第二语言”是一点儿不为过的。

仪态包括表情语、手势语和体态语三方面。

1. 表情语

表情是人的面部各器官的动作和脸色的变化所传达的信息。它是一种无声语言，却常常无声胜有声。表情能快速、准确地传达人类丰富的情感，是人类心灵的一面镜子。因此，商务人员应该充分利用这面“镜子”传递自己的真诚，树立良好的职业形象。表情语中最富有表现力的就是微笑语和目光语。

（1）微笑语。

全世界最早的现代成功学大师拿破仑•希尔曾说过：“人类最廉价且又能带来最大收益的东西就是微笑。”微笑是这个世界上最美丽的花朵，任何人都不会拒绝这个花朵。美国传播学家艾伯特•梅拉比安曾经提出一个公式：感情的表达=7%语调+38%声音+55%肢体语言。而在肢体语言中，表情语又占据相当大的比重。这就说明人的眼神、笑容、面容是表达感情最主要的三个方面，说明表情在沟通中的重要性。在商务交往中，微笑是一种常规表情。但作为一种职业表情，微笑要真诚、自然，否则会给人一种过于职业化而缺乏诚意的假笑的感觉。

微笑的基本要求：放松面部肌肉，使嘴角微微向上翘起，双唇微展呈弧形，微露牙齿（一般露出6～8颗牙齿），不要露出齿龈，不牵动鼻子，不要发出声音。

下面是训练微笑的几种方法。

① 诱导训练。播放愉快的音乐，想象和幻想，仿佛自己在音乐中翩翩起舞。回忆美好的往事，让自己沉浸在美好的回忆之中，喜悦的表情会自然引发。

② 对着镜子训练微笑。时常对着镜子发“一”“七”“田七”“茄子”或“威士忌”的读音，或发英语单词“cheese”的读音。反复练习，看笑到什么程度才是最自然、最真诚的微笑。

③ 相对训练。两人一组，相对训练，相互纠正。

④ 当众训练。当着全班同学的面，长时间保持微笑，逐渐做到自然大方。

⑤ 不爱微笑的人，面部肌肉往往比较僵硬，眼睛也不够灵活。训练方法如下：

第一种方法。先在嘴里含一口气，然后眼睛开始顺时针转，嘴里的气也跟着转，使两腮肌肉轮流鼓起来，再反过来，使口中的气逆时针转，反复练习即可。

第二种方法。眼睛“笑容”的训练方法：取厚纸一张，遮住眼睛下边部位，对着镜子，回忆过去的美好生活，使笑肌抬升收缩，嘴巴两端做出微笑的口型，随后放松面部肌肉，眼睛随之恢复原状。

（2）目光语。

眼睛是心灵的窗户。目光语是通过眼神和目光来传情达意的一种行为语言。它可以无言而形象地反映人们的内心世界。作为秘书，在人际交往中，一定要学会如何利用这扇窗户来“察言观色”，洞察人们内心的真实情感；更要学会用规范、得体的目光和眼神来传达信息、交流感情。

秘书要根据对象和场合的不同，正确使用目光语。一般要注意以下几个方面的问题：

① 注视部位。

公务注视：公务注视范围是以两眼为底线、以额头发际中点为最高点所构成的三角形区域，如图 2.1 所示。这是一种严肃、郑重的注视，适用于下级向上级汇报工作、与客户谈判、庆典仪式等正式的公务场合。

社交注视：社交注视范围是以两眼为上线、以下颌为最低点所构成的倒三角形区域，如图 2.2 所示。这种目光亲切友善，利于营造出轻松、愉快的气氛，适用于各种社交场合。例如一些茶话会、舞会和各种友谊聚会等，都适合采取这种目光注视。

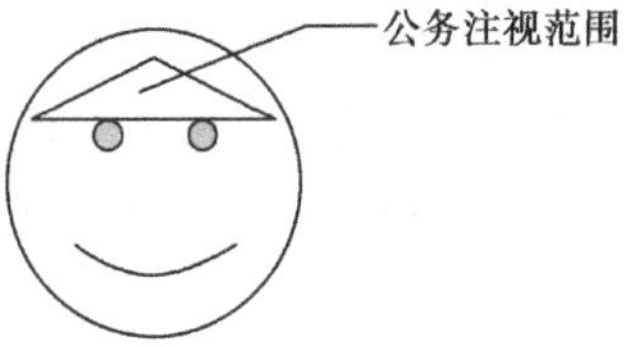

图 2.1　公务注视范围

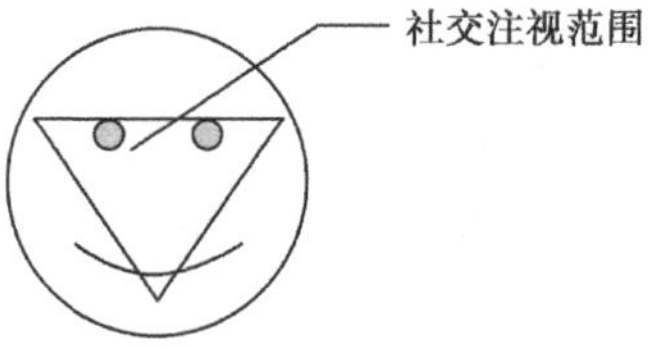

图 2.2　社交注视范围

私人注视：目光注视范围是从眼部到胸部的一个较大的倒三角区域内，如图 2.3 所示。这种目光亲近随和，带有相当的感情色彩，适用于家人、恋人、亲朋好友之间。

图 2.3　私人注视范围

由此可见，越庄重的场合，目光注视的范围就越要窄、越要专注，这样才能使人产生一种信任感；相反，目光总是游离不定，就会使人产生一种不信任感。

② 注视时间。秘书在与他人交流时，目光注视的时间是有讲究的。正确的做法是：

a．看对方几秒以后，就把目光移到别处（如自己的前方或桌上的文件等），但大部分时间还是看对方。

b．同时与多人交谈时，先看主要交谈对象几秒，再环视关注一下在场的其他人，大部分时间也还是看主要交谈对象。

c. 眼皮眨动一般为5～8次每分钟。眨动过快表示思维活跃或在思考，眨动过慢表示轻蔑、厌恶；有时眨眼也可表示顽皮或不解；如果眼球反复转动，通常表示在动心思。

温馨提示

不要长时间盯着异性看，这样会让人觉得别扭、紧张。

③ 注视方式。一般情况下，注视角度要相对稳定，但也因交谈对象与场合的不同而不同。与单人交谈时，大多用正视、对视或点视目光；与多数人交谈时，最好用环视的目光照顾到在场的每个人，让人感觉到你对他们的关注和重视。秘书不但要善于观察别人的眼神，还要把握好自己的眼神。

温馨提示

秘书在与人交流时，不能使用下列目光：

① 斜视、俯视、扫视、旁视或窥视等轻视、不尊重人的目光。

② 上下左右反复扫视对方，不信任或挑衅的目光。

③ 眼珠四处乱转，显得不够庄重；朝人翻白眼，让人有被藐视的感觉。

④ 时不时瞟对方一眼，带有鄙视、厌恶的意味。

2. 手势语

手势语是体态语中非常富有表现力的一种语言。不同的手势可表达不同的含义。手是秘书的第二张名片，切不可给人留下一种“指手画脚”的印象。手势语的基本要求是自然优雅、规范适度。常见的手势语有指示性手势、情绪性手势和象征性手势。

（1）指示性手势语。

一般用来介绍、邀请，或指示方向、地点，指点物体。正确的做法是：四指并拢、伸直，拇指自然分开，掌心侧斜向上，与地面成45°，手臂与指尖成一条直线并适度伸出，指向目标。谈到自己时，可用右手轻按自己的左胸部，显得沉稳可信。常用的手势有以下几种：

① 横摆式。在表示“请进”“请”时常用。处于叉交式站姿时，适用此手势。正确的做法是：五指伸直并拢，手心向上，肘部弯曲，腕低于肘；以肘关节为轴，手从前抬起向右摆动至身体右前方；同时，脚站成小“丁”字步；头部和上身微向伸出手的一侧倾斜，另一只手放于腹前；目视宾客，面带微笑，如图2.4所示。

② 前摆式。当双手处于自然下垂的站姿来表示“请”的意思时，适用此手势。正确的做法是：五指并拢，手掌伸直，由身体一侧由下向上抬起，以肩关节为轴，手臂稍曲，到腰的高度后向身前右方摆去，摆到距身体15厘米且不超过躯干的位置时停止；目视来宾，面带微笑，如图2.5所示。

③ 双臂横摆式。面对较多来宾说“请”时，可采用“双臂横摆式”。即两手从腹前抬起，双手上下重叠，手心向上，同时向身体两侧摆动，摆至身体的侧前方，上身稍前倾，微笑施礼向大家致意，如图2.6所示。也可以双臂向一个方向摆出，即两手从腹前抬起，手心朝上，同时向一侧摆动，两手臂间保持一定距离。

图 2.4　横摆式

图 2.5　前摆式

图 2.6　双臂横摆式

④ 斜摆式。请客人就座时，手势应指向座位的地方，可使用斜摆式。手先从身体的一侧抬起，到高于腰部后，再向下摆去，使大小臂基本成一斜线，如图 2.7 所示。

⑤ 直臂式。给宾客指方向时，可采用直臂式。手指并拢，掌伸直，屈肘从身前抬起，向应到的方向摆去，摆到肩的高度时停止，肘关节基本伸直。当手势指向的方向与面对方向相反时，身体与双脚应自然扭动，转向指向的方向，如图 2.8 所示。不应大幅扭动腰肢，上身转动而下身不动。

图 2.7　斜摆式

图 2.8　直臂式

（2）情绪性手势语。

用来表达情绪、态度。如表示欢迎、感谢时鼓掌；表示无奈时，双手摊开等。

（3）象征性手势语。

通常用来表示某种抽象的概念。这种手势语往往约定俗成，而且具有民族性和地域性特征。秘书在日常交往中，特别是涉外交往中，更要注意正确使用和理解各种手势语。

① 打招呼、致意、告别的手势。当双方距离较近时，五指自然并拢，抬起小臂挥一挥；距离较远时，可适当加大动作幅度。

② 地域不同的象征性手势语。

a. 竖大拇指。大多数国家和地区表示“夸奖或称赞”，也表示“感谢、准备妥当”。我国通常表示“高度赞赏”。但在希腊，急速竖起大拇指，是让对方“滚蛋”的意思。

b．竖大拇指，余指握拳朝上，大拇指朝身体右方，是“搭便车”之意。

c．“OK”手势。用拇指和食指组成一个圆圈，其余三指竖起来，这个手势在美国人眼中表示“好、顺利、平安”；在日本人眼中则表示“钱”；在南美洲一些地区，表示“粗俗、下流”；在中东地区表示“同性恋”；在泰国表示“没问题”；在法国南部表示“零”或“毫无价值”。

d．“V”形手势。在欧美国家表示“胜利”。在欧洲一些国家（如英国、希腊），如果掌心向内，则是“下贱”之意。

e．手掌向下挥动。在中国或日本，是招呼别人过来的意思，没有恶意；在美国却是唤狗的意思，切不可对人使用。

f．竖食指。这是引人注意的手势。在开会时，若想发表意见和看法，可用这个手势；在餐厅等公共场所召唤服务人员时，也可用这个手势，但不可加上打响指。

（4）秘书的手势。

在人际交往中，秘书的双手位置范围不应宽过 80 厘米，这样能给人稳重、安定之感。即高不过耳、低不过腰，否则会给人张狂、轻浮或猥琐、小气之感。

温馨提示

秘书在与人交往时，手势宜少不宜多。过多的手势会给人留下装腔作势、缺乏涵养的感觉。

一定要避免出现如下手势：当众搔头皮、掏耳朵、抠鼻子、咬指甲、手指在桌上乱写乱画、玩弄头发等；手指不伸直并拢，呈弯曲状；手臂僵硬，缺乏弧度；动作速度太快，缺乏过渡；手势与身体姿态、面部表情、眼神配合不协调；用手指指点人等。

小锦囊

秘书如何用手接送物品

接收物品时，应双手五指并拢，两臂适当内合，自然地将双手伸出。

递送物品时，应双手将物品拿在胸前递出，若是剪刀之类物品，尖端不可指向对方。

不可一只手拿着物品，更不能直接往对方手里丢放物品等。单手递送或接收物品都是缺乏素养的表现。

3. 体态语

体态语是人们日常工作、生活中通过身体姿态及其变化所传递出来的一种肢体语言。秘书的体态语要求姿势规范、得体、优雅。要使自己的站姿、坐姿、行姿、蹲姿及乘坐轿车的姿势利于塑造一个良好的职业形象，必须经过专业的学习和训练。

（1）挺拔的站姿。

站姿是最容易表现一个人姿势特征的姿势。它是人体动态造型的基础。良好的站姿能衬托出一个人美好的气质和风度。在正式场合，站姿应当挺拔、端庄而自信，这样才能使人产生尊重和信赖。

① 标准站姿，如图 2.9 所示。具体要求如下。

头正：两眼平视前方，嘴微闭，收颌梗颈，表情自然，稍带微笑。

图 2.9　标准站姿

肩平：两肩平正，微微放松，稍向后、向下沉。

臂垂：两臂自然下垂，手指并拢、自然微屈，中指对准裤缝。

躯挺：胸部挺起、自然舒展，防止缩肩含胸。

腹收：腹部内收。

腰立：腰部正直，脊椎、后背挺直。

臀收：臀大肌微收缩，向内、向上收紧。

腿直：两腿并拢，膝关节用力挺直，髋部上提。

脚并：两脚跟靠拢，两脚夹角呈45°或60°，身体重心在两脚正中间。

训练方法如下。

顶书法：找一本较厚的书放在头上顶着，不能掉下来。这样就必须保持上身、颈部挺直，下巴微收。

顶书夹纸法：头上顶书，两膝之间夹一张纸，书和纸都不能掉下来。这样就必须保持上身挺直，两腿并紧，两脚靠拢。

背靠墙法：要求后脑、双肩、臀部、小腿和脚后跟全部紧贴墙壁，每次坚持20分钟。

背靠背法：两人一组，背靠背站立。两人的头部、肩部、臀部、小腿和脚后跟全部紧靠在一起，每次坚持15～20分钟。

小锦囊

男士与女士的站姿

男士与女士站姿风格不同。男士应显得干练洒脱，舒展挺拔；女士应显得秀雅端庄，亭亭玉立。

② 叉手站姿。女士和男士叉手站姿要求不同。

女士右手微握左手放于腹前，左手大拇指内侧靠近肚脐的位置，两臂微端，不要紧贴身体，也不要过于端着以免显得僵硬；胸部挺出，双肩尽量外扩舒展，避免内扣；气沉丹田，收腹提臀。双脚可呈“V”字步，脚跟靠拢，两脚尖相距10厘米左右，形成45°角，如图2.10所示；也可呈“丁”字步，两脚一前一后，一只脚的脚跟靠近另一只脚的脚弓，身体重心集中于后一只脚上，切勿两脚分开甚至呈平行状。

男士左手勾住右手交叉于腹前，两臂不需要端着；两脚分开，不要超过肩宽，这样显得沉稳大气、不做作，如图2.11所示。

③ 前后手站姿。女士和男士均是一只手置于腹前，另一只手背在身后。女士两脚呈“V”字步或“丁”字步，男士两脚分开，不超过肩宽，分别如图2.12和图2.13所示。

④ 背垂手站姿。女士和男士均是一只手背在身后，另一只手下垂置于身体一侧。女士两脚呈“V”字步或“丁”字步，男士两脚分开，距离不超过肩宽，分别如图2.14和图2.15所示。

⑤ 背手站姿。这是男士特有的一种站姿。双手置于身体后侧交叉，两脚分开，显得威武霸气，适用于保安、保镖等职业，不适用于秘书。

图 2.10　女士叉手站姿

图 2.11　男士叉手站姿

图 2.12　女士前后手站姿

图 2.13　男士前后手站姿

图 2.14　女士背垂手站姿

图 2.15　男士背垂手站姿

温馨提示

商务人员应避免的站姿：两脚分叉太大；交叉两腿而站；一个肩高一个肩低；松腹含胸、屈膝；脚在地上不停地画弧线；和别人勾肩搭背地站着。

（2）优雅的坐姿。

人无论在生活中还是在工作中，坐姿都是经常保持的一种静态造型。秘书开会、交谈、处理各种公务都离不开坐，而坐姿稳重沉静、安详优雅又是商务人士良好修养的重要表现。

入座时，不要抢座，要注意先后顺序，应该让客人、上司、年长者、女士先坐，自己再坐。要注意方位顺序，从左侧入座。还要注意姿势，动作要轻缓平稳，不能风风火火，“大起大落”。女士穿着裙装入座时要身正腰直、双膝弯曲、双手拢裙，缓慢坐下，不能躬腰哈背、突出臀部。

落座时，向旁边的人致意，并以背部接近座椅，背部最好不要靠在椅背上；在尊者面前，不要坐满椅面，最好占椅面的 3/4 或 2/3；上身挺直、双肩放松、双手掌心向下自然地放在膝盖上，或椅子、沙发的扶手上。女士不管怎么坐，都必须双膝并拢，双腿正放或侧放，双脚并拢、交叠或呈小“V”字形。

离座时，要事先用语言或动作向他人示意后再起身；若是辞行则应先离座，若是送客则应后起身；动作要轻缓无声，从座位的左侧离开。

① 正确的坐姿有以下几种：

a．标准式坐姿。两腿并拢，上身挺直，双肩平正，小腿与地面垂直，手置于双膝上。女士标准式坐姿如图 2.16 所示。男士双脚可略分开“一脚”之距，不可宽过肩，如图 2.17 所示。

b．侧摆式坐姿。女士双膝并紧，上身挺直，两脚同时向左或右斜放，双手叠放，置于左腿或右腿上，如图 2.18 所示。男士小腿垂直于地面，上身左倾或右倾，左肘或右肘关节支撑于扶手上。

图 2.16　女士标准式坐姿

图 2.17　男士标准式坐姿

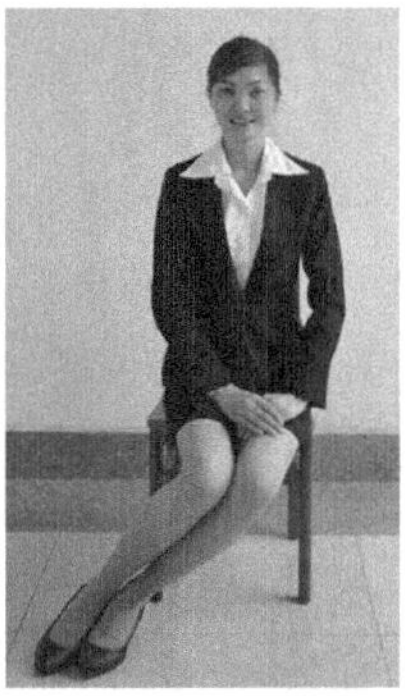

图 2.18　女士侧摆式坐姿

c．开关式坐姿。双膝并紧，两小腿前后分开，两脚前后在一条线上，两膝并紧，双手放在腿上，如图 2.19 所示。男士两小腿可前后分开，也可左右分开。

d．交叉式坐姿。两腿前伸，脚踝交叉，一脚置于另一脚上，在踝关节处交叉，为前交叉坐姿。也可小腿后屈，前脚掌着地，在踝关节处交叉，如图 2.20 所示。女士用一脚挂于另一脚踝关节处，为后交叉坐姿。注意：双膝不可分开，双腿不可伸得太长。

e．后点式坐姿。双脚后缩，前脚掌着地，两手掌心向下并交叉放在腿上，如图 2.21 所示。

f．重叠式坐姿，俗称“二郎腿”。在正坐的基础上，两腿向前，一条腿提起架在另一条腿上。女士一般则采用侧斜重叠式坐姿，即上面的小腿尽量向里收，贴在另一条侧向一边的腿上，脚尖也自然地侧贴，如图 2.22 所示。特别要注意的是，这种坐姿只适用于非正式场合。

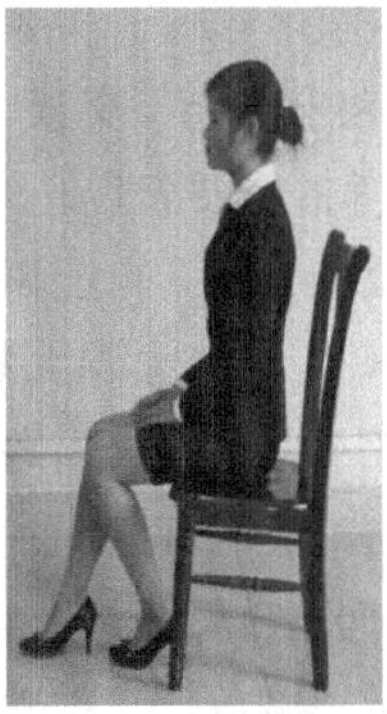

图 2.19　开关式坐姿

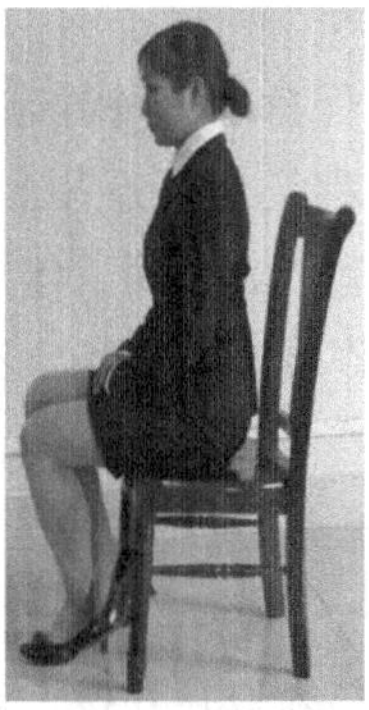

图 2.20　交叉式坐姿

图 2.21　后点式坐姿

图 2.22 重叠式坐姿

小锦囊

不同坐姿表示不同的含义：

正襟危坐，上身紧张，表示严肃、认真；

深深坐入椅中，腰板挺直，表示心理上处于优势；

不停地抖动腿或脚，表示内心的不安和急躁；

张开两腿而坐的男性，表示充满自信，具有支配欲；

爱跷二郎腿的女士，表示对自己的外貌有信心；

频频变换架腿姿势，表示怀疑、不稳定；

在会场上或公开场合，坐着时捂嘴、掩嘴、摸下巴，表示以“评判”的态度在听对方的发言。

② 优雅坐姿的训练方法。挺胸立腰是标准坐姿的关键，开会、打字或其他适宜的时间都可以练习，每次练习15～50分钟，长期坚持一定可以养成良好习惯。

温馨提示

并膝而坐是一个女士坐姿优雅的重要方面。在社交场合，为了使坐姿更优美，女士可采用略侧向的坐法，头和身子朝向对方，双膝并拢，两脚相并、交叉或一前一后。坐下后，把裙子向腿下掖好。

女士注意以下几种情况：把双手夹在腿中间，会给人一种没有自信的感觉；双手放在臀部下面会显得幼稚、不自信，很难委以重任；大腿并拢，小腿分得太开，也是有损形象的坐姿。

男士注意以下几种情况：架成“4”字形腿，给人一种张狂、缺乏涵养之感，是职场大忌；两腿长长地伸出去，无所顾忌，毫无职场应有的状态；两腿过于叉开也是非常不雅的。

（3）潇洒的走姿。

走姿是最引人注目的形体语言，也是最能体现人的精神面貌的一种姿态。商务人员应该是稳重、干练又朝气蓬勃的，因此，有意识地锻炼自己的走姿，能帮助自己展现一种良好的职业风貌。

① 规范的走姿应当是直行、匀速、轻盈的。具体要求是：

a. 头正。双目平视，收颌，表情自然、平和。

b. 肩平。两肩平稳，上下、前后不能摇摆，双臂前后自然摆动，向前的摆幅约为35°，向后的摆幅约为15°；两手自然弯曲，在摆动中距双腿不超过一拳的距离。

c. 躯挺。上身挺直，收腹立腰，重心稍前倾。

d. 步位直。两脚落地的位置要直，女士的行走轨迹是一条直线，男士的行走轨迹则是两条平行线。

e. 步幅适当。行走中两脚落地的距离大约为一个脚长。但男女不同、身高不同、着装不同，步幅也会有差异。

f. 步速平稳。保持均匀、平稳，不要忽快忽慢，应自然舒缓、有节奏，这样显得成熟、自信。

② 潇洒走姿的训练方法如下。

第一种方法：可以将一本书放在头顶，双手放在身体两侧，从基本站立姿势起步，慢慢变为走姿。这样虽然有些不自然，却是极有效的一种训练方法。要点是走路时要摆动大腿关节而不是膝关节，这样才能步伐轻盈。

第二种方法：画一条直线，沿着直线走；上身挺直（要求与站姿一样）、重心稍稍前倾，迈开双脚，双膝内侧稍有摩擦感。反复练习，定有成效。

温馨提示

行走时，不要晃动肩部和上半身，要伸直背肌，维持规范的行走姿势与步位，步幅与步速也要与腿的长度相适应。

头部：头部与躯干应呈一条直线，勿东张西望。不可边走边看，否则很容易撞到他人或其他物品。

肩部：双肩平正舒展，不可一边肩高、一边肩低地行走，也不要两肩过于端着，这样显得身体僵硬、不自然。

胸腹部：胸部向外挺，勿将双臂过于后张而使胸部过于突出，腹部不可腆起凸出。

双手：行走摆动双手时，手臂不能过于僵直，要自然协调地摆动，不可一侧的手臂摆动而另一侧的手臂不摆动。手臂摆动的幅度不要太大，否则腰部及臀部都会因过度扭曲转动而使人觉得不雅。

双膝：行走时应用大腿发力带动小腿，而不是膝关节发力。

双脚：走路外八字是常见的不雅行姿，给人衰老之感，所以脚尖一定要正直向前；脚后跟应随着步伐向上抬起，切勿在地面上拖着走。

小锦囊

秘书走姿特例

陪同、引导来访者时：应注意方位、速度等方面。双方并排行走时，引导人员应居于左侧，让客人走在右侧。遇到较狭窄的走廊时，引导人员应居于客人左前方 1 米左右的位置，走路的速度要与客人相协调。要处处以客人为中心，遇到拐角、楼梯或光线昏暗的地方，要提醒客人留意。

走进会场、走向话筒、迎向宾客时：步伐要稳健、大方。

进入办公机关、拜访他人时：在室内脚步应轻而稳。

办事联络时：步伐应快捷、稳重，体现效率、干练。

参观展览、探望病人时：脚步要轻而柔，不可出声响。

参加喜庆活动时：步态要轻盈、欢快。

参加吊丧活动时：步态要缓慢、沉重，表现出悲哀的心情。

（4）斯文的蹲姿。

蹲姿是人们在地上取物时常用的一种姿态，但人们常常不太在意它。尤其是作为女秘书，斯文的蹲姿能体现出一种良好的职业素养。

规范的蹲姿是上身尽量保持正直，头、颈、腰、背、臀应保持在一条直线上，两腿合力支撑身体，靠紧下蹲。蹲姿一般分为高低式蹲姿和交叉式蹲姿两种。

高低式蹲姿：下蹲时左（右）脚在前，右（左）脚稍后（不重叠），两腿靠紧向下蹲。左（右）脚全脚掌着地，小腿基本垂直于地面，右（左）脚脚跟提起，脚掌着地。右（左）膝低于左（右）

膝，右（左）膝内侧靠于左（右）小腿内侧，形成左（右）膝高右（左）膝低的姿态，臀部向下，基本由膝低的腿支撑，如图 2.23 所示。

交叉式蹲姿：下蹲时，右（左）脚在前，左（右）脚在后，右（左）小腿垂直于地面，全脚掌着地，左（右）腿在后与右（左）腿交叉重叠，左（右）膝由后面伸向右（左）侧，左（右）脚跟抬起，脚掌着地，两腿前后靠紧，合力支撑身体。臀部向下，上身稍前倾，如图 2.24 所示。

图 2.23　高低式蹲姿

图 2.24　交叉式蹲姿

温馨提示

女士无论采用哪种蹲姿，都要将腿并紧，穿短裙时更要留意，以免露出内裤而尴尬；

当要下蹲捡拾或拿取物品时，应先走到要捡或拿的东西旁，再蹲下拿取。

下蹲时，脊背挺直，左手轻挡前胸，以免走光，右手略捋裙摆，不能弯腰、撅臀、叉开双腿，速度不要太快。

周围有人时，应侧身或在靠墙、人少的地方蹲下拾取，最好不要在人前或人后下蹲。

（5）乘坐轿车的姿态。

商务活动中，经常会乘坐轿车接送、陪同客人或上司。尤其是女性秘书。乘坐轿车应该讲究规范、优雅的姿态。

上车姿态：上车时，应该先把背朝向车厢，捋整裙摆后，臀部下坐，坐定后再由腿带动双脚、上提、移向车内，再调整体位，整理衣服。

下车姿态：应先将身体尽量移向车门，将身体重心移至一只脚上，再将整个身体移至车外，最后踏出另一只脚。若穿短裙，则应两脚同时踏出车门，再移出身体。

温馨提示

不雅的乘车姿势：双膝分开，单腿跨入车内；下车时东张西望。

这一单元中站姿、坐姿、走姿、蹲姿、乘车姿态等内容，主要是为职业女性准备的，因为传统的社会规范对女性的要求更高、更多。对男性行为虽没有这么多要求，但也应落落大方、有礼有节。

实践训练

1. 单项训练

（1）表情语：微笑语，目光语。

（2）手势语：指示性手势语，表情性手势语，象征性手势语。

（3）体态语：挺拔的站姿，优雅的坐姿，潇洒的走姿，斯文的蹲姿，乘坐轿车的姿态。

实训要求：

根据不同姿态的要求，规范做好每个动作。

2. 情景训练

【情景1】星月通信有限公司公关部干事东方兴月要陪同上司去机场接待一位重要客人。他们先步行走出办公室，然后上车、下车。

实训要求：一人扮演公关部干事东方兴月，一人扮演上司。请重点演示这一过程中的走姿、上车姿态、下车姿态。

【情景2】今天要召开年终总结大会，人事部部长安排人事助理余丹上台汇报这半年来的工作情况，并听取其他部门的工作汇报。

实训要求：一人扮演人事助理余丹，一人扮演其他部门人员，两人扮演听众；请着重演示这一过程中的坐姿与走姿。

【情景3】秘书小毕刚走出办公室，就在过道上遇到一位向她咨询的客人，她一边回答客人的提问，一边引导他转过拐角，通过走廊，进入会客室。

实训要求：一人扮演小毕，一人扮演客人。请重点演示他们的站姿、走姿，以及交谈时的表情语、手势语。

【情景4】今天，秘书小聂穿着一套非常合体的西装短裙。她手上拿着厚厚的一摞文件，准备去隔壁的总经理办公室。刚出门，一不小心，文件都掉到了地上，她赶紧蹲下捡拾文件。这时，她的身后和前面都有行人经过……

实训要求：一人扮演小聂，两人扮演过道中的行人。请重点演示小聂下蹲时的姿态。

3. 综合训练

【案例分析1】

某公司要招聘一位市场部秘书。一位文秘专业毕业的本科生的简历吸引了人事部经理。该本科生做过一年的办公室秘书，又做过一年的销售部秘书，有一定的工作经验。于是，人事部通知这位本科生两天后来公司面试，但面试结果出人意料，她没有被录用。事后，人事部经理说，那次面试是他亲自主持的。他发现那位本科生有个特点，就是不管什么时候都锁着眉头，不会微笑，显示出较沉闷的神情。人事部经理说，这种表情的人是典型的不擅做沟通工作的人。而作为市场部秘书，沟通就是她的重要工作内容。

实训要求：你看完这则案例后，有什么感想？首先讨论，然后由学生发表看法，最后由教师小结。

【案例分析2】

曾任美国总统的老布什，能坐上总统宝座，成为美国“第一公民”，与他的仪态表现分不开。在1988年总统选举中，布什的对手杜卡基斯猛烈抨击布什是里根的影子，没有独立的政治见解。

而布什在选民中的形象也确实不佳，在民意测验中一度落后于杜卡基斯。未料两个月之后，布什以光彩照人的形象扭转了劣势，反而领先了，创造了奇迹。原来布什有个毛病，他的演讲不太好，嗓音又细又尖，手势及手臂动作也显得死板，体态动作不美。后来，布什接受专家的指导，改变了尖细的嗓音、生硬的手势和不太灵活的手臂动作，结果具有了新颖独特的个人魅力。在以后的竞选中，布什有意着力表现独特的自我见解，改变了民众对他原本的评价。再加上他穿着卡其布蓝色条子厚衬衫，更显示出“平民化”，终于赢得了胜利。

实训要求：你看完这则案例后，有什么感想？首先讨论，然后由学生发表看法，最后由教师小结。

【案例分析3】

美国有一个城市被称为微笑之都，它就是爱达荷州的波卡特洛市。该市通过了一项法令，该法令规定全体市民不得愁眉苦脸或拉长面孔，违者将被送到“欢容遣送站”去学习微笑，直到学会微笑为止。波卡特洛市每年都举办一次“微笑节”，可以想象，“微笑之都”的市民的微笑不比著名画家达·芬奇的杰作“蒙娜丽莎”中的微笑逊色。

世界著名的希尔顿饭店的总经理希尔顿，每当遇到员工时，都要询问这样一句话：“你今天对顾客微笑了没有？”他指出：“饭店里第一流的设备重要，而第一流服务员的微笑更重要，如果缺少服务员的美好微笑，就好比花园里失去了春天的太阳和春风。假如我是顾客，我宁愿住进虽然只有破旧地毯，却处处可见到微笑的饭店，而不愿走进只有一流设备而不见微笑的地方。”正是因为希尔顿深谙微笑的魅力，才使希尔顿饭店誉满全球。

在日本，许多公司员工都在业余时间参加“笑”的培训，他们认为这样可以增强企业内部凝聚力，改善对外服务，提高企业效益。根据日本传统，无论男人还是女人，在高兴、悲伤或愤怒时，都必须学会控制情绪，以保持集体和睦。因为日本人认为藏而不露是一种美德。但自从日本经济进入衰退期后，生意越来越难做，商家竞争日趋激烈。

于是，为招揽顾客，日本商家，特别是零售业和服务业，新招频出。其中之一就是让员工笑脸迎客。在今日的日本，数以百计的“微笑学校”应运而生。日本一些公司的员工一般在下班后去学校接受培训，时间为90分钟，连续受训一周。据称，经过微笑培训，日本不少公司的销售额“直线上升”。日本许多公司在招工时都把会“自然地微笑”作为一个重要条件。

实训要求：你看完这则案例后，有什么感想？

【综合情景训练】

星盛房地产开发公司招聘现场

星盛房地产开发公司人事部经理：程小姐。

应聘者：向书静。

地点：人事部经理办公室。

前来应聘的是身穿T恤和牛仔裤、性格活泼的向书静。敲门三下，之后……

程小姐：“请进。”（看着向小姐走到面前，不语。）

向书静：“您好，我是向书静，哦，对了，这是我的个人简历。”（走到经理面前双手递上，并退回原地。）“我先自我介绍一下吧！”（经理示意“请”。）“本人毕业于××职业技术学院商务文秘专业，现已过了英语A级，我的个性比较外向开朗，善于与人沟通，我对秘书应具备的知识掌握得比较全面，如写作能力、与人沟通的能力、管理能力等，并且实习单位对我的评价也比较好，因此，我想应聘销售部经理助理一职。”

程小姐："您请先坐吧！"（手势示意。）

向书静："好的，谢谢！"（走到椅子前坐下，跷起二郎腿。）

（程小姐抬头看了一下向书静的坐姿，并停留了一会儿。）

（向书静意识到经理的目光，矫正了自己的坐姿。）

程小姐："我能问你几个问题吗？"

向书静："当然可以。"

程小姐："你认为对人最有亲和力的是什么呢？"

向书静："我觉得应该是微笑吧。"

程小姐："你可以示范一下吗？"

向书静："可以啊。"（微笑。）

程小姐："很好，还挺专业的。"……"假如现在有一位外单位的销售部经理来我们这儿，你怎样引导他进入会客室，请他坐下。"（起身走到向书静面前，向书静立即起身。）"假如我就是那位经理，你该如何接待我？"

（程小姐走到大门外，向书静走到大门口，分别扮演各自的角色。程小姐从远处走过来，向书静面带微笑。）

向书静："您好，欢迎光临本公司。"（用手示意，指向会客室方向。）

程小姐："你好！"（面带微笑，顺着所指方向，朝会客室走去。）

（向书静走在客人的左前方两步，一边走，一边与客人随意聊，遇到拐弯处，用手势指示所去方向。）

（遇到一级台阶，向书静提醒客人。）

向书静："小心，下一级台阶。"

程小姐："好的。"（面带微笑。）

（向书静开门，门朝里，她先走进去，推开门，并扶好。）

向书静："请进！"（用另一只手示意。）

（程小姐微笑致意。）

（向书静走到沙发边，用手示意。）

向书静："您请坐，我给您沏茶。"

程小姐："好的，就这样吧。你的表现还不错，现在你可以回去等我们的通知了。"

向书静："那请问我什么时候能接到您的通知呢？"

程小姐："半个月内吧，我们会与你联系的。"

向书静："好的，再见！"（握手，告别。）

程小姐："再见。"（向书静退出办公室。）

请把这一接待过程演示出来。要求：

（1）分组训练：两人一组，交换扮演角色；

（2）综合运用生活中待人接物的常识；

（3）在演练的过程中，不要照本宣科，可以根据需要适当删改情节和人物对话，过程自然、合情合理即可；

（4）注意服饰、举止与仪容的协调，交谈的声音、语调要适宜。

第2单元 仪 装

情景导入

王建新是星盛商业集团旗下星盛商务信息公司的总经理。虽然现在生意难做，但王总还是凭借他的胆识魄力、聪明才智及对市场的灵活把握，把生意越做越大、越做越红火。但他始终认为要想在越来越激烈的市场竞争中立于不败之地，必须有一个相对较大的发展平台。一个这样的平台也是他一直寻求的目标。一次，他获悉德国一家知名企业的董事长来到本市进行考察访问，有寻求合作伙伴的意向。王总便想尽办法，请有关部门为双方牵线搭桥。让他喜出望外的是，对方也有合作意向，而且希望尽快与他见面。到了双方会面的那一天，王总特意在公司挑选了几个漂亮的部门女秘书来做接待工作。并特别指示她们穿紧身的上衣、黑色的皮裙，他认为这种时尚、性感的装束一定会让外商觉得自己对他们的到来格外重视，因此，一定会赢得他们的好感和信任。

这时，正在做准备工作的总经理办公室秘书尹琼惊异地看着几位漂亮姑娘，她皱着双眉，刚要说什么又咽了回去。过了一会儿，她还是忍不住对王总说："王总，做接待工作是不适合穿这种服装的。"王总惊讶而怀疑地问道："是吗，为什么？"

项目任务

尹琼为什么认为接待人员不适合穿紧身衣、黑皮裙?

假如你是该公司总经理办公室秘书，你认为秘书应该如何着装?

任务分析

接待人员穿紧身上衣和黑皮裙是很不适宜的。因为这次接待是正式的商务接待，女性不适合穿太过性感的紧身上衣，那些衣服只能在休闲和社交场合穿着；穿皮裙更不合适，因为在西方传统的观念中，皮裙往往是一些社会地位低微、行为较轻浮的女性所爱，虽说现在人们的这种看法有所改变，但无论如何，在正式的商务场合，穿皮裙还是不适宜的。这种穿着不仅不会让外宾感觉受重视，反而会适得其反，让他们认为中方人员连如此简单的涉外礼仪都不懂，那么在今后的合作过程中，中方人员又会做出什么出乎意料的事情呢？这样的合作能顺利吗？这是一个值得怀疑的问题。

看起来很简单的一个衣着问题，可能关系到一个合作的成败。因此，秘书必须掌握穿着得体的基本技能。

相关知识

着装是一种无声的语言，它显示着一个人的个性、身份、涵养、经济状况、审美水平及其心理状态等多种信息。在人际交往中，着装直接影响到别人对你的第一印象，关系到对你个人形象的评价，同时也关系到企业的形象。因此，“三秒定乾坤”的说法不无道理。

1．仪装的概念

仪装即服饰的礼仪。服饰包括服装和饰品两个方面。它们包括身上穿的衣服及衣服上的饰物及领带、围巾、帽子、手表、包袋等。

服饰是一种审美信号，是人们美化自己、美化生活的不可缺少的东西。人们通过自己的形体和服饰共同体现着美，从而达到一种赏心悦目的效果。

2．着装原则

服饰能体现秘书的文化修养、审美情趣、气质品位等。选择与自己个性、身份、场合、年龄、周围环境都适宜的服饰，才能达到真正美的境界，才能为自己、为企业塑造良好的公众形象。作为秘书，在着装上要与服饰发展的历史趋势一致，过分地超前或滞后都会给公众留下不良的印象。应该符合以下几方面的原则。

（1）和谐原则。

美的最高法则就是和谐。服饰应该与自己的职业、社会地位、文化修养相协调，也应该与自己的年龄、体型、肤色、发型、相貌特征协调。作为商务人员，着装时首先要考虑的就是自己的社会形象。

① 款式、色彩及搭配的和谐美。服饰美首先表现为色彩美、款式美和质料美，只有三方面的合理搭配、和谐统一，才真正产生美感。

色彩美要注意与肤色的和谐，注意色彩的整体搭配。要坚持“三色原则”，即服饰的色彩在总体上保持在三种以内，在色彩上提倡简洁大方，而不是杂乱繁多。

小锦囊

服饰款式美和质料美表现在服饰样式的端庄典雅、做工精细严谨等方面，看上去要显得文质彬彬、沉稳干练。

② 服饰与自身条件的和谐美。要了解自身的条件，如身高、身材、肤色、脸型等因素，要用服饰来达到扬长避短的目的，也就是要用服饰来遮掩自己的缺陷，从而使自己更加漂亮、优雅。

（2）TPO 原则。

TPO 原则是国际上公认的穿衣原则。TPO 是英文 Time（时间）、Place（地点）、Object（目的）三个单词的缩写。

“T”就是指每一天的早、中、晚三个时间段，也包括每年春、夏、秋、冬的季节更替，以及人生的不同年龄阶段。时间原则要求着装考虑时间因素，做到随“时”更换。

“P”就是指所在地点、位置不同，着装应有所区别，特定的环境应配以与之相适应、相协调的服饰，才能获得视觉和心理上的和谐美感。例如，穿着只有在正式的工作环境才合适的职业正装去娱乐、购物、休闲、观光，或者穿着牛仔服、网球裙、运动衣、休闲服进入办公场所和社交场地，都是与环境不和谐的表现。

“O”就是指服饰打扮要考虑此行的目的。自己的着装给对方的印象如何，应该有一定的预期。服装的款式在表现服装的目的性方面起着较大的作用。一个人身着款式庄重的服装前去应聘，说明他渴望成功。

3. 服饰色彩

（1）色彩的特性。

① 色彩本身的特性。良好的色彩感是秘书的基本素质和审美需要。

红色：一种热烈、浪漫的颜色。它引人注目，使人联想，给人以兴奋快乐。红色在我国是一种吉祥和幸福的象征。我国自古以来就有结婚时穿红色衣服的习惯，虽然现在许多年轻人结婚时喜欢像外国人一样穿白色婚纱，但在结婚宴会上，新娘仍然要换上红色的旗袍或套装，以示喜庆。红色与黑色相配的服装非常浪漫，而且适合各种场合。红色、白色和蓝色三色相配，通常会显得适合、得体、美观。

蓝色：给人以宁静、清冷、安详、智慧或冷漠的感觉。很容易使人联想到大海、天空、湖泊、远山等。蓝色易和其他多种颜色相配，白色是蓝色最好的配色，能给人以强烈的印象。

黄色：最明亮、最活泼和最引人注目的颜色。它给人以崇高、智慧、神圣、辉煌、华贵、威严和慈善的感觉。黄色的服装使人显得年轻、活泼、充满活力。黄色自古以来就是中华民族最重视的颜色，它代表大地和皇权。黄色与白色是夏季凉爽的配色；黄色与白色、灰色相配显得高雅；黄色与红色相配则为大众化的流行色；黄色与黑色相配对比强烈，十分显眼，但要注意黄色面积的比例。

紫色：高明度的色彩，是高贵、华丽、美好的象征，并带有神秘的异国情调。紫色曾是法国历史上宫廷的御用颜色，在现今生活中紫色仍被视为华贵和威严的象征。紫罗兰色的衣服仍是许多女性的选择。

绿色：绿色是大自然的颜色，被誉为生命的颜色。它充满朝气和生机，给人以凉爽和舒适的感觉。绿色象征着生命与希望，所以又称为和平色和环保色。

灰色：标志着稳重、可靠，给人以平凡、朴实的感觉。既平易近人，又稳重文雅。

白色：无色彩系，是由所有可见光均匀混合而成的，是光明的象征，表示明亮、纯洁、坦率、朴素、高洁等。

黑色：无光彩之色，给人以庄重、肃穆、洒脱的感觉，显示出沉稳、高雅。黑色也是人们生活中选用较多的一种颜色。

在服装颜色的搭配上，白色和黑色是比较好搭配的两种颜色。

橙色：一种明亮的色彩，给人明快、富丽的感觉。它属于暖色调。

在服装的色彩搭配上要取得成功，重要的是了解服装色彩的特性。

② 色彩的冷暖特性。物体表面色彩可以给人们或温暖或寒冷或凉爽的感觉。暖色给人以热烈、兴奋等感觉，如红、橙、黄等颜色。冷色给人平静、寒冷等感觉，如蓝、青等颜色。中性色彩使人产生休憩、轻松的情绪，可以避免产生疲劳感，如黑、白、灰色。

③ 色彩的轻重特性。各种色彩给人的轻重感不同，从色彩中得到的重量感，是质感与色感的复合感觉。浅色是轻感，密度小，给人一种向外扩散的运动现象、质量轻的感觉，如白色；深色是重感，密度大，给人一种内聚感，从而产生分量重的感觉，如黑色。

④ 色彩的缩扩特性。色彩的缩扩特性是指不同色彩给人眼带来的收缩和扩张的感觉。一般来说，深色、冷色属于收缩色，暖色、浅色属于扩张色。前者可以使人看起来更苗条，后者使人显得更丰满。

（2）学会色彩搭配。

作为秘书，若想穿出优雅大方、搭配得体的服装，就必须学会色彩的搭配。

① 同色搭配。这是指配色时尽量采用同一色系中明度不同、深浅不同的色彩进行搭配，这种方式搭配出来的服装效果较好，给人以端庄、高雅的感觉，适合许多礼仪场合，能创造出和谐之感。

② 对比搭配。配色时运用色彩特性对比度较大的色彩进行搭配，可以使着装在色彩上反差较大，从而形成个性。但是也要注意，这种搭配要和谐才有美感。

③ 主色调搭配。选一种主要的色彩作为基调，相配其他的色彩。采用这种方式搭配时，首先要考虑主色调选用什么特性的色彩，其次考虑辅助色彩的选择，再次考虑主色调的位置和所占比例。只要和谐即可。

温馨提示

在考虑色彩搭配时还要考虑个人的肤色。因为某些色彩和某些肤色是不能搭配的。例如肤色较黑、较暗的人就不能搭配黑色、褐色、暗紫色等；肤色偏黄的人最好不要选择和自己肤色相近的或较深、较暗的颜色，如棕色、深灰色、土黄色等，容易显得没有生机；肤色白净的人适合各种色彩的服装。

4. 女装

职业女性应依据自己的工作性质、职务高低、个性特征、身材条件、肤色特征等因素，找准自己的形象定位。把职业服装和时装混为一谈的做法是不明智的。

职业女装主要有三种类型：西装套裙；两件套裙或连衣裙；职业衬衫加休闲裤。

（1）职业女装。

① 西装套裙。著名设计师韦斯特任德曾说过："职业套装更能显露女性的高雅气质和独特魅力。"而在女性的所有服装中，西装套裙是所有职业女士在正式场合穿着的首选，也是标准职业装。

西装套裙在色彩方面应当以清新、雅气而凝重的冷色调为主。例如黑色、深蓝色、灰蓝色、中灰色、驼褐色等，均是具有信任度的沉稳颜色。其他颜色，如暗酒红、大红、樱红、灰珊瑚红等色彩的服装更适合在庆典时穿着。在最正式的工作状态，一定要穿全身同色的套裙出席，套裙显得更为正式。

面料方面要选择质地好一些的，要有垂感。

② 两件套裙或连衣裙。在一般的办公场所可以穿两件套裙和连衣裙，但在正式场合有失庄重。

两件套裙可以是西装上衣和随便的一条裙子，也可以是自由搭配的两件。这种随意型裙装可以是一色，也可以是不同颜色的，但要避免杂乱无章。面料要选择丝绸或人造丝及混纺亚麻等，因为纯棉和亚麻的都很容易起皱，显得过于随意。

套裙的上衣和裙子的长短没有明确的规定。一般认为"裙短不雅，裙长无神"。最理想的裙长，是裙子的下摆在膝盖上下的地方。一般来说，身份地位越高的人，往往裙子的长度越长（一般在小腿肚子处较适宜），而身份地位越低的人的裙摆往往越短，但最短应不短于膝盖以上 15 厘米。

③ 职业衬衫加休闲裤。秘书在正式场合要准备一到两套正式的职业服装，以便在重要的社交场合和工作中穿着，还要准备两三件高档的纯白色衬衫，这属于万能配的服装，可以和职业套装搭配，也可以和牛仔裤搭配，还可以和便装外衣、夹克衫、毛衣外套、帽衫、毛背心、小马甲等许多服饰组合。

带风帽和不带风帽的针织夹克衫、亚麻便西装、薄呢外衣、法兰绒外套的里面还可搭配圆领、V 领、高领的针织衫、T 恤衫、羊绒衫等多种服装。也可以在毛衣外套、毛背心里面配穿绸质衬衫、纯棉衬衫。下装除可配牛仔裤、法兰绒裤外，还可配长裙、中长裙、短裙等。关键是搭配后是否符合个人风格。每一位女士要在全面了解自己之长和自己之短的前提下，找准自我的感觉，才能真正成为优雅、自信、懂生活的女性。

在工作中，人们都愿意和着装具有职业风范的人打交道，因为首先要判断对方是否具有职业感和可靠性。所有保守职场的管理者都希望同事及下属的着装得到社会各界的认同。

（2）职业女装的搭配因素。

① 衬衫。为职业套装准备方便搭配的服装：两三件纯棉白色衬衫，其中一两件样式保守、质地考究，另一件款式可以时尚些。其他适合自己肤色的素色的、条纹图案的、圆点图案的、格子图案的、花纹图案的衬衫等，根据自己的喜好选择。面料除纯棉外，还可选丝绸类、混纺类，保守样式的衬衫搭配职业正装，其他款式、色彩、图案的衬衫可在平常时段穿着。

根据自身脸型、脖颈形状选择衬衫领型。圆脸型、宽脸型、短脖颈的女士，应选择尖领型衬衫、小西装领型衬衫及其他带有向下延伸感觉的衬衫。总之，两边的领角不可横向打开，应是向下垂的款式。这类体态不适合在颈部堆集重叠的衣领，外衣选择有领或无领、低扣位（一粒扣、两粒扣）的款式，最好是外衣有领、内衣无领，或者是外衣无领、内衣有领的搭配方式。长脸型、长脖颈的女士，可选择横向扩开的方领型、方圆领型的衬衫款式或立领的衬衫款式，使脸型和脖颈不会产生过于延长的感觉。

在春、秋、冬工作时段里，在职业套装里面搭配高领、低圆领、V 领的薄羊绒衫、针织衫，是既保暖又有品味的选择。但不要让别人看见层层叠叠的各种领子。夏季可在职业套装里面配卡肩、吊带、背心式内衣，样式简洁、利索，以丝绸、纯棉针织的面料为佳。

小锦囊

职场女性着装策略

职场女性要想穿出自己的着装风格，就要进行自我修炼，掌握穿衣策略，即你喜欢的、适合你的和你需要的。

（1）不分季节的衣服最值得投资，它们几乎整年都可以穿。例如轻薄的羊毛衫、羊毛混纺衫或针织衫、不使自己脸色变暗或身体变胖的颜色的衣服、精致的能够搭配各种饰品的白衬衫等。

（2）逐步建立自己的审美体系，寻找适合自己肤色的色彩。选择白色、黑色、米色等基础色作为日常着装的主色调，再配以丰富多彩的饰品，这有助于建立自己的着装风格。一般情况下，这类色彩不会冲撞，可提高衣服间的搭配指数。

（3）即使你的衣服不是每天都洗，也要在条件许可的情况下争取每天都更换一次，两套衣服轮流穿 3 天比一套衣服连着穿一周会更让人觉得你整洁、有条理。

温馨提示

夏季上班时穿的内衣最好不要有蕾丝、皱褶等明显的装饰性，避免有内衣外穿的感觉。职业场合工作的女性，要避免穿着带有性感暗示的服装，尤其服装的领口不要低于从腋下向前胸部拉过来的水平线。

② 鞋。最好穿半高跟皮鞋（三厘米左右较适宜），鞋上不要有过大、过多的饰品，不要穿鞋跟太细太高的高跟鞋，以防走路不稳，鞋跟不要钉金属钉，以防发出烦人的“咔咔”声。不要穿凉鞋、松糕鞋，避免露出脚趾。鞋的颜色最好比裙子下摆的颜色深一些或与裙子的颜色一致。

③ 袜子。穿裙装时一定要穿丝袜。袜子的颜色要接近肤色或稍深一些，肉色的袜子最合适。若希望腿部看上去苗条些，可以选择比自己肤色略深的颜色。建议腿部较粗的女士不穿黑色丝袜，穿上黑色丝袜后会使腿部细的部位显得更细，粗的部位显得更粗了，反而起不到扬长避短的作用。白色、花色、带网眼和鲜艳色彩的丝袜不适合在职场中穿着。还要注意，穿袜子时裙摆与袜口之间不能露出腿。

温馨提示

女士如果穿旗袍，则更要注意。因为旗袍的边叉开得较高，应穿长筒丝袜或连裤袜。夏季应随身备一双丝袜，以便随时更换。

④ 包。包款式要与自己的身材和谐。身材较高大的女士不适合选择精致、小巧款式的工作包，以免反衬出自己身材过于“雄壮”。身材小巧玲珑的女士也不能使用过于大、过于笨重的包。提包的款式可以依自己的兴趣、需要选择。

会搭配的女性，很注重服饰间的呼应关系。身上的服装及饰物中至少要有几处是同颜色、同质地的，这样看上去有整体感，如包、鞋、腰带、表带是几个呼应的关键点。即使不能做到四部分的呼应，至少也要追求两个地方相似，如包与鞋或包与腰带最好是同颜色、同质地的。若配不到相同款式的，则可以配同一色系或相近色系及款式的。

⑤ 丝巾或围巾。丝巾是女士常用的饰物。不管什么场合，利用飘逸柔媚的丝巾作为点缀，都能让你的穿着更有品位。挑选丝巾重在其颜色、图案、质地和垂坠感。丝巾可以衬托脸部气色，如红色系可映得面颊红润。丝巾可以突出整体打扮，如衣深巾浅、衣冷色巾暖色、衣素巾艳。但佩戴丝巾要注意：如果脸色偏黄，则不宜选用深红、绿、蓝、黄色丝巾；如果脸色偏黑，则不宜选用白色、有鲜艳大红图案的丝巾。丝巾不可放在洗衣机里洗，也不可用力搓揉，只要放入稀释后的清洁剂中浸泡一两分钟，再轻轻拧出多余水分并晾晒即可。

长方形围巾的质地多种多样。有适合搭配高档服饰的真丝围巾、羊绒围巾。将真丝围巾做巧妙的斜角折叠、扇状折叠后，都可系出颇具风格的围巾结。在冬季，羊绒围巾、羊毛围巾部分放在大衣领下，两端长长地垂下来，随着走路，会留下一道亮丽的风景。

⑥ 其他饰品。根据出席事由、外形条件和个性喜好，女性佩戴一些饰品也是必要的，如胸针、领针、项链、耳环、手镯、围巾别针、腰带扣、金属纽扣等，但不能将这些同时佩戴在身上，否则会给人炫耀、杂乱和俗气的感觉。作为商务人士，最多两件即可，“少就是多，少就是妙”是一个经典的搭配原则。

（3）缺陷补救技巧。

① 颈短。

方法1：最好不要穿高领衫或立领衫，因为领口直接到下巴会显得特别不美观。如果一定要穿高领衫或立领衫，可选择肉色、米色、白色的。

方法2：不要穿深色圆领衫。因为穿黑色圆领衫时，黑色衣服与白色颈部皮肤会形成鲜明的对比，效果就好像将脖子切短了一半。可以穿白色圆领衫，因为浅色领口与浅色皮肤顺利过渡，就不觉得脖子短了。

方法3：最好选浅色V领衫，它会令短颈显长一些。

② 腰长腿短。

方法1：把人们的注意力往上移，即将上衣的焦点放在领口，如穿荷叶领衣服或戴七彩丝巾等，再穿上暗色长裤便可以了。

方法2：穿高腰直脚裤。如果穿喇叭裤，后果不堪设想。

方法3：穿一双坡跟鞋，可间接加长双腿。

方法4：穿裙子时要注意，不要穿窄直裙。因为从后面可看见臀部的位置，又可看见腰很长，这样都不好看。最好穿高A形裙，这样可以隐藏臀部位置。

方法5：穿长裤时切忌折起裤脚，否则腿就像短了20%；如果穿对了衣服，两条腿就会比穿错衣服时加长20%。

③ 个子矮。

方法1：选择腰带裙装，要选择低调内敛、腰带比较收缩的。这样才能让你的腰看起来纤细，给人修长的感觉。

方法2：选择高腰设计，高腰设计让别人的视线向你的身体上部转移，使得你在别人的视线里增高了。

方法3：不要穿黑色服装，黑色虽然看起来显瘦，但同时也会让你看起来变矮，穿浅色衣服比较好。

方法4：多穿短裙，短裙和高腰有相同的功效，因为你的腿看起来变长了，你看起来就会比较高。

方法5：牛仔短裤或紧身短裤，搭配束胸上衣，会让矮个子女生显得高挑。

方法6：使用小巧的东西来搭配，如小巧的手袋、小巧的发型等。

5. 男装

男士的服装种类通常比女士的要少很多，职业装主要有两种类型：西装、夹克和长裤。如果说女士考虑最多的是色彩和款式的话，那么男士考虑更多的是着装上细微之处的变化，以此来体现男士的个性特征，如面料、色彩、图案、款式、版型、做工等细节。

（1）西装的选择。

① 面料。面料应力求高档。在一般情况下，西装面料的首选就是毛料。纯毛、纯羊绒的面料及高比例含毛的毛涤混纺面料，皆可用作西装的面料，垂感好，也很挺括，显得较儒雅、有档次。

② 色彩。在正式场合，西装的色彩必须庄重，一般选择单色的、深色的，首选色就是藏蓝色，其次是铁灰色、黑色、墨绿色等深色系列。东方人肤色偏黄，除非非常擅长搭配，否则最

好不要选择深咖啡色、米色或卡其色。如果经常与外商打交道，一定要准备一套黑色西装，婚丧喜庆、各式宴请、晚会、听歌剧等活动均可穿着。

③ 图案。职业男士的西装一般无图案最好，这样更能显示出职业男士的成熟、稳重。竖条纹的“牙签呢”西装也较适合商务活动，条纹越细密越佳。在欧洲国家的商界，往往深灰色、条纹细密的竖条纹西装最体面。

④ 款式。按照西装的件数来划分，西装有套装与单件之分。西装套装，指的是上衣与裤子成套，其面料、色彩、款式一致，风格上相互呼应的多件西装。通常，西装套装又有两件套与三件套之分。两件套包括一衣和一裤；三件套包括一衣、一裤和一件背心。三件套显得更正规、更正式一些。因此，职业男士在参加高层次商务活动时，以穿三件套的西装为好。单件西装，是指一件西装上衣与一条不配套的裤子的搭配。这种搭配往往适用于非正式场合，正式的商务交往中，以西装套装为好。

按照西装上衣的纽扣数量来分，西装上衣有单排扣的与双排扣的。单排扣的西装上衣，最常见的有一粒纽扣、两粒纽扣、三粒纽扣三种。一粒纽扣和三粒纽扣这两种单排扣西装上衣穿起来比较时髦，而两粒纽扣的单排扣西装上衣则显得更为正统一些。双排扣的西装上衣，最常见的有两粒纽扣、四粒纽扣、六粒纽扣三种。两粒纽扣、六粒纽扣两种款式的双排扣西装上衣属于流行的款式。

⑤ 版型。目前，世界上的西装版型主要有意式、英式、美式、日式四种。

a. 意式西装（即意大利式西装，也叫欧式西装）。主要特征是有比较夸张的垫肩，不强调腰部，上衣偏长，没有开衩儿，双排扣样式居多，西裤为卷边裤型。能穿意式西装的男士一定有健美运动员一样的身材（即扇形的肩部、收缩的腰腹部和长长的腿部）。假设没有这样的身材，而穿着不开衩儿的款式、偏长的上衣，会使原本饱满的腰腹部、偏短的腿部暴露无遗。所以，身材偏胖、个子偏矮的男士选择意式西装时要慎重。双排扣西装可以使身材过于细长、瘦削的男性显得丰满，但是身材过于丰满的人要尽量避免穿着，以免有大腹便便之感。

b. 英式西装。主要特征是剪裁十分合体，肩部垫肩明显，领型简单，腰部收缩，身侧双开衩儿。英式西装较适合普通身材条件和精致身材的男士穿着。英式西装的款式一般都带兜盖，明显的兜盖形式会突出腰腹部位，魁梧、高大及腰腹部过于丰满的男士应避免选择。精致身材的男士穿着英式西装会显得十分干练、利索。由于款式的剪裁非常合体，双开衩儿的款式则是为了便于身体的活动而设计的。英式西装以高位三粒扣和低位三粒扣款式居多。建议头部偏大、脖颈偏短的男士不要穿着这种款式。因为扣位太高，领带、衬衫的形式和西装领型都挤在脖子下面，会使身体上部有明显紧缩的感觉，而胸部以下又没有明显的形式感，整体服饰的疏密度会有失衡的感觉。

美式西装的主要特征是：美式西装肩型自然，较为宽松，领型略大，扣位偏低，略有掐腰，后摆单开衩儿。穿起来十分舒适、随身、自然，是西装中最容易与休闲装搭配的款式，也是最显得有男人气质的西装。身材魁梧、高大的男士最能将美式西装的特点表现出来，尤其是偏胖男士，最适合穿美式西装。在重要的社交场合或商务场合，建议不要选择过于宽松、自然的款式。合体的款式会带来更严谨、更有分量的感觉。

日式西装的主要特征是：上衣呈“H”形，即不过分强调肩部与腰部。垫肩不高，领子较短、较窄，不过分地收腰，后摆也不开衩，多为单排扣式。

小锦囊

西装各版型的特点

欧式西装洒脱大气，英式西装剪裁得体，美式西装宽大飘逸，日式西装贴身凝重。欧式西装要求穿着者高大魁梧，美式西装穿起来稍显得散漫，英式西装与日式西装更适合中国人穿着。

⑥ 做工。在挑选西装时，检查其做工好坏，应从以下六方面着手：一是看其衬里是否外露；二是看其衣袋是否对称；三是看纽扣是否缝牢；四是看表面是否起泡；五是看针脚是否均匀；六是看外形是否平整。如果不符合这些要求，则以放弃为好。

温馨提示

西装要挂在木制西装衣架上，以利其恢复形状。不可用简单的塑料衣架、铁丝衣架悬挂西装，那会改变西装的款式。

⑦ 数量。初入职场的人不需要准备太多西装，只要两套质感较佳的西装即可。颜色一般选择一套深色、一套浅色。男士裤子较易磨损，可同时购买一件同色（款）的，轮流穿。当职位提升，当上经理或副经理时，与客户的接触面扩大了，这时就应该准备四五套西装了。西装容易毁损、掉色，这无疑会影响你的职业形象。

⑧ 收纳。收纳西装时，不要过于拥挤，以免衣领不挺、肩头变形。同一套西装最好不要连穿两天，要让西装有休息时间，穿过之后用比较厚实的衣架挂起来，面料好的西装会自己恢复形状。上装不需常洗，否则易磨损变形。

（2）西装的穿着。

职业男士在穿西装时应该注意以下几方面：

① 拆除衣袖上的商标。在西装左边袖子的袖口处，通常有一块商标。在正式穿着之前，一定要将商标拆下来。

② 熨烫平整。要定期对西装进行干洗，每次穿着之前，还应熨烫，使其显得平整挺括、线条笔直。

③ 扣好纽扣。西装纽扣是有一定扣法的。在最正式的场合应扣上全部的纽扣。一般情况下，处于站立状态时，两粒纽扣的话，不要扣上最下面的一粒纽扣，这是穿着男士西装的一项默认规则；如果是三粒纽扣的话，可以不扣最下面的一粒纽扣，或者不扣最下面的一粒和最上面的一粒，而只扣中间一粒纽扣。若处于坐姿状态，则应把西装纽扣解开，以防走样。只有在内穿背心或羊毛衫，外穿单排扣西装时，站立时才可以不扣上衣纽扣。

④ 巧配内衣。西装的标准穿法是，衬衫里不穿棉纺或毛织的背心、内衣。特殊情况要穿的，一定要注意如下三点：一是数量以一件为限；二是色彩要与衬衫的色彩相仿；三是款式上应短于衬衫，领型应是“U”或“V”形领为宜，袖口不可长于衬衫暴露出来。

⑤ 少装东西。为使西装不走样，西装口袋里尽量少装东西或不装东西。

西装上衣左侧的外胸袋除可以放置一块装饰性的真丝手帕外，不准再放其他任何东西，尤其不应当把钢笔、眼镜放在里面。内侧的胸袋可用来别钢笔、放钱夹或名片夹，但不要放过大、过厚的东西。外侧下方的两只口袋以不放任何东西为佳。

在西装背心上，口袋多具装饰功能，除放置怀表外，不宜放置别的东西。

西装裤子两侧的口袋只能放纸巾、钥匙；其后侧的两只口袋一般不放东西。

小锦囊

穿西装的程序

梳理头发——▶更换衬衣——▶更换西裤——▶穿着皮鞋——▶系领带——▶穿着上装。

（3）西装的搭配。

俗语道：“西装的韵味不是单靠西装本身穿出来的，而是将西装与其他衣饰精心组合搭配出来的。”由此可见，西装与其他衣饰的搭配，对于西装的穿着来说多么重要。

男士西装要注意与衬衫、领带、鞋袜和公文包之间的搭配。

① 衬衫。穿西装时，衬衫应当是正装衬衫。正装衬衫具备以下一些特征。

面料：以纯棉平纹高支纱及棉涤混纺高支纱为衬衫的首选面料。纯棉斜纹织物、牛津布、粗纹理面料、绒质织物属于休闲衬衫面料，应尽量避免在正式的商务场合穿着。

色彩：正装衬衫必须为单一色彩的。在正规的商务应酬中，白色衬衫可谓商界男士的首选。除此之外，蓝色、灰色、棕色、黑色有时亦可以考虑。杂色、红色、粉色、紫色、绿色、黄色、橙色等穿起来有失庄重之感的衬衫，尽量不选。

图案：正装衬衫大体上以无任何图案为佳。印花衬衫、格子衬衫及带有人物、动物、植物、文字等图案的衬衫，均非正装衬衫。较细的竖条衬衫在一般的商务活动中可以穿着。但禁止同时穿着竖条纹的西装。

衣领：衬衫的领型多种多样，适合在较正式的商务场合穿着的衬衫领型主要有标准领型、方领型、尖领型和扣领型四种。

小锦囊

选择适合的衬衫领型

圆脸的人选择长尖领衬衫，会给脸带来拉长的效果，从而弱化脸部过胖的缺陷；脸型适中或脸型较长的人，平领是不错的选择，因为这样有稍微拉宽脸部的感觉；脖子又长又瘦的人应该考虑高的镶边衣领或比较短小的衣领；椭圆脸的人穿什么都可以，中号的衣领更适合。

衣袋：正装衬衫以无胸袋者为佳。如果衬衫有胸袋，也尽量不要往胸袋里塞东西。

衣袖：正装衬衫应为长袖衬衫。袖长应在手腕骨偏下一点的位置，比西装袖口要长出一些。袖口最好不松不紧，职业衬衫的袖口应选择袖衩上带纽扣的款式。而装饰性袖扣也早已成为商界男士在正式场合的重要饰物，可以增添高贵而优雅的风度。

穿着正装衬衫与西装时，有如表 2.1 所示的注意事项。

表 2.1　穿着正装衬衫与西装注意事项

事　项	说　明
领部要高出	衬衫领部要高于西装领部 1.5 厘米左右。系领带时，领部一定是闭合状态的，否则会给人以不正式的感觉
衣扣要扣上	穿西装时，衬衫所有纽扣都要扣好。只有在穿西装而不打领带时，才必须解开衬衫的领扣

续表

事　项	说　明
袖长要适度	穿西装时，衬衫的袖长最好长短适度。最美观的做法是令衬衫的袖口恰好露出来 1 厘米左右，过长或过短都不合规范
下摆要合身	穿长袖衬衫时，不论是否穿外衣，均须将其下摆均匀地掖进裤腰内，不要使它在裤腰处皱皱巴巴
穿着要适时	在自己办公室内，可以暂时脱下西装上衣，直接穿着衬衫、打着领带，但外出办事时，这种穿着是不合礼仪规范的

② 领带。领带素有“男人第一张名片”“西装的灵魂”的说法。由此可见，领带是服饰中最易引人注意的焦点，是全套西装中最重要的组成部分，它的重要性仅次于一个人的面部。根据领带的图案、色彩、样式、长度，可以看出此人的性格和习惯。

a. 领带的质地。最适合做领带的材料是真丝和纯毛，混纺交织物、棉布、亚麻及人造纤维等也可以制作领带，只是档次较低。真丝领带实用、功能最多，可以常年佩戴。

温馨提示

领带最好不要熨烫，也不要为图方便不解开领带结，这样会使领带变形。可以将领带卷起来放上一夜，第二天就会平整了。不要水洗领带，因为水洗后会留下难看的水渍，应该在专业的干洗店里保养领带。

b. 领带的图案。

纯色图案：这是许多商界男士的首选。因为它是最具搭配功能的领带，可以配多种颜色的西装和衬衫。以暗色调、浊色调的色彩为多。深蓝色的提花丝绸领带是不张扬、保守传统人士的经典选择。

条纹图案：可使佩戴者显得严谨、有条理。条纹图案的间隔、宽窄应以身材条件为依据，身材高大健壮者适合戴宽条纹、中等条纹的，一般身材和稍矮身材者适合佩戴偏细、较窄条纹的。

圆点图案：可使佩戴者显得性格温和、儒雅。偏小的圆点图案配经典的西装，在商务场所、半正式社交场所或休闲场所都很适合。过大圆点的图案则显得张扬而奇怪。

花饰图案：这种领带多在半正式社交场合、休闲场合佩戴。挑选花饰图案是对男士们审美品位的一大挑战，时尚人士常常以此来张扬自己的个性。

方格图案：方格图案的领带大都是在休闲场合为了表现随意而佩戴的，不适合在正式场合佩戴。

c. 领带的打法。领带打得漂亮与否，关键在于领带结打得如何。打领带结的基本要求是挺括、端正，在外观上呈倒三角形。领带结的大小要与衬衫衣领的大小成正比。

温馨提示

打领带，最忌讳领带结不端不正、松松垮垮。在正式的商务场合，务必提前收紧领带结，千万不要为使自己爽快而将其与衬衫的衣领“拉开距离”。

下面介绍几种领带结的打法。

● 平结（见图 2.25）。这种领带结的形状是偏于窄长的三角形，能显示出严谨、缜密、有条理及可信任的感觉，也可帮助修饰男士的脸型和脖颈线条。

图 2.25　平结

使用这种打法时，领带图案一般要是简洁、单色、暗色的，再配合尖领型或扣领型的衬衫才会协调美观，不适合方领型、大领型的衬衫。

● 双交叉结（见图 2.26）。这种领带结的形状是不松不紧、饱满的等边三角形，可在它的下面压出一道小沟或小窝，这是当今最流行的所谓“男人的酒窝”的打法，更能体现男士的修养和经典的风格。

图 2.26　双交叉结

使用这种打法时，领带图案有较宽泛的选择余地：单色、斜条纹、圆点、花饰、几何图形等都可以。但最好依据自己的职业特点、外形特点等做出选择。此打法不适合方领型衬衫，其他款式衬衫都可以配搭。

● 温莎结（见图 2.27）。这种领带的形状偏大，最好选择较薄质地面料的领带来打这种结。温莎结一定要以优雅、经典的气质及健硕的体态为选择前提。

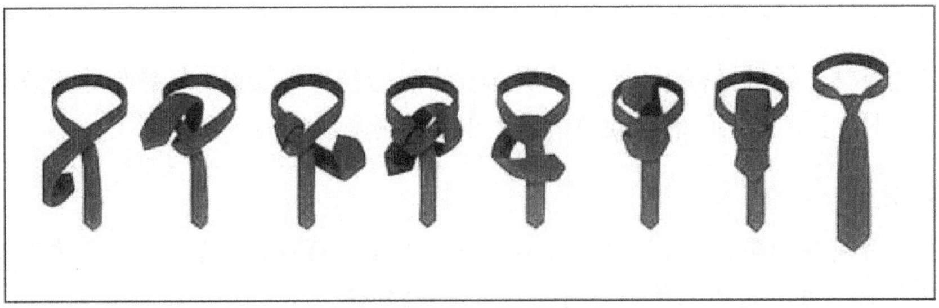

图 2.27　温莎结

这种打法要配合大一些的标准领衬衫、方领型衬衫。

小锦囊

领带与身体的比例关系

领带的长至皮带扣中间较合适。不同男士应根据自己的具体身高条件打出比例和谐的领带。身材高大的男士可打得长些，领带尖在皮带扣下方的位置。身材不够高大的男士可以打在皮带扣上方，以免看上去有失衡的感觉。

③ 皮带。穿着西装时请一定配西式皮带，颜色以黑色为主，皮带扣以简洁的、金属的为佳。浅色、帆布质地、复杂的皮带扣样式配半休闲、全休闲服饰才合适。

④ 皮鞋。穿西装时只能穿皮鞋，旅游鞋和长筒靴不适合在商务场合穿着。配西装的皮鞋以黑色、深棕色为好。最好准备两双黑色的、一双深栗色的。系带皮鞋能显示出你是一个可靠人士；有鞋带的厚底皮鞋、底边有缝线的皮鞋，在一般的上班时间可以穿着。但是镂空的、带流苏款式的皮鞋就不适宜在正式的商务场合穿着了，因为那是为休闲时段设计的。带有极亮光泽的、薄皮底的黑色漆皮鞋是为参加舞会或搭配晚礼服而准备的，最好不在职业场合中穿着。

⑤ 袜子。穿着成套西装时，要选择中长款的西装袜，袜子的长度至小腿中部，以免坐着跷起腿时，露出腿部皮肤。袜子的颜色以深色为主，以接近西裤的颜色为好，如深灰蓝、暗炭灰、灰栗色、黑色等。不适宜穿短筒、浅色的袜子配西装。袜子的质地最好是纯棉、纯毛的，或是以棉、毛为主的混纺袜子，不要选择尼龙袜、丝袜。

（4）其他饰品。

① 手帕。手帕可分为两种：一种是装饰性手帕，另一种是普通手帕。装饰性手帕是将各种单色手帕折叠，放在礼服或西装上衣左胸口袋中的。手帕折叠样式有一山型、二山型、三山型。装饰性手帕不可当作普通手帕来使用。普通手帕是用来擦汗、擦手、擦嘴的，但不可在他人面前使用不洁净的手帕或皱巴巴的手帕。目前，纸巾已有取代普通手帕的趋势。

② 公文包。公文包是男士的隐形名片，男士应选择适合自己职业及身份的公文包。它的面料以真皮为宜，牛皮、羊皮制品为最佳，其他的如棉、麻、丝、毛革等的公文包，难登大雅之堂。色彩以深色、单色为佳，黑色、棕色是最正统的选择，浅色、多色公文包不适合商界男士；若公文包的颜色与皮鞋、皮带的色彩一致，就十分完美、和谐了。公文包最标准的样式是手提式、长方形的。

③ 手表。手表是一种常用的计时工具，又是一种重要的饰品，还是身份的象征。在佩戴手表时，应讲究一定的品牌和款式。一是风格庄重；二是外观上多为正圆、正方、椭圆、长方等，色彩上一般为“全黄表”“全银表”“全黑表”；三是男女有别，男式表、女式表要区分。

小锦囊

男士着装“三个三”原则

（1）三色原则。穿西装时，包括上衣、西裤、衬衫、领带、鞋子、袜子在内，全身的颜色不应超过三个色系。

（2）三一定律。在重要场合，男士穿西装时身上要有三个要件是同一个颜色。这三个要件分别是鞋子、皮带、公文包，而且首选颜色是黑色。如果佩戴金属表带的手表，那么金属表带的颜色应该和眼镜镜框、皮带扣的颜色一致；如果戴的是真皮表带的手表，那么它的颜色应该和鞋子、皮带、公文包一样。这样才浑然一体、和谐美观。

（3）三大禁忌。其一，袖子上的商标一定要拆掉。其二，重要的涉外商务交往中忌穿夹克并打领带。因为夹克一般属于休闲装，除非是制服式夹克（以示统一）或领导参加内部活动时（为了显得平易近人）。一般情况下，这种搭配并不协调。其三，忌穿白袜子和尼龙袜子。穿西装、皮鞋时，袜子和皮鞋颜色相同最好看。袜子最好选择棉袜或毛袜，尼龙袜不吸湿、不透气，易产生异味。

实践训练

1. 情景训练

【情景 1】赵琦是某公司总经理秘书。这天，她参加完公司成立十周年庆典后，晚上又安排了一个晚宴，宴请嘉宾及各方领导。她正在为自己该穿什么衣服而发愁，请你为赵琦支招儿。

实训要求：一人扮演赵琦，一人扮演支招人。

【情景 2】李青是某公司办公室干事。一天，总经理让他陪自己到外地出差，行程三天。李青感觉装西服太过正式，好像不合适，但穿什么才好，他又拿不准。请你为李青解决这个问题。

实训要求：一人扮演李青，一人扮演解决问题的人。

【情景 3】在一次宴会上，我看到一个打扮很扎眼的女孩。只见她戴了四枚戒指，一枚是绿色翡翠的，一枚是黑色玳瑁的，一枚是咖啡色玛瑙的，一枚是彩色玫瑰金的。由于穿着高领衫，没看见项链。耳环则有两组：一紫一蓝。人家很大方地问我：“好看吗？”我说：“你想听真话还是假话？”她说：“啥意思？”我说：“那就跟你简单说吧，反正这些东西都是好东西。”她说：“那是什么意思？”我说：“放一块不好看。”她说：“为什么呀？”我说：“远看像棵圣诞树，近看像个杂货铺。你戴的饰品质杂、色彩乱，串味儿了。”

实训要求：

（1）为什么说这个女孩的打扮“串品味儿”了？

（2）假如你是这个女孩，你该如何打扮？

2. 综合训练

【案例分析 1】

尹琼是星盛商业集团旗下星盛商务信息公司总经理办公室的秘书。她工作一向认真踏实、细致周到，深受上司重视。由于她刚参加工作不久，在着装方面还总是一副休闲装或运动装的学生模样打扮。总经理几次都想带她去参加一些商务活动，如商务谈判、工作宴请，但每次看到尹琼一副学生模样，便打消了念头。后来，总经理也几次暗示她，要她买几套正装。尹琼也意识到了这个问题，就专门买了两套西装套裙。一天，总经理正要到一个外商那里去商谈一个重要工作，想带着尹琼一起去。当看到尹琼穿着得体的驼褐色西装套裙，正要开口说“跟我一起去吧”时，突然发现她脚上穿着一双黑色旅游鞋、黑色短统袜，总经理的眉头顿时皱了起来，然后自己一个人提着公文包走了。

请问：总经理为什么一个人走了，尹琼的着装出现了什么问题？

【案例分析 2】

小刘和几个外国朋友相约周末一起聚会娱乐，为了表示对朋友的尊重，星期天一大早，小刘就西装革履地打扮好，打着漂亮的领结前去赴约。北京的八月天气酷热，他们来到一家酒店就餐，边吃边聊，大家好不开心快乐。可是不一会儿，小刘已是汗流浃背，不住地用手帕擦汗。饭后，大家到娱乐厅打保龄球，在球场上，小刘不断为朋友鼓掌叫好，在朋友的强烈要求下，小刘勉强站起来整理好服装，拿起球做好了投球准备，当他摆好姿势用力把球投出去时，只听到“嚓”的一声，上衣的袖子扯开了一个大口子，弄得小刘十分尴尬。

实训要求：请分析小刘的问题。

【案例分析 3】

美国商人希尔清楚地认识到，在商业社会，一般人是根据一个人的衣着来判断对方实力的。因此，他首先找裁缝为自己定做服装。希尔定做了三套高档西装，需花费 275 美元，而当时他口袋里连 1 美元都没有，但他凭借往日的信用而获得延期付款。然后，他又购买了一整套极好的衬衫、领带及内衣，这时他的债务已达到 675 美元。

每天早上，他都穿着一套全新的服装，在同一时间与同一位出版商“邂逅”，希尔每次都和他打招呼，并偶尔聊上一会儿。

这种例行性会面大约持续一周以后，出版商开始主动与希尔搭话，并说：“你看来混得相当不错。”接着，出版商便想了解希尔从事哪一行业。因为希乐的衣着表现出来一种极有成就的气质，加上每天一套不同的衣服，已引起出版商极大的好奇心，而这正是希尔期待的。

于是，希尔轻松地告知出版商：“我正在筹划一份新杂志，打算在近期争取出版，杂志的名称是《希尔的黄金定律》。”出版商说：“我是从事杂志印刷和发行的。也许我也可以帮到你。”当希尔购买新衣服时，他便期盼着这一刻的到来。

出版商邀请希尔到他的俱乐部，与他共进午餐，在咖啡尚未端上桌前，便已说服希尔答应与他签约，由他负责印刷和发行希尔的杂志。希尔也提出了同意他独家出版发行的条件是提供不收取任何利息的资金，出版商欣然应允。

发行《希尔的黄金定律》所需资金至少在 3 万美元以上，而每一分钱都是从体面的新衣服所创造的“广告效应”获得的。所以，得体的着装在社交场合是不容忽视的。

实训要求：看完这则案例后，你有什么感想？

【综合情景训练】

（1）请指出班上同学着装中，分别属于同色搭配、对比搭配和主色调搭配的有哪些？他们是如何搭配的？

实训要求：

- 说出款式、色彩、饰品的搭配都是怎样的；
- 说出是否符合其性格和喜好。

（2）请在班上利用同学们现有的衣着现场搭配三套你认为最协调的服饰，并说一说为什么。

实训要求：

- 款式、色彩、饰品的搭配都要协调；
- 尽量符合每个同学的性格和喜好。

第3单元 仪 容

情景导入

活泼可爱的苏绮刚毕业不久。在校学习期间，她一直是“清纯少女”的打扮。自从来到星盛商业集团旗下星盛房地产开发公司当了总经理助理以后，为便于今后的工作，她觉得应该改变过去的学生形象了。于是，她特意到商场购买了两套西装套裙，两双深色半高跟皮鞋，准备去掉自己身上的学生味儿，以一个“白领丽人”的形象出现。但对于“白领丽人”必备的化妆技巧，她却知之甚少。面对琳琅满目的化妆用品，如何选择适合自己的，什么样的场合适宜什么妆容，她却不太清楚。

项目任务

假如你是总经理助理苏绮，你应该如何化妆？

作为一个商务人员，不同的场合应采用怎样的妆容？

任务分析

人们根据交际场合、交际目的、交往对象及当时所处角色地位的不同，通常会有不同的妆容，这是人们在交际过程中形成的自然规律。若违背了这个规律，就会使人对你产生异样，甚至不良的印象。例如，在正式的商务场合，应该化淡妆；在舞会上，可以化浓妆；在隆重的晚宴上，可以或淡或浓；在休闲场所，往往采用清新雅丽的风格等，这都需根据场合来确定妆容的浓淡程度。而且每个妆容都应该精细雅致、得体适宜，不能粗枝大叶。要做到这一点，就必须了解自己，了解自己长相的优点和不足，再利用各种化妆技法进行弥补，在视觉上给人以美的感觉。这就是化妆的技巧，也是化妆的目的。

作为秘书一定要掌握化妆技法，巧妙运用，赢得人们的好感和美誉。

相关知识

根据经验，当我们第一次看到某人时，我们就会寻找线索，如仪容修饰、个人风度及着装，我们以此辨别该人是否值得信任、信用如何、办事效率怎样等。职场中，面部修饰如何、发型如何、妆容是不是有品位、体味儿是否明显等都是仪容构成要素，都是他人能否对你形成良好印象的重要细节。所以，仪容是个人职业形象的重要组成部分。

仪容指人的外表、外貌。在商务交往中，良好的仪容既能体现商务人员自身素养，又能体现对商务活动和交往对象的重视与尊重，会产生积极的宣传效果。因此，商务人员一定要注意自己的仪容。而干净整洁是仪容最基本的要求。

1. 个人卫生

作为秘书一定要注意个人卫生，这是良好仪容的基础，也是维护个人形象的根本。

（1）头发适时梳洗。

头发要勤洗、勤理。一般两天洗一次头，每月修剪1～2次。男士的头发要没有头屑、汗味，要干净整洁，发型要大方得体、不怪异。女士的头发要有自然光泽，发型要高雅、协调，“刘海”不要遮住眼睛和脸。不同发质有不同的护理方法，见表2.2。

表2.2 头发护理方法

发质类型	表现	成因	护理
油性	头发细长、发丝油腻、需要经常清洁；洗后第二天，发根出现油垢；头皮厚，容易头痒	荷尔蒙分泌紊乱、精神压力大、遗传、过度梳理头发、常吃高脂肪食物	缓解精神压力、勤洗发、调解内分泌平衡、少吃高脂肪食物
干性	头发缺乏光泽、干燥、油脂少；易打结、难梳理、易生头皮屑；一般发根稠密、发梢稀薄、时有分叉，头发僵硬、弹性较小	皮脂分泌不足、头发缺乏水分、经常漂染或高温吹干、天气干燥等	多摄入高脂肪食物和水分、少漂染头发、少用高温吹干，最好自然风干、勤于梳理
中性	头发不油腻、不干燥，柔软滑顺、有光泽，只有少量头皮屑	皮脂分泌正常，日常护理良好	无须特别护理，按常规方法进行护理即可
混合性	头皮油腻、干燥、靠近头1厘米以内的头发有很多油，越靠近发梢越干燥甚至分叉	经期女子或青春期少年体内的激素水平不稳定；过度烫发或染发等	少烫发或染发，在护肤专家的指导下进行护发

（2）面部保持清洁。

首先，要保持面部干净。应当做到日常护肤六步曲。早三步：洁肤→爽肤→护肤；晚三步：洁肤→爽肤→润肤。这就需要选用适宜的洗面奶洗脸，最好使用柔和、弱酸性的乳液状清洁品，这样才能有效去除面部的油脂和毛孔中的污垢。

其次，注意眼部卫生。要及时去除眼角不断产生的分泌物；戴眼镜的人一定要使自己的眼镜时刻保持洁净光亮。

最后，要经常修剪不雅的体毛。体毛主要指胡须、鼻毛、耳毛等。男士每天要刮脸、刮胡子；女士如果穿吊带装，也应修剪腋毛，否则露出来会给人很不雅的感觉。

（3）口腔清洁卫生。

要清洁牙齿，每天定时刷牙，可用牙线清洁牙齿。还要勤漱口，去除口腔异味。工作前最好不要食用葱、蒜等具有强刺激气味的食物。还要注意保持唇部的滋润干净，不可有白沫留在嘴角，防止嘴唇因干燥而开裂。

小锦囊

去除口腔异味的方法

一是用淡盐水漱口，在晚上睡觉前和早上空腹喝一杯淡盐水。

二是嚼口香糖。但需注意，职业人员在工作场所当着他人的面嚼口香糖既不优雅，也会失礼于人。

（4）手部要保洁、保养与化妆。

商务人员经常与人握手、用手传递东西、做手势等，因此，作为商务人员“第二张名片”的双手一定要得到清洁和护养。一要勤洗手，保持双手洁净；二要经常修剪指甲。

2. 化妆原则

（1）符合审美的原则。

无论是男性还是女性，都应符合大众审美的一般标准，做到不怪异、不另类。

（2）符合自然的原则。

天生丽质的相貌固然令人赏心悦目，但我们往往会存在一些先天的缺点。化妆能通过某些技巧和手段来弥补、遮掩或转移人的注意力，达到一种视觉错觉而产生一种美。因此，自然和谐的美才是化妆的最高境界。

（3）符合协调的原则。

即“3W 原则”（When 什么时间，Where 什么场合，What 做什么）。化妆应与时间、场合和目的相协调，否则会起到负面作用，影响个人或组织的形象。

（4）相对保守原则。

在商务活动中，无论是男性还是女性，仪容都应当是相对保守的，做到淡雅、端庄、秀美，又不分散和转移参与者的注意力。

温馨提示

商界女士在商务活动中更要注意自身仪容，不过分突出女性的性别特征，以淡妆为主，不过分引人注目、不过分招摇。如果在工作场合浓妆艳抹，会使人产生粗俗的感觉。

3. 化妆步骤

（1）沐浴。

洗头、洗澡清洁全身，浴后再用润肤露保养全身肌肤，同时不能忽略手部的清洁与护理。

（2）做头发。

将洗净的头发吹干后，用发乳、摩丝等用品做出适宜的发型。

（3）面部的化妆。

① 基础护理。

a．洁面。选用适合自己肤质的洗面奶除去油污、灰尘与汗渍，用温水清洁面部。

小锦囊

了解你的皮肤类型

清晨起床前，准备三张干纸片，分别擦拭你的额头、鼻子、面颊。然后观察，把观察结果与下列内容对照：

满纸油迹：油性。

极少油迹：干性。

额头、鼻子有油迹，脸颊几乎没有油迹：中性；

额头、鼻子有较多油迹，脸颊没有油迹：混合性。

b．护肤水。取适量护肤水，均匀地轻拍在面颊上。

c. 护肤霜。取适量护肤霜，由下自上、均匀地涂抹在面颊上。

d. 眼霜。取适量眼霜（通常一颗米粒大小即可），用无名指由外侧至内侧轻抹在眼睛周围，并做适当按摩（仍是由眼外侧向内侧一圈一圈地轻推），使眼部完全吸收眼霜营养成分（有的眼霜适合在护肤水之前用，视具体情况而定）。

e. 隔离霜。由于外界空气污浊，对皮肤有一定的伤害和刺激，建议外出时使用适量隔离霜，使用方法与护肤霜一致。

② 彩妆。

a. 施粉底。粉底可以改变皮肤色泽与质地，也可部分地遮盖住皮肤的瑕疵。要选择接近肤色的粉底，千万不可不顾自己的肤色而只认准白色粉底，结果可能适得其反。方法是取适量粉底，用手指或化妆棉少而均匀地轻轻拍在面颊上。颈部，也要擦上适量的粉底。

b. 施定妆粉。定妆粉可减少脱妆现象，也可使不易抹均匀的粉底显得均匀、细腻、有光泽。方法是用粉扑沾少许粉，轻轻揉去多余的粉，然后把粉扑在额头、鼻尖、下巴等易出汗的地方，然后扑其他部位。要用粉扑轻轻地按，最后用粉刷轻轻地把浮粉扫掉。粉不能扑得太多，不要忘记涂抹颈部。

温馨提示

因为浅色有放大作用，深色有收缩作用，所以在额头、鼻梁、颧骨三个高光点选用浅色粉底和定妆粉，其余部位依据脸型的特征，用深色粉底收缩，用浅色粉底放大。

c. 画眼线。画眼线是为了使眼睛显得更明亮有神。一定要把眼线画得紧贴睫毛，上眼线从内眼角到外眼角，由细渐渐变粗；下眼线一般只从外眼角画至距内眼角 1/3 处收笔，外眼角的眼线稍粗，渐渐细到没有。上下眼线在外眼角处不连接，上眼线稍长出眼角，这样，眼睛才显得大而有活力。

d. 抹眼影。化淡妆时，只需沿眼线到外眼角上方涂抹浅咖啡色、深紫色或深蓝色眼影。颜色鲜艳的眼影容易使眼睛显得浮肿，不太适合东方人的肤色。

e. 上睫毛膏。上睫毛膏之前，可用睫毛夹对眼睫毛进行“上翘”的加工，然后轻轻涂上睫毛膏，增添眼睛的神采。注意上睫毛膏时不要弄花眼线。涂的时候，对上睫毛横着向上刷，下睫毛横着向下刷，这样可使睫毛变得黑而翘起。

f. 描眉。先把眉毛修出适宜的形状，一定要顺着眉毛生长的方向一根一根地画，不要一笔画到底。画完后，用小眉刷顺着眉毛的方向轻轻刷几下，去掉明显的笔痕。

g. 涂腮红。腮红又叫胭脂，用来增加面部的红润，还可使面部的轮廓更优美。腮红颜色应与眼影、唇膏颜色属同一色系，以有和谐之感。宽脸庞的人要从颧骨最高处向斜上方抹向发际，再从颧骨向下晕染。窄脸庞的人要先从颧骨抹向耳边，再上下略做晕染。

h. 描唇线。在涂抹口红之前，可用唇线笔画唇线。唇线笔的颜色要略深于唇膏。方法是：嘴自然而放松地张开，用笔从嘴角沿着上唇的轮廓线，描画到唇中，下唇也是如此。如果唇型明显，嘴唇长得也比较丰满、周正，不画唇线也可以。

i. 涂唇膏。描完唇线之后，再涂上唇膏。涂完后，检查一下嘴角是否涂到，多余的唇膏可用纸巾吸去。现在唇膏的类型很多，有传统的唇膏、唇彩、唇油等。作为商务人员，在正式的商务场合是不适合使用太过鲜亮的唇彩或唇油的。

③ 手部化妆。手是最能体现一个人身体高雅尺度的器官。手部化妆时应注意：

a. 修剪指甲。秘书的指甲要定期修剪，指甲里面更不能藏污纳垢。修剪完之后，还应该用指甲刀进行修磨，使之自然光滑，以免在与人握手时剐伤别人或勾剐衣物。如果留长指甲，最好不要超过指甲本身长度的1/3，指甲比较软的人不适宜留长，否则会弯曲下垂；而指甲比较硬的人，留得太长，很容易刺到别人或剐破自己的衣服。所以，一定要根据自己的实际条件来留指甲。一旦留了指甲，一定要修剪成形，否则会给人不舒服的感觉。男性切不可留长指甲。

b. 涂护理霜。每当清洗双手后，还应将护手霜涂抹在手背和手掌上，使手滋润、细嫩、光滑，这样更能增添女性的魅力。

c. 美甲。女士不宜在工作场合涂抹彩色指甲油，如果要用的话，也只能使用无色、透明的指甲油。

④ 喷香水。香水大致可分为四种类型：第一种是浓香型香水，一般适合人们在舞会时使用；第二种是清香型香水，适合于一般交际应酬；第三种是淡香型香水，适合上班时使用；第四种是微香型香水，在浴后或进行健身运动时使用。商务人员适当地使用香水是身份与品位的象征，值得提倡。

使用香水的位置有两个：

一是手腕、耳根、颈侧、膝部等处。

二是服装上既不会污损面料又容易扩散香味的地方，如衣领、口袋、裙摆的内侧，以及西装插袋巾的下端。

4. 淡妆

职业女性上班时应当化淡妆，这不仅体现了女性美，还体现了职业女性的敬业爱岗精神。工作时化淡妆已经成为一种礼仪。

由于日常生活和工作节奏加快，不可能按以上步骤一一去做。一般在15分钟以内就可以化完淡妆。

（1）化淡妆的步骤。

① 基础护理尽量不要少。基础护理是对皮肤的基本护养，也是滋养皮肤、延缓衰老的必要手段。

② 打粉底。气色好或天热时可以不用粉底，或者用不脱色的粉底液，也可直接用干湿两用粉饼，把海绵粉扑用水浸湿，挤干，包上面巾纸再挤一次，除去多余水分。然后沾少许干粉，轻按在脸上，重点是额头、鼻子、下巴，再用大粉刷把浮粉扫掉。

③ 上定妆粉。对额头、鼻子、下巴容易出油的部位先按上一些粉，再轻按其他部位，然后用粉刷扫掉多余的粉。（如果用的是干湿两用粉饼，此步骤可省去。）

④ 上睫毛膏。用一种可起定型作用的睫毛膏，轻轻涂在睫毛处。方法与前面介绍的上睫毛膏的方法一致。

⑤ 涂唇膏。选用接近自己肤色的唇膏。

⑥ 喷香水。上班时喷一点儿淡香型香水可增添你的神采与品位。

（2）化淡妆更简便的步骤。

涂润肤霜，上睫毛膏，涂唇膏。

温馨提示

抹润肤霜是使皮肤滋润的必要步骤，这一步千万不可少。上睫毛膏可使眼睛更有神，最好不省略。而嘴唇是除了眼睛以外最引人注目的部位，如果干燥、脱皮或无血色，都会让人觉得你气色不好、没有精神，所以唇膏也不能不涂。

5. 浓妆

在灯光的照射下，淡妆是没有效果的，所以晚上的活动（如晚宴、舞会、音乐会等）中要化浓妆。浓妆的具体操作步骤如下：

（1）涂粉底霜。

选用遮盖力较强的粉底霜，还可以用深浅两色粉底霜修整面部轮廓。脸庞宽的人可以把深色粉底涂于腮部，把浅色粉底涂于面部中间部位和额头、鼻梁、下巴等处，脸就显得瘦一些。脸型瘦长的人要把深色粉底涂在下巴下方，使脸变得稍短一些。

（2）涂腮红。

腮红也有改善脸型的作用。颧骨稍突出一点儿，给人以华美、冷艳之感。东方人的颧骨一般都不高，脸部缺乏立体感。为改善这种情况，可用双色胭脂，一明亮一深沉，把亮色腮红涂于颧骨最高处，扫向发际，把深色腮红涂于颧骨下方，注意两色要连接得自然，不能涂抹成截然分明的两个色块。

（3）涂眼影。

眼影要有层次感，厚薄不分的眼影让人觉得呆板。应该由浅而深地在眼窝处先打底，由内眼角沿睫毛向上、向外描，以不超过眉角和眼角连线为宜，宽度以稍微超过眼皮为原则。涂眼影时，以眼球最高处为线涂暗色，越靠眼睑处越深，越向眉毛处越浅。

（4）上睫毛膏。

平时上班时，睫毛膏不宜刷得太浓；化晚妆时，则可以稍微浓密一些。上睫毛膏时，手边准备好棉花棒，随时擦净弄脏的地方，干了以后就难以清除了。先用睫毛夹把睫毛夹得翘起来，再从下往上刷，如果觉得不够浓密，等睫毛膏干了以后再刷一遍（颗粒状睫毛膏则不必如此，多刷几次即可）。有时睫毛会黏在一起，可以等它干了以后，用小睫毛梳轻轻梳理一下。防水睫毛膏比较好。

（5）鼻影。

化淡妆不必化鼻影，化浓妆时也不是所有人都要画鼻影。只有鼻梁确实不够挺者才需要。鼻影的颜色与眼影的颜色一样，浅咖啡色较合适。鼻子较短的人，从眉头开始向下晕染，一直延长到鼻翼。鼻子较长的人，不要从眉头开始，要往下一点，从内眼角处开始向下，越来越淡，逐渐消失，不要画到鼻翼。鼻影要画得自然，从侧面看不能有明显的界线。

（6）唇膏。

晚妆，特别是舞会妆，唇膏的颜色不应太暗，以粉红、桃红色系为宜。因为舞厅中的灯光五颜六色，如果用深色的，如棕色的唇膏，当那些蓝色、绿色的灯光照在脸上时，颜色就显得太暗了。

（7）描眉。

浓妆时可以夸张一些，但是还要与眼睛、眉骨的形状相配。

（8）香水。

女性可使用浓香型香水，男士也可使用一点儿清香型香水。

6. 补妆

经过一段时间的工作，脸上的妆容易脱落，这时就需要补妆。一般一天补两次为宜，即中午饭后和傍晚下班前（油性皮肤比干性皮肤更易脱妆，补妆的次数因人而异）。午饭后要补唇膏，脸上出油，特别是额头、鼻子、下巴这个T字带常常发亮，也应修整一下。快下班时，面色疲劳，补一下妆，可增添精神。

补妆时只需用面巾纸轻轻按在脸上出油的地方，把油吸掉，再扑一点儿粉，涂一点儿口红，前后一分钟即可搞定。不需要从头到尾再描一次，那样颜色加浓，就变成浓妆了，还容易把脸化“脏”。

温馨提示

女性千万不要在公共场所或异性面前化妆或补妆，不要非议他人妆容或在上班时间讨论化妆问题，也不要使用他人的化妆用品。

7. 发型的选择

“完美形象——从头开始”。作为一名商界人士，要重视头发的护理，要根据自己的形体、气质、身份选择适当的发型，充分表现出自己的良好仪容。因为在当今社会，头发更多地反映了一个人的道德修养、审美水平、知识层次、行为规范及工作和生活态度。

商务秘书的发型除了应与自身的自然条件相协调外，还要大方得体、方便工作。对发型的要求是：

① 发型要趋于保守，不追求过于新潮的发型。

② 可以烫发。直发容易垂下，尤其是在处理办公事务或给上司送文件、给客户倒茶水时，会造成诸多不便。有些女性习惯不停地用手捋头发，这是非常影响工作的。因此，女性如果留直发，最好将头发盘起。

③ 头发的颜色要深一些，黑色或栗色最佳，千万不可染成过于鲜艳的颜色。

小锦囊

体型与发型

如果你的身材高大，则不宜留超短发型。

如果你身材矮小，则不宜留披肩长发。

如果你很瘦，则宜留中长发和略有变化的发型。

如果你很胖，则发型宜简洁流畅。

如果你头颈长而细，则宜留中长发、长发或烫蓬松的大花。

如果你颈短而粗，则不宜留披肩长发，宜露出耳朵和脖子。

如果你肩过窄，则宜留中长发或长发，且两侧不宜太蓬松。

如果你肩过宽，则宜留纵肩的中长发或盘发。

8. 整体形象的塑造

商务人员常常引人注目。因为他们仪表堂堂、风度翩翩、服饰得体、举止优雅、谈吐文明，在待人接物方面显得训练有素，会给人留下深刻印象。那么，如何塑造出适合自己的良好形象呢？

① 选择得体的服饰——这是整体形象的“焦点”。

② 让你的言谈举止“美化”你的形象。言谈举止是一个人精神面貌的体现，应开朗、热情、平易近人，让人感觉随和亲切，容易接触。一些人在社交中常担心自己没有出众的言谈来打动大家，以至于在交谈时精神紧张、表情僵硬。因此，应放松心情，保持自己故有的个性与特质，不要矫揉造作。

言谈要有幽默感。在交际场合，幽默的语言极易迅速打开交际话题，使气氛轻松、活跃、融洽。因此，商务人员平时应该多积攒一些妙趣横生的幽默故事，遇到有分歧的尴尬场面时，幽默、诙谐便可成为紧张情境中的缓冲剂，使朋友、同事摆脱窘境或消除敌意。

③ 充分展示性别美。男人具有一种阳刚之气，是一种粗犷的美、内涵的美。男士切忌狭隘和嫉妒心理，不应斤斤计较，更不可睚眦必报。传统观念中，女性应温柔、娴静，但现代职场女性不能嗲声嗲气、矫揉造作，而应干练聪慧、大大方方。作为女性职员，还应柔和明朗、细致周到。

④ 发挥微笑的魅力。在社交场合，微笑可以吸引别人的注意，也可使自己及他人心情轻松，微笑是一个人有魅力的最重要的标志。

因此，作为商务人员，在待人接物时应时刻面带微笑（不是时时刻刻都咧着嘴笑，而是那种不出声、不露齿，又让人感到你的脸上挂着笑意），这才能为交往创造一种轻松的环境。

总之，整体形象是内涵修养与外在形象的结合，关键在于后天的训练和培养，人们常说“腹有诗书气自华”，就是这个道理。

实践训练

1. 情景训练

【情景 1】信达公司成立十周年，要举办一个隆重的庆祝仪式。女秘书杨静被选为礼仪小姐，负责接待工作。

实训要求：

一人扮演女秘书杨静。她应该如何化妆？请演示化妆过程。

【情景 2】办公室赵主任与秘书苏绮接受有合作关系的嘉达机械公司邀请，参加该公司主办的一场舞会。

实训要求：

一人扮演女秘书苏绮，一人扮演办公室赵主任（男）。两人应分别化什么妆比较合适？请演示化妆过程。

【情景 3】星盛商业集团总经理办公室秘书吴诗怡白天全程陪同来访的美国友好代表团游览观光，下午 6:00 左右才忙完。回到公司，她感到很累，可又被通知晚上 8:00 将与公司的欧阳总经理等人一同出席美国代表团的答谢晚宴。在总经理办公室里，欧阳总经理看到她一脸憔悴的样子，叫她马上去收拾打扮。吴诗怡说就这样凑合算了。可欧阳总经理一听马上命令她立即回家，还让司机专程送她，免得挤公交车耽误时间。吴诗怡一听欧阳总经理如此重视形象问题，马上回家认真打扮了自己，然后神采奕奕地出席了当晚的宴会。

实训要求：

如果你是吴诗怡，你会如何进行晚宴前的仪容装扮？

2. 综合训练

【案例分析 1】

曾有心理学家做过这样一个试验：分别让一个戴眼镜、手拿文件夹的青年学者，一个打扮时尚的漂亮女士，一位提着菜篮子、面色疲惫的中年妇女，一位头发怪异、穿着邋遢的男青年在公路边搭车。结果显示，漂亮女士、青年学者的搭车成功率很高，中年妇女次之，打扮怪异的男青年则很难搭到车。

请问：你如何看待外貌给人的第一印象？

【案例分析 2】

宋航是某高校商务管理专业的高才生。他看到当地一家大型合资企业正在招聘业务主管，便做好各方面准备，前来应聘。面试那天天气不好，风很大，还下着雪。当他头发凌乱地出现在面试现场时，负责面试的人事部经理（澳大利亚人）对他的第一印象大打折扣，并直率地指出：一个部门主管，其仪表是非常重要的，既能反映个人身份又能体现公司形象。因此，不予聘用。

你看完这则案例后，有什么感想？

【案例分析 3】

某公司招聘秘书。由于待遇优厚，应聘者很多。文秘专业毕业的小赵前往面试，她的背景材料可能是最棒的。大学四年在各类刊物上发表了 3 万字的作品，有小说、诗歌、散文、评论、政论等，还为六家公司策划过周年庆典，语言表达也极为流利，书法也堪称佳作。小赵五官端正，身材高挑、匀称。面试时，小赵穿着迷你裙，露出藕段似的大腿，上身是露脐装，涂着鲜红的唇膏，轻盈地走到一位面试官面前，不请自坐，随后跷起二郎腿，笑眯眯地等着问话，熟料，三位面试官互相交换了一下眼色，主面官说："赵小姐，请下去等通知吧。"她喜形于色："好！"挎起小包飞快出门。

请问：小赵能等到录用通知吗？为什么？

【综合情景训练】

节目主持礼仪

角色：主持人两名（一男一女）。

男嘉宾：

一号：恒信公司李立副总经理；

二号：恒信公司办公室龚和平主任；

三号：恒信公司行政助理冯健。

女嘉宾：

一号：三江电台主持人雅丽；

二号：（外资）畅联企业秘书艾清小姐；

三号：（外资）畅联企业公关部长黄梅小姐。

女主持人：礼仪并非只体现在某些重大场合中，在日常生活中，注重礼仪尤为重要。

男主持人：你的坐姿、你的站姿、你的衣着，都有无数双眼睛盯着呢！

合：我们选择了“娱乐节目”来体现礼节，体现日常礼仪。

女主持人：下面有请嘉宾出场！（背景音乐响起。）

女主持人：第一位出场的是一号男嘉宾，他是来自恒信公司的李立，李立是恒信公司的副总经理。大家欢迎！

男主持人：一号女嘉宾是三江电台主持人雅丽，有请！

女主持人：接下来是二号男嘉宾，是来自恒信公司的龚和平主任，欢迎你！

男主持人：这位是二号女嘉宾，她是来自（外资）畅联企业的秘书艾清小姐。

女主持人：最后一位男嘉宾是来自恒信公司的行政助理冯健先生。

男主持人：最后出场的是三号女嘉宾黄梅小姐。大家欢迎！

女主持人：下面进入第一个环节——男女嘉宾互问。先请女嘉宾提问。

一号女嘉宾：请问二号男嘉宾，为什么你老在那儿抖脚呢？这是你的习惯吗？

二号男嘉宾：没有没有！我只是看到这么多漂亮小姐，有点紧张，平时我行为很端庄，很注意形象的，实在不好意思！

一号男嘉宾：请问三号女嘉宾，作为公司公关部部长，你对属下职员的仪表有什么要求？

三号女嘉宾：我们公司要求每位公司成员都穿公司统一发的职业套装，不允许男职员留长发、留胡子，女职工留长发的应该把长发盘起来，我们要求每位职工仪表整洁，给客户提供最好的服务。

二号女嘉宾：请问三号男嘉宾，你们公司对职员的着装有什么要求？

三号男嘉宾：最重要的是得体大方，衣着不能太过随便，也不要太时尚，要有职业女性的味道。不知我的回答你是否满意？

二号女嘉宾：很好，谢谢！

女主持人：经过嘉宾互问，我想大家相互之间更了解了，接下来的环节是才艺表演。先由一号男嘉宾邀请一位女嘉宾表演一个节目。有请！来点儿背景音乐！

（一号男嘉宾走到一号女嘉宾前：“小姐，能请您一起来表演几种规范的手势吗？”一号女嘉宾应邀站起来，一起面带微笑表演横摆式、前摆式、双臂横摆式、斜摆式、直臂式，两人问候致意，相互挥手等。谢幕后，男嘉宾送女嘉宾入座。）

男主持人：欣赏过了规范的手势，接下来由二号男嘉宾选择一位女嘉宾表演一次。

（二号男嘉宾走到三号女嘉宾前：“小姐，陪我走一段路，好吗？”在背景音乐的烘托下，他们表演了规范的走姿。男嘉宾送女嘉宾入座。）

女主持人：接下来最后一组嘉宾上场！

（三号男嘉宾邀请二号女嘉宾：“小姐，能与我一起表演一下几种规范的坐姿吗？”二号女嘉宾应邀站起来，两人面带微笑，分别表演男女稍有不同的标准坐姿、侧坐、开关式坐姿、交叉式坐姿、重叠式坐姿等。同样，谢幕后，男嘉宾送女嘉宾入座。）

女主持人：大家都表演了丰富的节目，相信各位嘉宾互相之间肯定有了更深的了解。最后请大家互送名片，以便今后联系。

（男女嘉宾交换名片。）

（背景音乐响起。）

合：各位嘉宾，各位观众，今天的娱乐节目就到此结束了。

女主持人：我们希望大家在这个节目中能获得一些关于礼仪方面的常识，以便在以后的日常生活、工作中加以规范。

男主持人：塑造自身良好的社交形象，努力成为一个受欢迎的人！

合：谢谢各位嘉宾的参与和各位观众的收看！再见！

请把这一接待过程演示出来。

实训要求：

（1）分组训练：每 9 人一组，分别扮演其中 8 个角色，另一个是旁白，并负责播放音乐。

（2）在演练的过程中，每一位同学要认真对待，注意服饰、举止与仪容的协调，交谈的声音、语调、话语内容要适宜。

知识小结

仪态是指人的体态礼仪。仪态包括表情语、手势语和体态语三方面：

表情语包括微笑语、目光语；

常见的手势语有指示性手势、情绪性手势和象征性手势；

体态语包括站姿、坐姿、行姿、蹲姿及乘坐轿车的姿势等。

着装原则：和谐原则、TPO 原则。

职业女装主要有三种类型：西装套裙，连衣裙或两件套裙，职业衬衫加休闲裤。

男士考虑更多的是着装上细微之处的变化，以此来体现男士的个性特征，如面料、色彩、图案、款式、做工等细节。

仪容指人的外表、外貌。商务人员一定要注意自己的仪容：要掌握个人卫生、化妆原则、化妆步骤及整体形象塑造方法。

模块3 接待礼仪

习训目标

知识学习目标：

- 了解和掌握接待礼仪中的见面礼仪、方位次序与距离礼仪、日常接待礼节及不同对象的接待礼节等接待礼仪基础知识。

能力培养目标：

- 培养规范运用接待礼仪的能力。
- 熟练应用接待礼仪，养成规范行为、礼貌待人的良好习惯。

素质拓展目标：

- 让学生树立规范行为、讲究礼仪的意识，养成处处讲文明的行为习惯。
- 使礼仪真正融入学生日常行为的各个环节，提高学生的综合素质。

第1单元 见面礼仪

情景导入

星盛商业集团在市场经济的高速发展下，观念不断创新，项目不断增加，利润不断增长，获得了同行关注，成为当地一家极具发展潜力的企业。欧阳毅是星盛商业集团总经理；赵建中是一位资深的总经理办公室主任，赵主任为人平和，处事经验丰富，关心和重视年轻秘书的成长，注重秘书外在形象和内在素质的综合提高；周洁是总经理办公室的一位资深秘书；吴诗怡是大学毕业不久、刚刚踏上工作岗位的一位总经理办公室新秘书。

一天，星盛商业集团的合作伙伴、华兴集团总经理周健先生有重要事宜与欧阳毅总经理商谈，并已约好见面的时间和地点。赵建中主任把这次的接待服务任务交给了吴诗怡，特意叮嘱一定要圆满完成任务，不能出现任何差错。吴诗怡心里清楚，这既是上级布置下来的一项重要工作，也是对自己工作能力的一次锻炼和考验。自己虽从文秘专业毕业，但由于缺乏秘书实际工作经验，使她对这次的接待任务有些惶惶不安，生怕出现差错而影响公司的声誉。为此，吴诗怡特意向资深秘书周洁请教。

项目任务

假如你是秘书吴诗怡，你该如何圆满完成这次接待任务？

任务分析

接待工作包括许多环节，其中最先遇到的就是见面环节。这是交往的开始，也是建立良好关系的前提。若处理不好，就可能造成不良影响，不利于今后工作的顺利进行。见面礼仪涉及致意与问候、称呼与介绍、握手与递送名片等几个方面。例如，无论见到谁都问候“吃了没有？”“你到哪里去？”会让人感觉很老套或有打探他人隐私的癖好；若采用了不适当的称呼，就会引起别人的反感；若用左手与他人握手就会让人感觉受到轻视；等等。秘书作为单位形象的窗口，是不允许出现此类失误的。

因此，秘书吴诗怡若想圆满完成接待任务，首先应从最基本的见面礼仪开始，认真做好每一个环节的接待，才能保证今后工作的顺利开展。

相关知识

见面礼仪是人与人在商务交往中的第一礼节，这个第一礼节可能会对今后彼此的交往产生重要影响。举止庄重大方、谈吐幽默文雅，在商务交往之初能给对方留下良好的第一印象，对日后的交往产生积极影响。

日常见面礼仪涉及致意与问候、称呼与介绍、握手与递送名片等几个方面。

1. 致意与问候

（1）致意。

致意是一种用非语言方式表示问候的礼节，也是最常用的礼节，表示问候和尊敬之意。致意时应该表情和蔼、诚心诚意；不可面无表情或精神萎靡，这会给人一种应付了事之感。

致意的次序一般是下级先向上级致意，晚辈先向长辈致意，男性先向女性致意，主人先向客人致意。但在实际交往中，不一定要拘泥于以上次序。有时，上级、长辈先向下级、晚辈致意，更能展示自己的谦虚随和。致意的方式很多，如微笑、点头、举手、躬身、起立、脱帽等，针对不同场合、不同对象，可以单用一种，也可几种并用。

① 微笑致意。微笑致意时，目视对方，表情和蔼，嘴角略微向两侧翘起。微笑与点头致意结合起来使用效果更佳。微笑致意适用于熟人或不太熟悉的人在距离较近但不宜交谈或无法交谈的场合。

② 点头致意。在面带微笑目视对方的同时，头部略向下轻轻一点。不宜反复点头，点头幅度也不必过大。点头致意适用于路遇熟人、在公共场合不宜交谈、在同一场合多次碰面或遇到多人无法一一问候等场合。

③ 举手致意。举手致意时，右臂向前上方伸直，右手掌心朝向对方，轻轻向左右摆一两下。举手致意可分两种方式：远距离时，将手臂伸直，举过头顶或略高于头顶举手致意；近距离时，只要将手臂肘弯曲摆动即可。注意，不可将手上下摆动，也不可将手背朝向对方。举手致意通常适用于与对方有一定距离时的致意。

④ 躬身致意。躬身致意是身体上半部分微微一躬。这种致意方式表示对他人的恭敬，在见到位尊者或长者时使用。

⑤ 起立致意。起立致意是站起身来致意，表示对来访者或离别者的敬意。一般适用于较正

式的场合，尊者、长者要到来或离别时，在场者应起立表示欢迎或欢送。使用这种方式要注意：对来访者，要待来访者落座后，自己才能坐下；对离别者，要待他们离开后才可落座。

⑥ 脱帽致意。脱帽致意适用于戴有帽子的一方向他人致意。脱帽致意时应微微颔首欠身，用右手脱帽，将其置于大约与肩平行的位置，同时与对方交换目光。一般是下级遇见上级，男士遇见熟悉的女士或被介绍给女士时，或者在一些较正式的升降国旗、演奏国歌等情况下使用。

（2）问候。问候是用语言表达友好与敬意的一种见面礼仪，如“你好”“早上好”；或者用“称呼+问候语”来问候，如“张总，下午好”“李处长，晚上好”。路遇同事、上司时应主动问候，这是秘书为人处事的一种基本礼貌。

一般情况下，问候与致意一起使用，次序与致意一样，内容也因对象、场合、时间、地点的不同而不同。

小锦囊

秘书的问候语

秘书最好采用时效性问候语，如“早上好”“周末愉快”“春节好”等，这样显得更加专业。

2. 称呼与介绍

（1）称呼。

在商务活动及各种正式场合中，对人的称呼一定要准确，这表明了双方的关系和身份，以及你的态度。因此，称呼是一种非常重要的礼仪。如果称呼都不对，对方很可能失去了交谈的兴趣。在比较正式的场合，常用的称呼主要有以下几种。

① 泛称。

对男性的称呼：在社交场合、公共场合，对于男性都可用“先生”这个称呼。对于从事体力劳动的男士，用“师傅”更容易被接受；在我国的党政机关内，称“同志”更合适。

对女士的称呼：未婚女性称“小姐”；已婚女性称“夫人”或“太太”，“夫人”是尊称，适用于正式场合，“太太”适用于一般社交场合。对于成年女性，不明确其婚姻状况的可用“女士”这个通称，这种称呼在商务交往、公关活动和国际交往中普遍使用，秘书必须准确把握。

在这些泛称之前可加上对方的姓氏。尤其是在双方被介绍后，更应该加上姓氏来称呼对方。如“李先生”“赵女士”“泰勒小姐”，这样可以减少双方的距离感。

② 姓+职业、职称或学衔。

可用作称呼的职业有“医生”“护士”“律师”“老师”“警官”“会计”“秘书”等，如“秦医生”“刘律师”“钱警官”等。

可用作称呼的职称并不很多，如“教授”“副教授”“高级工程师”“工程师”等较高职称才能用于称呼，如“汪教授”“赵工”（“工程师”的简称）等。

可用作称呼的学衔很少，常用的就是“博士”。国外对这一学衔很重视，它说明一个人的学识和能力。所以在公务活动中，一定要以“姓+博士”来称呼，如“赵博士”。

③ 姓+职务。在商务活动中，这种称呼的使用是最普遍的。例如“董事长”“总经理”“经理”“部长”“主任”“处长”“科长”等，都可以在其前面加上姓氏，如“马总经理”“刘部长”“孙主任”等。在某些非正式场合也可使用“姓+职务简称”的方法，如“程董（事长）”“李总

（经理）”“王处（长）”等。

④ 姓名称呼。

a．直呼其名。这种称呼一般适用于老师对学生、上级对下级、同事之间、同学之间。

b．“老”或“小”+姓。这是同事之间常用的称呼。一般来说，年纪相对大的人用“老+姓”来称呼，如“老周”“老丁”。对于年纪比较年轻的人，用“小+姓”称呼，如“小郑”“小袁”。

c．姓+“老”。这种称呼常常用于文化界和政界的某些德高望重的长者，是一种非常恭敬的称呼，如“夏老”“曾老”。特别需要注意的是，使用这种称呼时一定要注意年龄和身份的对应，对于刚刚退休的人，最好不要使用。因为提前把他们划入“老”的行列，哪怕是尊称，他们也不一定接受，75 岁以上的老者方可适用。

d．只称名，免去姓。对于两个字的名，双方关系又比较近，常常免去姓，只称名。例如对“赵莹莹”就只称为“莹莹”，“高博文”只称为“博文”。对于单名的人，在公务场合则不采用此法，应连名带姓一起称呼。

以上介绍的是在不同场合对不同身份的人的各种称呼，并不包括亲属间的称呼。

温馨提示

简称一般只在非正式场合使用，如“潘总”“于董”等。正式场合最好用全称，这样才显得庄重得体。

秘书人员在任何情况下，都不能无称呼就开始交谈，或者以“喂”“哎”等来招呼对方。

（2）介绍。

介绍可以为人与人的相互认识搭起一座桥梁。与对方第一次见面，我们常常要把自己的情况介绍给对方。作为一名商务人员，还要经常在各种场合充当介绍人，规范、得体地介绍别人。

介绍可分为自我介绍、他人介绍和为他人介绍三种。

① 自我介绍。自我介绍的内容要根据交往的具体场合、目的、对象的特点等实际情况来确定，不可盲目。

公务场合中，正式的自我介绍主要包括以下几个要素：问候、姓名、单位、部门、职务。例如，“你好，我叫尚洁雅，是东方集团总经理办公室秘书。”有职务的一定要报出职务，如果职务较低或无职务，则可报出自己所从事的具体工作，以便对方心中有数。例如，“你好，我叫叶鑫晶，在东方集团策划部做活动策划工作。”

社交场合中，对彼此不太熟悉的人，若一时没有合适的人为自己做介绍，则可采用自我介绍的方式，并且一定要说明与主人的关系。例如在朋友的一个生日聚会上，你可以这样介绍自己：“大家好，我是叶鑫晶的大学同学，我叫张绮。”

小锦囊

看场合确定自我介绍内容

在社交场合进行自我介绍，内容应简明扼要，表情应自然大方。若对方积极热情，你便可以与对方交谈；若对方反应冷淡，你应礼貌告辞。若是到公司求职，自我介绍就要详细些，除问候，以及通报姓名、年龄、特长外，还应说明自己的专长、曾获得的荣誉和自己应聘的岗位等。

② 他人介绍。他人介绍是指在社交场合由他人将你介绍给另一个人。有时你很想认识某人，但又不方便去做自我介绍，可找一个既认识自己也熟悉对方的人来介绍。想结交上级领

导或商务活动中的重要人物，采用这种介绍方式更容易建立信任感。

作为被介绍者（除年长者外），一般应起立致意，主动问候对方，如“您好”“认识您非常高兴”“幸会”“久仰大名”等；如果不方便起立，则要微笑欠身表示礼貌。介绍时双方既可以握手，也可行致意礼，还可互换名片。

③ 为他人介绍。为他人介绍是指作为中间人为所认识的双方做介绍，这要求介绍者对双方的情况都比较了解。由谁来充当介绍者也是有讲究的。一般情况下，介绍者由单位专门负责此事的相关人员，如秘书、办公室主任、公关礼宾人员担当。若来访者身份较高，一般由东道主一方在场人士中身份最高者来介绍，以示对被介绍者的重视。有时，需要征求身份较高者的意见，看他是否愿意把自己介绍给某人。

a. 站立的位置和姿态。介绍人应站在两个被介绍人之间。介绍时，应微笑着用自己的视线把另一方的注意力吸引过来。手指并拢，掌心向上，手臂自然地伸向被介绍者。

b. 介绍顺序。在为他人介绍时，先介绍谁、后介绍谁，是一个比较敏感的问题。虽然我们提倡人人平等，但在商务交往中，还是应该遵守“尊者优先”的原则，即尊者有优先知情权。先把位低者介绍给位尊者，后把位尊者介绍给位低者，以便位尊者优先了解对方的情况。国际上公认的为他人介绍的顺序是：先将职位低的人介绍给职位高的人；先将年轻者介绍给年长者；先将男性介绍给女性；先将主方介绍给客方；先将晚到者介绍给早到者。

温馨提示

应注意的是，当所要介绍的双方符合其中两个或两个以上顺序时，应按先职位再年龄、先年龄再性别的顺序来介绍。例如要为一位年长的、职位低的女士和年轻的、职位高的男士做介绍时，就应先将这位女士介绍给这位男士。

c. 介绍语。介绍时应准确称呼、内容简明。介绍内容一般包括尊称、单位、部门、职务、爱好等，应使用礼貌用语。还可对被介绍者的特定情况或其他个人情况做出积极评价，这种评价要与公务场合相适应。例如，“陶总，请允许我向您做介绍。这位是兴亚公司的销售部经理陈清语先生，这位是辉宏公司总经理陶俊乐先生。陈经理不仅工作业绩好，还是一位电脑高手呢。”或者说：“张小姐，我来介绍一下，这位是……”

④ 介绍时的失误处理。介绍时若突然忘记被介绍者的姓名，应立即承认，诚恳道歉。例如，“对不起，看我这记性，一下子想不起您的名字了。”“实在抱歉，我突然想不起您的名字了。”

如果别人为你介绍时说错了你的姓名，或者提供了不准确的信息给对方，而你又非常希望今后能进一步发展与对方的交往，这时就可以礼貌地纠正。例如：“对不起，我是三横‘王’，不是黄色的‘黄’。”注意纠正的态度和语气，一定要诚恳，避免使介绍人尴尬。

记住并准确地称呼出对方的姓名可能会让你有意想不到的收获。记住并准确地称呼出对方的姓名，不仅是一种礼仪需要，而且能成为开启友谊之门的钥匙、寻找合作伙伴的桥梁。美国的比特·杜波尔曾说：“如果你能记住一个人的姓名，他就可能给你带来一百个新朋友。”

小锦囊

记住姓名的小窍门

（1）重复一遍姓名。重复一遍他的姓名来确认自己是否记住和发音正确，如果他的姓名比较难记，可多重复几遍。

（2）多使用姓名。与对方交谈时，尽量多使用对方的姓名，以帮助记忆。

（3）姓名与人对应上。将你记忆中的姓名与对方的相貌相互对应，心里重复并且记忆多次。

（4）使用与其姓名相联系的词语。如果对方姓名和你所知道的某些词语或与你的朋友的姓名有相似之处，就赶快记住这个相似点。

（5）把姓名写下来。把姓名写在工作笔记本上，多翻几次，久而久之这些名字就会自然而然地印入你的脑海。

（6）把面孔当作线索来回忆姓名。记住面孔往往比记住姓名容易。因为记忆面孔只需辨认以前是否见过即可，因此，记姓名时还须花精力去记对方的面孔特征，以及面孔特征和姓名之间的关系。把姓名和面孔进行比较，有助于把姓名和面孔联系在一起。

3. 握手与递送名片

（1）握手。

握手是常见、通用的礼节。它看似简单而平常，但握手的方式、时间的长短、用力的大小、面部表情等往往传达出你对对方的态度，稍不注意，就会给个人或集体带来负面影响。握手之前要审时度势，选择恰当时机行握手礼。何时握手也是一个微妙的问题，它涉及双方的关系、现场的气氛及当事人的心理因素等。

① 握手的场合（见表3.1）。

表3.1　握手的场合

场　合	表达的意思或情感
社交场合彼此会面与道别时	表示对对方的欢迎与惜别
遇到久别重逢的熟人时	表示因久别重逢而欣喜万分
向他人道贺、恭喜时	表示恭贺
向他人表示感谢、理解、支持时	表示自己的诚意
在赠送或接受礼品、颁发或接受奖品时	表示郑重或感谢
向他人表示安慰时	表示慰问

② 握手的顺序。握手的顺序应根据双方的社会地位、年龄、性别及宾主身份来确定，一般遵循“尊者决定”的原则，即握手的主动权掌握在“尊者”手中。具体体现是：上下级之间，上级先伸手；长辈与晚辈之间，长辈先伸手；女士与男士之间，女士先伸手；主人与客人见面时，主人先伸手；客人与主人道别时，客人先伸手。对于不想握手或不习惯握手的人，可以点头、欠身或鞠躬致意；若对方主动、热情地伸出手来，应立即回握，拒绝别人的握手是很失礼的行为，也会极大地伤害对方的自尊。

小锦囊

握手的顺序

在公务场合握手的顺序主要取决于双方的身份、地位，而在社交休闲场合则主要取决于双方的年龄和性别。例如，一位年长的、职位低的女士与一位年轻的、职位高的男士的握手，在公务场合中，应该男士先伸手，而在社交休闲场合，则应该女士先伸手。

③ 握手的体态语。

a．表情：握手时，要面带微笑，目视对方的脸，表现出你的诚恳、热情和自信。同时要有相应的问候语，如“你好”“见到你很高兴”“祝贺你”等。

b．距离：行握手礼时，两人相距约 1 米。

c．姿势：双脚立正，上身向前微倾，伸出右手，四指并拢，拇指张开，掌心向内，手掌与地面垂直，肘关节微曲，手的高度约至腰部。相握时，双方虎口相触，放下拇指，手掌相握，适当用力，上下轻摇几次。这是标准的握手姿势，也叫平等式握手。

d．力度：握手的力度要适中，稍许用力。握得太紧或太猛，会给人过分热情或故意示威之嫌；握得柔软无力或伸而不握，给人缺乏热忱或敷衍之感。不同的对象使用不同的力度，也能传达不同的心意。久别重逢的亲朋好友间握手的力度可稍微大些；异性或初次见面的朋友则不可用力过猛。

e．时间：握手的时间因人、因地、因情而异，可根据双方的关系、亲密程度灵活掌握，一般在 3 秒左右。

④ 握手礼的方式。在日常交往中，人们会有意无意地通过不同的姿势、力度、时间长短表现出不同的性格和心理状态。

a．控制式握手。掌心向下握住对方的手，表示自己的主动和支配地位，显示出强烈的支配欲和控制欲。

b．谦恭式握手。与前者正好相反，掌心向上与对方握手。这种方式表示自己的谦虚和谨慎。

c．双握式握手。用右手紧握对方的右手，同时再用左手加握对方的手臂或肩部。这种方式表达了一种真挚、热情、诚恳、友好的感情。通常用于亲朋好友之间，初识者或异性之间不宜使用。

d．捏指式握手。只握住对方的手指部分，而不是两手的虎口接触。这种方式表达了双方的稳重与矜持，通常用于异性之间的握手。

⑤ 握手的禁忌。

a．忌东张西望。握手时应热情地注视对方，不可左顾右盼、心不在焉。忌坐着握手。除年老体弱的人或残疾人可以坐着行握手礼外，其他人都应站立行礼。

b．忌用左手握手。单手相握时，应伸出右手与对方相握，左手自然下垂，不可插在口袋里或插在腰间。阿拉伯人、印度人认为左手是不洁净的，切不可用左手与之相握。

c．忌交叉相握。多人在场时应一一握手，不能交叉握手，也不能用两只手分别与不同的人握手。

d．忌戴着手套与人握手。除了女士戴与礼服相配套的装饰性手套时或军人身穿制服执行公务时，一般不能戴着手套握手。

e．忌用不洁之手与人相握。如果由于手湿、手脏或手部有残疾不能行握手礼，应说明原因并道歉。

f．忌与他人握手之后立即擦拭自己的手掌。

g．忌拒绝与他人握手。即使有人违背握手顺序的原则，也应迎握对方，否则就是失礼。

h．忌戴着墨镜握手。除患眼疾或眼部有缺陷者外，其他人不得戴着墨镜与人握手。

i．忌异性间久握不放。特别是男士握住女士的手久久不放，这是极为失礼的。

（2）递送名片。

现代社会交往中，名片是人们相互了解、保持联络的重要工具。

① 名片的设计。这里只谈公务名片的设计和使用。

a. 规格。目前国内通用的名片规格是 9 厘米×5.5 厘米。形状奇异的名片不便于携带和保存。

b. 色质。最好选用质地柔软、耐磨、美观、大方的白板纸、布纹纸。以白色、米色、淡蓝色、灰色等庄重朴素的颜色为主，最好只用一种基础色，杂色令人眼花缭乱。

② 名片的类别。常用的名片有公务名片、社交名片和应酬名片三种。

a. 公务名片。公务名片是指在政务、商务、学术等正式场合使用的个人名片。标准的公务名片包括单位信息、个人信息、联系方式等内容。公务名片正面如图 3.1 所示。

大阳商务信息有限责任公司

赵　　刚　总经理

单位地址：长沙市五一路×××号

联系电话：0731-2626261

传真：0731-2626261

邮政编码：410002

图 3.1　公务名片正面

单位信息包括单位标识、单位名称、所在部门等。单位名称、所在部门要用全称。

个人信息包括本人姓名、职务、职称或学术头衔等。可根据实际情况取舍，内容不要太多、太杂。

联络方式包括通信地址、邮政编码、办公电话、传真号码、邮箱地址等。一般不提供家庭地址及电话。本人手机号码可根据自己的实际情况来确定是否提供。

也可在名片的背面印上本单位的经营范围，如图 3.2 所示。

经营范围

发布信息　查询信息

企业库查询　展会信息

图 3.2　公务名片背面

b. 社交名片。社交名片用于自我介绍和保持联络。内容主要有本人姓名、联系方式。社交名片不印办公地址，以示公私分明，如图 3.3 所示。

孙 秋 雪

家庭地址：长沙市香樟路×××号

电　　话：0731-2626261

电子信箱：sunqiuxue@163.com

邮政编码：410004

图 3.3　社交名片

社交名片上的联系方式一般包括家庭地址及电话、手机号码、电子信箱、邮政编码等，可根据需要确定提供哪些信息。

c．应酬名片。应酬名片内容通常只有个人姓名一项，如图 3.4 所示，也可加上本人的籍贯与字号。这种名片主要用于社交场合的一般性应酬，如拜会他人时说明身份、馈赠时替代礼单，或者做便条、短信之用。

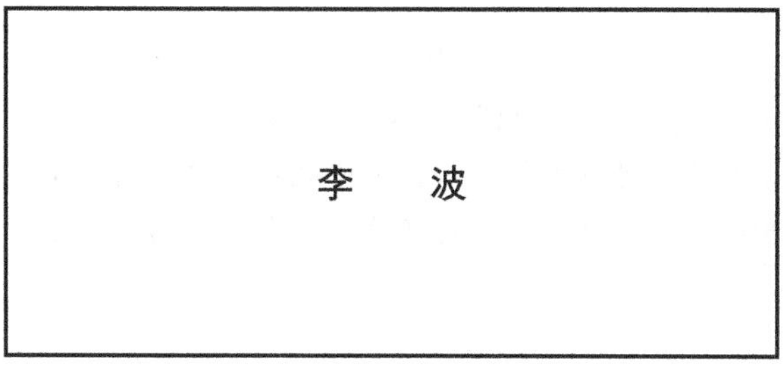

图 3.4　应酬名片

③ 名片的交换。

a．递送名片的顺序。递送名片的顺序没有太严格的规定。一般由职位低的人先向职位高的人递送，来宾先向主人递送，晚辈先向长辈递送，男士先向女士递送。当同时与多人交换名片时，应按照职位由高到低的顺序递送，或者由近及远依次递送。

b．名片的递送。递送名片时应起身站立，面带微笑，走上前去，上身稍前倾，目视对方，双手食指和拇指分别捏住名片上端两角，将名片的正面朝向对方，并说一些客气话，如“这是我的名片，请多关照”“很高兴认识您，这是我的名片，希望常联系”等。

如果双方同时递送名片，身份低的人应该把自己的名片从对方名片的下方递过去，或者先双手接住对方的名片，然后递出自己的名片。

c．名片的接收。接收他人递过来的名片时，应起立，面带微笑，双手接住名片的下方两角，并说“谢谢”“很高兴认识您”等寒暄语。接过名片后，一定要认真看一遍，可以把名片上的重要内容读出声来。如果对方单位或个人知名度很高，也可重读单位名称或对方姓名。

温馨提示

如果对对方名片中的某些内容有不清楚的地方，可以当面请教，对方一定很乐意告诉你。切不可在手中摆弄名片，也不要把名片随意放在桌上，更不能在名片上压置东西，这是对对方极不尊重的表现。

接到对方名片后，应立即出示自己的名片。如果自己没有名片或没带名片，应向对方表示歉意，说明理由，并手写姓名、地址、联系方式送给对方。当别人索要你的名片，而你不想给对方时，应委婉拒绝。如“对不起，我忘了带名片”或“抱歉，我的名片用完了”。

d．名片交换的时机。可以在初次见面时递送名片，以便对方更清楚地了解你。也可在告辞时出示名片，表明你希望与对方保持联络的诚意。用餐时不要出示名片，应等用餐结束后交换。在社交场合不要大肆派发名片，否则有把社交聚会当作推销会之嫌。

当与陌生人交往时，还应细心观察对方有无交往的诚意，然后找准时机递送自己的名片。如果对方没有继续交往的意愿，就不要递送名片。

e．名片的管理。随身携带的名片应放在专用的较精致的名片夹、名片包里。男士可将名片放在左胸内侧的西装口袋里，女士可将名片放在随身携带的手提袋里。放在其他衣袋，甚至后侧袋里，都是失礼的表现。

名片承载着许多公司和个人的重要信息，是一个信息资源库。因此，非常有必要经常整理，否则就会变成一堆杂乱无章的卡片。

小锦囊

名片保存要分类

要按照一定的次序，把名片分类归档。例如可以按企业名称、业务范围、关系的性质（工作关系或私人关系）等你认为可最方便、快捷地查找的方法进行分类保存。一定要将自己的名片与他人的名片分开放置，以免将别人的名片当作自己的名片送出。

实践训练

1. 单项训练

（1）致意。

点头的规范做法；

微笑的规范做法；

招手的规范做法。

（2）致意、问候、称呼。

“你好”“张处长，你好”“赵先生，你好”，几个人同时遇到时，可用“你们好”或按职务先高后低的次序打招呼。另外，“早晨好”“晚上好”等是用在不同时间的问候。年轻人可能比较喜欢这种方式——“嗨”，至于要不要说出对方的姓名，好像并不重要。

（3）介绍。

自我介绍；

他人介绍；

为他人介绍。

（4）握手。

（5）递送名片。

实训要求：分组训练。两人或三人一组，有操作的，有观摩的，相互指正，互帮互学。

2. 情景训练

【情景1】李华与周丹是大学同学，她们一同就职于一家机械设备销售公司。李华任办公室秘书，周丹是销售部成员。由于平时工作繁忙，她们难得聚在一起。今天公司召开年终总结大会，全体职员都要参加。于是，二人相遇了。

实训要求：

（1）李、周二人是关系非常好的大学同学，这次她们远远地看到对方。

（2）李、周二人是同一年级、不同班级但彼此认识的大学同学，这次她们距离较近地相遇了。

【情景2】郑娟是长风商务集团总经理办公室秘书。今天到外地出差，顺路代总经理去拜访和看望他的一位老朋友鲁总，并捎一些土特产给鲁总。郑娟从未见过鲁总，鲁总也不认识郑娟。

郑娟便特意带上名片前往。

实训要求：一人扮演郑娟，一人扮演鲁总，表演两人见面的情景。

【情景3】黄莹刚刚进入一家公司做文员，领导带她熟悉周围环境，并介绍给部门的老同事认识。她非常恭敬地称对方为老师，大多数同事都欣然接受了。当领导把她带到老职员李佳面前，并告诉黄莹，以后就跟着李佳学习，有什么不懂的就请教她时，黄莹更加恭敬地称她为老师。李佳连忙摇头说："大家都是同事，别那么客气，直接叫我名字就行了。"黄莹仔细想了想，觉得叫"老师"显得太生疏了，但是直接叫名字又觉得不够尊敬，她不知道该怎么称呼对方比较合理。

实训要求：

（1）假如你是黄莹，你该如何称呼李佳？请正确展示这一过程。

（2）五人一组。一人扮演黄莹，一人扮演领导，两人扮演部门同事，一人扮演李佳。

3. 综合训练

【案例分析1】

酒店大堂副经理赵经理与酒店礼宾员的关系处得很好，平时进出酒店大门时，礼宾员都对赵经理以"赵哥"相称，赵经理也觉得这种称呼很亲切。这天，赵经理陪同几位来自香港的客人一同进入酒店，礼宾员看到赵经理一行人，又热情地打招呼："赵哥好！几位大哥好！"谁知随行的香港客人觉得很诧异，其中有一位还面露不悦之色。

请问：礼宾员对赵经理一行的称呼恰当吗？应该怎样称呼？

【案例分析2】

曾畅是鹏程商务信息有限公司的一名秘书。一天，她参加一个行业企业协会，看到了久闻大名的同行老前辈罗建江（××信息咨询有限公司总经理）。罗建江素有儒雅伸士之称，且工作业绩突出，同行内几乎无人不知。曾畅很高兴地走上前来，伸出手与罗建江握手，并说："罗总，您好！久仰久仰！"罗建江也伸出手迎握了曾畅，并与她寒暄了几句才离开。但握手之后，曾畅心里很不是滋味。因为她感到罗建江在握手时只轻轻触握了曾畅四个手指尖一下，便松开，这让曾畅感觉她很不受重视。

请问：这是为什么？在男士与女士握手时，到底应该如何把握分寸？

【案例分析3】

著名歌手李远航来北京参加国际艺术节，应邀来到南达大酒店，参加歌厅的开张仪式并表演节目。当他第一次到达大酒店时，站在门口的迎宾员立刻向他微笑致意，说："您好！欢迎您光临我们的酒店。"第二次李先生来酒店时，迎宾员也认出他来了，边行礼边热情地说："李先生，欢迎您再次光临，我们经理已有安排，请上楼。"随即陪同李先生一起上了楼。时隔数日，当李先生第三次进入酒店大厅时，那位迎宾员脱口而出："欢迎您第三次光临，我们酒店感到十分荣幸。"事后，李先生对酒店负责人说："贵酒店的迎宾员真不错，不呆板、不机械，你们的服务水平真高！"

请问：看完这个案例你有何感想，为什么？

【综合情景训练】

【综合情景1】

一次，长沙××职业技术学院文法系张老师（女）到湘潭××职业学院去上"普通话"培训课。该校的一位教务秘书李爽带张老师到教务处去见他们的主任（男）。见面后，李秘书这样介绍张老师：“赵主任，这是长沙××职业技术学院的张小姐。张老师，这是我们教务处赵主任。”张老师听了心中十分不悦。

实训要求：

（1）讨论：这是为什么？

（2）请演示正确、规范的做法。

【综合情景 2】

在一家饭店的前台，一位女服务员正在值班台服务。这时，一位美国小姐从她的房间里走出来，准备出饭店。服务员主动与她打招呼：“小姐，您好！您出去啊？”这位美国小姐只懂得简单的中文，她说：“你说的‘小姐您好’我懂，那‘您出去啊’是什么意思？”这位服务员便解释道：“我们平时见朋友，习惯问‘你出去啊’‘你去公园啊’‘你去工作啊’等。”

这位小姐只听懂了“出去”“公园”“工作”这几个词，其他都听不懂。服务员越解释客人越恼怒。一气之下这位客人向总经理投诉，要求饭店做出解释。总经理了解了事情真相后，认真地跟客人解释，并代表饭店向客人道歉。

实训要求：

（1）讨论：这是为什么？

（2）请演示正确、规范的做法。

第 2 单元　方位礼仪、次序礼仪与距离礼仪

情景导入

李静雅是恒盛商务信息公司总经理办公室新来的秘书。一天，总经理办公室郑晨主任让她安排湘源电子信息有限责任公司钱劲力总经理一行四人来访的工作。前一天李静雅陪同公司孙卓副总经理到机场迎接时，看到钱总从机场走出来，就马上热情问候，然后带着他们来到公司安排的车前。李静雅马上安排钱总在前排视野开阔的副驾驶座位上，但钱总当时犹豫了一下，然后说他有些不舒服想坐在后排休息一下，便与孙总一起坐在了后排。可上车后，钱总与孙总一路谈笑风生，没有一点不舒服的迹象。李静雅这才意识到，刚才她可能在座次的安排上做得有些不妥。那么，在后面的会场布置及一系列接待过程中，还会出现一系列座次安排问题，李静雅不想再出现任何差错。

她知道出席这次会议的有湘源电子信息有限责任公司的钱劲力总经理、赵林副总经理、公关部郭莉部长和秘书文明明，以及本公司的王建新总经理、孙卓副总经理、办公室郑晨主任和李静雅本人。

项目任务

假如你是李静雅，你该如何解决这次会场布置及一系列接待工作中的方位、次序问题？

任务分析

李静雅请湘源电子信息有限责任公司钱劲力总经理坐在副驾驶座位上很显然是不妥的。因为，在专职司机开车的情况下，副驾驶座位是“下座”（也叫随员座），是安全系数最低的一个座位。

以职务、身份决定礼宾次序是商务礼仪最显著的特点。次序问题是商务活动中体现对交往对象是否尊重的重要方面，切不可疏忽大意。一旦出现问题，很可能影响客人的良好心情，以至于可能影响整个工作的顺利进行。

礼宾次序包括主席台座次、会见座次、会谈座次、乘车座次等，每一种都不可出现问题。作为商务秘书，必须掌握礼宾次序礼仪技能。

相关知识

方位次序礼仪是指对参加社交活动的个人、团体或国家，按照一定的惯例进行排列的先后次序。它是秘书接待工作中应遵守的规则，体现着接待方对宾客是否尊重。

1. 方位礼仪

凡两个及两个以上的人在一起行走、站立、就座时，都有一个方位次序，谁在左边、谁在右边、谁在前面、谁在后面，都有一定的原则，那就是“中间为尊”“前排为尊”“以右为尊”。

“中间为尊”即在会议、合影、行走时，应以中间的位置为尊。

“前排为尊”即在会议、合影、行走时，应以前排的位置为尊。

“以右为尊”即当两个人就座、行走时，右边的位置比左边的更尊贵，应当让职位高者、长者、客人和女性处于右侧，以表示对他们的尊重。当几个条件同时存在时，应当视场合而定。如果是商务场合，应以职位高者为尊，让其在右侧；如果是社交场合，应按先年龄再性别的顺序进行安排。

（1）主席台座次。

主席台上的座次顺序略有不同，它是按“中间为尊”“以左为尊”的原则来确定的。也就是两个人中，左边的座位应是职位高的，右边的应是职位低的。“中间为尊”就是把职务最高者居中，然后按“以左为尊”的顺序依次向两边递延，如图3.5、图3.6所示。这是我国传统的“以左为尊”观念的体现，我们应当遵循。

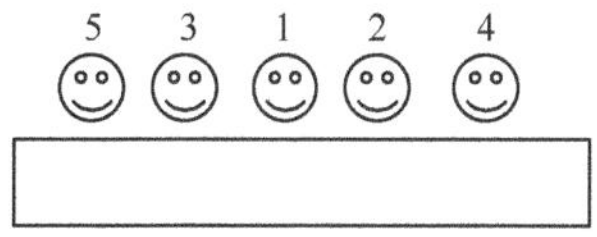

图3.5　人数为单数时主席台座次

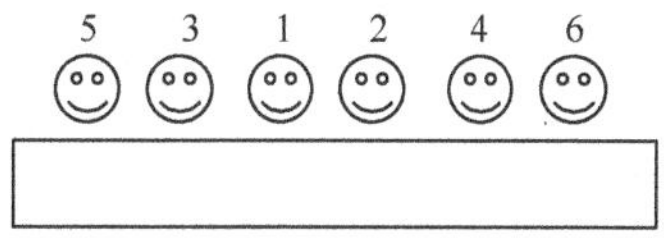

图3.6　人数为双数时主席台座次

小锦囊

主席台上的人数若是双数该怎么办

主席台上的人数若是双数，只要把最后一个位次暂时去掉，使人数变成单数，按照“中间为尊”确定第一号人物，再按“以左为尊”先左后右地进行排序。排完之后，再把最后一个位次依照刚才的排序方法加在最后即可。

主席台座次方案要送交有关领导审定。秘书也应当随时关注来宾人员的变化，不可出现人来而无座或有名签而人未到的现象。

（2）会见座次。

会见、会谈、接待、拜访等许多场合都涉及座次问题，我们都按“以右为尊”的原则来安排。但由于会客室桌椅摆放各不相同，所以其体现方式也不尽相同。

各单位的会客室大小不一，门所在的位置、方向也不相同，这些都影响了桌椅的摆放方位，上座、下座的确定也不相同了。一般来说，主要有以下几种方式：并列式、相对式、自由式。

① 并列式。并列式是指主、客双方并排面对门而坐，门通常在主、客的正前方。会见时第一主人应该请主宾坐在他的右侧（上座），主宾双方的其他人员则按其身份高低依次排列就坐，翻译或记录人员可在其两边或后侧就座，如图 3.7 所示。

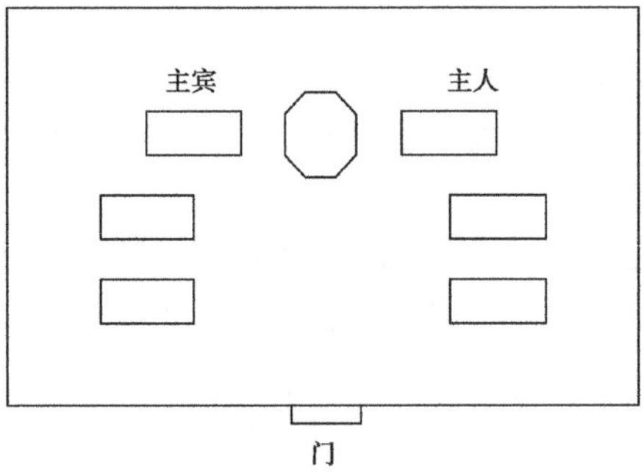

图 3.7　会见并列式座次

② 相对式。相对式是指主人与客人相对而坐。这要依据门的位置来布置会客室。离门远、面对门的一侧是上座，离门近、背对门的一侧是下座。应该让客人坐在离门远、面对门的上座。具体还要根据门的方位与桌子的摆放来确定上座或下座。

进门后桌子横摆，那么离门远、面对门的是上座，应该让客人坐，如图 3.8 所示。

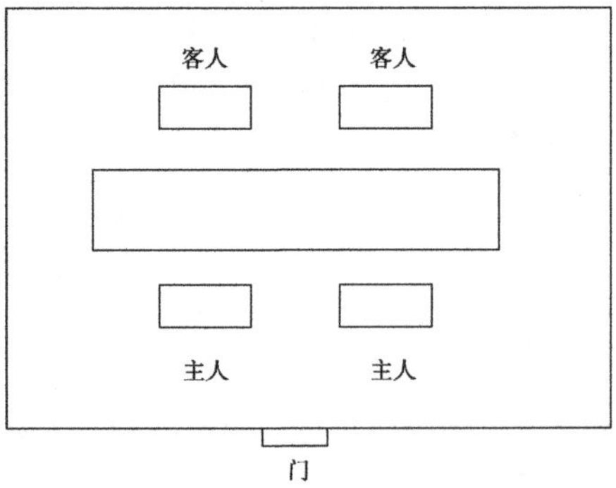

图 3.8　会见相对式座次 1

进门后，桌子竖摆，即桌子的窄端面对门的时候，以进门后面对桌子窄端时右手一边为上座，如图 3.9 所示。

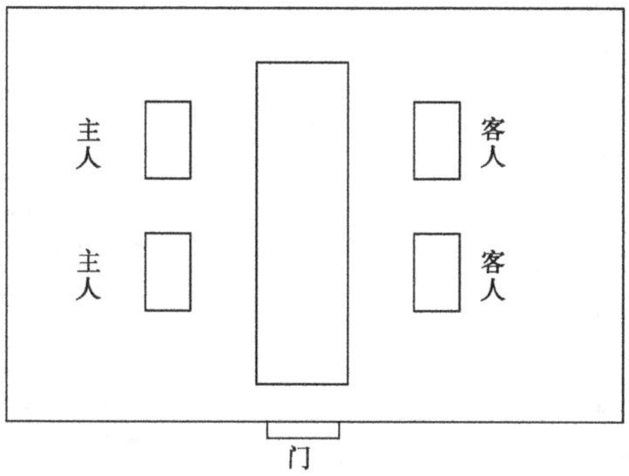

图 3.9 会见相对式座次 2

如果在办公室接待来访者，那么离办公桌远、靠窗户近、比较安静的座位是上座，如图 3.10 所示。

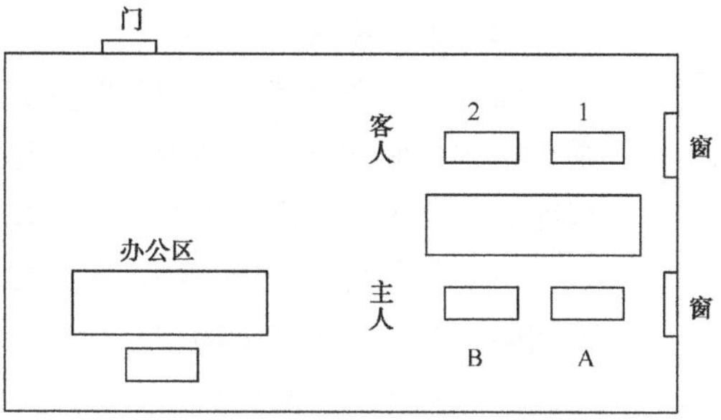

图 3.10 会见相对式座次 3

③ 自由式。自由式即宾主自由选择座位，不排座次。这种位次方式通常用于宾客比较多，不便于排座次时；或者宾主双方关系比较密切，不需要排座时。这种座次方式也能营造出一种轻松的谈话氛围。

（3）会谈座次。

会谈是由主客双方或多方就共同关心的问题交换意见和看法，寻求解决办法的一种沟通形式。会谈的氛围一般比较严肃，座次安排更加规范。

① 相对式。相对式一般使用长形或椭圆形谈判桌，宾、主各自列于桌子两侧，主谈人员居中，其他人员按“以右为尊”原则，依职位高低由近而远分坐于主谈人员两侧。根据谈判桌的摆放和门的方位，通常有两种座次安排方法：

一是谈判桌的窄端面向门，进门后右侧为上，让客人坐；左侧为下，主人坐，如图 3.11 所示。

二是谈判桌横放，面对正门的一方是上座，让客人坐；背对门的一侧是下座，主人坐，如图 3.12 所示。

② 主席式。这种形式适合三方或三方以上的多边会谈。在会场里面设一个主席台，发言人轮流到主席台上发表意见、陈述观点，如图 3.13 所示。

③ 自由式。这种形式中，与会各方（三方或三方以上）不排列顺序，可以随意坐。会场通常是圆桌式的会场布置，表明各方平等的关系。一般东道主坐在背靠门的下座，表明对客方的尊重。

图 3.11　会谈相对式座次 1

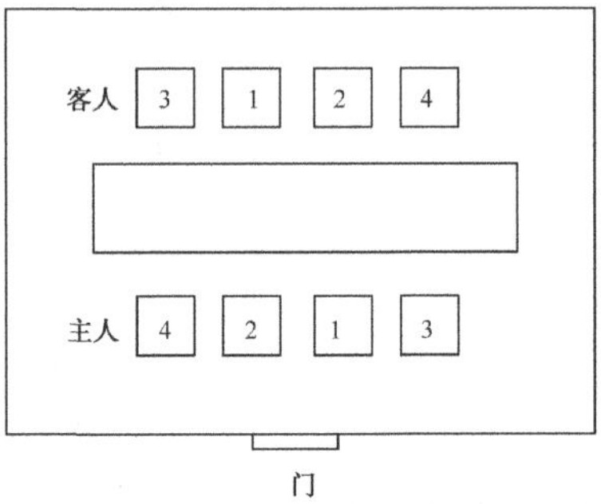

图 3.12　会谈相对式座次 2

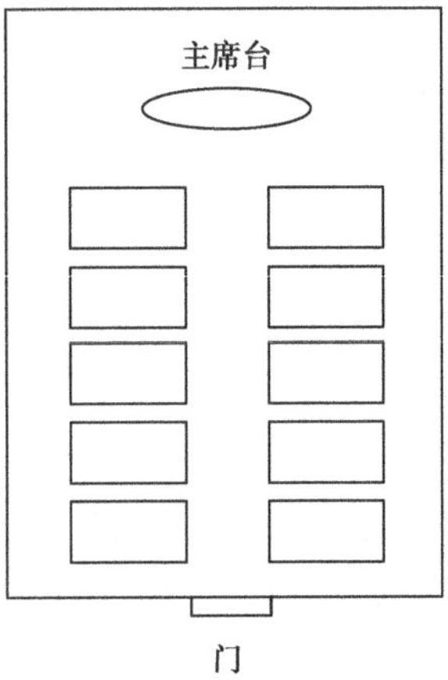

图 3.13　会谈主席式座次

（4）乘车座次。

商务人员在接待工作中常常为宾客安排乘坐轿车等事宜，乘车座次如何安排也是体现秘书工作是否周密、对来宾的尊重程度的一个重要方面，因此不可小视。

由于各国交通规则不同，在不同的国家，轿车座次礼仪也不相同。英、美等国车辆靠左行驶，我国则靠右行驶。以我国为例，乘坐轿车的位次原则如下：右高左低，后高前低。另外，情况不同，也有不同的安排。我们应既要按原则办事，又要尊重他人的选择。

① 驾驶者是专业司机。双排五座轿车，除司机外，其他人员的尊卑位次是：后排右座，后排左座，后排中座，前排副驾驶座，如图 3.14 所示。

若非常讲究座次的话，则后排只坐两人，如图 3.15 所示。

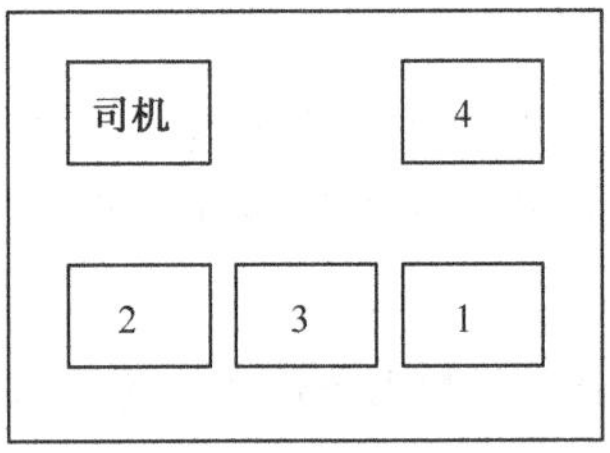

图 3.14　驾驶者是专业司机时的座次 1

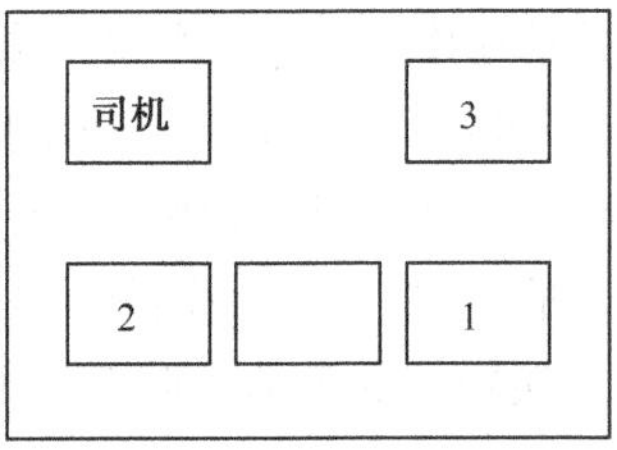

图 3.15　驾驶者是专业司机时的座次 2

② 驾驶者是主人时。当主人开车时，位次尊卑顺序不同。

双排五座轿车，其他人员的尊卑位次是：副驾驶座，后排右座，后排左座，后排中座。主宾应该坐在前排副驾驶的座位，与身份相当的主人并排而坐，也表示了对主人的尊重，如图 3.16 所示。

若非常讲究座次的话，则后排只坐两人，如图 3.17 所示。

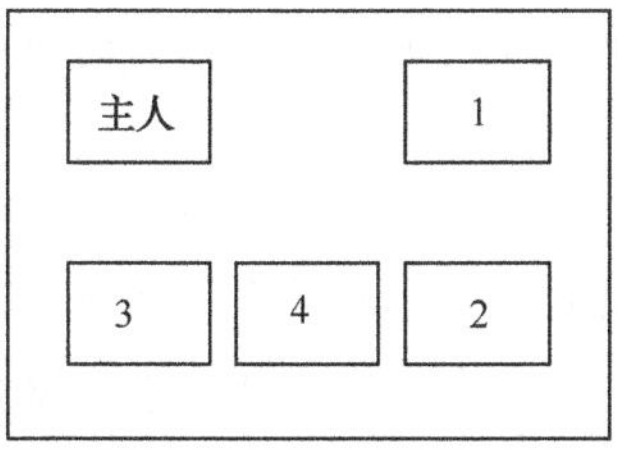

图 3.16　驾驶者是主人时的座次 1

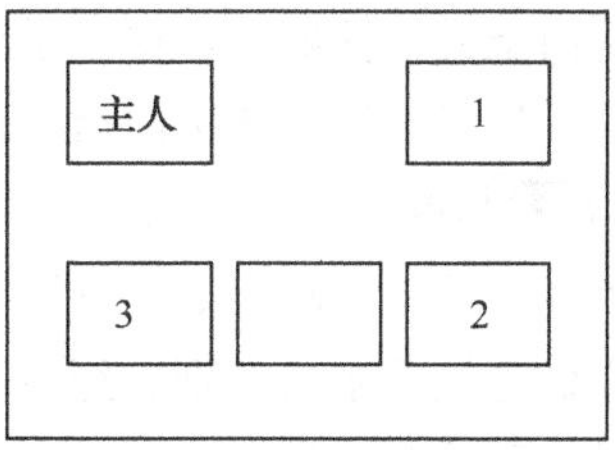

图 3.17　驾驶者是主人时的座次 2

2．次序礼仪

（1）行走的次序礼仪。

行走次序是指人们在步行中的位次。商务人员在陪同领导、宾客时，要特别注意这个问题，不可违反，否则有不礼貌之嫌。

行走原则一般如下。

① 二人行。前后行：前为尊，后为次。左右行：右为尊，左为次；沿路行：内侧为尊，外侧为次。

② 三人并行：中为尊，右为次，左为下。

③ 男女同行：女在右，男在左；或女在内侧，男在外侧。

④ 主客同行：主人应让客人走在内侧，主人走在外侧；若路况不好或路灯不明时，主人应走在客人前面，照顾和提醒客人。

（2）乘坐电梯的次序礼仪。

有电梯工值守时，应让尊者、客人先进或先下。没有电梯工值守时，秘书应先进电梯，按住电钮，请尊者、客人后进或先下，防止被门夹住。

（3）上下楼梯的次序礼仪。

上楼梯时，应让上司、客人、年长者、女士走在前面，秘书、随员走在后面。下楼梯时，身份低者、年轻人、男性、主人应走在前面，上司、年长者、女士、客人走在后面。这种次序礼仪是使尊者、需要照顾者总处在上方，万一他们不小心踏空摔倒，走在下面的人能很快将他们扶住。上下楼梯的次序如图 3.18 所示。

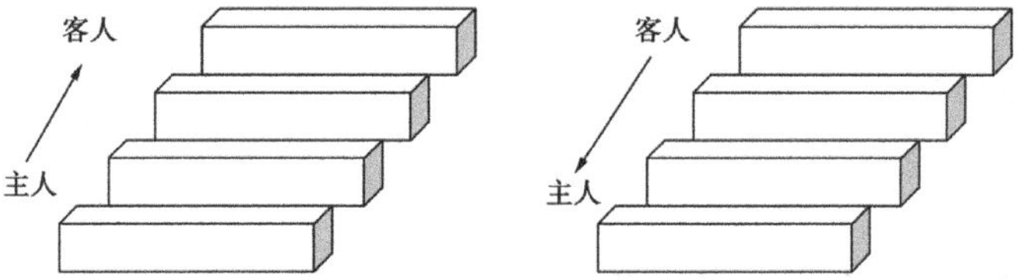

图 3.18　上下楼梯的次序

温馨提示

如果接待的是女士，而她又穿着短裙。这时上楼梯，接待人员就要走在前面。这是为防止女士所穿短裙高高在上，有“走光”的危险。

（4）进出门的次序礼仪。

在接待工作中，秘书经常要引导客人进出房间。如果房间门朝内推，秘书应走到前面，进门并把房门推开，扶好，等尊者进门后，再把门关好；如果房间门朝外拉，秘书也应走上前去把门拉开，扶好，等尊者进门后，自己再跟进来，并把门关好。

3. 距离礼仪

在人际交往中，距离是一种无声的语言，它可以显示出人与人之间关系的亲疏。在商务活动中，人们更注重亲疏有别、距离有度。关系不同、场合不同，人与人之间的距离也不同。常见的几种不同的距离如下。

（1）私人距离：两人之间的距离在 50 厘米之内。这一距离适用于家人、恋人、亲密朋友之间。

（2）社交距离：双方距离在 50～150 厘米。这一距离适用于同事、一般朋友之间。这是人际交往中，或站或行所保持的一种最正规的距离。

（3）礼仪距离：也叫尊重的距离。即双方的距离在 150～300 厘米。适用于讲课、演讲、会见、会谈、仪式等比较严肃、庄重的场合。

（4）公共距离：双方保持 300 厘米以上的距离。这个距离是在公共场合与陌生人相处的最佳距离。双方互不干扰，各自都感到轻松、自然。

距离礼仪示意图如图 3.19 所示。

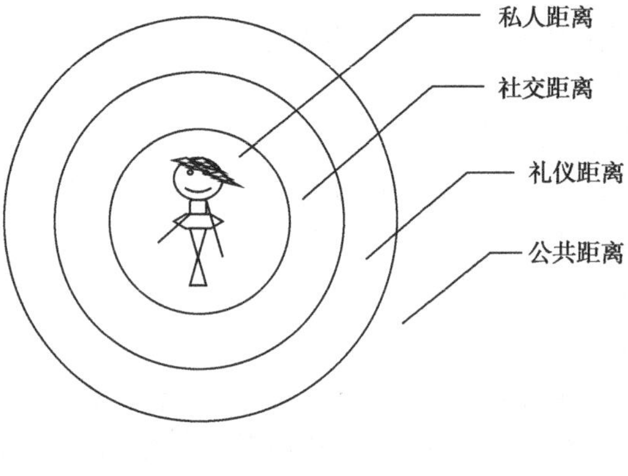

图 3.19　距离礼仪示意图

实践训练

1. 单项训练

（1）请给图 3.20、图 3.21 所示的主席台位置排列座次顺序。

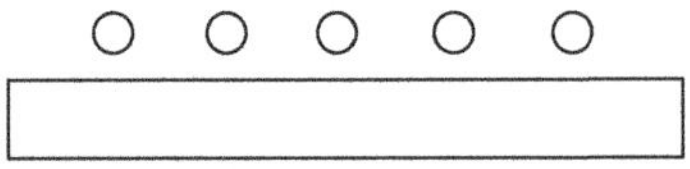

图 3.20　主席台座次情形 1

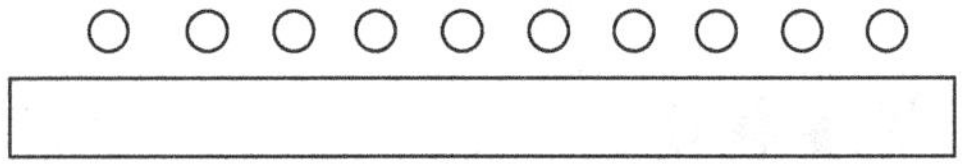

图 3.21　主席台座次情形 2

（2）请给图 3.22、图 3.23 所示的会谈室安排主客顺序和座次顺序。

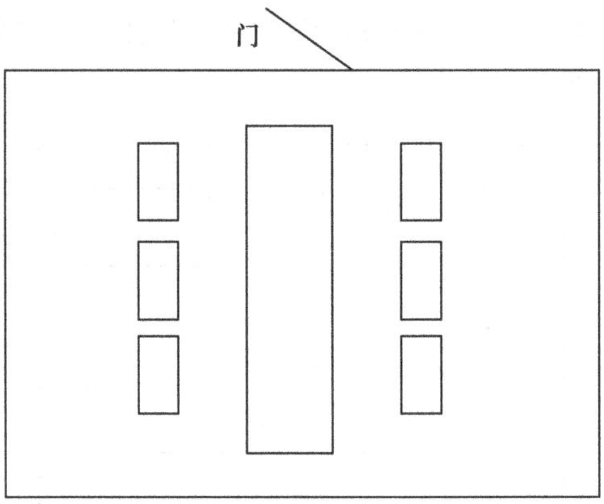

图 3.22　会谈室座次情形 1

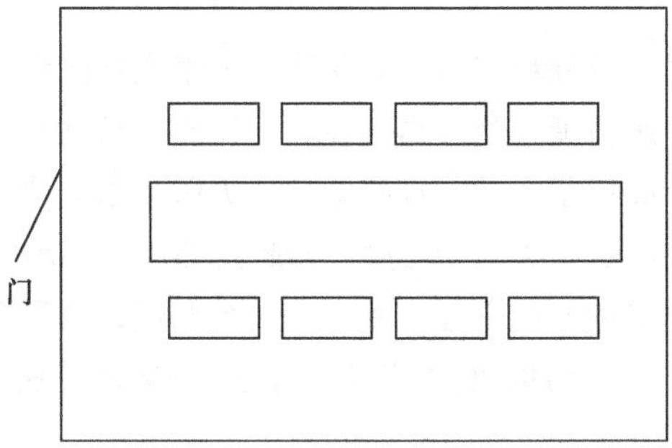

图 3.23　会谈室座次情形 2

（3）请给图 3.24 所示的会客区安排座次顺序。

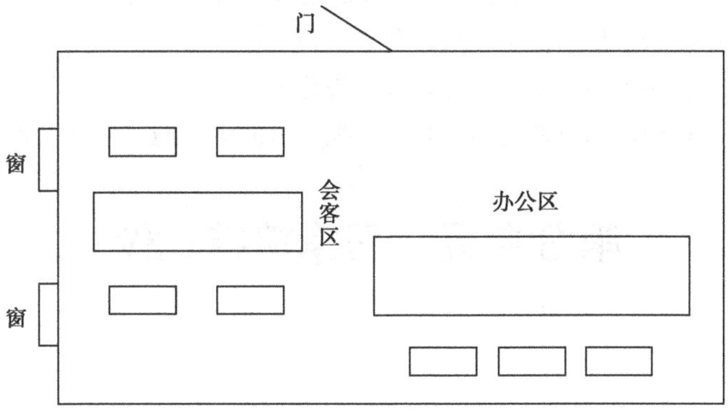

图 3.24　会客区座次示意图

（4）请给图 3.25 所示的双排五座轿车安排座次顺序。

2. 综合训练

【案例分析】

恒盛商务信息公司的办公室秘书杨书虹代表他的领导到机场迎接来公司进行考察的一行 6 人。双方见面后，杨书虹安排考察团刘团长坐在小车后排的右边，可刘团长却执意坐到司机旁边的副驾驶位置上，几经争让后，刘团长不太情愿地坐在了后排右座。之后，刘团长似乎不太高兴，杨书虹也感觉非常别扭、委屈。杨书虹想："我把后排右座这个上座安排给团长坐，难道错了吗？他为什么不高兴呢？"

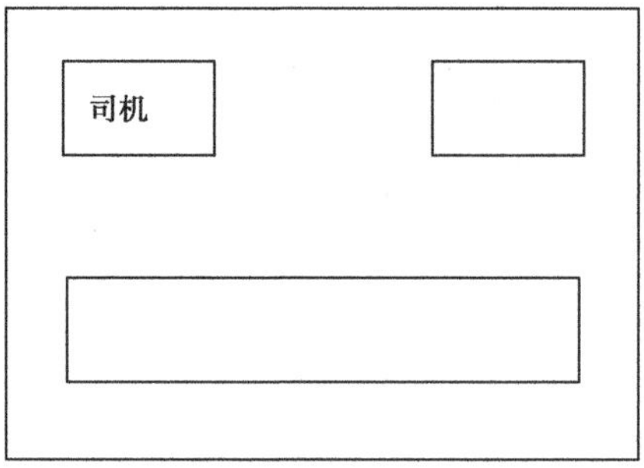

图 3.25　双排五座轿车座次示意图

【综合情景训练】

长沙某职业技术学院迎来首届秘书节。学院决定由学生社团中的秘书协会牵头，筹办一系列庆祝活动，锻炼他们的组织协调、处理事务能力。协会会长系文秘专业大三学生李阳，他工作热情高、积极主动，组织编排了一系列精彩节目，吸引了本专业及外专业的学生前来观看，借此扩大文秘专业在全院的影响，提高知名度。开幕式那天，李阳安排 6 名同学站在门口负责接待，邀请了文秘专业所在系部的赵主任、系学工处李书记、文秘专业教研室主任路教授及其他专业教师郑教授、钱教授、周老师、欧阳老师。另外，李阳还特邀了院学工处干事蔡老师（负责学生管理工作的年轻干事）参加。

请模拟演示这次秘书节开幕式的座次安排及接待过程。

实训要求：

（1）分组训练。把全班学生分成若干组，每组 13 人左右。每组再分成两个小组，一个小组扮演教师，另一个小组扮演秘书协会成员，负责接待工作。

（2）形象要求。仪装得体，仪容得当，仪态规范大方。

（3）角色互换。每组演示一遍之后，角色互换，再演示一遍，相互指正和点评。

第 3 单元　日常接待礼仪

情景导入

沈唯音是豪翔大酒店总经理办公室的秘书。总经理办公室只有主任郑重和她两个人，一遇到郑主任外出，就只有她一人在办公室忙碌了。一天，小沈正忙着打印一份总经理急需的报告，外面走进来一个人。小沈一边忙着打字，一边抬头看了来人一下，问："你找谁？"那人回答："我找你们总经理。"小沈说："总经理正在会见重要客人，请你坐在那里等一下吧。"说完又自顾自地忙了。那位客人等了十几分钟，仍不见有人招呼他，又站起身来走到小沈身边问："你们总经理什么时候有时间啊？"小沈还是一边忙着手头上的事一边说："我也不知道，刚才的客人还没有出来，你就坐在那里等吧。"那位客人一听，气愤地说："你这是什么态度啊？"说完就径直到别的科室询问有关酒店管理及营业情况。但由于没有人陪同，每个科室里的人都没有把他当回事，只是随便应付了几句，为此，他非常气愤。临走之前径直走到小沈面前说："你们公司的服务态度太恶劣了，这怎么能做好酒店呢？"

事后，小沈得知那位客人其实是一位公司的老总，为寻求当地的合作者，他特意未经预约，亲自来了解酒店的真实经营情况。但因遭到一系列冷遇，他打消了与豪翔大酒店合作的念头。后来，总经理把小沈和相关科室的人叫到办公室狠狠地批评了一顿。

项目任务

沈唯音在这次接待中出现了哪些问题？假如你是沈唯音，你该如何接待这位客人？

假如你是总经理办公室秘书，你该如何做好接待工作？

任务分析

秘书沈唯音之所以冷淡了这位未预约的客人，主要原因是总经理正在会见重要客人，不能马上会见这位未预约的来访者，而又赶上她手头的工作比较忙，顾不上好好地接待客人，最终造成一个良好合作机会的丢失。

总经理办公室工作确实比较忙，也不能成为忽略和冷落客人的理由，可以考虑合理地增加或调整人员，不能因繁忙造成疏漏而影响正常的接待工作。作为一名合格的秘书，应当热情接待每一位来访者。另外，单位其他科室、部门都是集体的一部分，虽然接待工作不是本部门分内的事，但如果每一个员工都能把公司当作自己的家，把自己当成是公司的一分子的话，就应当对每一位客人笑脸相迎，热情接待。那种对来访者爱答不理、不冷不热的态度，也反映出公司的管理水平和经营策略的一些问题。

机会可能存在于每时每刻，机会也许就在每个人的手中，关键看你如何把握了。

相关知识

接待工作是秘书工作的重要内容之一。秘书是一个公司的形象和窗口，秘书的态度往往关系到单位的形象和声誉，而讲究礼仪既是密切公司与公众关系的重要手段，又是树立良好组织形象的重要方式。

1. 接待人员的形象要求

接待人员代表了单位的形象，要求具有一定的文化素养、经过专门的礼仪训练、品貌端庄、举止大方、口齿清楚。接待人员的服饰妆容要求整洁端庄，头发要清洁，手部要干净。女性接待人员宜着套装或套裙，略施淡妆，这样显得比较隆重、正式；男性接待人员宜穿西装或制服。

2. 日常接待工作

（1）准备工作。

① 前台秘书接待的准备工作。前台秘书是第一个迎接来访客人的人，在整个接待工作中起到衔接、分流的重要作用。

a. 心理准备。

一是待客诚恳。秘书在迎接客人来访时，要有一种"欢迎惠顾""感谢光临"的心理，这样才能以自己最大的诚心、热情和耐心面对所有来宾。来访的客人无论是有预约的还是无预约的，无论是通情达理的还是脾气暴躁、爱钻牛角尖的，无论是一位客人还是一个团体，秘书都要以诚相待、不急不躁、从容镇定，让对方感受到热情和尊重。

二是善于合作。当看到同事比较忙碌而自己正好清闲时，要主动帮助同事做一些力所能及的事情。这种互助行为能传递一种协作精神、一种真诚的情谊，有助于营造同事之间良好的合作气氛。同时，也能给客人传达一种信号，即这是一个团结协作、奋发向上、集体荣誉感很强的团队，有益于提升企业形象。

b．物质准备。

一是环境准备。接待环境包括前台、走廊、会客室等。这些地方都应整洁、清新、明亮、美观、安静。既可以放置一些花卉、绿色植物，还可以在墙壁上挂一些雅致的壁画，让人一进门就觉得清静雅洁、身心愉悦。

二是物品准备。接待室沙发、办公桌的质地要好一些，样式要线条简洁流畅，摆放要整齐，桌面要干净。办公用品的摆放也要整齐，小件用品不可随意乱放。茶具、茶叶、饮料应该事先准备好，茶杯要干净，不可有污渍，不可有残破的缺口。临时客人可使用一次性杯子，但重要客人还是使用正规茶具为好，这样显得正式、庄重一些。

② 部门秘书接待的准备工作。接待来访者是部门秘书的重要工作，部门秘书（包括经理秘书）也是上司的时间管理者。

a．为上司明确预约来访者。在商务交往中，如果想要拜访某人，就应事先打电话进行预约，提出访问要求、说明访问目的。如果上司同意，秘书就应为上司安排合适的接待时间。

作为部门秘书，应该为上司明确一天的主要工作和一个阶段的工作任务，可以通过列表方式体现出来。可根据具体工作情况，灵活设计上司的周工作计划表和日工作安排表（见表 3.2 和表 3.3）。

表 3.2　张经理周工作计划表

时间（10月8～12日）	任　务
星期一	例会（布置本周主要工作任务）
星期二	接待朝阳公司陈总
星期三	调查、了解关于销售额下降的原因
星期四	到总公司汇报近期的工作情况
星期五	周工作总结，听取本周工作情况

表 3.3　张经理日工作安排表

时间（10月9日，星期二）	任　务
9:00—10:00	接待朝阳公司陈总，介绍我方关于合作事宜所具备的条件
10:00—11:30	陪同陈总参观本公司
11:30—13:00	宴请陈总一行
15:00—17:30	双方具体协商合作事宜

b．准备相关资料。预约客人的时间一经确定，秘书就应该提前准备相关的资料，包括客人

的个人情况、客方公司的基本情况、商谈的合同或协议、方案样本等各种资料。

（2）日常接待程序。

接待工作是树立公司形象、体现工作效率和服务态度的重要手段。接待工作做得好，能扩大公司的对外影响，拉近公司与客户的关系，还利于上司工作的顺利开展。因此，秘书在接待客人时，不能粗心大意、敷衍了事，一定要诚恳细致、礼貌待人。

秘书日常接待工作步骤如下。

① 热情迎客。

a．面带微笑，起身站立，主动问候。常用的礼貌用语有“您好，欢迎光临”“您好，需要帮忙吗”“先生您早”“赵经理好”“见到您真高兴”“很荣幸再次见到您”“欢迎阁下莅临指导”等。

小锦囊

涉外交往的问候语

对外国人用“Good morning”或“Good afternoon”来问候较合适，而用“Hello”或“Hi”显得太随便，用“How do you do”则显得太正式。

b．对所有的客人，秘书都应热情周到，但在接待的方法上，则要灵活掌握。例如，对第一次来访的客人，当客人通报单位和姓名后，秘书应复述一遍并记在心中，也显出对对方的重视；对往来较密切的客人，秘书就可以这样招呼：“×经理，您好，我们×经理正在等您。”

c．若遇到被访者正在接待其他客人或开会，秘书不应口头传达有来访者到来，而应用纸条进行联络。如果无法接待，秘书应立即说明情况，主动请来访者留言或留下联系方式，并确保将留言尽快交给被访者或让被访者回来后及时与之联系。

② 热情待客。若来访者早于预约时间到达，秘书应请其入座，并倒上茶水或饮料，递上报纸或书籍等以打发时间；在离预约时间还有五分钟左右的时候，秘书再通知被访者。

提供茶或饮料时，秘书要征询客人的意愿。征询方式最好采用封闭式提问而不是开放式提问。如“您喜欢喝什么茶”或“您喝点儿什么”，这种开放式的提问方式给客人以无限的选择空间，反倒难以把握了。因此，采用封闭式提问，给出几种选择的可能，客人就能有针对性地回答了，例如“您喜欢喝茶还是饮料”“您喜欢喝橙汁还是咖啡”等。

中国传统的茶道是非常讲究的。我们虽然不是在进行茶艺表演，但也应讲究上茶的礼仪。具体做法是：

a．茶具的准备。不可使用没有清洗干净的茶具；不可使用有缺口的茶杯。

小锦囊

茶杯的选用

一般来宾，最好使用一次性的纸杯冲泡“袋装茶”或罐装茶，这样接待人员就不必为茶具是否雅观而担心了，客人也不会为茶具是否消毒而疑虑。但对重要客人，还是要使用清洁的瓷杯为好，显得正式、庄重一些。

b．泡茶。不要用手拿茶叶，可用茶匙取茶叶，两茶匙即可，也可用茶叶盒盖量茶叶；要用开水泡茶，使茶叶充分涨开；茶杯内的茶水至八分满即可，不可太满，以免溢出来烫到客人；

送给客人时可适当提醒“小心，别烫着”。

c．端茶。端送茶水时最好使用托盘，显得既卫生又雅观。托盘内放置一块干净的抹布，以便茶水溢出时及时擦拭。接待人员端茶时，手应端在杯子 1/2 以下的位置，手指千万不可碰触杯口。

d．敬茶。双手敬茶。接待人员要用右手端持杯子，左手扶杯底，双手敬茶。当不能用双手时，也一定要用右手端杯敬茶。敬茶要先客后主，若客人人数较多，可以按级别先高后低依次奉上，也可以按顺序逐个奉上，再敬主方，也是先职务高再职务低，也可按顺序依次敬上。敬茶顺序如图 3.26 所示。

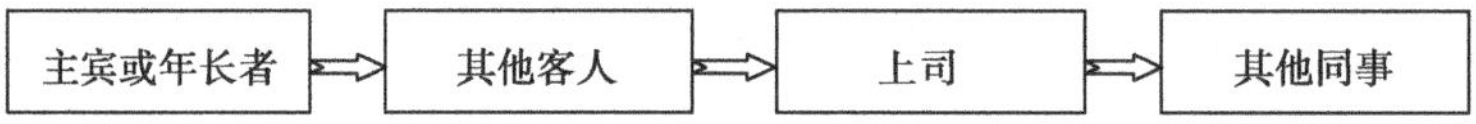

图 3.26　敬茶顺序

最好从客人的右后方上茶，将茶放在客人右前方，然后，后退一步，转身离开。若客人背墙而坐，接待人员要从前方把茶水放置在客人右前方的茶几上，并将杯把朝向客人，然后，后退两步，转身离开。

敬茶的同时，面含微笑，说：“请用茶。”若打扰客人交谈了，要说：“对不起，打扰了。”

e．交谈。如果被访者暂时还没有到，接待人员就应与客人交谈。谈话是接待工作的重要内容，通过谈话可以增进双方间的了解，促进感情的加深。可以说一些轻松的、无关紧要的话题，不要谈论本公司的保密事宜或不利于本公司形象或声誉的话题。

f．规范引导，适时提示。当约见的时间到了，接待人员引导来宾会见上司时，可以提示说：“我们现在去赵总的办公室。”使客人思想上有所准备。

行走时双方距离要适当。与来宾同行时，接待人员通常走在来宾左前方一米左右，配合来宾的步速，并不时侧回身体招呼来宾，应答提问。遇到高低处时，主动提醒“这儿有个台阶，请小心。”遇到交叉路口或转弯时，要伸出右手向来宾示意走向，并说：“这边请。”当来到会客室时，接待人员应停下来，面向客人说：“这里就是。”并为其开门引进。

主动帮助客人挂放衣帽。把客人领进会客室后，接待人员应主动帮助客人把脱下的外套挂放在衣架上，或把雨具放在适当位置。

规范介绍。若被访者已经在等候了，接待人员应按规范要求为双方做介绍。

③ 礼貌送客。接待工作要善始善终，既要热情迎客，又要礼貌送客，否则无论前期工作做得多好，都可能因为送客时的疏忽大意而前功尽弃。

一般来说，道别应由客人先提出来。客人不提出道别，主人不能先提出来。主人也不能站起来来回走动、四处张望，或者看表、问时间，这样会给人一种下逐客令的感觉。当客人提出要走时，主人还应婉言相留。客人执意要走并站起身后，主人才能站起来。接待人员要提醒客人不要忘记随身携带的物品。

主人送客时还要说一些礼貌用语，如“以后多联系”“好走”“一路平安”等。“出迎三步，身送七步”，接待人员要根据实际情况，将客人送至办公室（或接待室）门口，或送至电梯口、单位的大门口，并与客人握手道别。但秘书不能先伸手，否则有“逐客”之嫌。不管送至哪里，都应面带微笑，挥手目送客人远去。如果客人是自己开车来的，则要等车消失在视野中才能离开。

3. 团体来访的接待工作

团体来访一般比日常来访的人数要多，周期也要长，涉及的部门和人员也要复杂得多，因此，一定要提前做好准备工作。

（1）准备工作。

团体来访的准备工作主要有以下几个方面。

① 了解基本情况。基本情况一般包括表3.3所示的几个方面。

表3.3 基本情况

项　目	具体内容
来宾简况	姓名、性别、年龄、民族、宗教信仰与政治倾向、单位名称、职务、职称及来访总人数，还有职务最高的领导是否携带配偶等
来访计划	来访意图、来访要求、住宿安排等
来访者抵达和离开的具体时间	日期、具体时间、车次或班次等

② 制订接待计划。团体来访的接待计划一定要制订得详细周全。主要包括以下几个方面。

a. 确定接待规格。接待规格是从主陪人的角度来确定的。

高规格接待是指主陪人的职务比主宾职务高的接待。这种接待规格一般表示对对方特别重视，也称破格接待。通常以下几种情况采用高规格接待：上级领导派一般工作人员向下级领导口授意见；兄弟单位领导派员到本单位商谈重要事宜；下级人员来访，要办重要事宜等。这些情况一般都要求领导出面作陪。这种方式能表明对对方的态度与合作的诚意。当对方的来宾事关重大或我方非常希望与对方合作时，可以采用高规格接待。高规格接待一般情况下应慎用、少用。用多了，会影响主陪人（即领导）的正常工作。而且第一次用了高规格接待，以后也应如此，否则对方会产生受冷落之感。

低规格接待是指主陪人的职务比主宾职务低的接待。这种接待往往是由于行政职务级别的限制所造成的。常见于基层单位。如诚阳总公司的董事长到下属分公司参观，那么下属分公司职务最高的人也只是一个分公司经理，他的这种接待就是低规格接待。另外，有时主陪人临时有要事不能出席会见，只能委托一个职务稍低一点的人来接待，这也是低规格接待。但这种接待是不得已而为之，不可常用，否则会影响双方今后关系的发展。

对等规格接待是指主陪人的职务与主宾职务对等的接待。这是最常用的接待规格。在商务活动中，通常就采用此种接待方式。

温馨提示

接待规格要由上司最后定夺，秘书只提供参考意见。接待规格一经确定，不要轻易更改。如果遇到临时突然变化的情况，如上司临时出差或生病，只能让他人代替。这时，秘书一定要告知对方，解释原因，并诚恳致歉。也要征求一下对方的意见，看看他们是否变更主宾，形成对等访问。

对以前接待过的客人最好参照上一次的接待规格，不宜变更。

b. 拟定日程安排表。要根据工作需要和来访目的拟定日程安排表。日程安排包括日期、时间、地点、活动内容、主陪人员、工作人员等内容，一般用表格形式列出。日程安排拟好后，一定要请上司过目，修改确定后，秘书再传真给对方，征求意见，再逐一落实。详见表 3.4。

表 3.4　日程安排表

日期	时　　间	地　　点	活 动 内 容	主 陪 人 员	工 作 人 员
11 月 12 日	9:00—11:20	主楼会客室	会见	张政总经理，李凡副总经理、曾超主任、欧阳静部长	张星秘书 赵音秘书
	11:30—12:30	宾馆海王星厅	中餐	张政总经理，李凡副总经理、曾超主任、欧阳静部长	张星秘书 赵音秘书
	14:30—17:30	主楼二会议室	会谈	张政总经理，李凡副总经理、曾超主任、欧阳静部长	张星秘书 赵音秘书
	18:00—19:00	宾馆海王星餐厅	晚餐	张政总经理，李凡副总经理、曾超主任、欧阳静部长	张星秘书 赵音秘书
11 月 13 日	9:00—11:20	实验大楼	参观实验大楼	曾超主任、欧阳静部长	张星秘书 赵音秘书
	11:30—12:30	宾馆海王星厅	中餐	张政总经理，李凡副总经理、曾超主任、欧阳静部长	张星秘书 赵音秘书
	14:30—17:30	主楼二会议室	讨论	张政总经理，李凡副总经理、曾超主任、欧阳静部长	张星秘书 赵音秘书
	18:00—19:00	宾馆海王星餐厅	晚餐	张政总经理，李凡副总经理、曾超主任、欧阳静部长	张星秘书 赵音秘书

日程安排表确定之后，要给每一位参与者都发一份，以避免工作中出现人员不到位的情况。对一些重大接待活动，还要对员工进行服务接待礼仪的专项培训。

c. 拟订经费计划。要根据接待规格、活动内容和本单位有关接待方面的规章制度，拟订经费计划。原则上要求从简务实，节约开支。一般经费开支包括表 3.5 所示的项目。

表 3.5　经费计划表

项　　目	金　额（元）
工作经费	×××
住宿费	××××
餐饮费	××××
劳务费	××××
交通费	×××
参观、游览、娱乐费	××××
纪念品费	××××
宣传、公关费	×××
其他费用	×××
合计	×××××

工作经费是指大型活动需要租借会议室、打印资料、购买文具等的费用。

住宿费是指来宾和某些工作人员住宿的费用。有时这一项费用客人可以自行解决，此时可省略。

劳务费是指外请讲师的课酬、演讲费用、员工加班费、服务人员劳务费等。

纪念品费是指为来宾准备有一定纪念意义或有地方特色的礼品所需费用。

宣传、公关费用是指有些大型活动往往要在一些媒体上进行宣传，或者请一些知名人士出席仪式、典礼等的费用。

如果来宾的食宿费、交通费、参观娱乐费等需要自理，就应把预算金额提前告知对方。

d. 落实工作人员。对大型、正式的商务接待，接待人员应本着身份对等的原则加以确定。宾、主双方身份、职位应大体相当，人数应基本相同。其他各方面的服务人员、礼仪人员都要根据接待规格逐一落实到位。

e. 预订宾馆、餐厅。根据接待规格确定宾馆和餐厅。在安排住宿时，要把年纪大、职位高的人安排在朝向好、设备好的房间。同一个单位的人尽量安排在邻近的房间。

温馨提示

安排餐饮时，一定要考虑到来宾中是否有少数民族人员和外宾，应尊重他们的饮食和风俗习惯，妥善安排。若有外宾，则不能把成年同性的人安排同一房间，而应一人一间（除非是夫妻、家人）。

（2）发出邀请函。

一般应提前一周以上的时间发出邀请函。有的大型商务活动可能要提前几个月发出邀请函，以便应邀者能提前安排，做好应约准备；主办方也能因组织工作的繁杂而提早准备。

在发出邀请函的同时，随寄活动介绍、活动计划、回执、预订返程车票或机票的提示等。

（3）接待来宾。

① 迎接客人。要根据接待规格迎接来宾。重要客人应由身份对等的人亲自迎接。如果是迎接不熟识的来宾，可以使用欢迎横幅或接站牌，准确接到来宾，且一定要确认来宾的身份。有时还由年轻女性送上鲜花，迎接贵宾的到来。然后由主方秘书先把主方人员一一介绍给来宾，客方秘书再一一介绍来宾身份。

小锦囊

献花小学问

在意大利、法国、德国等国家，红玫瑰被视为爱情的象征，因此，在一般社交场合不适宜献红玫瑰花。

温馨提示

秘书在将领导介绍给来宾时，一定要实事求是，只说明职务、姓名，切忌胡乱吹捧，以免领导处于尴尬境地。对于副职领导，第一次介绍时，应说清是副职，但以后再提到此领导时，可以不再出现“副”字。如第一次介绍张鹏副总经理时，可以说：“这是张鹏副总经理”，以后就称“张总经理”或“张总”即可。

② 安排住宿。接到客人后，应陪同客人到预订的宾馆，安排好住宿。然后，主方把确定的日程安排表、就餐凭证等交给来宾，并告知下一项活动的时间、地点，稍做寒暄之后，便可离开，让客人尽早休息。

③ 安排固定引领人员。如果来宾对本地不熟悉，尤其是外宾，应该委派固定引领人员（如司机、秘书或其他工作人员）负责接送。但不能进入客人房间，而应通过电话联系，确定在某个地点（如宾馆大厅）会合。

④ 安排参观娱乐活动。参观、游览、娱乐是很多商务活动中应有的内容。在安排活动时，应注意以下问题：

a．尊重来宾意愿，尽量满足其要求；

b．注意保密。如果是参观本企业，应避开涉及商业秘密的地方；

c．选择驾驶经验丰富的司机、车况好的车辆和可靠且有经验的陪同人员；

d．做好服务。如果路途遥远，要事先安排好餐饮、住宿，在车上备好水、简单食品和常用药品等。

（4）送别来宾。

接待工作要善始善终，与客人话别也是必不可少的环节之一。

① 对重要客人，可安排高层领导在来宾走的前一天晚上或离开前到宾馆话别。

② 赠送纪念品。在活动结束时赠送给来宾，或在领导与客人话别时送上纪念品。

③ 按照迎接客人的规格送客。

④ 电话问候。估计客人已经到达目的地，秘书可以打电话问候，表示关心并感谢客人的来访。

（5）善后总结。

送走来宾之后，秘书要对此次活动的所有费用及时结算，对所有资料进行整理、归类、存档，撰写接待工作总结，向上司汇报。

（6）制作团体来访的接待流程图。

接待流程图如图 3.27 所示。

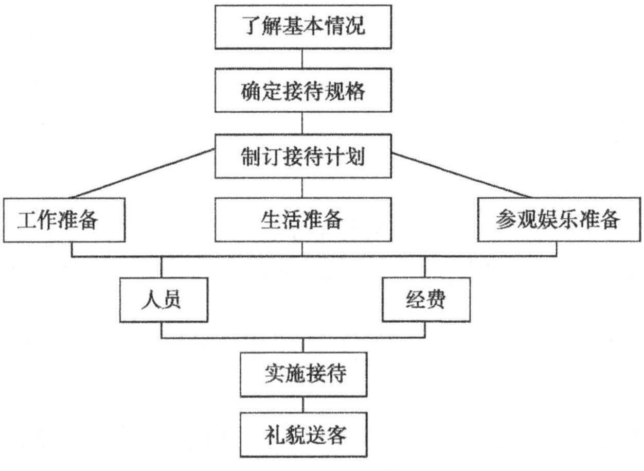

图 3.27　接待流程图

实践训练

1．单项训练

（1）模仿塑造接待人员形象；

（2）面带微笑，起身站立，主动问候；

（3）上茶；

（4）规范引导；

（5）礼貌送客。

实训要求：

教师示范，学生模仿；互相指正，教师小结。

2. 情景训练

【情景】豪翔大酒店总经办郑重主任原本定于某天上午 9:00 接待远道而来的客人——雅安律师事务所刘建华所长及其秘书，但因临时有事，不能及时赶回，郑主任就安排秘书沈唯音先接待两位客人，等待他回来。

秘书沈唯音与刘建华所长从未见过；

秘书沈唯音认识刘建华所长及其秘书。

请演示这两个接待情景。

实训要求：

（1）角色扮演，分组训练。

（2）互相指正，多次演练。

3. 综合训练

【案例分析 1】

这几天，秘书张薇一直忙着协助办公室夏斌主任接待从总公司来的欧阳印理董事长一行五人。还有一天正式日程安排就要结束了，欧阳董事长可能就要走了，张薇觉得可以轻松一阵子了。心里正高兴时，夏主任突然把她叫到办公室，说他有要事临时出差几天，而欧阳董事长因长期没有回老家了，想再待几天，好好转一转、玩一玩，了解一下家乡的变化，接待工作由张薇负责。虽然欧阳董事长说的是“转一转，玩一玩”，但张薇一点也不觉得轻松。她马上就游览项目及具体节目征求经理意见，而且在夏主任临走之前做了请示。当天晚上，张薇还临时抱佛脚，请一位当导游的朋友给她好好上了一堂课。

游览当天，张薇陪同董事长游览了当地的名胜风景。一路上，她侃侃而谈，从正史到野史，从风土人情到美味佳肴，张薇如数家珍、娓娓道来，让离开家乡多年、对家乡感到有些陌生的欧阳董事长听得如痴如醉，不停地赞叹小张见多识广。而张薇则暗自感激那位当导游的朋友。

从此，每次欧阳董事长来公司，总要和张薇一起聊聊家乡的情况。一来二去，两人变得熟悉起来。在公司里，人们对张薇的印象也不再只是职场新人。

实训要求：请你说说作为一个秘书，从张薇的身上，你能学习到什么？

【案例分析 2】

小李刚参加工作不久，学校准备举办一次全国高校校长联席会议，邀请国内很多高校校长参加。小李被安排在接待工作岗位上。接待当天，小李早早来到机场，当接到来参加会议的校长时，他便开口说：“您好！是来参加全国高校校长联席会议的吗？您的单位及姓名？以便我们安排好就餐与住宿问题。”小李有条不紊地做好记录。后来在会场，小李帮客人引路，小李一直小心翼翼，虽然自己一向走路很快，但是他放慢步伐，很注意与客人的距离不能太远。一路带着客人，上下电梯时，小李也是走在前面，做好引路工作。原本觉得很简单的事情，却几次被上级批评。

实训要求：请你说说小李几次被上级批评的原因。

【综合情景训练】前台接待礼仪

客人：

- 公司总裁龙腾先生；
- 助理郭可馨小姐。

公司前台接待人员：

- 办公室主任卢拓先生；
- 前台接待秘书李诗音小姐；
- 总经办秘书黄梅小姐；
- 酒店前台服务员；
- 酒店客房服务员。

情景：

一辆轿车在驶向飞翔公司的路上。某外贸公司总裁龙先生及其助理郭可馨小姐即将到飞翔公司参观，协商一些合作事宜。

龙先生："小郭，你是第一次到长沙吗？感觉如何？"

郭可馨："不错啊！这里环境优美，道路开阔，交通便利。很想借此机会游览一下岳麓山，看看闻名天下的岳麓书院。"

龙先生："那是当然。"

郭可馨："哦，龙总，长沙有那么多机械公司，您为什么只选中飞翔公司呢？"

龙先生："呵呵，你有所不知，飞翔公司的新产品在全国同类产品中质量是一流的，而且服务也是一流的，他们的管理理念也是非常先进的，因此，我选中了他们。这次来就是想实地考察一下，看看我们有没有合作的机会。"

不知不觉中，轿车已经到达飞翔公司的办公楼前。当他们走下车时，李诗音已等候在办公楼门口了。她马上微笑着迎上前来。

李诗音："龙总，欢迎光临！"（同时面向郭可馨小姐微笑致意，并说）"欢迎光临！"

这时，卢主任远远看见龙总走进大厅立刻迎上前去。

卢拓："龙总您好！很高兴再次见到您！"（握手）"这位是？"（同时面向郭可馨小姐微笑致意）

龙先生："卢主任您好！这位是我的秘书，小郭。"（转过头来）"小郭，这位是办公室卢拓主任。"

卢拓："郭秘书，您好！很高兴认识您。"

郭可馨与卢拓握手、递送名片。

卢拓转向李诗音说："李秘书，请带两位去酒店，安排他们的住宿吧。"

李诗音："好的，卢主任。"（转向龙、郭）"两位这边请。"（用右手示意酒店方向，并帮助龙、郭二位拿一些行李，卢拓也帮着拿一些行李。这时，总经办黄梅秘书过来，见此情景，也接过他们手中的一件行李一起朝酒店走去）

到了酒店前台。

前台服务员："欢迎光临！"

卢拓："我们已经为您订好了房间，请二位签名就行了。"

龙先生："哦，你们服务真周到，非常感谢！"

卢拓：“不客气，这是我们应该做的。”

酒店服务员：“这是钥匙牌，这是早餐券，请收好。”

酒店客房服务员：“龙先生，这边请，是六楼666和668两个房间。”（用手示意走电梯）

客房服务员带领他们乘电梯、走过道，来到了666房间。客房服务员插入房卡，打开房门。

客房服务员：“龙先生，请，这是您的房间。”

众人放下龙先生的行李。

卢拓、黄梅则陪同龙先生说了几句话：“明天我们的活动安排表在这里，您有时间看看，明天早上七点半我在楼下等您，我们一起吃早餐。一路辛苦了，好好休息一下吧！”

郭可馨、李诗音则跟随客房服务员来到到邻近的668房间。

客房服务员：“郭小姐，这是您的房间，请！”

李诗音放下郭可馨的行李，也交代了几句，便告辞出来了。

请把这一接待过程演示出来。

实训要求：

（1）分组训练：每七人一组，分别扮演其中七个角色；

（2）在情景展示过程中，不能拿着书照念台词；可以根据情节需要适当增加情节和台词，自然真实地反映工作情景；

（3）要综合运用以前所学知识；每一位同学要认真对待，注意服饰、举止与仪容的协调，交谈的声音、语调、话语内容要适宜。

第4单元 不同对象的接待礼仪

情景导入

一天，星盛商业集团旗下的星盛商业广场总经理秘书唐玉涵看到一位身着西装、手提公文包、举止文雅的人走进办公室。小唐面带微笑，赶紧迎上前去，说：“先生，您好！请问您需要什么帮助吗？”来人从容不迫，不急不慢地说：“我是恒达公司的李××，我要见你们总经理，请尽快安排。”小唐看他西装革履、文质彬彬，心想应该是一位高层领导吧，再查看一下预约登记，得知他正是总经理预约的人，于是，她马上通报并带领客人去见了总经理。小唐刚返回坐在办公桌旁，就见外面又进来一位戴着一副不时尚的墨镜、衣着随便且皱皱巴巴的人。他一进门就粗声大气地喊道：“你们总经理呢？我找他有急事，带我去见他！”小唐连忙上前说：“先生，您好！请这边坐吧，我们总经理正在开会，您能不能稍等一下？”说着赶紧去泡茶，一边泡茶一边想：怎么办呢？刚才的客人刚进去，他与总经理有重要事情商谈，不可能马上出来，而这位客人脾气好像比较火暴，性格较急躁，衣着又土里土气，他应该不会有什么重要的事情，再看预约登记，这是一位未预约的客人，小唐心里犯了嘀咕：这可怎么办？

项目任务

假如你是秘书唐玉涵，你该如何接待这位不速之客？

对不同的客人，你有哪些不同的接待方式呢？

任务分析

作为秘书，在日常接待工作中经常会遇到各种不同类型的人。衣着有朴实随意的，有典雅华贵的；性格脾气各有不同，有的性格急躁，有的慢条斯理；也因文化层次、文化背景不同而形成各种气质类型，有的温文尔雅，有的粗声大气。无论何种客人，秘书都应该以礼相待，不能以此来推断客人身份地位的高低和尊卑，也不能因受客人坏脾气的影响而冷淡客人。一个合格的秘书对所有的来宾都应该一视同仁，热情接待，不以貌取人，不凭感觉办事。当然，针对不同类型的客人，以及他们各自不同的来访目的，一个训练有素的优秀秘书也应当能够采用不同的接待技巧，只有这样，才是一个出色的好助手。

相关知识

在接待工作中，秘书常常会遇到各种各样的人，要想处理好各种关系，就应该能够针对不同的来访者运用不同的接待技巧。

1. 不同对象的接待技巧

（1）预约接待与未预约接待。

① 预约接待。来访者会事先通过电子邮件或电话的方式预约见面的时间和地点，以免突然来访而造成被访者没有时间接待的局面。预约接待时被访者事先要有准备，自己的工作才不至于陷入尴尬和被动的局面。因此，我们提倡预约接待。

秘书人员在安排日常预约接待时，一定要细致周到，诚恳热情，按章办事。

a. 预约接待工作程序：

- 提前了解来访者约定见面的部门或人员；
- 提前了解来访者来访的目的；
- 告知被访者，征求约见意向；
- 填写被访者接待日程表，合理安排上司与来访者见面的时间和地点；
- 与来访者确定来访时间；
- 如果来访者按预定时间准时到达，秘书应立即通知被访者；
- 如果来访者提前到达，秘书人员应请其入座，提供茶水、饮料。对重要客人，秘书应陪坐聊天，不能使其有被冷落的感觉。

温馨提示

若让来访者久等，接待人员要诚恳致歉，并应说明大概需要等多长时间，以便让客人自己决定等待还是另约见面时间。

b. 预约接待工作流程图如图 3.28 所示。

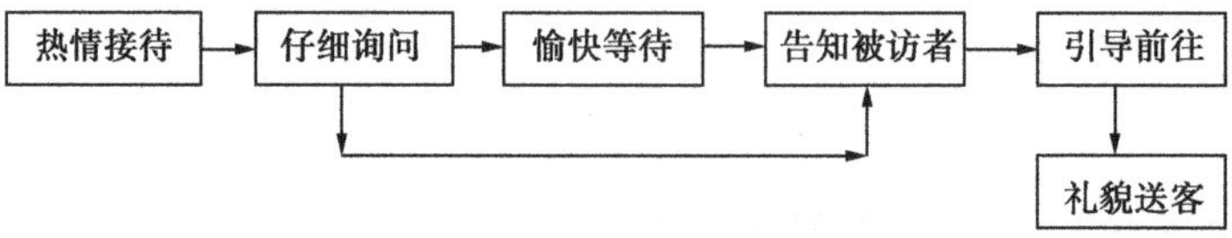

图 3.28　预约接待工作流程图

② 未预约接待。我们提倡预约接待，但对没有预约的来访者也要热情、周到地接待，这既是对来访者的尊重，也是对被访者的尊重，还有利于企业良好形象的树立，有助于今后工作的顺利开展。

温馨提示

对于来访者，秘书不能一开口就询问："您是否预约了？"这样会使没有预约的人心中产生一种不受欢迎之感。作为秘书，应该对预约表中的信息了如指掌，当客人通报单位和姓名之后，秘书就应该知晓对方是否有预约。

a．未预约接待的程序。

- 面带微笑，主动问候来访者；
- 当了解到对方没有预约时，仍要以欢迎的姿态接待对方；
- 询问来访者要访问的部门或人员姓名；
- 联系被访的部门或人员，询问他们是否有时间或意愿接待来访者，尽可能安排当天见面；
- 若被访者确实没有时间接见（或没有合适的部门人员来接见来访者），就要努力确定下一次约见的具体时间；
- 向来访者说明不能接见的原因，真诚道歉；
- 主动请来访者留言或留下联系方式，以便在被访者回来或有时间的时候与之联系；
- 在整个接待过程中，应使来访者感到愉快、舒适。

b．未预约接待的注意事项。

- 对未预约的来访者不能不理不睬，应表现出热情友好和愿意提供服务的态度；
- 如果正忙于工作，应暂时放下手中的工作，招呼来访者；即便是正在打电话，也应向来客点头示意；
- 对陌生的来访者，一定要问清其姓名和所在单位的名称；
- 问明来访者的目的；
- 来访者若询问上司在不在，不能直接回答，而应说："请稍等，我去看看他在不在。"
- 如果对方不愿通报姓名，接待人员则务必问明事由，从客人的回答中，努力判断能否让他与上司见面；
- 如上司不在或联系不上，应向来访者说明原因，表示歉意；
- 不可在没有征得上司同意前就自作主张另定约见时间，但可以表示出愿意为对方另约合适的见面时间。

（2）老客人的接待与新客人的接待。秘书在接待中，经常会遇到正在接待某位客人时，新的客人又前来拜访的情况，秘书很可能因为招呼了这个而没有招呼那个，产生一些不愉快。这时，秘书的工作程序应该是：

① 对正在接待的客人表示歉意，请他稍等，立即招呼新客人，询问其来意；

② 如果接待新客人需要花较长时间，接待原先客人也要花较长时间，应向新客人说明情况，表示歉意，建议另约时间商谈；

③ 如果新客人与正在接待的客人都为了同一个原因、同一个问题而来，所谈内容也完全相同，接待人员可以介绍双方彼此认识，再一起进行讨论；

④ 如果双方的谈话内容不同，也不便让彼此知晓的话，可以安排新客人到另外的会客室等候，并告知其大约的等候时间。

温馨提示

不要因对新客人的接待而让原先的客人等候太久。

（3）内宾接待与外宾接待的异同如表 3.6 所示。

表 3.6 内宾接待与外宾接待的异同

<table>
<tr><th>类　型</th><th>相同点（上一节已介绍，此为简略说明）</th><th>不　同　点</th></tr>
<tr><td>内宾接待</td><td rowspan="2">1．要了解客人的基本情况，如身份、职务、来访目的、人数、性别等；
2．了解客人到达和离开的时间、所乘交通工具、是否需要接站及安排食宿等；
3．热情友好，不卑不亢；
4．合理安排各项活动日程；
5．礼貌送客</td><td>若是少数民族，应了解其宗教信仰，尊重他们的风俗习惯</td></tr>
<tr><td>外宾接待</td><td>1．了解所在国的宗教信仰；
2．与外宾见面，至少提前半天预约；
3．不要谈论年龄、收入等个人隐私话题；
4．妥善安排食宿，成年同性不可安排在一个房间（夫妻、家人除外），应每人一间；
5．可赠送一些有地方特色的礼物，不要太贵重</td></tr>
</table>

2. 接待人员在接待过程中应注意的问题

（1）对性格急躁的人。

性格不同，往往处理问题的方式也不同。如果来访者是一个性格急躁的人，他可能会不断地催促你快点儿做这个、快点儿做那个，不尽如人意时可能还会发牢骚、发脾气。作为一个训练有素的接待人员，应该一直保持稳定的心态，沉着应对，不能因他人情绪的波动而影响自己正常的工作秩序。因此，遇到性格急躁的来访者，即使他不停地催促，接待人员还是要保持镇定，时时提醒自己"不要慌，不能乱""坚持原则，不能乱了秩序"，并向他解释清楚原因。如果不能马上见面的话，可以建议他另约见面时间。

（2）对着装档次高低不同的人。

接待工作中会遇到各种各样的人，着装档次也各不相同，有的西装革履，有的时尚前卫，有的平实朴素，有的怪异另类。接待人员不能完全从着装档次高低来判断一个人的身份和地位，还是应该按接待程序，仔细询问清楚其基本情况，再做相应的接待判断。例如，有的推销员或业务员往往西装革履，风度翩翩；而有的公司总经理可能也只是普普通通的着装，完全不像一个高级领导。

（3）对同事的客人。

只要来访者跨进公司大门，就是公司的客人，公司任何人都是公司的主人，代表的都是公司的形象，对客人都应该以礼相待、以诚相待。因此，对同事的客人，也应该如此。

① 热情招待。对待同事的客人应该像对待自己的客人一样，因为他们同样是公司的合作者，只是具体的联系人不同而已。绝对不能面无表情、三言两语地把客人打发走，更不能置之不理。否则，不仅是没有责任心的表现，也是没有团队意识的体现。

② 不要越权行事。既然不是来拜访自己的，你肯定对相关情况不太了解，只要做好接待工作即可。与他们交流时，不要问东问西或越权行事、胡乱承诺，只谈一些公司范围内允许的话题即可。那种越权行事、乱说一气的人，反而让人怀疑你的为人及公司的管理制度。

③ 及时联系相关负责人。对同事的客人，做好一个临时接待即可，问题的解决还是要靠相关负责人。所以，你应该赶紧联系相关负责人，告知来访者的单位和身份，以便让同事有心理准备。

（4）对性别不同的人。

性别不同，在接待中交流的话题往往也不同。例如，对同性进行接待时，可能很快就找到了共同的话题；而在对异性的接待中，若缺乏工作经验，可能会无所适从，甚至无话可说，出现冷场的尴尬局面。因此，要求接待人员要学会寒暄，要学会与不同的人说不同的话，让每一个与接触过你的人都觉得与你交谈轻松、愉快、舒适。当然，最好不要谈论政治、评价社会现象等，这样容易引起不同看法的争议，而应该谈论一些无关紧要的、轻松的话题。例如，一般来说，男性喜欢关注车（包括车型、车款、车的技术含量等），喜欢各种体育运动、户外活动等；女性喜欢谈论服装、化妆品、减肥或教育等话题。

（5）对文化层次不同的人。

秘书人员在接待工作中还应根据不同对象的不同文化层次选用恰当的语言来交流，否则很可能会因为不能及时形成交流回应而产生误会。例如，你客气地向一位没有文化的老太太问："您的配偶呢？"对方很可能会理解成"你有没有买藕呢"。因此，一般来说，文化层次越高，越喜欢用一些典雅的言辞，文化层次越低的人往往喜欢用通俗易懂的、更白话一些的语言。如果你对文化层次较低的人使用一些雅语，他们可能会因为不能及时理解，而难以做到充分沟通与交流，这会给接待工作带来不利影响。

（6）对文化背景不同的人。

由于文化背景不同，对同一句话或一个行为举止的理解就会产生较大的差异。例如，我国老百姓见面时总爱说"你吃了没有"，外国人就不会理解这只是一句常用问候语，而会如实告诉你他吃了没有；还有对"爱人"一词的理解差异就更大了，我国是指"一方的配偶"，而西方则是"情人"的意思，因此，千万不可称外宾的丈夫（或妻子）为"你的爱人"，这会让他们很尴尬。对同一个手势的理解也有较大差异。例如，在大多数国家，用食指与中指形成的V形手势，都表"胜利"之意；但在希腊等国家，若把手心向里，则是"下贱"的意思。

因此，接待人员在接待工作中，要大方得体、不卑不亢，提前了解对方的文化背景、风俗习惯。交流时的言谈举止都应符合对方的风俗习惯，尊重他们的宗教信仰，要根据对方文化背景的差异来选择合适的话语语言和体态语言，使双方轻松、愉快地交流。

实践训练

1. 情景训练

【情景 1】如果上司正在会客时，恰好又来了一位未预约的重要客人，并有重要事情找上司洽谈，你该怎么办？

实训要求：分组训练，四人一组，一人扮演客人，一人扮演上司，客人正在与上司交谈，协商要事，一人扮演秘书，一人扮演来访者。

【情景 2】秘书张洁正在与一位来访者谈话，又来了一位未预约的客人。这时，张洁该怎么做？

实训要求：分组训练，三人一组，一人扮演秘书张洁，一人扮演来访者，一人扮演刚来的未预约的来访者。

2. 综合训练

【案例分析】

一天，秘书方芳正在埋头整理文件，一位客人来了，一进门就说要找总经理。方芳一看日程安排表中并没有安排此人。可客人反复说自己有非常重要的事情要与总经理协商，口气严肃郑重，这让刚刚工作不到一个月的方芳不知如何是好。于是，她就自作主张带着客人去见了总经理。过了一个小时，总经理才把此人送出门。然后，一脸的难看，对方芳说："你是怎么搞的？一位推销员也带他进来，足足耽误了我一个小时的时间。以后一定要对来客进行甄别，而且一定要事先征询一下我的意见。"说完就进办公室了。

实训问题：方芳错在哪里了？秘书人员应该如何甄别客人？

【综合情景训练】

星盛商业集团旗下的星盛商业广场经理秘书胡伟明（男）是一位文字功底非常好的人，而且为人处事温文尔雅，沉着老练。一天，负责接待工作的同事唐玉涵陪同上司一起外出办事，办公室里只剩他一人了。上司临走之前，特意交代由他来处理办公室的临时事宜，若有急事再电话联系。正当胡伟明沉浸在他的一篇为上司写的上报材料中的时候，急匆匆走进来一位陌生人（男）。来客说要找他们的领导，有要事相商，请胡伟明赶快安排见面。小胡一边带他到旁边的会客室，一边问他有什么重要事情。客人吞吞吐吐，不肯直接明说。小胡便请客人坐下，沏了一杯上好的龙井茶，彬彬有礼地说："请用茶。"然后又一步一步地询问客人的姓名、单位、职务，是什么事情让他这么着急。原本急躁不安的来客看到小胡这般沉着镇定，也慢慢平息了心情，向他一一说明了。小胡觉得事情确实重要，便给上司打了电话，简要说明原委，并征询上司的意见。上司让小胡陪客人坐一会儿，他马上回来。于是跟客人说明上司不在，请他稍等片刻，上司马上就回来。这时，又走进来一位衣着时尚、气质优雅的年轻女士，她也说要找领导，有要事协商。小胡赶紧向原先的客人道歉，请他稍等，然后把报架上的报纸拿下来递给他。再请年轻女士到一旁的接待室，请坐，泡茶，询问了解她的基本情况。之后，小胡向她解释说，上司已经约了其他客人，今天没有时间与她见面了，并提议另约时间。女士犹豫一下，留下联系方式，说回去等待小胡的电话，然后就走了。小胡送走女士后，赶紧招呼原先的那位客人，并诚恳致歉。这时，上司回来了，小胡礼貌地为双方进行介绍，双方问候、握手后，交谈起来，小胡便退出了会客室。

实训要求：

（1）分组训练：每四人一组，一人扮演胡伟明，一人扮演男客人，一人扮演年轻女士，一人扮演上司；

（2）设计相应的接待环境，包括办公家具、办公用品的摆放；

（3）着装、举止、言谈要符合身份和场景的需要。

知识小结

见面礼节是人与人在商务交往的第一礼节，这个第一礼节可能会对今后彼此的交往产生重要影响。

日常见面礼节有：致意与问候、称呼与介绍、握手与递送名片。

方位、次序是指对参加社交活动的个人、团体或国家，按照一定的惯例进行排列的先后次序。

主席台上的座次顺序略有不同，它是按“中间为尊”“以左为尊”的原则来确定的。会见、会谈、接待、拜访等许多场合中，是按国际惯例“以右为尊”的原则排序的。

距离是一种无声的语言，它可以显示人与人之间关系的亲疏远近。常见的几种不同的距离有私人距离、社交距离、礼仪距离、公共距离。

接待工作是秘书工作的重要内容之一。讲究礼仪既是密切单位与公众关系的重要手段，又是树立良好组织形象的重要方式。

日常接待工作步骤是：热情迎客、热情待客、礼貌送客。

模块4　办公室礼仪

习训目标

知识学习目标：

- 掌握基本的办公室礼仪知识，了解办公场所形象的重要性。

能力培养目标：

- 培养办公室交谈、接听电话等能力，了解办公场所女性应注意的问题。
- 培养商务人士办公过程中运用规范礼仪从事相关工作的良好习惯。

素质拓展目标：

- 培养学生良好的交际能力和办公事务处理能力，进一步增强学生的职业素养。

第1单元　办公室礼仪认知

情景导入

任明纹是星盛商业集团旗下星盛物流公司办公室秘书，朱慧是她的指导老师。平时，朱慧每天早上总是提前10分钟到公司。把上司办公室的窗帘拉起，窗户打开，桌面上的文件按照柜架上贴的标签分类码摆好，整理一下电脑桌，还把上司要审阅的重要文件放在办公桌中间；然后擦拭办公桌上的电话话筒、传真机磁头，清洁自己办公区域等。做完这些，上司和同事也陆续来到公司，开始一天的工作了。

一天，朱慧因事请假。任明纹准时到达公司时，发现客户已经来了。她急忙把客户引进会客室，却发现前一天客户喝剩的茶水还留在桌上，杂志也乱乱地堆在报架上。任明纹急忙整理好会客室，再给客户沏上茶水，这时客户已经干坐了好一会儿了。

项目任务

假如你是任明纹，你该怎么做？

假如你是星盛商业集团旗下星盛物流公司办公室秘书，应该如何对待办公室工作？

任务分析

任明纹准时到达办公室，虽说没有超越规定的上班时间，但作为一名称职的秘书，应该提前做好各项准备工作。不能让客人久等，不能让客人看到不整洁的工作现场，这是秘书最起码的工作职责。她的指导老师朱慧始终如一地做好每一天上班前的准备，让上司及同事们能够在一个整洁舒适的办公环境中开展工作，这种行为看似简单，但能够坚持，实属不易。说明她是一个做事认真负责、踏实肯干、有责任心的优秀秘书。

办公室不仅仅是一个单位对外联络沟通的纽带和桥梁，还是树立组织良好形象的窗口。办公室礼仪反映的不仅仅是个体的礼仪修养，更多地是通过个体反映出整体良好的精神面貌。如果是肮脏混乱的办公场所，使人感到的不仅仅是员工个体素质较低，同时表明该组织管理和经营方面也一定有问题。因此，每一个秘书都应该重视办公室礼仪，营造一个干净整洁、轻松舒适的工作环境。

相关知识

1. 办公室礼仪的基本内容

秘书的主要工作场所就是公司的办公室，办公室是秘书最主要的活动舞台。每个人只有对办公环境有了充分的认识，才能更好地把握工作内容，营造良好的工作氛围。就办公室的特殊性而言，办公室礼仪包括以下基本内容：

（1）办公室个人礼仪。主要包括个体在办公室中的着装方面和行为方面的礼仪规范。

（2）办公室环境礼仪。广义的办公室环境礼仪包含了个人礼仪，因为个体是构成环境的主要因素。狭义的办公室环境礼仪主要指对办公室内外环境的一种安排和布置。我们在这里只取其狭义的理解，即主要指对办公室工作环境的布置。

（3）办公室人际交往礼仪。主要指办公室内部成员之间的人际交往关系。包括怎样和上司、同事相处，如何与异性相处等办公室人际关系。

（4）办公室公务往来礼仪。主要包括在办公室进行公务活动过程中所应遵循的礼仪规范。包括如何遵守工作流程，照章办事，如何处理公务往来中突发事件等内容。

2. 办公室的个人礼仪

一个单位的整体形象，实际上是由若干的个人形象共同树立形成的。因此，每一个办公室工作人员，不论职位高低，都应维护好个人形象，从而塑造良好的整体形象。

（1）仪表端庄、整洁。办公室工作人员要注意维护个人形象，服装要庄重、正规，不可以标新立异、奇装异服。男士穿深色西装、白衬衫，打领带，配深色皮鞋；不可以留长指甲、长头发、长胡子。女士穿西装套裙，肉色长筒丝袜，配黑色高跟皮鞋或半高跟皮鞋；避免破、脏、露、紧、艳等几种失仪的状况发生；避免戴过于夸张、走起路来摇摆的饰品；可以化淡妆，不能浓妆艳抹。

（2）行为举止。办公室行为举止礼仪的基本要求就是分寸得当，举止稳重、自然、大方、有风度。具体从以下几方面注意：

① 言语上。

问候。在言语上，对上司和同事都要讲究礼貌，不能由于大家天天见面就将问候省略了。“您好”“早安”“再会”之类的问候语要经常使用。

称呼。同事之间不能称兄道弟或乱起绰号，对上司和前辈则要用职务或“先生”来称呼，最好不与同事在公众面前开玩笑。

用语。办公室里要尽量使用规范的语言和词汇，尽量不要使用带方言色彩或比较时髦却不合规范的新词或新的语法，否则，会影响办公室氛围。要文明用语，尤其不能在办公室里说脏话。

② 行为上。在办公室礼仪中，最关键的一点，就是尊重他人。无论对上司、同事，还是客人都要尊重。讲究男女平等，彼此尊重。不能在办公室打闹、嬉戏。

尽量不要在办公室里吸烟和化妆。若很想吸或需要化妆，应去专用的吸烟室、化妆间或洗手间。尤其不可口衔香烟四处游荡，即所谓的“吸游烟”。

进出办公室，要随手关门，声音要轻。和别人一同进出时，要注意谦让。主动为他人开门、拉门。

进入办公室后，应脱掉大衣、摘掉帽子，但西装上衣、夹克衫不能随便脱掉。进入他人办公室，未经同意，不能随便脱下外套，也不可随意解扣子、卷袖子、松腰带，不要将衣服、公文包放到桌子和椅子上。不要乱翻他人的东西。也不宜在他人办公室停留太久，初次拜访以20分钟为宜。

在办公室交谈，配以适当的手势动作是可以的，但不能幅度太大、手舞足蹈，更不能用手指着他人说话。

在办公室中，无论是站立还是行走，保持文雅庄重的姿态是非常重要的。不能弯腰弓背，给人一种懒散的印象。

③ 情绪上。在办公室，秘书应注意个人情绪的合理掌控。情感与情绪总会有些起伏变化，适度的宣泄与表达有益于人的身心健康。但这种个人情绪的波动变化是不宜带到办公室和工作中来的。随心所欲的嬉笑怒骂和外形于色的喜怒哀乐都是不礼貌的表现。

3. 工作环境的布置

随着现代化进程的加快，办公“硬件”专业化水平的日益提高，人们对办公环境的要求也越来越高，办公环境对人工作效率的影响也越来越大。整洁、明亮、舒适的工作环境，能使员工产生积极的情绪，工作效率也随之提高。在这里，工作环境的布置主要指办公处所的自然空间的布置。

（1）办公室设备陈设和摆放。如果一走进办公室，就看到办公桌上面成堆的文件、纸张，杂乱的办公用品，桌面满是灰尘，这一定会让我们对该办公室工作人员的工作能力产生怀疑。因为办公桌是办公活动的集中地点，是走进办公室注意力最为集中的地方，办公桌摆放好了，办公环境就好了一半。

① 办公桌的摆放要注意以下几个方面：

a．办公桌尽量要朝向南，面向阳光照射的方向，让光线从左方射入；

b．办公桌上不要摆放太多东西，只放当天或当时要处理的公文，其他书籍报纸不要放在桌上；

c．工作人员若暂时离开座位，应将文件覆盖起来；

d．办公桌上最好不摆放茶杯，招待客人的水杯、茶具应放到专门的地方；

e．若文具种类比较多，应放进笔筒，而不能零散地放在桌上；

f．下班前一定要将桌面收拾、整理一下；

g．所有办公桌椅及其他设施都要保持干净、整洁、井然有序；

h. 办公桌上的用品，例如电话机可以放在办公桌的角上，并且要经常清理，不能落满灰尘，有条件的还可以定期消毒。

② 书架或文件柜。办公室需要摆放书架和文件柜时，要靠墙摆放，这样比较安全。沙发的摆放最好远离办公桌，以免谈话时干扰他人办公。

（2）办公室整个空间环境的布置。办公室整个空间应随时保持清洁、舒适。水泥地面要经常清扫、擦洗，地毯要定期除尘。办公室的墙面切忌乱刻乱画，也不可将电话号码表贴在墙上，也不可张贴记事的便签。墙上可以悬挂地图、与公司有关的图片。

办公室应尽量显得宽敞。不可在办公室里堆积物品，否则会给来访者造成拥挤且脏乱的感觉。

（3）办公室的绿化。宽敞的办公室可以放置盆花，但盆花要经过认真挑选。花盆中的泥土不能有异味，肥料要经过精选，不能有异味。盆花要经常浇灌和整理，不能让其枯萎而出现黄叶。

① 一般员工的办公室的绿化。一般员工的办公室不宜选用盛开的鲜花装点，过艳的色彩会分散人的注意力，使人们的精力发生偏移，可选用以绿色为主的植物。绿色植物是装点办公室的主要材料，绿色可以给人舒适的感觉，可以调节人的情绪，同时起到净化空气的作用。

② 会客室的绿化。会客室是商务活动的中心，也是接待来访者的主要场所。这样的场所应布置以抒怀为主的观赏植物，力求选取珍奇、高大或色彩绚丽的品种。例如，在沙发的一端，用散尾葵或绿萝柱等，另一端用花架摆放一个盆景或垂式盆花，茶几上放一小盆鲜花。这表明主人的热情好客。

③ 上司办公室的绿化。上司办公室是上司集中精力工作和思考决策的场所，所以理想的环境效果应该是宽敞、舒适，其绿化则应色淡香微。具体布置：如在衣帽架上放一盆纤细的铁线蕨或悬垂的绿萝；靠窗处放一盆水仙或含笑。这样，一定会使上司感到惬意和舒适，工作效率也会大大提高的。办公桌上还可放一盆宝塔形的富贵竹，起到一种激励作用。

温馨提示

办公室绿化要注意植物对人体健康的影响。因为大多数花卉会在黑暗的环境中排出二氧化碳、吸入氧气，如果办公室门窗紧闭，无疑会恶化空气。有些花卉还会对人体造成伤害，如紫荆花的花粉会诱发哮喘；洋绣球花会使人皮肤瘙痒；兰花和百合花会使人失眠等。所以，如果要用植物来美化办公室，就先得请教专业人士，了解各种植物的物性。

（4）办公室的空气。

① 新鲜的空气。如今大多数办公室都安装了空调，注意不要使冷（热）风直接吹向人体。应该在室内放置温度计以及湿度调节器，保持合适的温度和湿度，有益健康。办公室使用空调器时，不能全天封闭，应有一定的时间打开窗户，引入自然新鲜的空气。

② 气味的调整。除了新鲜的空气外，办公室的气味也非常重要。气味不好，工作压力又大的话，人就很容易感觉疲惫，情绪烦乱，心情沮丧。除适度开窗引入新鲜空气外，还可以采取香氛疗法。即将从植物中提炼出来的具有明显杀菌效果的香精油放置室内，通过加热蒸发或自然挥发的方式，将沁人心脾的芳香弥漫在空间，可以对人的生理和心理都产生积极影响，舒缓紧张情绪，消除心理压力，减缓疲劳。

（5）办公室的温度。在开空调的情况下，室内温度以26℃为宜。

（6）办公室的湿度。人体感觉较舒适的湿度是 40%～70%。若室内湿度太大，又没有除湿器，可打开空调抽湿；或湿度太小显得太干燥，可使用加湿器加湿。这些都是既方便又有效的调节湿度的方法。

（7）办公室的光线。办公室的光线来自两个方面，即自然采光和照明光线。我们尽可能采用自然光，注意光线不能太强，必要时可用百叶窗或窗帘来调节采光。办公室的灯光要分布均匀，选择自然明亮、光照度充足的灯具，最好是日光灯。

温馨提示

眼睛疲劳的主要原因是：照明亮度不够，亮度、暗度、常变化刺眼的程度，逆光等因素所引起。为防止眼睛疲劳，避免光线过于刺眼或光度不够，就要使用带有灯罩的照明灯具。

（8）办公室的声音。在开放式办公环境中，最大的一个弊病就是容易产生噪音进而影响所有人。噪音的影响：心情容易烦躁，不能镇定，思维模糊，注意力不能集中等。即使再优美的音色，如果声音太大，也会变成噪音。避免的方法：交谈的声音不要太大，对器械的操作尽量轻柔一些，不穿带钉的高跟鞋；还可以使用隔音板、地毯（但地毯不易清洁，易藏污垢）等。

小锦囊

美妙的背景音乐

很多企业为了给员工营造一个既安静又优美的工作环境，借用了高级宾馆的一些做法，播放一些轻柔曼妙、若有若无的背景音乐，以此为员工定心安神，使他们提高工作效率。注意要精心挑选播放的背景音乐。

最理想的背景音乐应该是美妙、飘逸、悠扬的天籁之音。尤其是长笛、竹笛、单簧管、双簧管、萨克斯、电子合成器演奏的音乐。播放的音乐要具有空灵的意境，使人全身心得到放松，压力得到释放，心灵得到净化。

要注意控制音量，否则就会变成噪声，让人心烦意乱，甚至神经错乱。最恰当的分寸是似有若无的一直不间断播放，让音乐始终弥漫在空气中。

4. 公用设备使用礼仪

现代化办公室有多种设备和工具，如电话、电脑、打印机、复印机及一些专业工具等。作为办公室成员，每一个人都有责任和义务保护这些设备和工具。在使用过程中应自觉遵守使用的礼仪规则。

（1）传真机的使用。传真机是商务人员对外交往中使用频率较高的公共设备，容易与同事在使用时间上发生冲突，一般要遵循先来后到原则。使用完毕后，不要忘记将你的原稿拿走，否则容易丢失原稿导致泄漏信息，给自己带来不便。另外，在公司里一般不要发私人传真。

（2）电脑的使用。学会正确使用，如果不会，可以请别人来帮助，但要看别人是否有空。注意保养电脑，每次使用前，若有时间可将电脑杀毒，安全使用。注意文件保密，不要偷看别人的东西。不要占用他人的存储空间，不要在工作期间玩电脑游戏。

5. 办公室人际关系的处理

哈佛大学、卡内基基金会和斯坦福大学的研究机构提供的调查报告显示，要保住工作或在岗位上得到晋升，85%取决于人际关系，而只有15%取决于技术知识和技能。因此，只有首先协调好公司内部的人际关系，才能内求团结，外求发展。

（1）与上司相处的礼仪。

处理好与上司的关系十分重要，它不仅有利于人际沟通、办公室的团结，有利于工作效率的提高，而且往往涉及个人职业的发展。在办公室与上司相处的礼仪主要包括两大方面：一是日常交际方面的礼仪，一是工作方面的相处礼仪。

① 在日常交往方面的礼仪。

a．主动打招呼。遇到上司，要主动打招呼，如果距离较远，不便呼叫，可注视之，目光相遇，点头示意即可。近距离相遇，则用礼貌用语问候上司。

b．礼貌进门。进上司办公室时，应先敲门，通报姓名并得到允许后，方可入内。

c．与上司保持适度的距离。无论你与上司私底下的关系有多好，在工作场合说话或办事都要掌握分寸，要把他当作上司对待，保持他的权威感。有第三人在场时，不能与上司谈家常，特别是上司的家事。

d．不要当上司的面议论是非。古语道："来说是非者，必是是非人"。秘书在办公室应该集中精力工作，而不应该把注意力放在议论别人的是是非非上。譬如当着上司的面批评同事，甚至对部门领导的行为说三道四。其实每个人心里都有一个是非对错的标准，人们对这种喜欢在上司面前议论是非的人是不会有好感的。因为你能在这个上司面前评价其他上司、同事，也就可能又在其他上司或同事面前评价这个上司。而且，在上司看来，这样的人是靠不住的。

② 在工作方面的相处礼仪。

秘书在办公室与上司相处，最重要的是处理好与上司在工作中的关系。与上司在工作上的相处礼仪，主要表现在汇报工作与执行工作上。

a．汇报工作时应该注意以下几方面：

- 遵守时间。向上司汇报工作，务必按约定的时间到达，否则，不仅会耽误上司的宝贵时间，还可能让上司对你的工作能力产生怀疑。
- 在汇报工作时注意自己的仪态。汇报时，应该表情自然、彬彬有礼，要语速适中、音量适中，要让上司轻松而又准确地听清你的汇报内容；千万不要诚惶诚恐、语无伦次，或者指手画脚、走调失声。
- 汇报的语言上，要尽量自然朴实、言简意赅。无论是书面语言，还是口头语言，都要用词准确、简练。同时要控制好时间，日常工作汇报应在10分钟之内完成，专项工作的汇报看具体情况而定。
- 汇报的语气上，要充分表现出对上司的尊重。反映问题时，口气不要太"冲"，更不能为难、责怪和侮辱他人。上司在发表意见时，不要插嘴，不要显得不屑一顾。
- 汇报结束后，上级如果谈兴犹在，不可有不耐烦的体态语产生，应等到由上级表示结束时才可以告辞。告辞时，要整理好自己的材料、茶具、座椅，若上司送别则要主动说"谢谢"或"请留步"。

b．执行工作时要注意以下几方面：

- 在上司安排工作或布置任务时，要专心致志、洗耳恭听。作为商务人员，切不可目无领导、随心所欲。没有任何组织欢迎个人英雄主义，那种不听从安排、顶撞领导、任意妄为，甚至抵制领导的做法，是任何企业都不容的。

- 当实在无法完成上司交代的任务时，或出现比较棘手的问题时，要及时通报，并说明缘由。
- 工作中做错了事，要自我检讨，不要找借口或推辞责任，更不能说“是您叫我这样做的呀”等。受到上司批评时，要态度诚恳、虚心接受。即使上司的批评是错误的，也不能当面顶撞，应通过其他方式与上司交流，消除误会。
- 指正上司要讲究方法。上司也有可能在工作中出现失误，那么，作为下级，指正错误时一定要讲究方法和技巧。

小锦囊

指正上司的方法与技巧

在引述、认同上司某些观点的基础上提出自己的看法。这样做，一方面表示自己已经理解了上司的意思，认同了他的某些见解；另一方面，也是对上司的一种尊重，容易获得认同。

不要站在对立面说话。有些人面对上司出现的错误，往往会控制不住自己的情绪，全盘否定上司的意思。这种对立做法非常过激，不要说上司，就连普通同事也难以接受。

不要在公众面前指出上司的错误。若上司的方案或想法刚说出口，你就立即表示反对，会使上司产生逆反心理。不要当众指出上司的错误，使上司感到尴尬，也不要当场迫使上司表态。应该在上司情绪平稳时，找一个单独相处的机会，提出自己的想法。若上司对自己的方案非常肯定，不可能接受不同建议，可以静观其变，待事情出现了某些不祥苗头时再提出建议。

（2）与同事相处的礼仪。

同事之间相处得如何，直接关系到自己工作、事业的进步与发展。同事之间关系融洽、和谐，就会感到心情愉快，有利于工作的顺利进行；否则，就可能阻碍个人甚至集体事业的正常发展。处理好同事关系要注意以下几方面。

① 尊重同事。同事关系不同于亲情关系，亲友之间一旦失礼，可以用亲情来弥补，而同事之间是以工作为纽带的，一旦失礼，创伤难以愈合。所以，处理好同事之间的关系，最重要的是尊重对方，尊重对方的隐私和习惯。

a. 不背后议论和窥探同事的隐私或秘密。隐私是关系到个人名誉的问题，现在人们自我保护意识越来越强，许多私事并不希望别人知晓。背后议论同事的隐私，会损害其名誉，可能造成双方关系的紧张，这不是一个合格的秘书所为。不要私拆同事的信件，即使是公务信函。当同事在写东西、阅读书信或打电话时，应“回避”，做到“目不斜视”“耳不旁听”。

b. 不轻易翻动同事的东西。不随便翻动同事的办公桌或储存柜是秘书在与同事交往中应做到基本礼节。即使找东西，也应让同事代找。当同事不在而又必须要找某些东西时，应事先说明缘由，征得同事同意。

② 对待同事要真诚、谦逊。办公室既是一个小社会，又是一个大家庭。同事之间应该互相信任、互相理解、互相帮助、互相体谅。万一与同事发生误会，也应该主动道歉，说明情况，征得对方的谅解。对对方的误会也不可耿耿于怀，更不能打击报复。若对上司、同事有意见、有看法，也不要在办公室向其他同事袒露，或指桑骂槐。

如果自己的专业能力很强，也不必在同事面前炫耀自己。谦虚谨慎是每一位文秘应具备的工作作风。

③ 透明竞争。与同事共处的原则是彼此尊重、配合，然后尽量施展自己的才华，绝不轻率地侵犯同事的业务领域；在透明、公平竞争中，各自施展自己的才华并求得发展。人们讨厌那种搬弄是非、耍阴谋的人，忌讳那些拉帮结派、妒贤嫉能的人。作为秘书，应当光明正大、凭实力获取自己应得的一切。

④ 摒弃个人好恶。每个人都有自己独特的个性及不同的审美观。不要对同事的衣着、发型等妄加评论，随意地说三道四。商务人士应该尊重他人的选择。

⑤ 语言要得体。与同事交谈时，语言要有分寸、要得体。在办公室交谈时，要和气、友善。即使彼此之间的意见不一致，对于原则性不强的问题，没有必要争得面红耳赤。一味地争强好胜，会让同事对你敬而远之。

小锦囊

秘书的语言技巧

不卑不亢的说话态度、活泼俏皮的幽默语言，以及自信的表达、优雅的肢体语言都是办公室语言技巧。娴熟地运用这些语言技巧，能促进你与同事之间的团结、协作关系。

⑥ 经济往来AA制。同事之间的物质往来要一清二楚。同事之间可能有相互借钱、借物或馈赠礼品等往来，切不可忘记，每一项都应清楚明白，即使是小的款项，也应记在备忘录上，以提醒自己及时归还。向同事借钱、借物，应主动给对方写借条，以增强彼此之间的信任。若借出者主动提出写借条，这也并不过分，借入者应予理解。向同事借东西不能及时归还时，应每隔一段时间就向对方说明情况。总之，在物质利益方面，无论是有意还是无意地占便宜，都会令对方感到不快，也降低了自己在对方心目中的人格。

6. 办公室礼仪中的忌讳

在办公室里，大家都希望创造一个好工作环境和人际环境，以形成团结、协作、正常、健康的工作关系、人际关系。这就要求注意以下几方面的禁忌。

（1）不在办公室谈论薪水问题。

现代企业里，因为同事之间的薪酬往往差异较大，有些企业采用拉大酬薪距离的方法激励员工工作热情，既不公开员工的工资数额，也不让员工相互打听彼此的情况。这种方法，用好了是奖优罚劣的一大法宝，用得不好就容易引发员工之间的矛盾，而且最终可能会将矛头直指上司。因此，薪水已成为一种隐私，在办公室里应回避这个话题，也不要向别人打探其薪水。

（2）不在办公室谈论自己的私人生活。

无论你经历了任何情感变故，都不可将个人情绪带到工作中来，更别把故事带到办公室。办公室是工作场所，不是个人倾诉心事的地方。所以，当生活出现危机时，不要在办公室找人倾诉，也不能在办公室里谈论自己或他人的私生活。另外，要避免与异性主管或同事有过分亲昵的行为，否则容易使人产生误解。

（3）不要过分地开玩笑。

在办公室里适度地讲一些笑话，能使大家放松心情、活跃气氛。但开玩笑一定要注意时间、场合和对象，在内容上，要求情调高雅、健康幽默、诙谐风趣。

温馨提示

开玩笑一定要注意对象。切忌说黄段子或开过头儿的玩笑，尤其不能拿别人的生理缺陷开玩笑。一般来说，最好以自己为开玩笑的对象，这样既不会伤害他人，又能使大家感到轻松、愉快。

（4）不要不拘小节、懒散拖沓。

办公室是工作场所，人们在办公室里表现出来的应该是积极上进、认真细致的工作态度和作风，不应当是拖沓懒散、不拘小节的样子。不能迟到、早退，也不能看书报、吃零食、打瞌睡。不能在办公室里闲聊，更不要坐在办公桌上办公或将脚跷到办公桌上。

实践训练

1. 情景训练

【情景 1】分别把教室当作上司办公室、一般办公室和会客室，请合理规划，得体布置。

实训要求：根据不同要求，合理安排、布置办公室。

【情景 2】公关部谷部长到庞总经理办公室汇报本周的工作日程安排，并送审一份文件。

实训要求：

（1）分组训练，两人一组，一人扮演谷部长，一人扮演庞总经理；

（2）要求衣着得体、行为规范、言谈有分寸。

【情景 3】同在业务部工作的小宋和小姚两个人都业绩斐然、表现优异。他们既是同事，也是工作中互相比拼、竞争的对手。一天，小宋正在写一份销售计划，突然接到一个电话就匆匆离开了座位，走出了办公室。这时，小姚正巧从小宋的办公桌旁路过，看到摊开的销售计划，心中不禁……过了好一会儿，小宋回来了，他心里好像有点不安……

实训要求：

（1）分组训练，两人一组，一人扮演小宋，一人扮演小姚；

（2）假如你是小姚，这时你该怎么做？假如你是小宋，你又该怎么做？请演示出来。

2. 综合训练

【案例分析】

（星盛商业集团旗下望旺商业物流公司业务部办公室。）

陆经理早上一进办公室就脸色铁青，十分严肃，似乎还有一股无名的怒气。“陆经理怎么了？”小李、小徐和小罗彼此交换了一下眼神，暗中传递了一个信息：今天陆经理不高兴，小心，别惹他生气。办公室一下子安静了，静得让人紧张，小李没敢像平时一样登录 QQ，小徐也赶紧把手机关掉，小罗随手拿起放在一旁的业务资料，假装阅读……

“唉！”陆经理叹了口气，把胳膊支在办公桌上，显得心事重重。大家静静地坐了半小时之后，陆经理默默地走出了办公室，这几个人才算放松下来。小李说：“陆经理一定是受了嫂夫人的气了，昨天我们一起陪漂亮的客户潘小姐吃饭的时候，让嫂夫人撞见了。嫂夫人的脸色顿时变了，经理一个劲儿地向她解释呢。听说他们一直闹矛盾，现在正闹离婚呢。”小罗接着说：“陆经理真不容易，小孩儿今年高三，要考大学了。但听说他的小孩儿迷上了网络，一天到晚泡在网吧里，成绩一落千丈，让陆经理两口子急死了。你们说陆经理能不烦吗？唉，也是没办法，家家有本难念的经啊！”小徐抢过话茬儿：“就是，就是，我还听说他儿子早恋呢……”

正说得起劲儿，陆经理突然推门进来了，坐在自己的座位上。只见他一边用手捂着自己的腮帮子，一边愤愤不平地说：“看看到底是你厉害还是我厉害？让你再疼，我把你拔了，看你再疼？哼！”

实训要求：看完这则案例后，你有什么感想？

【综合情景训练】

小宋是某公司的秘书，他一向谦虚谨慎、勤奋好学、踏实能干，得到了公司上下的一致好评。一天，他和往常一样，不到上班时间就来到办公室，开始了一天的紧张工作。这时，一位与他们有长期业务往来的文印室人员来找他，要求结清去年的打印费用。小宋热情地接待了他，在认真核对记账单证后，填写了一份财务报销单，并让他下午来取钱。

下午上班时间到了，办公室主任叫小宋有事，细心的小宋就把报销单一同带上，顺便请主任签批报销。正当主任审批时，分管财务的办公室副主任也来了，他看到桌上的报销单，劈头就问：“我在家，你为什么找主任批？”问得小宋张着嘴说不出话来，在场的财务处长也感到惊诧：是小宋不懂规矩，无意所为、图个方便吗？不像，小宋一向都是非常谨慎的；是明知故犯，无视副主任吗？也不像，小宋不是不按程序办事的人；是与副主任有过节而有意回避吗？更不像，他们之间的关系历来很好。那是什么原因造成这种情况呢？

原来，在此之前，主任曾对小宋说过，副主任是协助主任工作的，主任分管秘书工作，今后需要添置设备、购买物品等，可向他请示并签批。可见，小宋是遵照主任的指示行事的。这时，他有难言之隐。

作为秘书，小宋应该怎样对待和处理这突如其来的责问和批评呢？

面对这种情况，小宋有五种选择：

第一种，直言不讳，把主任的指示告诉对方，并说明副主任的指责错了；

第二种，强调缘由，说明这些打印业务是主任同意的，“谁答应，谁签批”亦在情理之中；

第三种，耐心解释，要回面子，说明自己只是顺便而为，并无他意；

第四种，委曲求全，接受批评，承认错误，并向副主任道歉，表明今后改正的决心；

第五种，保持沉默，既不强调客观理由，也不表示接受，洗耳恭听，一言不发，或抓住适当的时机有意岔开话题，分散矛头指向。

小宋究竟会选择哪种方法解决这种突发的人际关系问题呢？

实训要求：

（1）分组讨论，拿出一个最终解决方法，并说明理由；

（2）分组实训，4人一组模拟操作，分别扮演主任、副主任、财务处长及秘书小宋。

第2单元　交谈礼仪

情景导入

唐玉涵是星盛商业广场总经理办公室秘书。一次，星盛商业广场拟与美国某商业集团合作，共同开发兴建并经营一个大卖场。经多方协商，准备签订正式的合作协议。美方总经理应邀来到中国。

这一天，唐玉涵身着正装，早早地来到单位，与刘超总经理一起到机场迎接客人。令她吃惊的是，美方的总经理竟是一位年轻貌美的女士，她庄重典雅的衣着、优雅的谈吐都令小唐羡慕、赞叹不已。此时，她的心里充满了好奇：这么年轻就当了总经理，不知她多大了？她的衣服真漂亮，不知是花多少钱买的？她戴的手链真稀有，不知是什么质地的？当他们一行几人坐在回来的车上时，她特别想问这些问题……

项目任务

假如你是秘书唐玉涵，你能问美方这位年轻貌美的总经理这些问题吗？

作为一名商务人士，在与他人交谈时，应注意哪些礼节？

任务分析

秘书唐玉涵见到美方总经理后，虽说对她的年龄、衣着、首饰都充满了无比的好奇，但这时无论如何是不能开口询问的。因为与人交谈时，首先涉及的就是“说什么”的问题，所谈内容恰当合适、交谈气氛轻松愉快，谈话就能顺利进行；反之，如果话题内容选择不当，交谈可能中断，甚至陷入困境。因此，话题的选择对交谈的进程有重要影响。在商务交谈中，有些是不应涉及的保密事宜，或是个人隐私，这些是不能交谈询问的，而唐玉涵想要问的几个问题都属于个人隐私。

交谈时还应注意一些问题，如选择恰当的称呼，注意谈话的礼仪、交谈的技巧、交谈的话题等，只有做到有礼有节，才能处理好各种复杂的人际关系，才能使工作顺利开展。

相关知识

谈话礼仪是职业形象塑造不可或缺的一部分。无论是社交聚会、职业工作还是走亲访友，交谈都是建立和改善人际关系的重要基础。个人品性和素养也会在交谈中自然地流露出来，因此，不懂得交谈礼仪，将造成双方沟通上的障碍，甚至可能引发误会或纠纷。

1. 恰当的称呼

称呼体现了谈话双方的关系和身份、对人的态度。谈话时不能没有称呼，也不可以滥用称呼。恰当的称呼能使人觉得你彬彬有礼，乐意与你相识和交往。相关内容参见模块 3“见面礼仪”中的“称呼与介绍”部分。

在比较正式的场合，称呼也要正规，这样才符合整体气氛。询问对方姓名时，可用“贵姓”“尊姓大名”“芳名（对女性）”等。

温馨提示

秘书需注意的是：要掌握一些常见的复姓，以免误把复姓拆开，当作单姓。常见的复姓有：“欧阳”“司马”“诸葛”“西门”“东方”等。特别是复姓后只有单名的情况更应注意，如果把“欧阳华”称作“欧先生”是不礼貌的。

在我国港澳台地区，女性结婚后，通常在自己的姓前加上丈夫的姓。如李秋莲小姐嫁给了张涛先生后，她的姓名即为张李秋莲，这时，人们应当称她为张太太。

在商务活动或各种正式场合，称呼一定要准确，这是双方关系的一种显示，是重要的礼节问题。如果话一出口，称呼就不对，别人很可能就失去了与你交谈的兴趣。如果确实记不清对方的姓氏，不妨直接询问：“对不起，我的记性真不好，忘记您的姓了。”

2. 交谈的要点

在商务交往中，对秘书的口才有较高的要求。秘书不一定要伶牙俐齿、妙语连珠，但必须具有一定的表达能力。要善于运用态度、表情、行为等来支持自己的话语，加强其影响力，同时表现出对聆听者的尊重。

（1）诚恳的态度。

若想与对方的交谈有积极的结果，首先要注意谈话的态度。诚恳、坦诚能给人一种亲切感和信任感，而盛气凌人、咄咄逼人、闪烁其词则会使人感觉虚伪和不尊重。当然，在商务交往中，特别是谈判时，也会针锋相对、唇枪舌剑，但要慎用。无论怎样，诚恳是谈话的基本态度，这与做人的基本原则是一致的。

（2）自然的表情。

表情是人体语言最丰富的部分，人的喜、怒、哀、乐都可通过表情反映出来。交谈时表情要自然。首先，要养成用目光与对方交流的习惯，即要目视对方，不东张西望，但也不能长久地“逼视”对方，可偶尔将视线移开一下。其次，在交谈时，还应保持微笑，因为真诚的微笑最能打动人。最后，表情要随着交谈内容的变化而变化，或温和、或感激、或高兴、或忧伤等。表情的变化要过渡自然。

（3）得体的举止。

交谈时，坐姿要端正，不能懒散地靠在沙发上。双腿叉开、高跷“二郎腿”等不雅坐姿都应避免。手势要自然得体、不能过多，幅度也不能过大。不可有小动作，如用笔敲击桌面、玩弄钥匙串等，这些动作都会影响听者的注意力。

（4）沉着的语调。

语调能反映一个人说话时的内心世界、情感和态度。当一个人生气、惊愕、怀疑、激动时，他的语调一定不自然。通过语调，我们可以听出对方是一个令人信服、幽默、可亲可近的人，还是呆板保守、具有挑衅性、好阿谀奉承或阴险狡猾的人；语调也能反映出一个人的个性特征，如说话者是一个优柔寡断、自卑、充满敌意的人，还是诚实、守信、坦率、尊重他人的人。

秘书要善于使用不同的语调恰当、得体地表情达意。与长辈、上司交谈时，语调要平和、谦恭，给人以敬重感；与晚辈、下属交谈时，要亲切、随和；与客人交谈时，要和缓、有礼。

3. 交谈的技巧

交谈不同于闲聊，交谈具有明确的目的，是有计划的。为了达到交谈的目的，交谈者总是会了解交谈对象、选择合适的情感和方式、寻求共同点。

（1）适当的寒暄语。

寒暄是谈话之前的开场白，是谈话进入正题的必要过渡，寒暄可以打破陌生人之间的界限，可以缩短双方的情感距离，甚至导出交谈话题。因此，一个恰当的寒暄过程往往预示着正式谈话的顺利。可以说，寒暄不仅是一种必不可少的客套，也是交谈情绪和情感的铺垫和导入。尤其是在某些正式交谈进行得很艰难的情况下，寒暄还可以对紧张气氛做一些缓冲，使原本尖锐或沉重的对立气氛得以淡化。

寒暄的内容常常是天气冷暖、当时的环境、身体健康、工作忙闲、学习好坏、最近的活动、朋友亲属等。具体内容要根据不同的时间、不同的对象进行选择。

和初次见面的人寒暄，标准的说法是："您好！""很高兴能认识您""见到您非常荣幸"等。

比较文雅一些的话，可以说："久仰""幸会"。要想自然、随意一些，可以说："早听说过您的大名""某某人经常和我谈起您""我听过您做的报告"等。

和熟人寒暄，用语应该亲切一些、具体一些。例如"好久不见了""又见面了""您的气色真不错""您的发型真好看""今天天气真好"等。

小锦囊

寒暄语的特征

寒暄语不一定具有实质性的内容，可长可短，需要因人、因时、因地而异，但它一定具备简洁、友好与尊重等特征。

（2）寻求共同点。

交谈双方要寻找共同语言，以求得心理上的接近和趋同。这样才能缩短双方的心理差距，整个交谈才有一个桥梁，交谈才能自然地深入下去。

（3）善意的恭维。

一提起恭维，可能有人把它和巴结讨好、阿谀奉承联系起来。这种认识未免有些片面。固然，有些人可能利用恭维来溜须拍马，达到某种目的。但更多的人用它来协调人际关系，以表达自己对他人的尊重，增进了解和友谊。例如，求人办事时你说："这件事一定得请你帮忙！"不如说成："你一向乐于助人，这件事我想只能请你帮忙了。"这样说效果要好得多，而且对方更容易接受。

（4）轻松的气氛。

交谈要轻松自如，说话时除表达清晰外，适当的时候可以风趣幽默一点，尤其是在一些气氛不太活跃的时候，风趣幽默能体现出你的机智和聪明。

（5）准确的时机。

"言贵精当，更贵适时。"不该说的时候说了，是操之过急；该说的时候没说，是错失良机。把握好时机是说话得体的重要因素。

温馨提示

谈话者还应该认真选择交谈时间、谈话顺序、交谈地点，这样才可能获得良好的交谈结果。

4. 听者的礼貌

有人说："一个忠实的听者是深受欢迎而且难能可贵的——就像撒哈拉沙漠中的甘泉一样。"可见，认真倾听别人谈话，是与他人沟通和互相理解的基础。

（1）认真倾听。

商务活动中大量的会见、会谈都需要当面用语言来沟通。如果不认真倾听，就会忽略许多有价值的信息，失去沟通的最佳机会，商机就可能稍纵即逝。因此，应该把自己的知觉、情感全部调动起来，投入地听，用心去体验。

倾听者可以积极地用目光、表情、动作等体态语言与说话者进行交流，表现出赞成、反对、疑惑、思虑等反应，让说话者知道对方正在认真倾听或思考。这不仅是礼节上的要求，也能够促进双方的交流和理解。

认真倾听的做法是：身体稍向对方倾斜，眼睛注视对方，并不时伴以皱眉、点头、摇头或拍手等动作来呼应对方的话语，使对方感到听者的专注和诚意。不要东张西望或做一些分散注意力的小动作。

（2）善于抓住实质，捕捉要点。

一般情况下，人们的谈话并不都是金玉良言，相反，可能有许多平常的、繁杂的甚至多余的东西。但只要处处留心，往往能在用心倾听的过程中获得某种宝贵的知识和信息，从而触发自己的思考，产生灵感的火花。作为商务人员，更应当善于在听的间隙回味、思索对方的话语，捕捉一些有用的信息，从中推断出说话者的真正意图。

（3）善于“听”懂对方的行为语言。

在所有沟通语言中，肢体语言占了55%，其中又以眼神居首位，其次是微笑、点头，再次是手势、语气、姿态等。在倾听过程中要注意观察说话者的肢体语言，正确领悟对方的“言外之意”或“弦外之音”，把握对方话语中的真实含义。

（4）适时插话。

倾听的过程中，不能完全消极、被动地听，否则让对方垄断了全部交谈时间，自己得不到表达机会。插话要掌握时机，不得随意打断他人，尤其是别人正说在兴头上时。要让别人把话说完，或者在对方的话暂告一段落时插话。插话时，应先征得对方的同意，“对不起，我可以插一句吗？”“请允许我打断一下好吗？”然后再说，这样既尊重了对方的说话权利，又表明了自己的态度。

5. 话题

与人交谈时，首先涉及的就是“说什么”的问题。话题对交谈的进程有重要影响，话题选择不当，交谈可能中断，甚至陷入困境。因此，选择话题应当注意以下几方面。

（1）不涉及国家或行业秘密。

保密意识是秘书应当遵循的原则和职业道德。禁止在公务场合随意谈及国家或行业秘密，这关系到一个人的职业素养和操守。

（2）不背后议论领导、同事及同行。

不要在外人面前议论自己的上司、同事或同行。否则，听者心中会想：你这样非议自己的上司或同事，那么你又会怎样议论我呢？是非之人不可深交。

（3）不涉及格调不高的事。

在人际交往中，很多人喜欢谈论家长里短、小道消息、男女关系、黄色段子等格调不高的事，并以此为乐，乐此不疲。让人觉得谈话者素质不高，有失教养。

（4）不涉及个人隐私。

要使双方的沟通顺利进行，有一些禁忌是不可触犯的，有一些话题是不适宜在公务场合和社交场合提及、谈论的，尤其是个人隐私。在涉外交往中要特别注意。

① 年龄。大家都知道不应该询问女士的年龄，其实有不少男性也不愿意谈及这个话题，尤其是三四十岁、事业没有取得什么成就的人，以及即将退休的人，都属于年龄敏感阶段的人，不愿意与别人比。所以，无论男女，都不要问其年龄。

② 婚姻状况。俗语道："家家有本难念的经。"现实生活中有很多单身贵族，也有很多人婚姻不如意，如果在职场中你谈论"你为什么不结婚啊""最近××又离婚了"这些婚姻家庭问题，也属于关心过度。结果适得其反，让别人心里不舒服。

③ 收入支出。在计划经济体制下，在较长时期人们的工资水平相差不多，收入来源单一，所以不忌讳谈论工资、奖金等问题。但是现在人们收入来源广泛，差异很大，即使同一个单位的员工，年终奖金也相差较大。有些单位规定员工之间不允许相互打听工资、奖金，所以谈论收入就成了禁忌。支出情况也不要打听，如"这件漂亮的衣服花了多少钱？""你的钻戒多少钱？"这些都属于个人隐私。有的人不忌讳谈论这个问题，不等别人问，自己就主动说了，但这并不表明其他人也愿意谈论这些问题。

④ 健康状况。当今职场竞争日益激烈，身体健康与否往往关系到自己的事业发展。健康状况是一个相当敏感的问题，而且总谈及自己的病痛也有失个人尊严。人们见面时常会询问"身体好吗？"来致以问候，这只是一种寒暄罢了，此时不必认真谈及自己的病痛。

⑤ 家庭住址、私人电话。若公务名片上没有家庭住址和私人电话，就不要轻易询问。对于新交往的朋友，尤其是外国朋友，如果他没有主动告诉你家庭住址和电话，就不要向他讨要。

⑥ 个人经历。在公务活动中，我们总是尽量收集合作对象或谈判对手的背景资料，但是如果你不是在招聘员工，最好不要当面打听对方的经历。如果他是一位成功人士，那么"英雄不问出处"；如果他是一位普通人，那么他过去的经历也属于个人私事，更不必问。

⑦ 政治观点和宗教信仰。政治观点和宗教信仰是非常敏感的话题。在公务交往和涉外交往中不要谈论。如果有人谈论这些，应该用别的话题引开。在涉外活动中，这不仅是礼仪问题，更是政治问题，必须慎重对待。

相关链接

1. 常用的礼貌用语

（1）您好！

（2）早上好/中午好/晚上好！

（3）见到您很高兴！

（4）对不起，让您久等了！

（5）对不起，打扰一下可以吗？

（6）没关系，这是我应该做的。

（7）如果不介意的话，我先接个电话。

（8）很遗憾，在这件事上，我帮不上您的忙。

（9）您先请。

（10）很高兴为您效劳。

（11）这事恐怕不行了，请多多包涵。

（12）谢谢您的支持和理解。

（13）请到办公室，我们坐下来慢慢谈。

（14）那么，我们下星期见。

（15）再见。

2. 常用接待服务用语

（1）问候语。“您好”“早上好”“先生您早”“李经理好”等。

（2）迎接语。“欢迎光临”“见到您真高兴”“很荣幸能再次与您相遇”“欢迎您的到来”“欢迎阁下莅临指导”等。

（3）欢送语。“再见”“慢走”“您走好”“欢迎再次光临”“一路平安”“一路顺风”等。

（4）致谢语。“谢谢您”“非常感谢”“感激不尽”“非常感谢您的关心与支持”等。

（5）征询语。“您需要我的帮助吗？”“我能够帮您做什么吗？”“我这样处理，您满意吗？”“您需要这件还是那件？”“请问，我可以为您撤换碟片吗？”“对不起，请您重复一遍，行吗？”“对不起，我可以占用您一点时间吗？”等。

（6）请托语。“请您稍候”“很对不起，让您久等了”“劳驾了”“对不起，打扰您一下”“麻烦您帮我一个忙”“借光，让我先过去一下”等。

（7）应答语。“对”“好的”“是”“一定照办”“没关系，这是我应该做的”“您不必客气”“请多多指教”“没关系”“不要紧”“好的，一定为您办到”等。

（8）赞赏语。“很对”“非常好”“非常正确”“您的意见非常宝贵”“您对这个非常在行”“这个意见对我们非常重要”“你真棒，我要向你学习”“真了得”等。

（9）道歉语。“对不起”“非常抱歉”“不好意思，请多包涵”“十分抱歉，是我们的失误耽搁了您”“对不起，耽搁您的时间了”等。

（10）推托语。“十分遗憾，我帮不了您”“我们公司有规定……不能为您办理，请多包涵”“您知道……所以请理解和支持我们的工作”“很遗憾，不能满足您的要求”等。

（11）祝贺语。“节日快乐”“新年快乐”“新年好”“祝您身体健康，万事如意”“祝您旅途愉快”等。

（12）10字文明礼貌基本用语：“请”“您好”“谢谢”“对不起”“再见”。

3. 工作生活中常用的客套话

初次见面说“久仰”；好久不见说“久违”；

等候客人用“恭候”；宾客来到称“光临”；

未及欢迎说“失迎”；起身作别称“告辞”；

看望别人用“拜访”；请人别送用“留步”；

陪伴朋友用“奉陪”；中途告辞用“失陪”；

请人原谅说“包涵”；请人批语说“指教”；

求人解答用“请教”；盼人指点用“赐教”；

欢迎购买说“惠顾”；请人受礼称“笑纳”；

请人帮助说“劳驾”；求给方便说“借光”；

麻烦别人说“打扰”；托人办事用“拜托”；

向人祝贺说“恭喜”；赞人见解称“高见”；

对方来信说“惠书”；赠人书画题“惠存”；
尊称老师为“恩师”；称人学生为“高足”；
请人休息说“节劳”；对方不适说“欠安”；
老人年龄说“高寿”；女士年龄称“芳龄”；
平辈年龄问“贵庚”；打听姓名问“贵姓”；
称人夫妇为“伉俪”；称人女儿为“千金”。

实践训练

1. 情景训练

【情景 1】小洪是刚刚到某公司上班的新职员。周末的早上，他刚走出单位大门，就碰到从外面晨练回来的公司老总。

实训要求：

（1）根据上述情景，请继续演示完成这一过程；

（2）分组实训，一人扮演小洪，一人扮演公司老总。

【情景 2】最近，李鑫经常在教室吸烟。这不仅对他自己身体不好，也影响他人健康，还破坏了班级的声誉，因此这次没有被评上已保持了两年的“优秀班级”荣誉称号。班长常涛找到李鑫，想和他好好谈谈心……

实训要求：

（1）根据上述情景，请继续演示完成这一过程；

（2）分组实训，一人扮演李鑫，一人扮演班长常涛。

【情景 3】模拟一般朋友见面、老朋友见面、女士与男士见面、上司与下属见面、长辈与晚辈见面时寒暄的场景。

实训要求：

（1）分组训练：根据以上情景，两人一组，分别扮演其中的角色；

（2）规范演示见面过程。

2. 综合训练

【案例分析 1】

小宁刚刚毕业，进入××公司工作，被分配在营销部门。但他是很快发现自己不适应这份工作。他诉说了自己与客户交谈时的痛苦：“我尝试着和他们说话，我问他们问题，却没有得到满意的回答。于是再问，接着又问。一段时间后，我觉得自己就像侦探在审问疑犯一样，而不能像我的那些同事能很愉快地与客户聊天，从而把握他们的兴趣，并适时推销公司的产品。别人觉得工作是一件很愉快的事情，而我觉得工作很麻烦，是件痛苦的事情……”

实训要求：

（1）小宁为什么会觉得与客户交谈是一件很痛苦的事情？他的问题出在哪里？试用你所学的知识分析小宁的困境；

（2）请你为小宁写一份交谈训练建议书。

【案例分析 2】

第二次世界大战结束后，日本许多商店人手奇缺，为了减少送货任务，有的商店就将问话顺序进行了调整，将“是您自己拿回去呢，还是给您送回去”改为“是给您送回去呢，还是您自己拿回去”，结果大奏奇效，顾客听到后一种问法，大都说：“我自己拿回去吧。”又如，有一家咖啡店卖的可可饮料中可以加鸡蛋。售货员就常问顾客：“要加鸡蛋吗？”后来在一位人际关系专家的建议下改为：“要加一个鸡蛋，还是加两个鸡蛋？”销售额果然大增。

【案例分析3】

一天，一个男士问我：“赵教授您一个月能赚多少钱？”我和他开玩笑地说：“和你的教授差不多。”我这种答非所问，就是不想深入探讨。没想到他很认真地追问：“那别的教授一般赚多少？”我说：“国家给多少就是多少。”他又问：“国家到底给你多少？”

【综合情景训练】

（1）前不久，赵女士几乎倾尽半生积蓄买了一套大房子。新房有了，赵女士又准备装修。她为装修的事忙了好一段时间，终于选定了××装潢公司——因为价钱很便宜，而且听说质量还过得去。这样，××装潢公司就与赵女士商定：一个月后完工。

一个月后，房子装修好了，赵女士也觉得满意。可是新居入住不到一个月，问题就出来了：原先铺得好好的地板开始卷边，墙面也出现了裂缝……这下可把赵女士气坏了，于是她到××装潢公司投诉，接待人员小肖告诉赵女士：“我们管事的不在，有什么问题和我说吧，我会及时向领导反映，并帮您及时解决。”于是，赵女士把自己的情况向小肖一一述说。

实训要求：

① 角色扮演：两人一组，分别扮演赵女士和小肖；

② 规范、得体地演示谈判过程。

（2）上班的第一天，部门经理带刚进公司的小王与同事们认识。每个人都对小王都微笑、握手，气氛暖融融的，让小王很是感动。可没想到经理一离开，办公室里立刻显露出“真容”。经理让小付做小王的师傅，带她熟悉业务、了解工作环境和工作内容，可她只顾埋头写计划书，对不知所措的小王完全不予理睬。

小王性格较内向，朋友也不多，非常希望能在这个新集体中找到归属感，获得关注。于是小王下决心改变自己，可越变越糟。例如，小王看过很多关于星座的书，然后专门找星座相同的同事聊天，觉得彼此有缘。“郑姐，你真年轻，看起来就像二十多岁。”结果那人脸一黑说：“我就是二十多岁呀！”小王被臊了一个大红脸。

小王非常沮丧，感觉职场的水好深。

小王有个亲戚在单位是中层领导，在职场中也经历过大风大浪。她说职场中的每一个人每天都和同事在一起，时间远远超过了家人，如果不能和睦相处，那么，日子就会过得很灰暗，对事业的影响也很大。

她说在职场中要保持自我个性，不要强行改变自己，不必去学习交往技巧，那会让人有圆滑的感觉，“在职场中真诚才是最重要的。”她建议小王说话要讲究分寸，要让对方感觉舒服；要学会补台，而不是拆台；有成绩时就说“我们”，犯错误时就说“我”；同事聊天插不上话时就微笑倾听，“因为倾听也是一种参与”。

小王从小住在学校，根本不会做饭，但她非常渴望成为一个大厨。后来，小王发现与女同事聊烹饪是与她们拉近距离的一个非常重要的途径。只要小王咨询红烧肉或各式炒菜的做法，年长的女同事就两眼放光，大谈自己的厨艺和营养观，为小王出谋划策。小王终于在办公室找到家一样温暖的感觉了。

年底联欢会上，小王为每一位上台唱歌的同事热烈鼓掌。这不是刻意地拍马屁，而是因为小王五音不会，她觉得能够唱对调儿的人都是人才，也非常羡慕他们。没想到这个友善的举动让大家非常感动。有时小王工作中出现了差错，同事也都愿意替她分担。

对于不好相处的同事，小王就通过 QQ、MSN 或邮件沟通，这样，既没有争执，办事效率又高。

在职场上要善待每一个同事，但也不能把每一个同事都当朋友。

实训要求：

① 角色扮演：一人扮演小王，若干人分别扮演不同的同事；

② 规范、得体地演示人际交往过程。

第3单元　电 话 礼 仪

情景导入

××高校文秘专业即将毕业的张华到星盛商业集团总经理办公室顶岗实习，成了实习秘书。第一天上班，他被安排在接电话的岗位上，心里感觉很不舒服，心想："电话谁不会打？我几岁就开始打电话了。"第一次接到的是一个外线电话，铃声刚响，他就抓起话筒："喂，你找谁？你是谁？"坐在一边的部门经理待张华放下电话后，对他说道："接打电话要注意，电话一般要等铃声响第二遍后再拿起话筒，这样做才显得稳重、大方。接电话时，用'喂，你找谁？你是谁？'这种质问口气是很不礼貌的，应该用礼貌的语言、温和的语调说'星盛商业集团总经理办公室，您好！有什么需要帮助的吗？'不能用急躁的口气说话。"

第二次接电话，是对方拨错了号，张华一听便说："你打错了！"说完"呼"的一声就挂断了电话。张华的指导教师资深秘书周洁又对他说："接到打错了的电话时，你应该说，'这是星盛商业集团总经理办公室，电话是×××××××，我想您拨错了号码？'刚才你那种回答别人的方式，显得不礼貌。如果对方是我们的客户，那就更糟糕了。无礼行为可能导致往来中断，给单位带来巨大损失。"

一天下来，张华心里很不是滋味。他心里一直犯嘀咕："难道接、打电话真有那么多讲究吗？真的那么重要吗？"

项目任务

假如你是张华，你该怎么做？

作为秘书，究竟应该如何接、打电话？

任务分析

张华在第一声铃响的时候就抓起话筒，显得太过急躁，开口说话时，又没有用尊称，而是用"喂"来称呼对方，而直接查问"你找谁？你是谁？"更是态度强硬、不礼貌。第二次接电话时，张华一听对方打错了，就说“你打错了”，然后“呼”的一声挂断电话，这样处理也是不恰当的，因为对方是可以感受到这种不耐烦的态度的，这样可能对公司声誉造成不良影响。

接、打电话是展示个人形象的重要窗口，也是体现组织管理是否规范、到位的重要方面。秘书应该把这项基本工作做得规范、到位，这也是树立个人及公司良好形象的重要手段。

相关知识

常用的电话礼仪包括：打电话的礼仪、接听电话的礼仪及使用手机的礼仪。

研究显示，电话印象中，声音的质量在第一印象中占70%，话语只占30%。电话另一端的人对你的看法，不仅来自你说话的内容，更来自你是如何表达的及说话的语气。打电话要特别注意以下几方面的问题：打电话前的准备、电话中的礼仪、打电话的时间、打电话的禁忌等。

电话是展示个人形象的重要窗口，接、打电话时，一定要展现出良好的礼仪风貌，具体可归纳为“礼貌、简洁和明了”。

1. 打电话的礼仪

打电话是现代交际的一种重要方式，从某种意义上讲，它比面谈更频繁、更重要，因此，电话礼仪不可忽视。

（1）打电话前的准备。

作为一个谈话发起者，计划和准备能造就想要的结果，所以在拿起电话前要做如下工作：

① 准备一份备忘录，列明电话中将谈论的重点内容；

② 组织关键语言，并在大脑中预先练习一遍；

③ 将与电话相关的资料放在手边；

④ 准备好笔和纸，以备记录时使用；

⑤ 确认电话号码；

⑥ 调整好情绪，以愉快的心情开始拨号。

小锦囊

电话内容的准备

拨打电话前就想好打电话的内容，这至关重要。打电话前要思考的问题包括：

（1）我的电话要打给谁？

（2）我打电话的目的是什么？

（3）我要说几件事情？它们之间的顺序是什么样的？

（4）我需要准备哪些文件资料？

（5）对方可能问什么问题？我该如何回答？

（2）通话过程中的礼仪。

① 电话拨通后，先问候对方，再自我介绍。打电话时，一定要在“不知道是谁会接电话”的前提下，秉着“无论在什么场合都要彬彬有礼”的原则开始发起谈话。

“您好，××贸易公司吗，麻烦请转营业部的王兵先生听电话。”

得知对方是你要找的人以后，要告知对方自己姓名：“您好，王先生，我是××公司的陈茜。”

② 要报公司名称。电话报公司名称的方式有两种：

a．可以不报个人名字时，只说“这里是××公司业务部”。这种情形下，电话的内容通常是纯事务性的，几乎与个人无关。

b．一般情况下，要报自己的姓名与公司名称。

③ 掌握通话时间，应以短为佳，宁短勿长，一般控制在 3 分钟以内，要记住浪费对方的时间是不礼貌的。

④ 谈事情的时候，先简单地说一下事情的概要，再具体叙述。如果需要很长时间，要询问对方是否方便。例如：“您好，张经理，我是行政部陈茜，我想跟您确认一下周五展销会的程序安排，请问您现在方便吗？”

⑤ 如果你找的人不在，需要对方转告，应热情诚恳地说“对不起，请问该怎样称呼您”“您可以转告×××，让他回复电话给我吗”“非常感谢，给您添麻烦了”。

⑥ 通话时出现语音不清楚或掉线现象，要及时中断，并尽快向对方拨打，同时说明电话之所以中断是为了避免声音不清晰，或者说明是电话临时掉线所致，以免对方认为自己在耍脾气。

（3）通话结束时，要向对方致谢并道“再见”，然后轻轻放下电话。

（4）拨错电话怎么办。

打电话时必须确认对方的电话号码，如果不小心打错了，一定要道歉“对不起，我打错了”“打扰您，很抱歉”。发现拨错号码就直接挂断是极不礼貌的。

温馨提示

微笑着打电话

在电话前摆放一个小镜子，准备打电话时先对镜子做出笑脸，那样你的声音一定甜美动听。记住：对方是可以“听”到笑容的。通话时，要坐直，深呼吸，微笑，嘴离话筒约一小手指的距离，可以保持比较理想的音质。语调应谦恭有礼、热情柔和，音量要适中自然。

2．接听电话的礼仪

接听电话的礼仪可分为本人受话礼仪、代接电话礼仪等。

（1）本人受话礼仪。

① 准备记录。一般情况下，秘书及相关人员一定要养成随时准备记录的职业习惯。俗话说“好记性不如烂笔头”。据调查，即使人们用心记，9 小时后，遗忘率也高达 70%。因此，应在电话机旁准备好便笺纸，以便听电话时随时记下要点。

② 一般以铃响两次后，左手拿起话筒，右手准备记录电话内容。电话铃一响就立即接听电话会让对方觉得仓促；让铃响太久才接，会让对方久等而显得不礼貌。

③ 首先向对方问好，并自报家门。例如，“您好，这里是××××（单位名称）”或“您好，××××（单位名称）”。

④ 通话时要聚精会神，不能一边接电话一边与人嬉笑、交谈，或者看文件、看电视、听广播、吃东西等。

⑤ 如果在会晤客人或举行会议期间有人打来电话，可向其说明原因，表示歉意，如“对不起，我正在开会，会议结束后，我与您联系”。

⑥ 通话终止时，要向对方道一声“再见”。

⑦ 要等打电话方先挂电话。

⑧ 接到误拨的电话时，要耐心地告诉对方拨错了，不能冷冷地说“打错了”或直接把电话挂断。

接听电话时两种不同用语的比较如表 4.1 所示。

表 4.1　接听电话时两种不同用语的比较

不当用语	礼貌用语
“喂”	“您好！”
“喂，找谁？”	“您好！这里是××公司，请问您找哪一位？”
“给我找一下××。”	“请您帮我找一下××好吗？谢谢！”
“等一下。”	“请稍等一会儿。”
“他不在这儿。”	“他在另一处办公室，请您直接给他打电话，电话号码是××。”
“他现在不在。”	“对不起，他不在，如果您有急事，我能否代为转告？”“请您过一会儿再来电话。”
“你有什么事？”	“请问有什么事？”
“你是谁啊？”	“对不起，请问您是哪一位？”
“你说完了吗？”	“您还有其他事吗？”“您还有其他吩咐吗？”
“那样可不行！”	“很抱歉，恐怕不能按照您希望的办。”
“我忘不了！”	“请放心！我一定照办！”
“什么？再说一遍！”	“对不起，请您再说一遍。”
“把你的地址、姓名告诉我。”	“对不起，您能否将您的姓名和地址留给我？”
“你的声音太小了。”	“对不起，我听不太清楚。”

（2）代接电话礼仪。

① 如果接到找他人的电话，一定要以礼相待，切忌说完“不在”就把电话挂了，而应友好地说：“对不起，他不在，需要我转告什么吗？”

② 代接电话时，不要询问对方与其所找之人的关系，那是没有教养的表现。

③ 找接电话的人时，应轻声招呼，若距离较远，应放下电话，来到电话里要找的人面前，告诉他有电话找他，不要手持话筒大声喊叫。

④ 如果对方需要转告，应注意：

a. 做好记录，记录内容包括：来电者的姓名、单位，通话时间，通话要点，是否要求回电话，回电话的具体时间，记录人姓名等。

b. 对方叙述完事情后，要复述电话重要内容，让对方确认，以免因听错而产生误会。

c. 通话结束时应说：“您放心，我会转告他的，再见。”

d. 要及时传达，以免误事。不要轻易把通话内容托他人转告，这样不仅容易使内容走样儿，而且有可能耽误时间。

小锦囊

遇到这类电话怎么办

有时你会处理一些并不是和你一样训练有素、懂得谦恭的人打来的电话，这里提供针对以下几种类型来电者的应对办法。

（1）一心二用型。和你通电话的人同时又在与别人说话。应付这样的人，可以建议他在不忙时和你见面再谈，或要求他重复刚刚说的话，如："赵小姐，我这里听得不是很清楚，您能把刚才说的再重复一遍吗？"

（2）顾右而言他型。当对方避重就轻时，可以直切主题，如："李先生，我想知道我如何才能帮到您。"

（3）反复陈述型。遇到对一件事情反复进行陈述的人，可以这样打断他："张先生，容我对你刚才所说的话做个总结，如果有遗漏或错误的地方，请随时指正或补充。"

3. 挂断电话的秩序

注意应由尊者、客户、上级等先挂机，身份同等的情况下由打电话一方先挂电话，话筒一定要轻放。

4. 录音电话

许多时候，为了保证联络的畅通，人们往往会使用录音电话。使用录音电话可以说是一种无形的交际，尽管如此，还是要注意有关的礼仪规范，毕竟录音电话也是人操纵的，从某种程度上来说，它实际也代表着"主人"的修养。

① 制作留言。使用录音电话一般都要制作一段留言，留言的常规内容有：机主的单位、姓名、问候语、致歉语、道别语、留言的原因、对来电者的请求等。要注意的是，私人住宅所用的录音电话不宜自报姓名，以电话号码代替即可，既可以保护自己，又不至于误事。例如："您好！这里是 3316688。对不起，主人现在外出。有事的话，请在提示音后留言，主人回来后，将立即同您联系。谢谢，再见！"

② 处理来电。使用录音电话的，一定要及时处理，一定要及时查看有无电话录音，对于打进来的电话，要立即进行必要的处理或答复。不要一拖再拖，更不能置之不理。

5. 使用手机的礼仪

目前，在各种现代化的通信手段中，手机的使用越来越广泛，已经成了现代交际的重要工具。使用手机时的礼仪规范也越来越受到人们的关注。秘书及相关人员在使用手机的过程中，同样要遵循有关的礼仪规范，塑造自己良好的电话形象。

（1）手机的摆放。

在较为正式的场合，尤其是在公务交往中，手机应放置在随身携带的包内或衣服口袋里，不要挂在腰上，也不要执于手中，更不能有意识地将手机炫耀于人，这只能说明自己缺乏修养，因为手机只是为人所用的通信工具而已，绝非可以抬高自己身价的"道具"或"饰物"。

（2）保证手机通话畅通。

使用手机是为了更好地与外界保持联络，因此，必须注意以下事项：

① 要按时缴纳手机费用，避免因欠费而停机。

② 更换电话号码后要尽快告知联系人。

③ 发现手机有未接电话时要及时回拨电话，万一因故暂时不方便使用手机，可发短信，说明原因，告知联络的其他方式及时间。

（3）其他注意事项。

① 如果知道对方身边有固定电话，最好先打固定电话，没有人接听的时候再拨打手机；

② 在公共场所使用手机时，说话声音不要太大，以免影响他人或泄露公务信息；

③ 在一些标有禁用手机的文字、图片的地方应自觉遵守有关的规定；在飞机上、加油站应关闭手机；

④ 设置彩铃要注意：铃声柔和、优美，符合个人身份，不要设置怪异的彩铃。

小锦囊

注意打电话的时间

（1）选择适当的时间。一般的公务电话最好避开临近下班的时间，因为这时打电话，对方往往急于下班，很可能得不到满意的答复。公务电话应尽量打到对方单位，若确有必要往对方家里打，则应注意避开吃饭或睡觉时间。

（2）注意时差。打国际电话时应先搞清楚接听地的时间，不要在对方不适宜的时间拨打电话。

（4）使用手机短信的礼仪。

① 短信要署名。短信署名既是对对方的尊重，也是达到目的的必要手段。

② 每逢节假日、生日，发一个短信传达一份祝福，是尊重、礼貌的表示。但要注意，祝福短信“一来一往足矣，二来二往就多了，三来三往就成了繁文缛节”。

③ 应注意发短信的时间。上班时间应尽量不要发私人短信，若不是紧急事情，也不要在太晚的时间发短信。

④ 有时要给身份高或重要的人打电话，知道对方很忙，可以先发短信“有事找，是否方便给您打电话？”如果对方没有回短信，一定不是很方便，可以在较久的时间以后再拨打电话。

⑤ 及时删除自己不希望别人看到的短信。

⑥ 上班时间不要没完没了地发短信。

⑦ 提醒对方最好使用短信。提醒时语气要委婉。

（5）使用手机微信的礼仪。

① 考虑你与对方的关系是否适合发微信；

② 考虑对方的手机是否有网络；

③ 若发送语音，要考虑到对方是否方便接听。

实践训练

1. 情景训练

【情景 1】公司定于周五下午 3:00 在三楼会议室召开月度办公例会，要求全体中层干部参加，并在例会上汇报本月度部门工作、成绩与困难，总经理办公室王主任让小罗电话通知相关人员，要通知的第一个人是营销部周部长。如果你是小罗，这个电话怎么打？

实训要求：

（1）分组训练，两人一组；角色扮演，一人扮演秘书小罗，一人扮演营销部周部长；

（2）规范演示拨打电话的过程，并说清楚需通知的相关事宜。

【情景 2】早晨，小秦在公交车上，因为塞车要迟到了，这时小秦要打一个电话请假。这个电话怎么打？

实训要求：

（1）分组训练，两人一组；角色扮演，一人扮演小秦，一人扮演公司行政部主任；

（2）规范演示拨打电话的过程。

【情景 3】胡兰草正在办公室接听座机的电话，这时，她的手机响了……

实训要求：

（1）分组训练，两人一组；角色扮演，一人扮演胡兰草，一人扮演打手机电话的另一人；

（2）规范演示接听电话的过程。

2. 综合训练

【案例分析 1】

李媛刚大学毕业，今天陪经理去拜见重要客户。双方正在交谈中，小李的电话响起，里面传来了娇滴滴的声音："妈妈，来电话了！"小李顿时尴尬得满脸通红，客户想笑也不敢笑，经理则用目光偷偷责备她。她赶紧说："对不起，我接一下电话。"之后就匆匆地出去了，但马上她又转回来，把手机递给经理，大声说："经理，你的手机没电了吧，这是找你的，一个女的。"这时，经理面露尴尬之色。这一天，他们商谈工作到很晚才下班，一回到家中，李媛就累倒在床上睡着了。可到了半夜 1:00 时，她的手机又响了，是短信。她睡眼惺松地打开手机一看，短信中写着："明天上午九点开会"。李媛十分恼火。

实训要求：请大家分析一下，案例中有哪些不妥之处，为什么？

【案例分析 2】

有一次，微软公司举行庆祝会，员工集体在一家宾馆住宿。会务组深夜临时决定第二天的某项活动有变动，因此，前台小姐必须深夜打电话一个一个地通知到员工。第二天，前台小姐惊奇地告诉她的同事："你们知道吗？昨晚我给 145 个房间打电话，起码有 50 个电话的第一句是'你好，微软公司！'在深夜里迷迷糊糊地接电话，第一句话依然是'你好，微软公司！'微软人的职业水平真了不起！"

请问：你看了以上案例有何感想？为什么？

【案例分析 3】

A．铃声终于激怒了老总。

"开会了，开会了！"大家都来到会议室。总经理召集各部门经理开会，布置下一季度的营销任务。总经理刚准备说话，一阵电话铃声响了起来，只见市场部李经理忙不迭地站起来跑出去接电话。老总脸上显出了愠色。会议继续进行，可是每隔一阵子就有电话铃声响起，只见他们不是在会场低头小声接电话，就是慌忙跑出去接电话。老总突然一拍桌子，把大家吓得一哆嗦："把手机都关了，我就不相信关一会儿手机会死人！"

B．来电吵醒邻床病友。

刘先生到医院探访病人，同事来电话，铃声让邻床正闭目养神的病人睁开了眼。刘先生接起电话就谈上了工作。尽管电话时间不长，但那位被吵醒的病人一直面色不悦。

C．铃声搅乱音乐会。

李女士在上海某音乐厅听一场难得的由著名大师指挥的交响乐。音乐演奏到高潮处，全场鸦雀无声、凝视谛听，突然手机铃声呼起，在宁静的大厅中显得特别刺耳。演奏者、观众的情绪都被打断。大家纷纷回头用眼神责备这位不知礼者。

D．“是个男的。”

“喂，秦姐，你的电话，是个男的。”小钱接了一个电话，大声地喊秦姐过去接电话。整个办公室的人都听到了有个男的找秦姐，大家都抬起头来看着秦姐。秦姐非常不好意思地过去接电话。

E．小道消息。

小张接到一个电话：“帮我叫一下小强。”小张听出是处长的声音，她赶紧把小强叫来，自己就在不远处竖起耳朵听，她听到小强说：“好，我马上去您办公室。”小强匆匆走了。小张立即跑到李大姐那里：“李大姐，处长叫小强去一趟，一定是他那天喝醉酒打人的事被处长知道了，这还不得严厉处分，弄不好要开除呢。”过了几天，单位里在流传小强喝醉酒打人被处长狠狠批评了。

实训要求：这几则案例说明了什么问题，为什么？

【综合情景训练】

情景一

人物：刘刚——美华电器公司市场部经理。

朱欣：创意广告公司办公文员。

旁白：（刘刚准备好电话内容，调整好情绪，开始拨号。）

旁白：（朱欣在办公室内，在撰写文案。电话铃响了，两声过后，朱欣拿起了电话。）

朱欣：“您好，创意广告公司，请问您找哪位？”

刘刚：“您好，我是美华电器公司，请问张经理在吗？”

朱欣：“对不起，张经理外出了，请问我有什么可以帮到您的吗？”

刘刚：“哦，这样啊，那您可以告诉我他的手机和家里电话号码吗？”

朱欣：“对不起，您看这样好不好，请您留下您的联系方式，我尽快通知张经理让他回复您，或者，您方便的话，有什么事，我可以转告他。”

刘刚：“我是美华电器公司市场部，我姓刘，我的联系电话是：22387668，请他尽快回复电话给我。”

朱欣：“刘先生，您的电话是：22387668，我知道了，我会尽快通知他的，谢谢您的电话。”

刘刚：“麻烦你了，谢谢，再见。”

朱欣：“再见！”

情景二

刘刚：“我是美华电器公司市场部，我姓刘，请问您怎么称呼？

朱欣：“不客气，我姓朱。”

刘刚：“朱小姐，是这样，我们公司的产品广告彩页原定于下周五看样板，现在因为公司产品展销活动提前，所以我们要在这个星期五看到广告的样板，请你一定转告张经理，方便的话，请他回复我一个电话，我的电话是22387668。”

朱欣：“刘先生，我知道了，让我记一下，您的意思是美华电器公司的广告彩页要在本周五看样板，请他打电话给您，您的联系电话是22387668。好的，我会尽快转告张经理，谢谢您的电话。”

刘刚："麻烦您了，谢谢，再见！"

朱欣："再见！"

旁白：（刘刚轻轻地放下电话，朱欣也放下电话。）

实训要求：

（1）角色扮演。根据情景内容确定扮演角色，树立职业意识。

（2）分组训练。每组都要有接、打电话的人，还有观看和点评的人；每个学生都应多次体验、反复训练。观看和点评的同学也应诚恳地提出不规范的地方，以便互相学习、共同提高。

第 4 单元　办公室女性礼仪

情景导入

随着电子通信业务的发展，星盛商业集团旗下星盛电子通讯公司在本行业的发展过程中独树一帜，不断研发新产品，产品的市场占有率越来越高。主动找上门来合作、投资的企业和个人也越来越多，其中就有国内一家知名企业。该企业也是搞电子通信的，双方也曾有过业务往来，对彼此的生产管理、技术水平略有所知。因此，如果双方能够合作，就意味着一种强强联合，未来的发展将不可估量。公司总经理江顾湘先生与该企业有过一次意向性的洽谈，双方均感满意，决定待双方再进行一次深入考察后就确定是否合作。一天，该知名企业颜展总经理、副总经理及助手一起前往星盛电子通讯公司考察。星盛电子通讯公司公关部部长郑星怡女士与秘书童彤小姐负责具体接待工作。

这天一大早童彤就来到公司，她衣着公司统一制服——西装套裙，脚穿黑色皮鞋，一头乌亮的秀发垂落于肩，飘飘洒洒；手指甲上依然还留着昨天晚上为参加朋友生日舞会而专门涂的大红色指甲油，如今在太阳的照射下闪闪发亮。她一边走一边欣赏自己漂亮的指甲，也许是还沉浸在昨天的欢乐中吧，她一路走来，左摇右摆，像是跳舞，又像在走秀。进入办公室后，她那扭动的身姿，着实令几位男同事的目光一路跟随而来，一直到她坐在自己的座位上，抬起头来，那些男同事才赶紧收回自己的目光，装模作样地工作起来。这些，郑星怡部长都看在眼里，她把小童喊进自己的办公室，郑重地说："小童，今天我们要接待××公司总经理等几个人，你好好准备一下，整理一下自己的心情吧。"这时，小童好像才醒悟过来。

项目任务

郑星怡部长为什么要说小童？小童有哪些地方做得不妥？

作为一名职业女性，在办公室应该注意一些什么？

任务分析

在办公室工作的白领女性不适合涂抹大红色指甲油，也不适合较夸张的、走秀式的走姿，因为左摇右摆的姿态会过分地凸显女性特征，也会不自觉地分散男性工作人员的注意力，这种既影响工作效率又不利于树立女性端庄大方、沉稳能干的职业形象的举止，于公于私都是不适宜、不妥当的。

因此，办公室女性秘书应该在着装、举止、妆容等方面多注意。在与异性交往时，应该把握好分寸，巧妙使用办公室女性工作技巧，妥当处理自己性别方面所面临的种种问题，这样才能获得他人的尊重与信任，更能彰显女性的风采。

相关知识

女性在社会发展进程中起到了不可估量的作用。如今办公室职业女性越来越多，任何一个单位或组织都意识到女性的独特地位和作用。作为一名职业女性也应该注意一些问题。

1．着装

“服装语言”能够诠释你的职业和你的职业态度，也会直接影响你在他人心目中的形象及对你的态度。女性服饰多姿多彩、风格万变。但是，不同场合应配以得体的着装才能恰到好处地表现职业女性的仪态和风度。办公室着装应该庄重、大方，这样才能更好地体现职业女性的专业素质。

职业女性可以根据自身特点选择适合自己的办公室着装，可以有款式和色彩上的变化，和谐、得体即可。

（1）服装款式上，最安全的着装是职业套装。但也不能一成不变，如果天天都是西装套裙，那会给人沉闷、古板的感觉。套裙、连衣裙、针织衫都是办公室女性不错的选择，针织衫还可以用来搭配合身的长裤或裙子，再备一件百搭的开衫，更能体现女性的柔和与优雅。

温馨提示

职业女性不宜穿太暴露、太透、太紧身的服装或超短裙，也不能穿奇装异服、运动装、牛仔装等。

（2）服装色彩上，办公室着装色彩不宜太夸张花哨。黑色是比较百搭的颜色，但是如果运用不好就很容易给人沉闷、死板的感觉。所以一定要与其他色彩巧妙组合，搭配出庄重又时髦的效果。还可以根据自身肤色特质选择合适的其他色彩的衣服，如果有图案，则力求简单。

（3）鞋子最好是高跟或中高跟的皮鞋，因为带跟的皮鞋更能令女性体态优美。夏天最好不要穿露脚趾的凉鞋，更不适合在办公室穿凉拖（凉拖虽然穿脱方便，但会给人懒散的感觉）。如果秋冬选择穿靴子的话，靴子不能太长。

温馨提示

只有在穿长裤子的情况下才可以穿短丝袜。很多人喜欢穿裙子时搭配短丝袜，其实这样的搭配是非常不雅观的。

（4）饰物搭配上，女性特别注意要善于运用首饰、丝巾等。它们可以使着装更加时尚。佩戴首饰要适当，符合规范，要少而精。

优秀的职业女性不应忽略良好的职业形象，美好的形象能为工作能力加分。

2．举止

职业女性的举止应稳重、自然、优雅、有风度。

走路时宜穿带跟的鞋子（两三厘米高即可），身体要挺拔，步速适中，步伐轻快，能给人一种积极、自信的好感。不要风风火火、慌慌张张的，这样会让人感到你缺乏工作能力。坐姿要优美，腰直、头正，不要趴在桌子上或歪靠在椅子上；应坐在椅子三分之二处；坐在可摇动的办公椅上时不要随意摇晃身体。

3. 妆容

职业女性发型以保守为佳，不能太新潮。最好化淡妆上班，以体现女性端庄、文雅、自尊、自重的形象。

4. 职业女性与异性交往的分寸

同在一家公司，长时间的共事，男女同事之间会有深入的了解，两性之间的吸引力会随时发生，如果处理不当，会被对方认为是对自己的不尊重甚至“性骚扰”，产生的后果极为严重。时时提醒自己掌握一定的分寸，无疑有助于你避开这方面的旋涡。

（1）衣着分寸。

办公室不是约会场所，更不是自己的居室，不是显示性别魅力的地方。男性把衬衫敞开、穿着短裤是不良行为，是对在场女性的不尊重；女性也要注意自己的穿着不要带有挑逗性。当然，保持优美的女性的自然曲线并不为过，可绝不宜张扬自己的性感，如穿着超短裙、太露或太透的衣服，即使是无意的，也会向男性发出错误的信号。

（2）语言分寸。

在恭维或夸赞男士时，要避免挑逗感，如一位男士穿了一件新衣服时，不可盯着他说很帅、很有男人味等。

（3）动作分寸。

研究成果表明，在男女交往过程中，通过体态传递的容易被视为带有挑逗性的行为中，女性更多些。例如，在男性面前梳理头发、触摸男人的衣服、头发垂扫男人的面颊、抚摸自己的皮肤、过度扭动自己的臀部和腰肢、反复交叉和放开两腿等。尽管是无意的，但其结果是给对方发出了性的信号，会导致误会。一般女性往往忽视了这些细微动作可能传递出去的错误信息。作为职业女性，应当把握好办公室行为举止的“度”。

（4）交际分寸。

在办公室里，女士要注意把握与男性同事交往的分寸。如果是要好的同事，交往多些当然可以，但需注意，最好不要带入自己的私生活。对男同事不宜过多倾诉婚姻上的不如意，否则会被对方误认为你有移情的想法。如果男同事向你倾诉痛苦或烦恼，不妨多谈谈自己婚姻生活中美好的一面，一来可以为对方提供改善婚姻的借鉴；二来起到暗示作用，使对方避免在情感上的投入。

（5）情感分寸。

在办公室里产生婚外情，其后果是不堪设想的。一旦发现自己对某位男同事产生了感情，但自己或对方已有配偶或因其他诸种因素不能结合的，应立即扑灭自己情感的火焰，仔细考虑种种可能出现的恶果后，辅以“冷却”法。做些全面、深入的观察，问自己：他真的那么完美吗？你能长期忍受他的某某缺点或不足吗？这种方法实际上并不会伤害你的同事，但能够帮助你改变对他的情感角度，而且不妨碍你们的友好相处。

如果你们两人都单身，双方均有意终成眷属，就应当明确摆正工作与爱情的关系，不能在办公室谈情说爱。其中一方要做好尽快调离本办公室的准备，因为最终无论恋情是否有结果，两人长期在一个办公室工作，是不利于工作的顺利开展和双方今后发展的。

掌握好以上分寸，不仅能使你愉快地工作，而且能使你更好地在职场中生存和发展。

5. 与异性上司交往的分寸

作为职业女性，如何面对自己的异性上司，确实是一个难题。把握好与上司的相处之道，职场之路才能一片光明。

（1）保持适当的距离。很多职业女性在上司身边工作，难免对上司的一些个人习惯或隐私有所了解。有些人认为，对上司的了解越多越好，这样更便于做上司的“贴心小棉袄”。其实并非如此。对上司的了解和认识要有一定的度。知道的事情太多并非好事，有些事情知道了反而是一种负担。如果上司的隐私被泄露，上司身边的人便是最大的“嫌疑犯”。因此，保持距离非常必要。

在日常工作交往中，与上司保持适当距离，既是对上司的尊重，也是异性交往中必须做到的。工作之余，绝不能参与到上司的私人生活中；否则，做了上司的“家庭保姆型秘书”，可能不仅没有巩固自己的职位，还会引发许多事端。与男上司太过亲近，很容易陷入工作之外的纷争。保持适当的距离，出色地完成本职工作，才是打动上司的最佳途径，也是保住自己岗位的最得体的做法。

（2）从细微处入手。女性职员的优点之一就是细心，如果能够从细枝末节处入手，处处为上司和公司着想，必然会得到认可和重用。譬如上司与重要客户会谈前，主动打扫上司的办公室等。这些事情看起来很琐碎，却给上司在“外人”面前撑足了面子，甚至对公司许多业务的促成起到积极作用。再如，仔细核对重要数据，这可能是关系到公司利益和上司工作利益的大问题。上司往往看不出自己汇总的数据中存在的问题，那么，作为在他身边工作的女性，应该发挥自己的特点，认真仔细地核对，尤其是其中的重要数据，更应反复核对，一旦发现问题，应及时汇报；否则，可能会给公司和集体带来重大损失。而一旦你发现其中的问题并挽回了损失，上司必会对你刮目相看，也会重用你。

6. 办公室女性的十大工作妙法

目前，职场女性日渐增多，她们除了要与男性员工面临同样的工作压力外，还会面临更多性别方面的问题。所以，在日常工作中应讲究一定的方法与技巧，这样才能获取他人的尊重与信任。

（1）改变形象。

例如，在衣着方面不必一直保持某一种风格，可以尝试改变一下，另一种风格的服装也许会带来不同的心情、不同的感受。心情变了，工作的效率、他人的眼光也许随之改变。因此，适当的职位应配以适当的着装。

（2）注意时间效率。养成守时的习惯。例如，参加会议时比预定时间早到 5 分钟最能体现效率原则；打电话时，少打 5 分钟以上的电话，因为女性在表述事件时，往往不够概括，语言不够精练，交代事宜重复啰唆。这会使人怀疑你应对事务的能力。

（3）少“串门”。

如果要与其他办公室的同事交谈，打内线电话能节约许多花在寒暄及周旋上的时间，有益于养成单刀直入的工作作风。这也是一种成本低廉的提高效率的办法。

（4）不要在洗手间的镜子前逗留太久。

过分关注自身形象会浪费你很多时间和精力。而一个人的时间和精力是有限的，过分注意某一个方面，必然会忽略其他方面，这是尽人皆知的道理。

（5）学会调节。

大多数女性的头脑中都充斥着很多要做的事情，当身心不堪重负时，悲伤、焦虑、恐惧，甚至犯罪感便会随之而来。调节就是把自己从嘈杂的思维中解放出来，消除忧虑。找一个安静的角落，摆一个舒服的坐姿或卧姿，把思想集中于呼吸，一旦私心杂念闯进来，尽量让它们漂走，重新回到呼吸上来。调节的时间有多长，或者是否能成功地摒弃杂念都无关紧要，重要的是每天坚持做几分钟。

（6）让人信任你。

作为一个女性，在办公室如果能做到幽默活泼、善解人意、豁达开朗，具有亲和力，同事们就一定会充分感受到与你共事的幸运和兴奋，你就会成为一个值得信任的女性。

（7）勇于面对问题。

对于眼前的困难和问题，可采用分类法分别进行处理。将有办法解决的问题及无法解决的问题分别列出，有办法解决的问题全力以赴去解决；目前暂时无法解决的问题，可先寻求上司或其他同事的支持。“精诚所至，金石为开”，凡事尽力而为必能找到解决的办法。

（8）运用智慧。

工作时难免遇到困难与挫折，这时女性往往会气馁、会抱怨，认为女性不如男性。如果半途而废或逃避困难，将会使上司或其他同事对你的印象大打折扣，因此，随时运用你的智慧，使得工作顺利完成。

（9）扩大自己的工作舞台。

作为女性，常常怀疑自己的能力不如男性，首先从心理上就对自己进行了无形的束缚与限制。其实并非如此，女性同样有着无限的发展潜力。可以利用空闲时间到自己不熟悉的部门看看，了解其他部门的工作性质。多接触其他部门的同事，扩大自己的人际关系。这样，既了解了与工作相关的工作内容，又可以为扩大自己工作舞台打下基础。

（10）施展人格魅力。

在大多数人眼里，人格魅力是最不可捉摸的神秘因子，是一种神奇的事业推进剂，是一种迷人的气质和个性魅力。人格魅力能让同事、上司都欣赏你、赏识你，它能促使你成为一个领导者。这就要求你具有优秀的品质、坦荡的胸襟、远见卓识的气度、真诚的性格、果敢的能力等。

7. 十种不受欢迎的办公室女性

（1）爱传小道消息的女人。喜欢在办公室里交头接耳，窥探他人隐私。

（2）爱抱怨的女人。一边埋头工作，一边对工作不满。

（3）懒女人。从来不搞卫生，找借口做一些轻巧的事情。

（4）总喜欢要求男士请客的人。一同用餐或一起乘车等，总让男士埋单，好像这是他们应该做的一样。

（5）工作心不在焉的女人。时常迟到早退、拖延工作或东游西逛打发工作时间，根本就没有发挥潜能。对于这样的人，上司总会想方设法打发走，或者调到无足轻重的岗位上。

（6）说话嗲声嗲气、四处卖弄风情、打情骂俏的女人。

（7）浓妆艳抹、衣着暴露的女人。

（8）装“嫩”的女人。装纯扮嫩，扭捏作态，令人反感。

（9）献媚的女人。

（10）霸气十足的女人。女秘书与上司接触的机会最多，也是老板的心腹之一。一些女秘书容易自我陶醉。老板常因工作忙而让女秘书代为传达指令，并不表示女秘书有权对员工发号施令。故女秘书切忌霸气十足，以“二老板”自居，否则，不但会令员工反感，使上司的指令难以执行，也会给自己的工作带来麻烦。

实践训练

1. 情景训练

【情景1】某公司办公室职员刘小姐因前一天晚上与男朋友闹矛盾，一晚上没有睡好。第二天上班，她脸色不好、精神萎靡。但还要与同事方先生一起外出去协商某业务事宜。两人一见面，方先生就发现刘小姐状态不佳，便关切地问：“你怎么了？脸色这么不好？有什么事情吗？”刘小姐犹豫了一下，然后，她……

实训要求：

（1）根据上述情景，依据相关办公室女性礼仪要求，演示完后面的情景；

（2）分组实训，一男一女两人一组，分别饰演刘小姐和方先生。

【情景2】某公司公关部蓝小姐漂亮、聪慧又能干，在公司的几次重大活动中，都因她大胆的设想、得体的做法及优雅的处事风格圆满地完成了艰巨的任务，大大提高了公关部的声誉，蓝小姐也因此深得公司杜董事长的赏识。杜董事长也经常把她叫到办公室交谈，并表现出一种特别的好感与青睐，她意识到杜董事长有点喜欢她了，这让蓝小姐颇感为难。一次，杜董事长又把蓝小姐单独叫到办公室，说：“小蓝，现在有一笔大宗业务要洽谈，今天晚上你跟我一起到某某酒吧，和对方的业务经理商谈，你准备一下吧。”这时，蓝小姐犹豫了一下，然后，她……

实训要求：

（1）根据上述情景，依据相关办公室女性礼仪要求，演示完后面的情景；

（2）分组实训，一男一女两人一组，分别饰演刘小姐和方先生。

2. 综合训练

【案例分析】

在一家公司工作的陈小姐，时尚超前、衣着前卫，上班时裙子过短，衣服过于坦露，同办公室的两位男同事常常感觉非常尴尬，而来联系业务的客户一个劲儿地往他们的办公室跑，借故和陈小姐套近乎，影响了大家的工作。这种事其他人又不好讲明，业务科陈科长只好把她安排在打字室上班。

请问：陈科长为什么要把陈小姐安排到打字室上班？你有何感想？

【综合情景训练】

星盛商业集团旗下的星盛商业广场柳长海总经理对秦秘书、俞秘书两个人（注：秦秘书、俞秘书均为女性）说：“明天我们要与外商谈判了，你们俩一个做会议记录，一个做会议服务。你们好好准备一下，好好打扮打扮，不能让老外瞧不起咱们啊。”为此，小秦和小俞两人颇费了一番心思，还特意去商场购买了新款服装和首饰。

第二天谈判时，只见坐在柳经理一旁的秦秘书浓妆艳抹、衣着鲜艳，金耳环、宝石戒指闪闪发亮，柳经理穿在身上的那套价值千余元的笔挺的西装也黯然失色。负责端茶送水、上饮料的俞秘书穿得花枝招展，一对大大的吊坠耳环荡来荡去，五颜六色的手镯碰到桌面上叮当有声，带铁掌的高跟鞋咔咔作响。

外商通过翻译开了个玩笑："柳总，您可以让这两位漂亮的小姐参加选美哟！"

实训要求：

（1）分组讨论：外商通过翻译的那个玩笑是赞美还是讥讽？作为办公室秘书，在谈判会上应该怎样穿戴？在外商面前应该怎样体现中国人的礼节？

（2）角色扮演：5 人一组，分别饰演柳长海总经理、小俞、小秦、外商和翻译。

（3）规范、得体地演示谈判过程。

知 识 小 结

办公室工作环境的布置包括办公室设备陈设和摆放、整个空间环境的布置、办公室的绿化等。

办公室礼仪包括与上司相处的礼仪、与同事相处的礼仪。

办公室礼仪中的忌讳：在办公室谈论薪水问题、在办公室谈论自己的私人生活、过分地开玩笑、不拘小节、懒散拖沓。

交谈礼仪是职业形象塑造不可或缺的一部分。要使用恰当的称呼，要用诚恳的态度、自然的表情、得体的举止、沉着的语调进行交谈。

交谈技巧是适当地寒暄、寻求共同点、善意地恭维，辅以轻松的气氛、准确的时机等。

倾听者的礼仪：认真倾听、善于抓住实质、捕捉要点、善于"听"懂对方的行为语言、适时插话。

选择话题时应当注意以下几方面的问题：不涉及国家秘密或行业秘密，不背后议论领导、同事及同行，不涉及格调不高的事，不涉及个人隐私等。

常用的电话礼仪包括：打电话礼仪、接听电话礼仪及使用手机的礼仪。

职场女性越来越多，任何一个单位或组织都充分意识到女性的独特地位和作用。女性与异性交往时的分寸：衣着分寸、语言分寸、动作分寸、交际分寸、情感分寸。与异性上司交往的分寸：保持适当的距离、从细微处入手。

模块5　商务酬宾礼仪

学习目标

知识学习目标：

- 了解和掌握商务酬宾的内容、商务宴请原则及形式等基本知识。
- 了解和掌握中餐宴请礼仪、西餐宴请礼仪等相关知识。

能力培养目标：

- 培养组织、筹备各种商务酬宾的能力。
- 培养处理商务宴请中突发状况的能力。

素质拓展目标：

- 培养学生树立职业意识，掌握优雅、得体的酬宾礼仪规范。
- 使礼仪真正融入日常行为，养成良好的酬宾习惯。

第1单元　商务酬宾的类型

情景导入

星盛商业集团旗下的子公司星盛商业贸易公司近来与一家矿泉水厂合作，开发出一款新产品——×××矿泉水。新产品开发出来以后，如何让广大消费者接受就成了一个新问题。为此，他们策划了一次“寻源之旅”活动，凡是喝过×××矿泉水的消费者都有机会参加。参加活动的人将被带到风光旖旎、空气清新的××湖边，感受温润、健康的自然之水。本次活动的目的是让“自然水比纯净水更好”的观念深入人心，从而打开以自然水为主要原料的×××矿泉水的销路。

星盛公司公关部部长龚成博是这次活动的策划人，干事柳敏郁负责具体工作。很多人兴致很高，近百人报名参加活动。活动时间为两天，吃、住均由公司负责。

项目任务

假如你是公关部部长龚成博，在这次近百人的“寻源之旅”活动中，你认为应该采用什么餐饮形式？

任务分析

任何一个单位在经营过程中都会采用不同形式的宣传策略。这次的“寻源之旅”活动，显然是星盛商业贸易公司采取的一次把自己生产的新产品推向市场的宣传经营策略。像这种近百人参加的为期两天的室外活动，是一次活动范围广、人数众多、组织难度较大且具有一定影响力的大型宣传活动，一定要准备充分、安排周密才能确保活动举办成功。因此，对于公关部部长龚成博、干事柳敏郁来说，确实任务重、压力大。如何安排餐饮活动就成为这次活动能否成功的一个重要方面。

根据这次活动的特点——范围广、人数多、时间长、影响力大，采用自助餐形式是比较合适的。因为自助餐适用于人数众多的宴请，它可以不排席次、座次，来宾可以随意走动，自由选择交谈对象，自取菜肴，持续的时间又比较长。这能使参与者在“寻源”的同时感受到细致入微的人文关怀，真正达到本次活动的目的。

餐饮形式多种多样，可以是正式宴会、招待会（包括自助餐和酒会）、茶会、工作餐，还可以是西餐，每一种形式又有各自的特点。因此，作为商务人员，在经营过程中应该了解各种活动形式的特点。掌握商务酬宾的各种形式，才能对症下药，解决问题。

相关知识

随着市场经济的发展，商界的竞争日益激烈。对商务人士而言，成功的商务酬宾往往有助于与商务伙伴建立良好的关系，对商务合作起到锦上添花的作用。

商务酬宾的类型主要包括商务宴请、舞会、音乐会和沙龙等。

1. 商务宴请

主方为了扩大影响或表达谢意和敬意，会以聚餐的形式盛情邀请宾客。这是一种非常注重礼仪的活动。

（1）商务宴请的原则。

① 适量原则。在组织商务宴请活动时，要根据商务宴请的规模和参与的人数，决定餐饮的档次和菜肴酒水的数量等。要适量，不要虚荣攀比、铺张浪费，更不能用公款大吃大喝，败坏社会风气。

② 环境优雅原则。现在越来越多的人喜欢享受用餐的情趣和氛围，讲究清静优雅的环境礼仪。

（2）商务宴请的种类。

① 根据商务宴请的目的分，有迎送宴会、喜庆宴会、商务宴会、答谢宴会、工程开竣工宴会、展览开闭幕宴会等。

② 根据商务宴请的形式分，有宴会、招待会、茶会、工作餐等。

③ 根据商务宴请的餐别分，有中餐、西餐。

④ 根据商务宴请使用的餐具分，有分餐、共餐、混合餐。

（3）商务宴请的形式。

通常根据客人的身份、宴请的缘由、人数等各种因素来确定商务宴请的形式。

① 宴会。宴会是指比较隆重、正式的宴请形式。根据时间不同，有早宴、午宴、晚宴三种，一般晚宴最为隆重和正式。根据规格，又分为正式宴会、便宴和家宴。

a．正式宴会。这是一种规格较高的宴会，有桌次、席次之分，讲究衣着，要求菜肴、酒水和餐具等保证质量、具有特色，服务要规范。

b．便宴。便宴属于非正式的宴会。最大的特点就是气氛亲切，有利于各方交往。可以不排座次，不做正式讲话，菜肴、酒水可丰可俭。

c．家宴。在家中设宴招待宾客。可由主妇亲自下厨，也可请厨师上门做菜。西方国家不少人喜欢这一宴请形式，菜肴不一定丰盛，但由于通常由主妇亲自掌勺，家人共同招待，因而它不失亲切、友好的气氛。

② 招待会。招待会是指不备正餐的宴请形式。招待会一般采用自助餐形式，主方一般都会在请柬上写明开始至结束的整个时段，在此期间任何时候到达或离开都可以。它适合于多人参加的大型活动，可以不排席次、座次，来宾可以随意走动，自由选择交谈对象，自取菜肴。招待会一般又分冷餐会（自助餐）和酒会两种。

a．自助餐。即冷餐会。菜肴以冷菜为主，也有一些热菜、饮料和啤酒等。时间不受限制，可以在中午以后的任何时间举办，室内室外均可举办。菜肴集中摆放在大餐桌上，如果人多的话，宾客可以排队取用，可站可坐，也可随意走动。自助餐适合规格不是太高且出席人员众多的礼节性、纪念性活动的宴请。

温馨提示

取菜时每次不要取太多，同一类菜可以吃完再取。例如先取凉菜，吃完后可以再取。不要因为自己喜欢就全部取完某一种菜肴，也不要把凉菜、热菜、甜食统统放在一个盘子里，可以先吃完冷菜，再取其他菜。

b．酒会。顾名思义，酒会以酒水为主，又称鸡尾酒会。所谓鸡尾酒，是用多种酒按一定比例混合而成的。现在的酒会不一定非喝鸡尾酒，但酒的品种要多一些，一般不用烈性酒，可以备些果汁、汽水等软饮料，还可以准备一些小点心、三明治、小香肠和炸春卷等食品（用手或牙签取用，一两口就可以吃完的）。这些酒水、食品常由服务员用托盘端到客人面前，供其选取。时间一般安排在下午 4∶00 以后，宾客可以随意走动，且来去自由，不受约束。

小锦囊

酒会的礼仪

（1）要以恰当的方式把自己介绍给陌生人。如果几个人站得较松散、表情随意，就意味着他们不介意别人的加入，你可以走过去，打招呼问候，做自我介绍，不可默不作声地站在一旁。如果看到几个人围成一个较紧的小圈子，或两个人低声谈话，表情严肃，此时以不打扰为好。

（2）要欣然接受陌生人加入自己的谈话中。要以开放的心态参加酒会，不要只是几个熟人扎堆聊天。

（3）聊天时应顾及所有在场者，使用大家听得懂的语言，不要只与其中一两个人聊天。

（4）不要大声说话。

③ 茶会。茶会是一种更简便的宴请形式，主要通过请客人品茶来进行交流。茶会时间一般安排在上午 10：00 或下午 4：00 左右。地点通常是客厅，厅内摆放茶几、座椅，不排席位。但主人要有意识地和主宾坐在一起。茶会对茶和茶具的要求比较高，要根据客人的喜好，选择上等茶叶，要用精致的陶瓷茶具斟茶；茶水不宜太浓、太满，杯盖要放在茶托上一同敬给客人。要尽量体现出茶文化。

饮茶共分十个步骤，现以我国的工夫茶为例进行介绍：

a. 嗅茶。主要向客人介绍茶叶的品种、特点、风味，让客人传递嗅赏。

b. 装茶。用茶匙装，切勿用手抓。

c. 润茶。

d. 冲泡。

e. 洗壶。

f. 温杯。

g. 运茶。茶泡好后，将茶壶提起，在茶盅边巡行数周，以免壶底水珠滴入茶盅。

h. 倒茶。将茶盅一字排开，来回冲注，以免茶浓淡不均。

i. 敬茶。

j. 品茶。

小锦囊

茶叶的种类

（1）绿茶。较为著名的绿茶有：龙井茶、碧螺春茶、六安瓜片茶、蒙顶茶、君山针叶茶、黄山毛峰茶、庐山云雾茶等。

（2）红茶。驰名中外的红茶有安徽的“祁红”、云南的“滇红”和广东的“英红”。

（3）乌龙茶。又称青茶，较为著名的青茶有福建的武夷岩茶、黄金贵茶，安徽的铁观音茶，广东的凤凰单丛茶。

（4）花茶。花茶是以鲜花窨制茶叶而成的再加工茶，是我国的特产。其主要种类有茉莉花茶、珠兰花茶、玉兰花茶和玫瑰花茶等。

（5）黑茶。较为著名的黑茶有普洱茶、六堡茶等。

④ 工作餐。工作餐是人们工作特别繁忙时的一种方便、快捷的非正式宴请形式。它分为工作早餐、工作中餐和工作晚餐。利用进餐时间，宾主边吃边谈，不邀请与工作无关的人员，常常采用快餐分食的方式进行。双边工作餐通常使用长桌，座位安排与会谈座位安排相似，以便双方交谈。

2. 舞会

舞会可以结识朋友，加深友谊，消除疲劳，陶冶性情，是商务酬宾中经常进行的高雅社交活动，每一个商务人员都应该学会跳交谊舞。

（1）组织舞会的礼仪。

① 布置舞场。舞场的大小根据客人多少而定。舞场布置要求典雅大方、灯光适中。如果是专场舞会，则应在舞场周围张贴“欢迎”字样，以表主人热情友好之意。舞场周围应摆放足够多的座椅，备好饮料、水果或小吃等。

② 选好舞曲。好的舞曲是创造高雅美妙气氛的保证。组织者可根据主要来宾的素质、年龄、喜好等特点选择舞曲，不同舞步的舞曲穿插播放。若来宾以中老年人为主，则可多放世界名曲，节奏稍舒缓；若来宾中年轻人居多，则可多播放节奏感较强的流行曲目，活跃舞场气氛，也使年轻人尽情、尽兴。

③ 安排舞伴。交谊舞一般是男女相伴而跳，舞会组织者应事先考虑来宾的男女比例，根据需要有意安排一定数量的伴舞人。对主要宾客可适当安排舞伴，轮流邀舞，使其尽兴。

④ 做好安全保卫工作。在舞会中，一定要做好安全保卫工作。安排专人把门，闲杂人员、衣冠不整者不允许入内，安排专人保管衣物。

（2）参加舞会的礼仪。

① 讲究仪容仪表。对于级别较高的舞会，要发请柬，并注明服饰要求。一般来说，要求穿正式服装参加舞会。男士穿西装，打领带。女士穿晚礼服或裙装，配以合适的首饰。女士的妆应比白天稍浓。每一个人都应沐浴，梳理适当的发型，注意个人口腔卫生，认真清除口臭，禁食气味刺激的食物。患感冒或其他传染病的，应自觉不参加舞会。

② 邀舞和应邀的礼仪。正式的舞会中，第一曲舞是主人夫妇、主宾夫妇共舞，第二曲是男主人邀主宾夫人、男主宾邀女主人共舞。接下来，男主人需依次邀请在礼宾序列上排位第二、第三的男士的女伴各跳一曲，而那些被男主人依照礼宾序列相邀共舞的女士的男伴，则应同时回请女主人共舞。就来宾而言，男宾应当依礼相邀共舞一曲的女士包括：舞会的女主人、被介绍相识的女士、旧交的女伴、坐在自己身旁的女士。

舞曲开始时，一般由男士主动邀请女士共舞。邀舞时，男士向女士行鞠躬礼，伸出右手邀舞，同时伴随：“请您跳支舞，行吗？”女士受到邀请后，回应起身。如果女士已有舞伴，应礼貌地解释：“谢谢，已约好别人了，等下一曲，好吗？”如因某种原因不能接受邀请，可委婉推辞：“对不起，我很累了，想休息一下。”为尊重邀舞者，此曲该女士不应再接受别的男士邀请，直到此曲终了。

男士在邀请不相识的女士时，应先观察其是否有男士相伴，如果有，一般不宜上前邀请。如果前去邀请，则应先向其男伴点头致意，再向女士邀舞。

温馨提示

在较为正式的舞会上，尤其是在涉外舞会上，同性之间避免相邀共舞。两位男士一同跳舞意味着他们不愿意向在场的女士邀舞，这是对女士的不尊重，在西方则是同性恋的表现。而两位女士一起跳舞，则表示无人邀请。

③ 跳舞礼仪。

a．舞姿要端正、大方、活泼。身体应始终保持平、正、直、稳，向前、后、左、右方向移动时都要掌握好重心。如果身体摇摇晃晃，肩膀一高一低，甚至踩了对方的脚，都是不恰当的。跳舞时，男女双方都应面带微笑，说话和气，声音轻细，不要旁若无人地大声谈笑。

b．跳舞时，男女双方的神情姿态要轻盈自若，给人以欢乐感和优美感；动作要协调、舒展。男士不要强拉硬拽，女士不可挂在或扑在对方身上，或耸肩挺腹、驼背屈身。这样使对方有不胜负担之苦，自己也有失雅观。

c．跳舞时，男士用右手扶着女士的腰，手掌心紧贴女士腰部。男士的左臂应以弧形向上与肩部成水平线举起，掌心向上，手指平展，将女伴的右手轻轻托住，而不是随意捏紧或握住。女士的左手应放在男方的右臂上方，而不是放在男士的肩上或勾住对方的颈部。总之，双方握得或搂得过紧都是有失风度的。

d．当一曲结束后，男士应热情、大方地对女方说声“谢谢”，然后离开，也可以送女士回到原来的座位，并进行适当的交谈。但如果女士已有男伴，切不要硬挤过去，特别是不要始终盯牢一位舞伴不舍，以免发生误会。

④ 舞会的文明规范。交谊舞通过优美动听的音乐旋律和男女舞伴协调的舞蹈动作，表现出一种整体的美。为了使舞会气氛热烈，达到社交的目的，参加舞会的每个人都应遵循一些必要的文明规范。

a．舞会前不要吃大蒜等有异味的食物；

b．不能穿汗衫、背心、短裤参加舞会；

c．不吸烟，不乱扔果皮、纸屑，不乱倒茶水；

d．不在舞场大声喧哗，不在舞池穿行、聊天；

e．尊重舞伴，不可使对方尴尬，即使是热恋的一对儿，也不应显得过分亲昵；

f．舞会结束后，向主人道谢告辞，男士可护送女士回家，但不应勉强，更不应勉强女士留下联系方式。

小锦囊

舞会上结交新朋友的方式

一是主动把自己介绍给对方；

二是请主人或其他与双方熟悉的人士代为介绍；

三是通过邀请舞伴的方式直接或间接地认识对方。在舞会上结识新友之后，一般不宜长时间深谈。

3. 音乐会

音乐会在早期多是王公贵族、达官富豪参加的集会社交活动，往往给人以庄重、高雅的感觉。即便在当今社会，音乐会已越来越大众化，但仍沿袭了许多传统的礼仪。

（1）服装礼仪。

参加音乐会要求穿着正式。男士穿西装、打领带，或穿小礼服，打领结。女士要化妆，穿小礼服或大礼服，戴薄纱手套。这是对音乐艺术与演奏家的一种基本尊重。

（2）进场礼仪。

应在音乐会开始前入座。若迟到，则应在一曲终了或中途休息时方可入内。

国外音乐厅里设有衣帽间，男士应协助女士脱下大衣，并代为存放。入座时，男士应请女士先行。

（3）倾听与鼓掌礼仪。

安静地倾听是音乐会最起码的礼仪，不仅表示对演奏者和其他观众的尊重，也间接地体现了自己的修养。在音乐会中发出噪声是很不礼貌的，应避免在音乐进行中时交谈、走动，也不能发出其他不必要的声音，如打拍子、咳嗽等。

小锦囊

适当的掌声是观众对演奏者的回应，但过于热情或不合时宜的掌声则会扰乱演奏者的情绪，一定要等音乐完全停止，才能鼓掌。

4. 沙龙

“沙龙”原本是法语“客厅”“会客室”的音译词。

在我国的商界，沙龙也非常流行。因为沙龙形式自然、内容灵活、品位高雅，既正规又使人感到轻松、愉快。

根据人们讨论的话题或从事的主要活动来区别，沙龙有许多种类。具体来讲，主要有综合沙龙、交际沙龙、联谊沙龙、学术沙龙、文艺沙龙、休闲沙龙等。

（1）交际沙龙礼仪。

为使参加者之间保持接触，进行交流，人们经常召开一些座谈会、校友会、同乡会、聚餐会、庆祝会、联欢会、生日派对、节日晚会、家庭舞会等，这些都属于交际沙龙。

通常情况下，交际沙龙的地点、时间、形式、主人和参加者，均应事先议定。可以一人发起，也可以群策群力，共同决定。

举办沙龙的地点，应选择宾馆、饭店、餐馆、写字楼内的专用房间，或条件较好的客厅、庭院。至少要做到面积大、通风好、温度适中、照明正常、环境雅静。时间一般定在周末下午或晚间，2～4 小时为宜。

参加交际沙龙以前，应对自己的仪表、服饰进行必要的修饰。一般应穿正式服装参加。应遵守时间，不得无故早到、迟到、早退。万一不能准点到达，应通知主人，并表歉意。

在主人家参加沙龙时，尽量不给主人添麻烦，并尽可能为主人提供力所能及的帮助。不随地吐痰或乱扔东西，不擅自闯入非活动区域，如书房、卧室、阳台等地，不可翻箱倒柜、乱动主人的物品。主动与他人交流，可以旁听他人的交谈，也可以加入他人的交谈。

（2）休闲沙龙礼仪。

休闲沙龙具有社交功能，只是休闲性、娱乐性相对较突出。如在家中、度假村或会员俱乐部进行一系列活动，如球类运动、卡拉 OK、游泳、钓鱼等。西方一位颇有成就的大企业家曾说过：“我的成功主要不是来自谈判桌，而是来自乡间别墅或俱乐部里同对手的友好接触。”可见，休闲沙龙的功能绝不仅仅是吃喝玩乐。

商务人员在休闲沙龙里应当表现得像玩。即轻装上阵，脱下西服套装，换上与休闲沙龙的具体环境及活动内容相配的休闲装，穿上适合运动的休闲鞋，进入自己此时的角色之中。

商务人员在休闲沙龙里应当表现得会玩。所谓“会玩”，一是指玩的技巧，二是指对玩的内容的选择。不会玩，只要肯学，又有人教，一般不难学会。

商务人员在休闲沙龙里应当以玩为主。既然是休闲、娱乐，商务人员就应以玩为主，以玩为中心，不要表现得急功近利。

有经验的商务人士都知道该工作的时候工作、该休息的时候休息。参加休闲沙龙时，切勿忘记应当以休闲为主、以交际为辅，不可将二者倒置。

实践训练

1. 场景训练

【情景 1】星盛商业贸易公司公关部部长龚成博与干事柳敏郁受有合作关系的某公司邀请，参加该公司的周年庆典，之后与他们一起共进午餐。

实训要求：一人扮演部长龚成博，一人扮演干事柳敏郁；展示他们共进午餐的过程。

【情景 2】某公司销售科小刘，在较短的时间内业绩量猛增，迅速成为该公司的业务骨干。与他们有长期往来的另一家公司的业务员小李，虽然与小刘同时步入工作岗位，但业绩平平，他想向小刘学习、取经。于是，邀请小刘到一个环境幽美、品位较高且在当地较有名气的茶楼一起喝茶。

实训要求：一人扮演小李，一人扮演小刘，一人扮演茶楼服务员；请展示他们喝茶的过程。

【情景 3】以班组为单位组织一场舞会，邀请专业教师和有关人员参加。

实训要求：全班同学参加，注意邀舞、应舞、跳舞时的礼仪。

2. 综合训练

【案例分析 1】

赵先生与女友一起参加一个舞会，跳过几曲之后，有一个熟识的朋友过来邀请赵先生的女友跳一曲。赵先生因为觉得这位朋友以前有意追求自己的女友，所以不悦，暗示女友不能去。但是女友没有听从，还是笑着赴约了。一曲终了，赵先生觉得不能忍受，大声斥责，终于在舞厅大吵，引得别人奇怪地看着他们，最后女友一个人离开了舞厅，赵先生在众目睽睽之下也觉得颜面尽失。

实训要求：赵先生的行为是否妥当，为什么？

【案例分析 2】

李娜小姐是一家公司的商务秘书。有一次，她代表公司参加某合资公司举办的周年庆典活动。活动结束后，该合资公司为全体来宾安排了一顿十分丰盛的自助餐。此前，李娜从未吃过正式的自助餐。她心想：自己虽然没有吃过自助餐，不懂其中的礼节，但绝对不能有失礼之举，因为她是以公司的名义参加的，代表的是公司的形象。但用餐开始之后，她发现其他人表现得非常随便，她也就“照葫芦画瓢”，像别人一样放松了。让李娜开心的是，她在取菜时意外发现了自己平时最爱吃的大闸蟹。于是，她一连装了好几个，刚要放下夹钳，却忍不住又拿起来取了几个，她的盘子堆得像小山一样了。当李娜转过身来走回自己座位的时候，她的脸一下子红了，因为很多人用异常惊讶的目光看着她的盘子，再看看她的脸。甚至有一个人小声说：“真没见过世面，丢咱中国人的脸。”

看了以上案例，你认为李娜到底哪里做错了？

【综合情景训练】

如果条件许可，请以班组为单位组织学生到自助餐厅就餐，席间注意自助餐礼仪。

实训要求：全体同学参加，餐饮过程中注意相关礼仪，有问题出现时，同学之间相互指出来，纠正错误，做一个懂礼、知礼和明礼的“雅士”。

第2单元　中 餐 礼 仪

情景导入

星盛汽车贸易公司是星盛商业集团旗下的一家子公司，主要经营民族自主品牌汽车，有“华采”“祥雅”“颂和”“蓝月”四种车型。公司连续5年居全国轿车行业销量前列，经营业务已拓展到中东、北非、美洲。其中“华采”款轿车，大气稳重，以其动感优雅的图形设计、国际领先的“溜背式”两厢结构设计和6～8万元的价格空间，被称为“国民车”好品牌。

新都出租汽车营运公司于20世纪80年代起步，现已成为规模经营的大型汽车出租公司，净资产达20多亿元，营运网点遍布长沙、武汉等十几个大中城市，拥有货车、大客车、小轿车等各种车辆近20000辆。

最近，新都出租汽车营运公司准备分期、分批更新轿车，首选目标就是“华采”型轿车。日前，公司曾总经理亲自到这家汽车贸易公司看样车、签合同。经过磋商，双方成功签订了第一份合同，订购“华采”型轿车1000辆。当晚，为了庆祝这大宗合同的签订及两大公司的进一步合作，星盛汽车贸易公司王总经理设宴招待曾总经理一行，并把这个任务交给了办公室主任罗正阳。

项目任务

假如你是负责此次宴会的办公室主任罗正阳先生，你应该做哪些方面的准备？在餐桌上要注意一些什么问题？

任务分析

为庆祝合作成功，星盛汽车贸易公司王总经理宴请新都出租汽车营运公司曾总经理一行。为使宴请圆满成功，办公室罗正阳主任应该从哪些方面着手准备呢？

像这种较隆重的宴请，应采用符合大多数中国人饮食习惯的中餐宴请。而中餐宴请又有一系列细节需要考虑，如宴请形式、菜单、环境、座次、进餐礼仪，还要考虑对方是否有民族禁忌或个人饮食禁忌等，这些都应该筹划周密、安排妥当，这样才能使双方的交流更充分，彼此的关系得到进一步发展。

作为秘书，经常遇到各种接待活动，而宴请又是重要的项目之一，必须了解和掌握。

相关知识

1. 中餐的特点

（1）团圆热闹。

菜肴既是一桌人欣赏、品尝的对象，又是一桌人感情交流的媒介，这就形成了一种团结、礼貌、热闹的气氛，这也是中餐宴请的最大特点。人们相互敬酒、相互让菜、劝菜，体现了相互尊重、相互礼让的美德。

（2）公餐制。

美味佳肴放在中心，大家共享一席。

（3）注重味道。

美味的产生在于调和，调和是中国烹饪艺术的精要之处。中餐八大菜系各有特色。有着悠久历史的中餐，依据口味、烹调特色的差异，可以分为川菜、鲁菜、粤菜、苏菜、湘菜、浙菜、闽菜、徽菜八大菜系。烹调方法有煎、炒、烹、炸、炖、焖、烧、煨等。

小锦囊

我国著名的八大菜系

川菜：素以味广、味多、味厚著称，并有“一菜一味，百菜百味”的美誉。

粤菜：以清、鲜、脆、嫩著称。

湘菜：口味偏重于咸、辣、酸。

鲁菜：色彩浓重，滑而不腻。

苏菜：浓中带淡，鲜香酥烂，原汁原汤，浓而不腻，口味平和，咸中带甜。

浙菜：清、香、脆、嫩、爽、鲜。

闽菜：色调美观，滋味清鲜。

徽菜：选料朴实，讲究火功，重油重色，味道醇厚，保持原汁原味。

2. 正式宴请的组织与策划

宴请的种类和形式较多，前期的准备工作不一样。正式宴会的组织工作最为复杂，具体如下。

（1）确定宴请规格。

首先根据宴请的目的和主宾的地位、职务和身份确定宴请规格。宴请规格分为低规格、对等规格和高规格三种。规格高的宴请要安排在高级酒店（或饭店）里。

（2）确定宴请人员的名单。

要根据主宾的身份、年龄和职业等特点来选择客人。一般选择与主宾身份、地位接近的人，与主人关系密切的朋友、业务伙伴。不能漏请，也不能有许多“陪吃”。宴请人数应该是偶数，以便每个人在宴会上都有谈话对象。除工作餐外，还可以邀请宾客的配偶，但所有人员中不能有关系紧张的，以免出现尴尬的场面。

（3）确定宴请时间和地点。

对方如果是代表团，一般安排在对方到达的当天晚上或第二天晚上。如果是小型宴请，可征求对方的意见，选择一个双方都合适的时间。一般不选择重大节日和假日。

关于宴请地点，除考虑规格高低的因素外，还应选择交通便利、环境优美、干净卫生、设施完备、有特色菜肴的酒店。

（4）确定宴请形式。

依设宴目的和宴请范围，综合拟订宴请形式。一般来说，规格高、正式、人数较少的用宴会招待；日常交往、友好联谊、人数较多的以冷餐会、酒会为宜；群众性节日活动以茶会为宜。近年来，国际国内礼宾工作有简化趋势，宴请范围趋于缩小，形式也在简化。

（5）布置宴会厅。

要根据活动的性质和形式布置宴会厅。正式的宴会厅布置应严肃、庄重、大方，可摆常青树、鲜花、盆景等进行装饰。宴会休息室可按客厅来布置。

（6）确定菜单。

① 量力而行。根据宴请规格、经费预算来确定菜肴的品种、数量和价位。

② 搭配合理。冷热、荤素、甜咸、色香味搭配，时令菜与传统菜肴搭配，菜肴与酒水搭配。

③ 体现特色。点菜时优先考虑的菜肴有四种：

a．有中餐特色的菜肴。宴请外宾时，这一条更要重视。像炸春卷、煮元宵、狮子头、宫保鸡丁等具有鲜明中国特色的菜肴，会很受外国人推崇。

b．有本地特色的菜肴。例如湘潭的毛家红烧肉、上海的红烧狮子头、北京的涮羊肉、重庆的香辣蟹、南昌的藜蒿炒腊肉，这些特色菜比千篇一律的生猛海鲜更受好评。

c．本餐馆的特色菜。很多餐馆都有自己的特色菜。上一份本餐馆的特色菜，能说明主人对客人的尊重。

d．主人的拿手菜。举办家宴时，主人一定要当众露上一手。只要主人亲自动手，就足以说明对客人的尊重和友好。

④ 不得触犯客人的禁忌。不同的对象、不同的时间、不同的场合，往往会有一些禁忌。如：

a．工作禁忌。驾驶员工作时不得饮酒，国家公务员参加公务宴请时不得饮烈性酒等。

b．民族禁忌。西方很多人不接受“山珍海味”，如鱼翅、燕窝、国家保护的野生动物。另外还有动物的内脏、蹄爪、翅膀和带鳞的鱼等。

c．宗教禁忌。

d．个人禁忌。个人的习惯性禁忌，尤其是主宾的禁忌。

菜单确定好之后，要请上司过目，若无更改，确定下来。如果能把菜单打印出来，每个客人一份，一方面更显郑重，另一方面也是很好的纪念品，特别是在宴请外宾时。千万注意不要把价钱也一起打印上去。

（7）制发请柬。

正式宴请一般都会发请柬，用书面的形式邀请，以示郑重，请柬还起着备忘录的作用。在发请柬时应注意：

① 对所有被邀请者要一视同仁。不要有的人发请柬，有的人口头通知。请柬应该提前 1～2 星期发出，以便被请邀者提前安排自己的时间。

② 要求回复。因为要按来人数量定座位、定座次，为了准确了解情况，要在请柬下部写上“敬请回复”（法文缩写：R.S.V.P）的字样。如果接到需要回复的请柬，被邀请人无论应邀或不应邀，都应及时回复。

小锦囊

临时点菜的注意事项

如果是临时点菜，主方既不要显得过于殷勤，又不要过于吝啬。客方也应时时刻刻显示出自己的修养。

1. 主方

主方在点菜时，有两种办法可行。第一种办法是整点，即点套餐或包桌。这样费用固定，菜肴的档次与数量相对固定，比较省事。第二种办法是零点，即根据自己的预算，在用餐时现场临时点菜。它的好处是自由度较大，可以兼顾个人财力与口味。

需要强调的是，无论主方以何种办法点菜，都应尽可能征求被邀请者、特别是主宾的意见，不要只凭个人喜好行事。当然，在征求被邀请者意见或请其点菜时，完全没有必要“打肿脸充胖子”，再三要求对方“随便点”“放开点”。

2. 客方

客方在被主方恳请点菜时，应显示出自己具有的良好修养。一是告诉主方，自己没有禁忌，请对方随便点；二是认真点上一个不太贵的菜，再请其他人点。

客方要注意不要犯以下几种错误：一是乱点，连点的菜是什么都不知道；二是多点，尤其不要大点名菜，让主方“破财”“大出血”；三是非议，对于别人点的菜，不要说自己“吃不惯”“做得太差劲”。

③ 服装要求。可在请柬上写明对服装的要求，如“请穿正式服装”或“请随意着装”，这会让客人感到很方便，免得猜来猜去。

④ 请柬的格式。请柬的正文内容包括被邀请人的称谓，宴请的名义、形式、时间、地点，主办人或主办单位。请柬的封面一般为红色，上面印刷有“请柬”二字，被邀请者姓名、职务及敬称有时也可以出现在封面上。对于事先排好座次的宴请，需在请柬下脚注明桌号、座次（Table No.）。

请柬正文示例：

尊敬的×××先生：

为庆祝星盛商业集团成立十周年，谨定于8月8日下午6:00在华天大酒店举办宴会，恭请您偕夫人光临。

R.S.V.P

星盛商业集团总经理　×××

××××年×月×日

（8）确定席次和座次。

正式宴请都要事先安排好席次和座次。位置是礼仪中很重要的问题，它体现了主人对客人的尊重。草拟后席次和座次一定要呈报上司确认。

① 席次。在商务应酬中，人们通常讲究：以右为尊、中间为尊、离门远为尊、离主桌近为尊，如图5.1～图5.8所示。

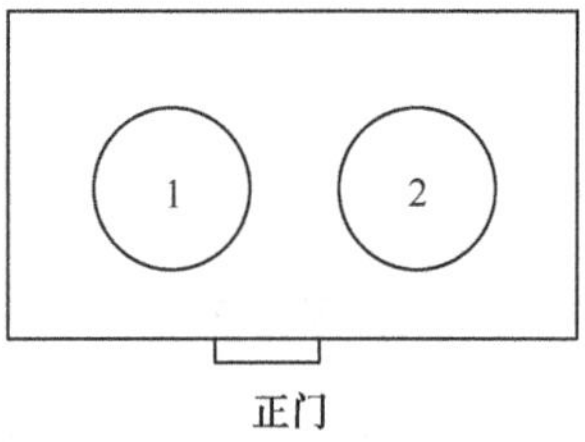

图5.1　2桌横排

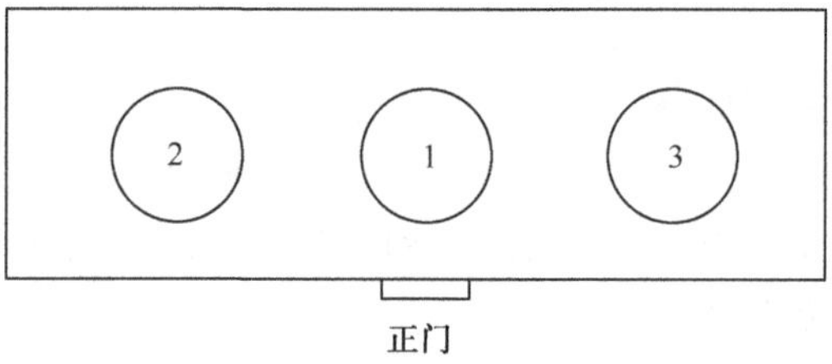

图5.2　3桌横排

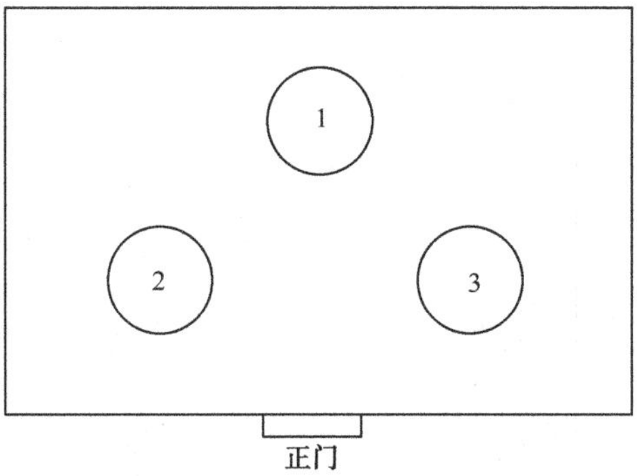

图 5.3　3 桌花排

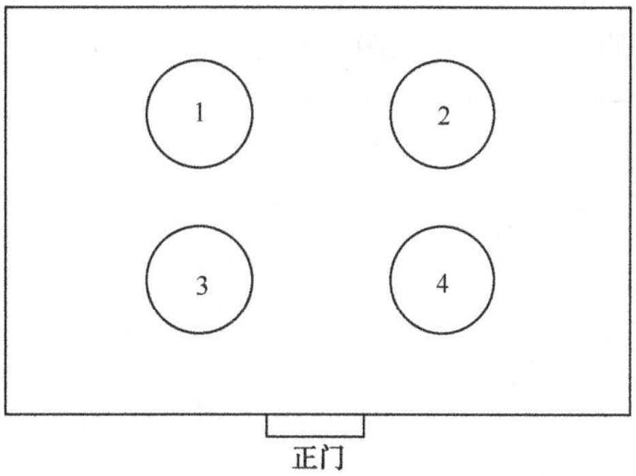

图 5.4　4 桌正排

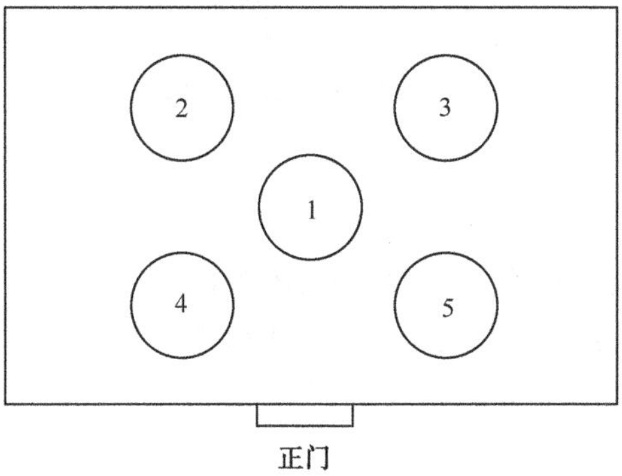

图 5.5　5 桌花排

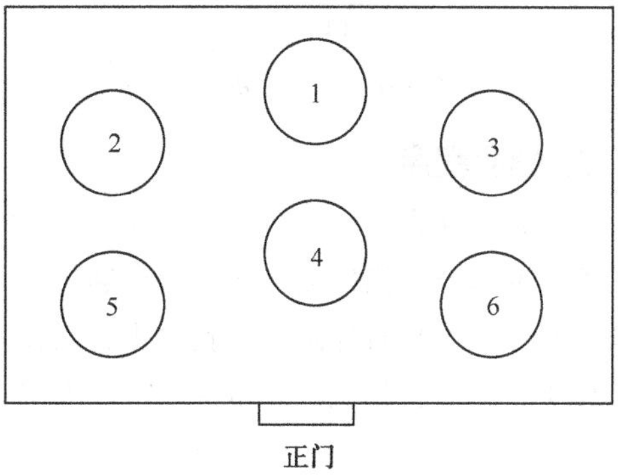

图 5.6　6 桌花排

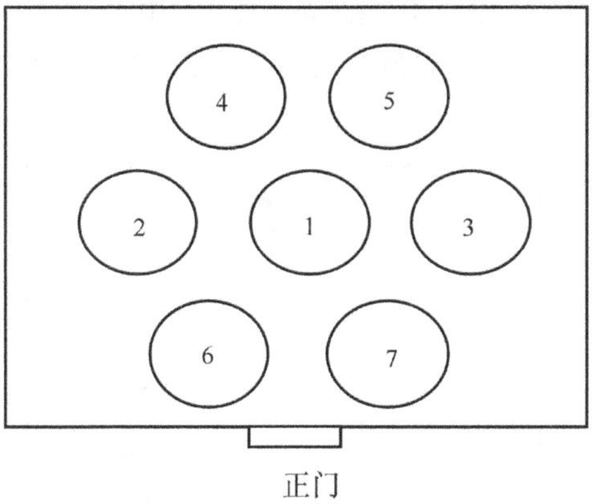

图 5.7　7 桌花排

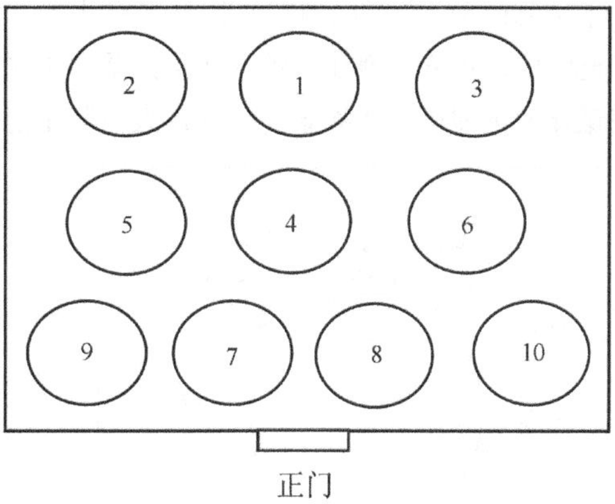

图 5.8　10 桌正排

② 座次。在座次安排上，人们通常讲究：以右为尊，以离主人近为尊，以离门远为尊。中餐座次中习惯让男性和女性各坐一边。男主宾坐在男主人右边，女主宾坐在女主人右边，其他

来宾按职务高低依次排列。如有翻译，翻译可坐在主宾的右侧，不过，在许多国家，翻译是不上席的。座次安排如图 5.9、图 5.10 所示。

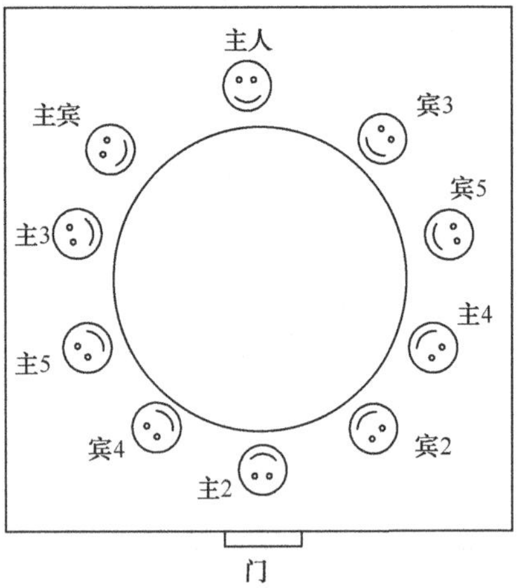

图 5.9　座次安排 1

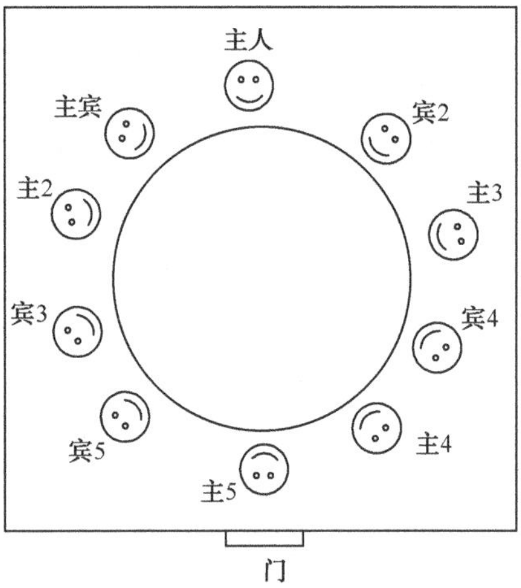

图 5.10　座次安排 2

3. 宴会程序

（1）迎接客人。

主人在宴会厅门口或休息室门口迎接客人。随行人员可先到大门处等候客人，引领客人到达宴会场所。如果有休息室，宾主先进入休息室小坐，先到的客人也在休息室等候，此时主人可介绍他们与主宾相识，然后主人带领大家进入宴会厅入席。

（2）入席。

人数较多的正规宴请中，应该事先在桌上摆放名牌，主人可示意大家按照名牌入席。如果未放置名牌，主人要邀请客人坐上座（如图 5.9、图 5.10 所示）。如果主宾身份甚高或主人十分敬重他，就可以请主宾坐在正中，（如图 5.11、图 5.12 所示）。这样的移动会影响到整个座次的安排，但是不论怎样坐，背靠门口的座位一定要让主人一方的人来坐，因为这是下座。按中国传统礼节，主宾此时应该推辞、谦让一番，在主人坚决请求下再入座。不过现代人已经不需要过多的客套，略略谦让一下即可，如果老是推辞，大家都不能入座。

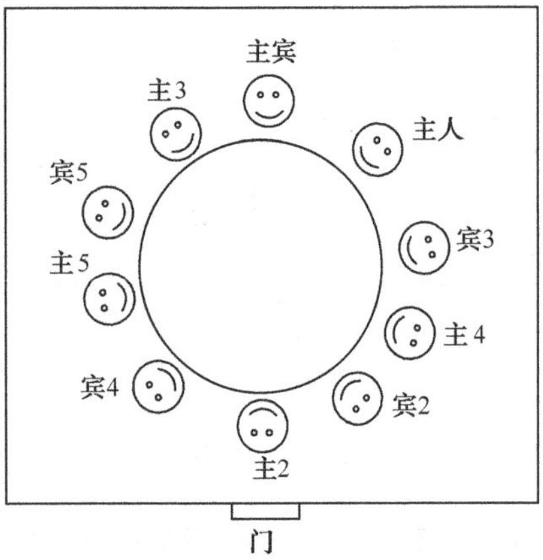

图 5.11　入席座次 1

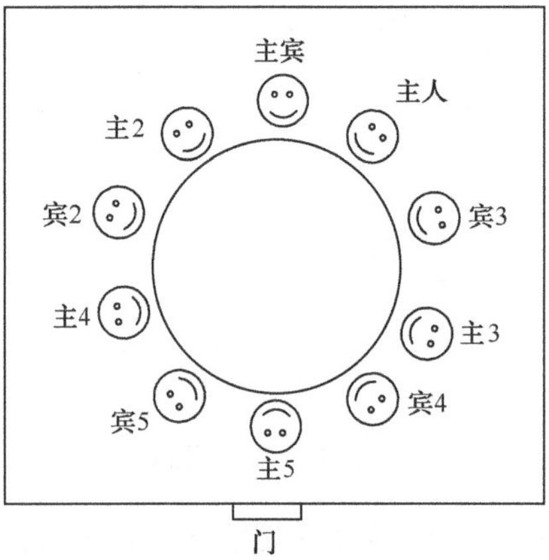

图 5.12　入席座次 2

（3）致辞、敬酒。

一般在宴会开始之前或进甜食之前，由主人先致祝酒词，再由主宾致答谢辞。应该事先在宴会厅主桌旁边放置一个扩音器，工作人员在宴会开始之前要检查扩音器的状况。

（4）进餐。

宴请过程中，主人要先向客人敬酒、为客人布菜，还要主动与客人交谈，巧妙地选择大家都感兴趣的话题，努力创造一个愉快、和谐的进餐氛围。另外，主人要始终把握好进餐速度，以中速为好，照顾主宾。秘书一般坐在背靠门的下座，以方便进出、关照全桌。

（5）结束宴会。

果盘端上来就意味着宴会快要结束了，吃完水果即可离席。在我国，以第一主人的举动为准。主人看到大家已经吃完了，就可以站起来，表示宴请结束。有休息室时，可在休息室稍坐，主宾一行应先告辞，主人送主宾到门口。待主宾一行离去，再送其他客人。

小锦囊

中餐的上菜顺序

中餐的上菜顺序一般是：冷盘、热炒、大菜、甜点、水果。

4. 正确使用餐具

中餐和西餐的菜肴不同、餐具不同，礼仪也有差异。

（1）筷子。

中餐的餐具以筷子为主，使用筷子的讲究比较多。

① 忌敲筷。在等待就餐时，不能坐在餐桌边手拿筷子随意敲打，或用筷子敲打碗碟。

② 忌掷筷。餐前发筷子时，要把筷子一双双地理顺，轻放地在每个人的面前。距离较远时，可以请人递过去，不能随手掷在桌上。

③ 忌叉筷。不使用筷子时，不能一横一竖交叉摆放，要把它们支放在自己的筷托上或碗、碟边缘，不要横放在盘、碗上，特别是公用的碗盘上。

④ 忌插筷。因故需要离开餐桌时，要把筷子轻轻地搁在桌子上或餐碟边，千万不要插在食物上。在我国，只有祭祀时才这样做。

⑤ 忌挥筷。在夹菜时，不能用筷子在菜盘里挥来挥去、上下乱翻。遇到别人夹菜时，要有意避让，谨防“筷子打架”。

⑥ 忌舞筷。说话时，不要拿着筷子比比画画，也不要在请别人用菜时把筷子戳到别人面前，这样做是失礼的。

⑦ 忌舔筷。不要“品尝”筷子。不论筷子上是否有残留食物，都不要去舔它。

⑧ 忌剔筷。切记不要用筷子剃牙或挠痒等。

⑨ 忌用自己的筷子为客人夹菜。有些人把为客人夹菜当作一种礼仪，其实不必。用自己的筷子不卫生，哪怕是用公筷也不太好，因为这样一来，客人就必须吃下这道菜，也许客人不爱吃这个菜。

⑩ 忌挑菜。不可用筷子在盘子里挑挑拣拣，应在靠近自己的一边夹。

（2）碗。

在餐桌上，每个人面前的碗都可以用来盛放食物或喝汤用。

① 忌舔碗。在商务用餐时，不要端起碗来吃。吃的时候要用筷子、匙来辅助。如果盘子或碗里有剩余的食物，不要直接倒进嘴里，更不要去舔，可以用筷子或勺子来处理。

② 忌乱扔东西。即使不用的碗，也注意不要往里面乱扔东西，如一些用过的餐巾纸等。

（3）汤匙。

① 汤匙的种类。汤匙可以分为公匙和私匙。可以用公匙将食物取回，放在自己的碗或碟里，然后食用。不要将公匙直接入口，否则，就失去了公匙的意义。

② 汤匙的拿法。右手拿汤匙的柄端，食指在上，按住汤匙的柄，拇指和中指在下面支撑。

温馨提示

汤匙的使用

① 用汤匙舀汤时，要从外往里舀。不可端起来直接喝，喝的时候也不要发出声音。

② 用汤匙取食物的时候，不要过满，以免溢出来弄脏餐桌或自己的衣服。如果有必要，舀食物后，可以在原处稍停片刻，汤汁不再往下流时，再移动汤匙。

③ 用汤匙取食物后，可以立即吃，也可以放在碟里，但不可以把食物倒回原处。如果食物太烫，也不能用汤匙舀来舀去，更不能用嘴对着吹气。

④ 吃汤匙里的食物时，不要把汤匙塞到嘴里，或者反复吮吸、舔食。

⑤ 暂时不用汤匙时，要把汤匙放到自己的碟上，不要把它直接放在餐桌上或插在食物里。

（4）食碟。

① 食碟是用来暂放从公用菜盘里夹来的菜的。

② 每次夹菜不要过多，最好不要把多种菜堆放在一起，否则菜会相互"窜味"，也不好看。

③ 不吃的残渣、骨、刺放在食碟前端，注意不要直接吐在食碟上，可以用筷子或手协助。如果食碟弄脏了，或者骨、刺放满了，可以让服务生更换。

5. 宴请中的礼仪

① 坐姿要端正，胸口离餐桌 20 厘米。手要放在腿上，不要趴在桌上或将双脚伸得老远。"主不动，客不食。"客人不可先于主人拿起筷子，要看第一主人的动作行事。

② 宾主致辞时应注意倾听，不要摆弄桌上的餐具。

③ 进餐时要主动与其他人交际应酬，特别是和自己的邻座。切不可一言不发或只顾自己埋头吃喝。交谈时，声音不要过高，两边的人能听清楚就可以了。不能一边嚼一边说，要把嘴里的饭菜咽下去再说话。

④ 进食要文雅大方。要小口进食、闭嘴咀嚼，不要狼吞虎咽，进餐速度要和大家同步。

⑤ 不要站起来去取距离较远的食物，可转动转盘或请别人帮忙。

⑥ 不要在餐桌上翻拣自己喜爱的菜肴。吃馒头时，最好用手掰下约一口大小的一块，放入口中。

⑦ 餐桌中间的转盘要顺时针转，每道菜上过之后，要先转到主宾面前。看到有人夹菜时要等一等再转。

⑧ 咀嚼食物和喝汤时，不要发出很响的声音，不要用嘴吹汤，应待其自然冷却后再喝。无论吃什么，都要闭嘴咀嚼，不能出声。

⑨ 要控制体内异响。如需打嗝、咳嗽、打喷嚏，要赶紧拿餐巾捂住嘴，之后要对邻座说声“抱歉”。吐骨头、剔牙时，也要拿餐巾遮掩。

⑩ 正式宴会中一般不可抽烟，可去休息室抽烟。小型便宴中，抽烟要得到主人的允许。

⑪ 正式宴会中不可当众穿脱衣服或解开纽扣。小型便宴中，如果主人请客人脱下外衣，男宾可将外衣脱下搭在椅背上。

⑫ 无论男女，不能在餐桌旁梳理头发。女士不可当众化妆，如有必要应去盥洗间。

⑬ 若碰落、打碎了餐具，在正式宴会上都应请服务员来帮助收拾，不要自己动手。如果将酒水溅在邻座身上，应表示歉意，协助擦干；如果邻座是女士，只需将餐巾递上，让她自己擦即可。

⑭ 主宾未告辞，不可提前退席，万一有事需提前走，可事先告知主人，到时悄悄离席，不要惊动很多人。

⑮ 宴会结束时，应有礼貌地向主人道别；主办方备有小纪念品赠送时，可略加赞扬，不必过分客气。

⑯ 参加宴会后，还应打电话或发函再次感谢主人的盛情款待。

6. 敬酒与饮酒的礼仪

敬酒也叫祝酒，是商务宴会必不可少的程序，是向对方表达敬意的一种方式。如果时间把握合适，祝酒词恰到好处的话，敬酒可以给整个聚餐营造一种良好的气氛。

（1）斟酒。

按照规范来说，除主人和服务人员外，其他宾客一般不要自行给别人斟酒。如果主人亲自斟酒，应该用本次宴会最好的酒，宾客要端起酒杯致谢，必要时应该站起来。

如果是大型的商务用餐，都应该由服务人员来斟酒。斟酒一般要从位高者开始，然后顺时针斟。如果不需要酒了，可以把手挡在酒杯上，说“不用了，谢谢”就可以了。这时，斟酒者不必一再要求斟酒。

关于斟酒量，白酒和啤酒可以斟满，而洋酒不用斟满。

（2）敬酒。

敬酒应该在特定的时间进行，以不影响来宾用餐为首要考虑。

敬酒分为正式敬酒和普通敬酒。正式敬酒一般在宾主入席后、用餐前开始，主人先敬，同时说一些祝酒词。普通敬酒在正式敬酒之后就可以开始了。

温馨提示

应在对方方便的时候敬酒，如当时没有和其他人敬酒，对方不在咀嚼食物，认为对方可能愿意接受你的敬酒的时候。

（3）敬酒的顺序。

一般应以年龄大小、职位高低、宾主身份为序，敬酒前一定要充分考虑敬酒的顺序，分明主次，避免出现尴尬的情况。如果对职位、身份高低不明确，可以按一定的顺序敬酒，从左到右或从右到左敬酒即可。

（4）敬酒的举止要求。

① 向集体敬酒。无论是主人还是来宾，如果是在自己的座位上向集体敬酒，就要求首先站

起身来，面含微笑，手拿酒杯，朝向大家。

② 接受敬酒。当主人向集体敬酒、说祝酒词的时候，所有人应该一律停止用餐或喝酒。主人提议干杯的时候，所有人都要端起酒杯站起来，互相碰一碰。按国际通行的做法，敬酒不一定要喝干。但即使平时滴酒不沾的人，也要拿起酒杯抿上一口，以示对主人的尊重。

③ 来宾向集体敬酒。主人可以向集体敬酒，来宾也可以向集体敬酒。来宾的祝酒词应该说得更简短，甚至一两句话就可以。例如："各位，为了我们合作愉快，干杯！"

④ 普通敬酒。普通敬酒就是在主人正式敬酒之后，各个来宾和主人之间，或者来宾之间互相敬酒，同时说一两句简单的祝酒词或劝酒词。

⑤ 敬酒的姿态。当别人向你敬酒的时候，要手举酒杯到双眼高度，在对方说了祝酒词或"干杯"之后再喝。喝完后，还要手拿酒杯和对方对视一下，这一过程才结束。

⑥ 入乡随俗。无论是敬酒的一方，还是接受的一方，都要因地制宜、入乡随俗。我国大部分地区，特别是北方地区，敬酒的时候往往讲究"端起即干"。在他们看来，这种方式才能表达诚意、敬意。所以，在具体的应对上就要注意，如果自己酒量欠佳，事先应诚恳说明，不要看似豪爽地端着酒去敬对方，而对方一口干了，你却只是"意思意思"，这样做往往会引起对方的不快。另外，对于敬酒者来说，没有必要强求对方。喝酒的最高境界应该是"喝好"，而不是"喝倒"。

⑦ 来宾向主人回敬。在中餐里还有一个讲究，即主人亲自敬酒干杯后，要回敬主人，和他再干一杯。出于敬重，可以让自己的酒杯较低于对方的酒杯。如果和对方相距较远，可以用酒杯杯底轻碰桌面，表示碰杯。

小锦囊

解酒的几种方法

① 不要空腹喝酒。因为胃壁空空，很容易吸收酒精，造成醉酒。如果事先吃一些油腻的东西，胃壁上附了一些油脂，酒精隔着油就没有那么容易被吸收，也就不容易醉了。

② 多喝热汤或开水。这样可以冲淡酒精的浓度。

③ 多吃乳酪、蛋、肉类等蛋白质食物，有助解酒。蜂蜜也是解酒的上品，萝卜丝、鱼汤最能发挥解酒效应。

（5）敬酒的言辞及注意事项。

① 敬酒的言辞应该文明。下级给上级敬酒时，要把握分寸和语言的艺术；朋友间敬酒，也以让对方愉快为宜。不同敬酒场合，要采用不同的言辞。给领导敬酒时，要让领导听得开心，但也不觉得是有意的奉承，可以借机表达希望领导多多提携的意思；向合作伙伴敬酒，则可表达大家互惠互利的愿望；向好朋友敬酒，就可以随意一些，真情实意的表达最好。

② 注意事项。

a. 劝酒适度，切莫强求。有的人喜欢把酒桌当战场，想方设法劝别人多喝几杯，认为不喝到量就是不实在。"以酒论英雄"，对酒量大的人还可以，酒量小的人就犯难了，有时过分地劝酒，会将原有的朋友感情完全破坏。

b. 敬酒有序，主次分明。敬酒前一定要充分考虑好敬酒的顺序，分明主次。与不熟悉的人在一起喝酒时，应先打听一下身份，或留意别人是如何称呼的，做到心中有数，避免出现尴尬局面。

c. 察言观色，了解人心。要想在酒桌上得到大家的赞赏，就必须学会察言观色。因为与人交际，就要了解人心。左右逢源，才能演好酒桌上的角色。

d. 锋芒渐射，稳坐泰山。酒席宴上要看清场合，正确估量自己的实力，不要太冲动，尽量保留一些酒力和说话的分寸，既不让别人小看自己，又不要过分地表露自身。选择适当的机会，逐渐放射自己的锋芒，才能稳坐泰山，不致让别人产生“就这点儿能力”的想法，使大家不敢低估你的实力。

小锦囊

酒量欠佳者的敬酒技巧

▲ 不要主动出击，实行“以守为攻”的战略；

▲ 桌前放两个大杯，一杯放白酒，一杯放矿泉水，拿小酒盅干杯，勤喝水；

▲ 干杯后，不要马上咽下去，找机会用餐巾擦嘴，把酒吐在餐巾里（适用于女性）；

▲ 上座后先吃一些肥肉类、淀粉类食品；

▲ 掌握节奏，不要一下子喝得太猛；

▲ 不要几种酒混着喝。

实践训练

1. 情景训练

【情景1】今晚，永宏公司董事长罗先生将在家中设宴款待其合作伙伴——西里尔公司的总裁史密斯先生及其夫人，以及市场总监威特先生及其夫人一行，以感谢西里尔公司多年来对永宏公司的支持，并期望来年双方的合作有更进一步的发展。此外，罗董事长夫妇还邀请了永宏公司董事任先生夫妇作陪。

实训要求：

（1）分组训练，八人一组；角色扮演，分别扮演罗董事长夫妇、任董事夫妇、史密斯夫妇和威特夫妇。

（2）模拟演示本次宴会座次。

（3）模拟演示宴会用餐过程。本环节应包括中餐宴会的各个阶段、针对不同菜肴使用不同的餐具及使用时的注意事项和技巧。

（4）男士穿西装，女士穿礼服。

【情景2】刘小姐和张先生在一家餐厅就餐，他们点了最喜欢吃的海鲜大餐。海鲜上桌后，两人的话匣子也打开了，张先生一边听刘小姐聊童年往事，一边吃海鲜，心情愉快极了。为了吃得畅快，他在开始用餐之后就一而再、再而三地减轻自己身上的“负担”。他先是松开自己的领带，接下来又解开领扣、松开腰带、卷起袖子，到最后，竟然悄悄地脱去自己的鞋子。而且吃东西的时候，总爱有意无意地咂巴滋味，吃得訇然作响。正在陶醉的时候，他感觉有根鱼刺塞在牙缝中，很不舒服。张先生心想，用手去掏太不雅了，所以就用舌头舔，舔了好久，好不容易将它弄出来，就随手放在餐巾上。之后他在吃虾时又往餐巾上吐了几口虾壳。刘小姐对这些不太计较，可这时张先生想打喷嚏，拉起餐巾遮嘴，用力打了一个喷嚏，餐巾上的鱼刺、虾壳随着风势飞出去，其中的一些正好飞落在刘小姐的烤羊排上，这下刘小姐有些不高兴了。接下来，刘小姐的话也少了许多，饭也没怎么吃。

张先生的所作所为，不仅让其他用餐人“见了世面”，大行注目礼，也让刘小姐感到无地自容。

实训要求：

（1）请指出本例中张先生的失礼之处；

（2）对张先生的失礼问题进行改正，重新演示张先生和刘小姐规范的就餐过程；

（3）分组训练：两人一组（一男一女），男同学扮演张先生，女同学扮演刘小姐。

2. 综合训练

【案例分析 1】

在年终时，某集团为感谢广大合作伙伴的大力支持，由集团公关部牵头，精心筹备了一次商务聚餐。他们特意邀请了上级机关的领导，还邀请了几位合作伙伴，其中有女士。他们安排的酒水是啤酒和白酒（没有饮料和低度酒）。菜肴的种类很是丰富，看起来花色多样、十分丰盛。陆万是该集团的长期合作伙伴，是他们的常客，这次也被邀请参加。他是回族人，在这次宴会上，看见了红烧猪手等几个用猪肉制作的菜。主办方的主要负责人、公关部经理洪宏南是辽宁人，他待人豪爽坦诚。为了表达他们的热情，洪宏南经理在就餐过程中不断地为在座的各位敬酒，总是劝客人尽量多喝。结果有几位客人喝醉了。虽然主办方进行了精心筹备，但参加聚餐的客人还是感到甚多不快。

实训要求：为什么客人感到不快？

【案例分析 2】

某公司的几位客人在豪杰大酒店就餐。餐厅服务员正在为客人服务。宴请快要结束时，服务员为客人上汤，恰巧主人钱先生准备敬酒，突然一回身，将汤碰洒，钱先生的西装被弄脏了。钱先生非常生气，质问怎么把汤往身上洒，服务员没有争辩，连声道歉：“实在对不起，先生，是我不小心把汤洒在您身上，把您的西装弄脏了，请您脱下衣服我去给您干洗，另外我再重新给您上一份汤。耽误各位用餐了，请原谅。”随后服务员把西装送洗衣房干洗。而后对几位先生的服务更加周到，当客人用餐完毕后，服务员将洗得干干净净、叠得整整齐齐的衣服，双手捧到钱先生面前，钱先生十分满意。钱先生也诚恳道歉：“是我不小心碰洒了汤，你的服务非常好。”并主动付了两份汤钱。

实训要求：请分析钱先生的表现，并谈谈你的看法。

【综合情景训练】

蔡琳是一家著名跨国公司的总经理秘书，总经理钱先生吩咐其筹备一次正式的晚宴，以宴请该公司在国内最大的客户赵总裁等，答谢赵总裁及其公司的高级员工一年来提供的支持。根据钱总经理的吩咐，晚宴时间拟定于下周五晚 6：30，地点由蔡琳选择，大致范围为市内的五星级酒店。准备邀请客户公司的总裁赵先生、副总裁宋先生、业务主管唐女士、丁先生和公关部经理张先生，本公司市场总监张先生和蔡琳作为钱总经理的陪同人员参加宴会。因为在工作中有过多次接触，蔡琳与赵总裁已经比较熟悉了，知道赵总裁是四川人，不太喜欢海鲜，非常爱吃麻辣味的食物；而钱总经理是上海人，偏爱清淡的食物。

实训要求：

（1）角色扮演，九人一组，分别扮演参加宴会筹备的钱总经理、蔡琳、酒店经理和参加宴会的双方公司人员的角色。

（2）模拟演示总经理与蔡琳的宴会筹备工作，包括如何确定宴会时间、地点，如何发出邀请，如何拟定菜单，如何安排席位。

（3）模拟演示蔡琳与酒店经理的宴会筹备工作，包括宴会场地的确定和宴会的各项准备工作。

（4）模拟演示钱总经理、蔡琳和市场总监张先生在迎宾、开席、致辞和送别等环节中的语言、表情和动作。

（5）女生穿正装，男生穿西装。

（6）在赴宴过程中，能灵活运用各种符合礼仪规范的语言、动作和表情。

第3单元　西 餐 礼 仪

情景导入

星盛商业集团为提高管理人员的管理水平、进一步提升企业的核心竞争力，特邀请著名管理专家、美国某大学教授约翰先生来国内考察指导。与约翰先生一同来中国的还有其夫人和女儿。当晚，星盛商业集团董事长王皓宇夫妇在一家五星级饭店的西餐厅设宴，为约翰先生一家接风洗尘。同时，董事长王皓宇夫妇还邀请了总经理欧阳毅夫妇、办公室主任罗正阳夫妇作陪。

项目任务

假如你是办公室主任罗正阳的话，你该如何赴宴？你认为席间要注意哪些礼节？

任务分析

人们常说“西餐吃情调，中餐吃味道”，这句话充分说明西餐与中餐是两种不同风格的宴请形式。西餐注重浪漫温馨、清幽雅静的心理感受，讲究一种氛围，一种环境。西餐也注重营养，但口味较清淡，因此那些不太喜欢吃西餐或很少吃西餐的人，在赴宴前一定要了解一下西餐礼仪。一旦出现失礼的现象，便会破坏那种温馨的情调。西餐礼仪主要包括以下几方面的内容：西餐的特点，西餐宴请的礼节，西餐的座次，入席、退席的礼节，上菜程序，西餐的酒水，餐具的使用方法，进餐礼仪等。

秘书经常与外商联络沟通，因此掌握西餐礼仪是非常必要的。

相关知识

1. 西餐的特点

西方人用餐一是讲究吃饱，二是享受用餐的情趣和氛围。商务人员应该了解西餐的特点。

（1）Menu（精美的菜谱）。

菜谱被视为餐馆的门面，通常采用最好的面料做菜谱的封面，有的甚至用软羊皮打上各种美丽的花纹。看菜谱、点菜是吃西餐的一个必不可少的程序，是一种优雅生活方式的体现。

（2）Music（动人的音乐）。

豪华、高级的西餐厅都有乐队，演奏一些柔和的乐曲，一般的小西餐厅也会播放一些美妙轻柔的乐曲。尤其讲究乐声的“可闻度”，声音是“似有似无的”，集中精力与人谈话就听不到，想休息放松就听得到。

（3）Mood（迷人的气氛）。

西餐讲究环境雅致、气氛和谐。要有美妙的音乐、洁白的桌布、艳丽的鲜花、洁净的餐具。如遇晚餐，灯光要暗淡，桌上要有红色蜡烛，营造一种浪漫、迷人、淡雅的气氛。

（4）Manners（优雅的礼节）。

这里是指“吃相”和“吃态”。要遵循西方习俗，勿有唐突之举。手拿刀叉时，勿手舞足蹈，否则就有“失态”之嫌。

（5）Meeting（温馨的会面）。

吃西餐是为了联络感情，而不是谈生意。因此，和谁一起吃西餐有选择的和亲朋好友、趣味相投的人吃西餐，才能有温馨的氛围。

（6）Meal（营养的食品）。

西餐强调以营养为核心，味道其次。

小锦囊

西餐吃情调

吃西餐在很大程度上是在吃情调：大理石的壁炉、熠熠闪光的水晶灯、银色的烛台、缤纷的美酒，再加上人们优雅迷人的举止，这本身就是一幅动人的油画。所以，在吃西餐时，一定要表现出您的绅士风度或淑女风范。

2. 西餐宴请的礼节

（1）看清请柬的各项内容。接到请柬以后，要看清内容：是否邀请了家人、是否要求回复（请柬的左下方印有 R.S.V.P 字样意为“敬请答复”，需要在一天之内答复主人是否能赴宴）、服装要求等。

（2）接受邀请后不要轻易改变。

确实有突发情况的，如身体突感不适，也不必勉强赴宴，可派代表去，但要及时通知主人，征得同意，并致以歉意。如果你已经辞了宴请，可是事情突然有了新变化，又可以去了，此时千万不可再给主人添麻烦了，也不要给人留下出尔反尔的印象。

（3）赴家宴需要带礼品。

一瓶葡萄酒、一盒巧克力、一束鲜花等都可作为礼品。若到餐厅赴宴就不必带礼品了。

（4）根据请柬要求选择适宜的服装。

西餐厅对服装有一定的要求，要整洁、熨烫平整。往往越是高档的西餐厅越是这样。帖柬上会注明着装规范，一般都要求正装。对于中国人来说，男士穿西服打领带，或是穿中山装，女士穿套裙或旗袍，都是可以的。记住：去吃西餐的时候，绝对不要穿休闲装。穿再高档的休闲装，也有被门童挡驾、谢绝入内的可能。

（5）要准时赴宴。

到别人家中赴宴时应该稍晚几分钟，给女主人留一点余地。到餐厅赴宴时最好准时到达。

温馨提示

如果宴请别人吃西餐，需注意避开对方的禁忌。例如，宴请西方客人一般不选择在每月的 13 日和星期五；伊斯兰教在斋月内白天禁食，宴请宜在日落后举行。

3. 西餐的座次

西餐的座次与中餐的座次有很大区别。中餐大多使用圆桌，西餐大多使用长桌。西餐讲究：主宾间隔而坐、男女间隔而坐、夫妻分开而坐。目的是让大家都有结交新朋友的机会。即使餐桌上不放座签，也不可擅自入席，必须等主人带领，才可入席（这与中餐入席礼节相同）。座次分两种：英美式（如图 5.13 所示）和法式（如图 5.14 所示）。

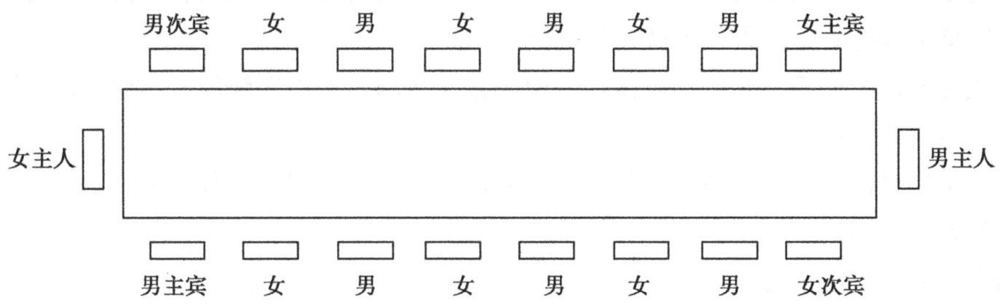

图 5.13　西餐座次（英美式）

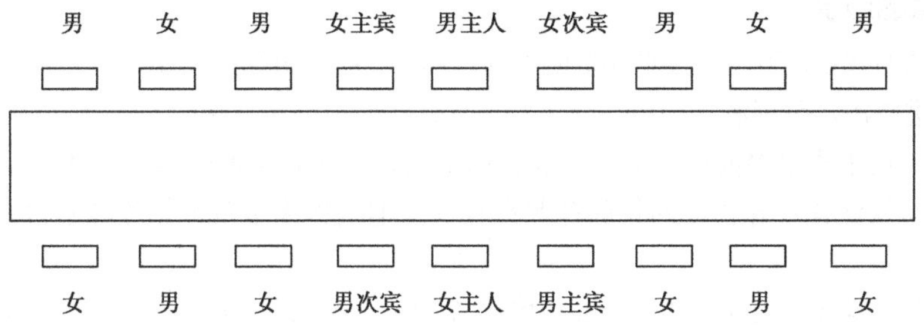

图 5.14　西餐座次（法式）

4. 入席、退席的礼节

（1）客人在主人的带领下按顺序入席。

男主人带领女主宾第一个入席，女主人引领男主宾最后入席。其他客人由服务人员引领入座。每一个人都要从座椅的左侧入座，以免相互碰撞。男士可先为他左边的女士拉开椅子，帮助她入座，然后自己坐下。现代社会人们已不太讲究这些礼节，女士自己拉开椅子坐下也可以。

（2）入座后的礼节。

入座后，腰挺直，背部微靠在椅背上，双手放在膝盖上。女主人拿起餐巾并打开，表示宴会正式开始，客人这时才可以动餐巾。餐巾可以对角折，也可以对边折，小餐巾可以不折，放在膝盖上。千万别塞在领口处，只有小孩儿和老人才用此法。餐巾只能用来擦嘴，不能用来擦汗。使用唇膏的女性，最好用纸巾把唇膏擦掉，否则会把唇膏印到酒杯和餐巾上，让别人看了不舒服。

（3）暂时离开的表示方法。

席间要暂时离开一会儿的话，应该把餐巾放在自己椅子的靠背上，表示还要回来继续吃。如果放在餐盘旁边，则意味着进餐结束，服务员将把餐具收走。

（4） 退席礼节。

女主人或第一主人要眼观全局，当看到大家都差不多吃完的时候，她（他）才能放下餐具，并把餐巾略微折叠，放在桌上。其他人见状，便知宴请结束，也可以放下餐具，把餐巾放在桌子上，随女主人退席。需注意的是，仍然从椅子的左侧退出。向主人告辞时，别忘了表示感谢。

5. 上菜程序

首先需要了解西餐的上菜程序及菜谱，即使是最正规的宴请，也不会超出以下几道菜。

第一道是冷菜，也叫开胃菜。大多用水果、蔬菜、熟肉制成，或用新鲜的水产配以美味的沙拉等。冷菜色泽好看，使人一见就食欲倍增。

第二道是汤，汤分清汤和奶油浓汤。法国人喜欢清汤，寒冷地带的人喜欢浓汤。其实，清汤用料考究，营养价值更高。

第三道是主菜，有牛肉、猪肉、羊肉、鱼肉、鸡肉等。牛肉是西餐中最主要的肉类，大多用煮、扒的方法烹调。

第四道是蔬菜，常见的有花菜、酿香茄、炸土豆、生菜沙拉等。

第五道是甜食，常见的有冰激凌、布丁等。

第六道是咖啡。至于水果，可上可不上。

6. 西餐的酒水

在正式的西餐中，不同的菜肴要搭配不同的酒水，吃一道菜便要换一道酒水。酒水是主角，有开胃酒、进餐酒、餐后酒三种。

开胃酒是在正式用餐前饮用的。一般有鸡尾酒、雪利酒和香槟酒等。另外，还备有果汁、汽水、可乐等软饮料。开胃酒的目的是刺激食欲，但喝得太多反而会没有食欲。所以，不要多喝。

进餐酒是在用餐期间饮用的。大多是葡萄酒，而且要“白酒配白肉，红酒配红肉”。白肉指鱼肉、海鲜、鸡肉等，红肉指牛肉、羊肉、猪肉等。

餐后酒是餐后帮助消化的。最常见的是白兰地酒。餐后酒一般在正餐结束，客人进休息室后，和咖啡一同送上的。

小锦囊

酒、菜的搭配

餐前饮用开胃酒。冷盘和海鲜搭配白葡萄酒，肉禽野味搭配红葡萄酒，甜食搭配甜型葡萄酒或汽酒。酒和酒的搭配是：低度酒在先，高度酒在后；有气的酒在先，无气的酒在后；新酒在先，陈酒在后；淡雅风格的配在先，浓郁风格的配在后；普通酒在先，名贵酒在后；白葡萄酒在先，红葡萄酒在后。

饮用不同的酒水要用不同的酒杯，正规的摆放方法是：雪利酒杯摆放在汤匙的正前方，因为雪利酒是和汤同饮的；白葡萄酒杯摆在前排中央；红葡萄酒杯摆在其左侧；水杯摆在葡萄酒杯的后面，它的右侧是香槟酒杯。

拿取酒杯的正确姿势是：三只手指捏着杯脚的下部，因为手掌的温度会影响酒的品质。

只有香槟酒才可以用来干杯，不能用葡萄酒和其他酒代替香槟酒。在西餐宴会上，人们只祝酒不劝酒，只敬酒而不真正碰杯。

7. 餐具的使用方法

（1）西餐餐具摆放很讲究。

① 什么餐具放于什么位置是固定的（如图5.15所示）。在桌子上摆放的刀叉一般最多不超过三副。三道菜以上的套餐，必须在用完摆放的刀叉后，再随上菜放置新的刀叉。便宴中则有可能一副刀叉用到底。

①奶油碟子和奶油刀　②甜点匙　③饮料杯　④餐巾　⑤主菜叉子　⑥沙拉叉子
⑦主菜盘　⑧主菜刀子　⑨汤匙　⑩茶（咖啡）杯、碟和茶匙

图5.15　西餐餐具介绍

② 刀叉应从外侧向里侧按顺序使用（也就是说，事先按使用顺序由外向里依次摆放）。进餐时，一般都是左右手互相配合，即一刀一叉成双成对使用。有些例外是，喝汤时，只是把勺子放在右边——用右手持勺。

③ 刀叉有不同规格，按照用途不同而选择其尺寸。吃肉时，不管是否要用刀切，都要使用大号的刀。吃沙拉、甜食或一些开胃小菜时，要用中号刀、叉或勺。喝汤时，要用大号勺，而喝咖啡和吃冰激凌时，则用小号为宜。

如果觉得对使用哪副刀叉没有把握，可以采用“紧跟策略”，看主人用什么你就用什么，一般不会出错。

（2）餐具的语言。

在吃西餐的时候，大多数情况下你不需要多说话，进餐时的一举一动就告诉了服务员你的意图，受过训练的服务员会按照你的愿望去服务，这就是“刀叉语言”。

① 继续用餐：把刀叉分开放，大约呈三角形，示意你要继续用餐，服务员就不会把你的盘子收走。

② 用餐结束：把餐具放在盘子的边上，即便你盘里还有东西，服务员也认为你已经用完餐了，会在适当的时候把盘子收走。

③ 请再给我添加饭菜：盘子已空，但你还想用餐，把刀叉分开放，大约呈八字形，那么服务员会为你添加饭菜。

温馨提示

只有在准许添加饭菜的宴会上，或在食用有可能添加的那道菜时才适用。如果每道菜只有一盘，就没有必要把餐具放成八字形。

④ 用餐完毕：盘子已空，不再想用餐时，把刀叉平行斜着放好，那么服务员会在适当的时候把盘子收走。

（3）使用刀叉的吃法。

英国式吃法：左手持叉，右手持刀，胳膊肘不要上桌。先用叉子叉住食物，然后用刀切下一小块（以能轻松地放入口中为宜），左手持叉叉住放入口中。

美国式吃法：开始是左手持叉，右手持刀，把牛排之类的菜肴切下一小块，然后放下刀，换成右手持叉进食。无论哪一种方式，用刀子切食物时，幅度不要过大，用食指按住刀背，手腕稍稍用力下压，就能轻松切下食物了，不要像用锯子一样来回锯。刀叉尽量不要与餐盘碰出响声。

8. 进餐礼仪

（1）汤。汤往往是西餐第一道菜，在主人未拿起汤匙前，客人不得提前食用。用汤匙由内向外舀汤，注意第一匙宜少，先试温度，浅尝，不用口吹热汤。喝的时候，要从匙的旁边喝，不要从顶端喝。喝汤不出声，一匙汤可分几次喝；汤将见底，可用左手托起汤盘向外倾斜，以便舀取。用双耳杯盛的汤可端喝，其余均不可端起来喝。喝汤完毕，汤匙应搁在餐盘上。

（2）面包。面包一般要先摆在餐桌上，但要等喝完汤后才开始食用。面包应用手掰成小块送入口中，掰一块吃一块，不要拿着整块面包去咬或用餐刀切割。抹黄油和果酱时也要先将面包掰成小块，抹一块，吃一块。要注意的是，不可把黄油直接放入口中，要用黄油来抹面包，而不要用面包去蘸黄油，也不要用面包蘸汤。

（3）意大利面条。与中式面条的吃法不一样。如果备有大勺子，你可以用叉子挑起几根面条，左手持勺，勺面抵住叉子尖，转动叉子，面条就绕在叉子上了，便可以一口吃下它。如果没有大勺，可以将叉子尖抵住碗壁转动。

（4）虾。吃大虾时，最好用刀叉把皮剥掉。可是如果你还没有掌握这样高的技术，不妨用手拿住虾，把虾皮剥掉。然后用叉子叉住大虾，蘸一点调料，放入口中。如果虾太大，一口吃不下，不能用剩下的部分再去蘸调料。（其他需要蘸调料的食物的吃法也一样，如果你觉得蘸一次还不够的话，可以取一点调料到自己的盘子里）。吃完虾后，把手指放到洗指碗中洗一洗，用餐巾擦干。

（5）鱼。吃全鱼时，应用刀将头尾切下，堆在盘边，然后用刀轻轻切割上层鱼肉，用叉子吃。吃完上层鱼肉后，不可将鱼翻身，要用刀叉剔除其主刺后再食用下层鱼肉。

（6）带骨肉。吃有骨头的肉，不要直接“动手”，要用叉子把整片肉固定（可以把叉子朝上，用叉子背部压住肉），再用刀沿骨头插入，把肉切开，边切边吃。如果骨头很小，可以用叉子把它放进嘴里，在嘴里把肉和骨头分开后，再用餐巾盖住嘴，把骨头吐到叉子上，然后放到碟子里。如果有需要直接“动手”的肉，洗手水往往会和肉同时端上来。一定要时常用餐巾擦手和嘴。

（7）牛排、羊排、猪排。西餐牛排有三分熟、五分熟、七分熟和全熟之分。一般要全熟的，否则牛排端上来后再让人端下去重烤是失礼的。切牛排，要由外而内一下一下地切，不要来回锯切，切一块，吃一块，不要一下子全切完，也千万不要用叉子把整块肉送到嘴边，边咬，边咀嚼，边吞咽。

（8）色拉的吃法。将大片的生菜叶用叉子切成小块，如果不好切可以刀叉并用。一次只切一块，吃完再切。如果色拉是一大盘端上来的，就使用色拉叉。如果色拉和主菜放在一起，则要使用主菜叉来吃。如果色拉是间隔菜，通常要和奶酪、炸玉米片等一起食用。如果主菜色拉配有色拉酱，可以先把色拉酱浇在一部分色拉上，吃完这部分后再加酱，直到加到碗底的生菜叶部分。

（9）水果。水果品种多，吃法也不尽相同。吃苹果、梨时，应去皮、去核，切成小块，用叉取食；吃香蕉时，应先用刀将皮从中划开，用刀叉将皮向两边剥开，再将其切成小块，用叉吃；吃葡萄、樱桃等较小的水果时，可以一粒粒地取，不要将整串拿在手中吃。

（10）咖啡。饮用咖啡，可以加牛奶和方糖，应该用方糖夹夹方糖。如果只有砂糖，也可用咖啡匙来舀。但一般认为，咖啡匙是专门用来搅拌咖啡的（搅拌时不可发出声响），饮用时应当把它取出来，放在咖啡的托盘上，不可用咖啡匙一匙一匙舀着喝，也不可大口猛喝，应将杯子端起来慢慢喝。在鸡尾酒会或冷餐会上，宾客自由走动，可左手端杯垫，右手持杯喝咖啡，喝完后再将杯子放置在杯垫中。在固定席位上就餐时，则不需端杯垫，只需用右手拇指、食指、中指捏住杯柄，直接品饮。

9. 餐桌上的注意事项

（1）叉子和勺子可入口，但刀子不能放入口中，刀子入口也是危险的。

（2）取食时，拿不到的食物可以请别人传递，不要站起来。

（3）每次送到嘴里的食物别太多，在咀嚼时不要说话。不要狼吞虎咽，应该斯文就餐。

（4）饮酒干杯时，即使不喝，也应该将杯口在唇上碰上一碰，以示敬意。当别人为你斟酒时，如果不需要，可以简单地说一声“不，谢谢！”或以手稍盖酒杯，表示谢绝。

（5）进餐过程中，不要解开纽扣或当众脱衣。如果主人请客人宽衣，男客人可以把外衣脱下搭在椅背上，但不可以把外套或随身携带的东西放到餐桌上。

（6）不应在进餐中途退席，确实需要离开的，要向左右的客人小声打招呼。

（7）进餐速度应该与大家一致。西餐上菜方式是，一道菜吃完撤下后，下一道菜才上来，如果你吃得很慢，大家就要等你，下一道菜就上不来；如果吃得太快，吃完这道菜后你只能坐等别人，无事可做。

（8）就餐谈话时，注意声音一定要轻，仅两旁的人听到就可以了。西餐讲究的是高雅的就餐气氛，和中餐追求热闹有很大不同。不要讲一些离奇怪异、不登大雅之堂的内容。

（9）用餐时打嗝是大忌。

10. 几种特殊情况的处理

（1）碰到主人感恩祷告怎么办。有的主人会在进餐前感恩祷告，或坐或立，来宾都应和主人一样。感恩祷告前，不要吃喝任何东西，安静地低着头，直到祷告结束，再把餐巾放在膝上，开始用餐。

（2）塞牙或异物入口怎么办。若牙缝里塞了菜叶子或沙粒式的东西，可以喝口水试试，如果不行，就去洗手间用力漱口，或用牙签剔。若遇到不好吃的食物或异物入口时，可以用餐巾摭住嘴，吐到餐巾上，再让服务员换一块新餐巾。如果食物中有石子等异物，可以用拇指和食指取出来，放在盘子一旁。不要大呼小叫地让全桌人都知道，以致不敢继续用餐了。

（3）吃了蒜或葱怎么办。吃饭的时候吃了蒜或葱，不管在哪里，都不会太受欢迎。可以用以下几种方法解决问题：一是用漱口水；二是嚼口香糖；三是用一片柠檬擦拭口腔内部和舌头；四是嚼几片茶叶或咖啡豆。

（4）在餐桌上弄洒了东西怎么办。如果在餐桌上洒了东西，可以叫服务员来清理弄脏的地方，万一不能清除干净，可以再铺上一块新的餐巾，把脏东西盖住，然后上下一道菜。旁边的人应该协助处理意外事故，递送纸巾，或叫服务员过来处理。总之，应尽可能在小范围内处理好，不要让全桌人都关注你，以免影响大家的食欲。

（5）刀叉掉在地上怎么办。用餐的时候，刀叉不小心掉到地上，如果弯腰捡，不仅姿势不雅观，影响身边的人，也会弄脏手，可以示意服务员来处理，并且更新餐具。

实践训练

1. 情景训练

【情景 1】一次，在陪同外宾考察的过程中，小张和外宾共用早餐，餐桌上放着牛奶、面包等诸多食物。由于距离原因，小张为了干净地取到自己座位对面的面包，便站起身，用叉子叉了过来。这时，在座的外国宾客对他投来了异样的目光。

请问：这是为什么？演示正确的做法。

【情景 2】小罗正在西餐厅用餐，手机突然响了，为了不打扰别人，他赶紧到门外去接听，可是等他回到自己的座位上时，他傻了眼，因为服务员不仅将他的餐具、餐巾都收拾走了，连刚送上来的、他还没来得及享用的那份牛排也撤下去了，还有那份他最喜欢喝的汤，他才喝了一口，也被撤下去了。

请问：小罗犯了什么错误？吃西餐暂时离开时，应如何暗示服务员。

【情景 3】李嘉兴是某高校的高才生，对动漫制作有特殊的兴趣。他应聘到某公司工作不久，为了拉近与同事的关系，更为了向同事请教一些动漫制作的新方法，他特意请几个同事一起出去吃饭。其中一个年轻的同事说，附近有一家西餐厅刚开张，口味正宗，生意红火，建议去那里吃。李嘉兴一听，心里有些紧张，因为他以前从未吃过西餐，连刀叉怎么拿都不知道。但看到大家如此有兴致，便爽快地答应去西餐厅。

实训要求：

（1）六个人一组：一人扮演李嘉兴，五人扮演同事；

（2）请演示他们就餐的过程，尤其是餐具的使用和餐桌上的礼仪；

（3）要求仪装得体，仪容得当，仪态规范大方。

2. 综合训练

【案例分析】

著名作家张洁在她的一篇小说《只有一个太阳》中有这样一段描写：“偏偏这时团长对着成行列的酒杯、饮料杯、亮得让人发冷的银质餐具、傲岸的印有古老家徽的菜单，挺括得拒人千里的台布、餐巾，打了一个声震寰宇的喷嚏……喷嚏在大而无当、石壁累累的餐室里引起了巨大的回响。由于来得突然，依林院长的手不禁一抖，酒从他的杯子里溅了出来。”“副团长打了一个满意的、差不多像团长的喷嚏那样声惊四座的饱嗝，嗝中复合着鲟鱼、烤鹅、奶油、洋葱、美酒等等的回味。他伸出右手，从脖子开始，顺着食道的走向捋了捋食气，然后手又从身体两侧斜伸上去，扭动了几下腰肢，觉得除腹以下，各处经络都有通畅之感，便开始用小拇指上的指甲挖耳朵、挖鼻孔、剔牙缝……总之，从脸上所有的窟窿里往外掏东西，并且把这些东西弹到地毯上去。”

实训要求：请谈谈自己的感受。

【综合情景训练】

星盛商业集团研发部经理杨江先生受美国某企业邀请，前往考察，拟扩大本厂生产规模，引进一条先进的生产线。美国方面销售部业务代表布朗先生也是杨江先生交往多年的好友，特意在家中宴请他们夫妇二人。杨江夫妇也是第一次出国，对美国宴请的礼节知之不多。但杨江先生深知在国内的正式宴请上有许多讲究，为避免在餐桌上做出失礼之举，他特意咨询有关人员，了解了西餐的礼仪。

实训要求：

（1）请正确演示他们就餐的全过程。

（2）分组训练。每组四人，两男两女，分别扮演杨江夫妇和布朗夫妇。其他同学观摩，提出问题。

（3）形象要求。仪装得体，仪容得当，仪态规范大方。

知 识 小 结

商务酬宾的类型主要包括商务宴请、舞会、音乐会、沙龙等。

商务宴请要遵循适量原则和环境优雅原则。

舞会是商务酬宾中经常进行的高雅社交活动。参加舞会的每一个人都应该讲究仪容仪表，讲究邀舞和应邀的礼仪、跳舞礼仪，还要遵循一些必要的文明规范。

参加音乐会要注意服装礼仪、音乐会进场礼仪、音乐会倾听与鼓掌礼仪。

参加各种沙龙活动应该遵循各自的礼仪，如遵守交际沙龙礼仪、休闲沙龙礼仪。

中餐的特点，中餐正式宴请的组织与策划，中餐宴会的程序及餐具的正确使用，讲究宴请中的礼仪，注意敬酒与饮酒的礼节。

西餐讲究享受用餐的情趣和氛围。了解西餐的特点，遵守西餐宴请的礼节、西餐的座次、入席和退席的礼节、上菜程序、西餐的酒水、餐具的使用方法、进餐礼仪及几种特殊情况的处理方法。

模块6 差 旅 礼 仪

学习目标

知识学习目标：

- 了解和掌握交通礼仪、住宿礼仪、与不同对象出差的礼仪及涉外差旅礼仪等基础知识。

能力培养目标：

- 培养充分做好各项差旅准备工作的良好习惯。
- 培养差旅过程中应对各种状况的能力。

素质拓展目标：

- 培养学生树立规范得体的差旅意识和行为。

第1单元 交 通 礼 仪

情景导入

星盛汽车贸易公司是星盛商业集团公司旗下的子公司，也是省内一家很有影响力的汽车生产和汽车贸易公司。目前，在全省范围内的20多个地市拥有4S连锁店。公司王总经理为了进一步扩大公司在全国范围内的影响力，决定带领秘书聂晶到B市、G市、J市和Z市的共四个在全国颇有影响力的大型汽贸公司洽谈业务、考察学习，并将此次出行的准备工作安排给公司办公室负责。

按照王总经理的要求，星盛汽车贸易公司办公室主任罗正阳立刻召集秘书单晓斌协助聂晶研究出行的具体方案。

项目任务

如果你是总经理秘书聂晶，你会怎样策划此次出行方案？在出行时应注意什么？

任务分析

任何一个企业都离不开对外交往，并且常常需要到对方所在地参观考察、联系业务，这都要涉及差旅问题，而凭借交通工具到达差旅的目的地又是差旅必需的过程。跟随上司出行、处理差旅事务是秘书的日常工作。选择适当的交通工具，做好差旅前的各项准备，是出行顺利的前提和保障。因此，秘书有责任和义务做好周密、细致的差旅准备和安排，否则一旦在旅途中出现问题，将可能影响整个差旅的顺利进行，甚至对工作造成重大影响。

现今的交通工具有公路交通、铁路交通、民航交通、水路交通等。不同的交通工具又各具特色。

王总经理事先已经确定考察四个地点及考察时间，出行的方案基本可以这样确定。首先，确定乘坐的交通工具。这次出行时间长、考察地点多，可以先乘坐飞机到达最远的一站B市，考察时间是两天；由于第B市离J市不太远，乘坐高铁只需一个半小时，所以之后乘坐高铁到J市，考察时间也是两天；第三站是Z市，乘坐高铁两个小时，考察两天；最后一站是G市，较远，乘坐飞机，因为有可能合作，考察时间稍长——四天。最后乘飞机返回。其次，确定购票方式，可提前在网上预订往返车票（或机票）。最后，解决食宿问题，可提前在网上查询并预订那些全国连锁的经济又干净的快捷酒店。可以在酒店吃饭，也可通过网络查询和了解酒店附近的有当地特色的饭店，到时候聂晶可征询王总经理的意思再定。

相关知识

交通出行成为人们日常生活中必不可少的活动，公路交通、铁路交通、民航交通、水路交通，都因各自的交通载体不同而各具特色。

1. 驾车出行礼仪

随着交通的迅猛发展，公路交通已成为出行的一种快捷方式，特别是自驾出行更成为一种时尚，在自驾出行时也应保持良好的礼仪、礼节。

（1）出行准备。自驾出行不同于其他出行，因此在出行前要做好各项准备。具体步骤如下：

① 确定出行目的地，搜集有关途经地区风俗的信息，根据公路交通图确定行车路线。熟悉路线，可以少走冤枉路，加大安全系数。

② 对出行车辆进行必要的检修、保养，使之处于良好状态，防止出行路途中发生意外。

温馨提示

在出行时，同行人员中最好有一名是具有熟练驾驶经验的驾驶员，可以适当地更换驾驶员，缓解驾车出行的疲劳，保证出行安全。

③ 准备一箱备用汽油，以备不时之需。

④ 随车携带驾驶证、行驶证、身份证等证件。

⑤ 准备矿泉水、餐巾纸、晕车药及小食品等。遇到堵车、迷路等情况，不能按时返回时，必须有充足的食品和水做保障。

⑥ 准备御寒的衣物、毯子。即使是夏天，遇到天气突变或不得不在野外露宿时，这些东西也是必需的。

⑦ 准备几个空塑料袋装垃圾。

小锦囊

零钱的妙用

在出行前，应提前准备一些零钱放于车里，用于交纳高速公路过路费、临时停车费等。

（2）行路礼节。行路过程中会遇到各种情况，通常情况下应做到：

① 在城市交通中行车应严格遵守交通规则，做到红灯停、绿灯行、不违章。

② 在高速交通中行车应注意按照高速公路限速标志和指路标志行车。路况较好时，很容易超速而不觉察。一定要与前车保持足够的距离，避免疲劳驾驶。进入高速公路收费站时应减速慢行，并靠近收费站窗口停车领卡或交费，在得到可以通行的指令后，看到收费横杆缓缓抬起后，再驶出收费站。

③ 应当礼让需要并线的车。

④ 在车内食用和饮用食品后，剩余的包装物不得随意扔出窗外，在行车过程中尽量不要在车内吸烟。

⑤ 礼让行人。尊重他人的路权，当前方出现人行横道时，要减速慢行。有人要过马路时，要停车礼让。雨天路过有积水的地方时，要减速慢行，以免把水溅到行人身上。

⑥ 在雨雪的天气中，应尽量减速慢行，以免发生交通事故。

⑦ 夜间在高速公路行车时，不应打开远光灯，以免给对面会车司机造成视觉干扰。

⑧ 慎重鸣笛。除在禁止鸣笛的地方不能鸣笛外，还要注意在住宅区、校园、医院等地方尽量不鸣笛。

小锦囊

缓解司机疲劳妙招

在高速公路行车时，应适当播放舒缓音乐或电台节目，特别是在夜间行车时，车内有人适时与司机进行放松式攀谈，可以缓解司机驾驶疲劳。

2. 乘坐飞机礼仪

在交通出行中，选择乘坐飞机是最快捷的方式之一。随着人们的交际往来日益频繁，飞机已是较普通的交通工具。飞机上，每个人的空间有限，更应该遵守乘坐飞机的礼仪。

（1）提前到达。

应于飞机起飞前 1 小时抵达机场，特别是在天气、路况等自然情况特殊时，更应尽早到达机场。抵达机场后，凭机票和身份证前往机场前台办理登机牌手续，在办理登机牌手续过程中，如有需要托运的行李，可一并办理。

（2）机场候机。

在办理登机牌后，要进入候机室（厅）等候，在通过候机室（厅）时需要进行边检、安检，步骤如下：

① 在黄线外排队等候进行边检。

② 将登机牌和身份证交给边检人员进行检查，核对无误加盖边检印章后，进行人身和物品安检。

③ 在安检员引导下，将金属物品、钱包、钥匙、手机、手表及随身携带的物品放置在安检

员提供的安检盒后，从人身安检区通过，接受安检员的人身安检，安检员使用金属探测手持物按照由上到下、由前至后的顺序进行安检，乘客应主动接受并积极配合安检人员检查。

④ 安检结束后，乘客整理好随身携带的物品及行李，前往规定的候机室（厅）候机。

⑤ 在候机室（厅）等候过程中，安静等候，不要大声说笑，不应吸烟，应随时关注候机信息。

⑥ 座椅不够用时，不要让自己的行李占据座位，要主动把行李拿下来，让别人坐。

⑦ 要把食品残余物、包装袋、看过的报纸杂志放进垃圾箱里。

⑧ 按顺序排队登机，不要拥挤，每个人都有座位及放置行李的地方。

（3）乘坐飞机。

乘坐飞机的步骤如下：

① 登机时当乘务员微笑问好时，应主动微笑回应问候。

② 要对号入座，并及时将随身携带的物品或行李放置在座位头顶部的行李舱中。尽量不要换座位，也不要来回走动。

③ 飞机起飞前，要关闭手机、手提电脑等明文规定的不准在飞机上使用的电子产品。

④ 应按照乘务人员演示的动作，扣紧座位安全带。注意看乘务员使用救生衣的演示。当飞机遇到不稳定的气流或其他状况时，头顶上提示系好安全带的灯也会亮，为了自身的安全，要听从它的指示。

⑤ 感到闷热时，可以打开头顶上的通风阀。空调太凉，可以向乘务员要一条毛毯。有什么特别的要求时，可以按椅子扶手上的按钮呼叫乘务员。

⑥ 民航客舱禁止吸烟，也不能到卫生间去吸烟。

⑦ 如果晕机想呕吐，前面椅背上的袋子里有口袋，可用来接呕吐物。不可随地吐痰。

⑧ 在飞机飞行过程中，乘务员将为乘客提供食品或饮料，应根据个人需要提出相应要求，但不宜多次索要，并将饮料和食品放置在前排座位后面的小桌板上。

⑨ 在飞机飞行过程中，使用卫生间后，应放水冲净坐便器，并用餐巾纸擦净盥洗手盆周围的水渍。

⑩ 飞机着陆前 15～30 分钟，应收起前排座位后面的小桌板，并关闭计算机、MP3 等电子产品的电源。

⑪ 待飞机平稳着陆停稳后，解开安全带，打开手机电源，拿取物品或行李，按顺序走出飞机舱门，当遇到乘务员微笑道别时，应同时向乘务员微笑道别。

⑫ 若有托运的物品或行李，应在物品（行李）传送区等候，并按物品（行李）传送的顺序领取自己的物品或行李。

⑬ 除了卫生间的门（有明显标识的），不要动其他的门，尤其是安全门。没有意外情况，也不要动座位底下的救生衣，更不能把它放进自己的包里。

⑭ 飞机没有停稳时，不要急于解开安全带。

⑮ 遇到航班晚点或临时改降、迫降在其他机场时，不要惊慌失措，要保持镇静，配合机组人员的工作。

⑯ 下飞机后，万一找不到行李，不要着急，应该请机场管理人员协助查找。现金、机要文件要随身携带，不要夹在行李里托运，尤其在乘国际航班时。

3. 乘坐火车、轮船及长途车的礼仪

（1）乘坐火车的礼仪。

① 高铁即高速铁路。乘坐高铁动车可大大节省乘坐时间。但要注意几个问题：

a. 因为高铁动车上只有座位，没有卧铺，如果乘坐的时间较长，则应考虑到乘坐者的年龄或身体状况能否承受。

b. 上车前应看清车票上注明的候车区域是A区还是B区（或是南广场还是北广场），以免进站后多走许多路才能到达自己乘坐的车厢。

c. 随身携带的行李一定要放置在相应的位置。大件行李应放在车厢与车厢的连接处，不可放在行李架上，以防高速行进中的列车紧急刹车而使行李掉落砸伤旅客。放置在行李架上的小件行李也应摆放规整，避免掉落。

d. 不可吸烟。高铁动车属于全封闭式车厢，全车禁止吸烟，即使在车厢连接处或洗手间内吸烟，列车监控系统也会报警甚至引发设备故障。

e. 经停站不要下车。因为各经停站一般只停车一两分钟，乘客上下车的时间很短，所以不是到站的乘客不要下车。

② 硬座。

a. 选择火车硬座车厢乘车时，应对号入座，妥善保存车票，并将行李或物品放置在座位顶部的行李架上。

b. 不应在车厢中吸烟，可在车厢的接合部吸烟。

c. 最好不要脱鞋。长途旅行中脚会肿，确实不舒服。应该事先准备一双干净的袜套或袜子，脱鞋后马上穿上，以减少不良气味。

d. 尽量少往桌子上放东西，用过、吃过的东西要快点收起来，给别人留一些地方。

e. 保持车厢卫生。不要随手往车厢内丢垃圾，也不可以往窗外丢东西。妥善的办法是把果皮屑装到一个塑料袋里，扔到车上的垃圾箱里或等乘务员扫地时交给他。

f. 女性在夏天乘坐火车时不要穿裙子。为了坐卧方便，应该穿裤装。

③ 硬卧。

a. 选择火车硬卧车厢乘车时，应由乘务员保存车票。更换乘车牌，妥善保管乘车牌。

b. 乘坐火车往往无聊，有人喜欢用打扑克的方法消磨时间。在打扑克时，不要大呼小叫，以免打扰别人休息。同时，不要忘记下铺主人的休息权利。

c. 上下床铺时应从扶梯上或下，尽量不要直接踩到床铺，避免不慎踩踏他人。

④ 软卧。

选择火车软卧车厢乘车时，应由乘务员保存车票。更换乘车牌，妥善保管乘车牌，并将行李或物品放置在软卧车厢行李架上或下铺座位下面，不应在车厢内吸烟。乘车时应尽量避免打扰别人休息，上下床铺时应避免不慎踩踏他人。同时要注意三个问题：

a. 如果几个人同时出差，能包住一间软卧当然最好，但往往因级别不同或其他原因，与上司一同出差的人仅仅能坐硬卧。这时，随行人员除了在上司需要照顾时过去照应一下，不要一天到晚总待在软卧房间里，以免影响其他旅客休息。

b. 软卧车厢内禁止吸烟。

c. 睡眠时应锁紧房门。

（2）乘坐轮船的礼仪。

① 要有秩序地上船，对号入座，不要抢占铺位。

② 不能在客房里吸烟。万一轮船起火，大家将无处可逃。可到甲板上允许吸烟的地方去吸。

③ 不要在甲板上大声唱歌或喧哗，也不要追逐打闹，这样是很危险的。

④ 晕船者在上船前或乘船中应该服用止晕药。实在忍不住要呕吐时，要到卫生间去吐或吐到塑料袋中。

⑤ 在船上，凡标明“乘客止步”的地方都不能去，那多半是船员工作或休息的地方，不可妨碍他们。船上各种电路、开关很多，绝对不能随意触动。

⑥ 下船时，如果舷梯较陡、跳板不稳，年轻人要走在老年人和女士的前面，注意照顾他们。

（3）乘长途车的礼仪。

① 钱、信用卡、重要文件要随身携带，不要放在大件行李里。这样，长途旅行过程中，睡觉、下车休息或就餐时都要随身携带这些重要物品。

② 如果所去的地方是偏远地区，治安情况不太好，为了保证安全，在穿着打扮上要尽量朴素，不戴首饰，不要招摇。

③ 不要在车上吸烟，尤其是在空调车厢里。

④ 晕车者应提前服止晕药，准备几个塑料袋，以备控制不住呕吐时使用。

⑤ 不要随地乱扔垃圾。在车上吃带壳的、易掉渣的食物时，应把垃圾放入塑料袋中。

实践训练

1. 情景训练

【情景1】一天，星盛汽贸公司王总经理与秘书聂晶坐飞机到北京开会。聂晶是第一次乘坐飞机，她有些紧张……

实训要求：

（1）讨论：聂晶应该提前做好哪些准备？在飞机上要注意哪些礼仪？

（2）实训：角色扮演，两人一组，一人扮演王总经理，一人扮演秘书聂晶，规范演示他们乘坐飞机时的情景。

【情景2】一天，景苑汽贸公司销售部洪宏部长派他的助理文斌乘火车到广州给一个与他们有长期往来的大客户送新产品样品，第一次一个人出远门的文斌……

实训要求：

（1）讨论：文斌在火车上要注意哪些礼仪？

（2）分组训练，角色扮演。

2. 综合训练

【案例分析】

景苑汽贸公司办公室主任王宝派公司秘书单晓斌、李雪和魏擎开车前往天津洽谈业务，单晓斌驾车行驶在高速公路上。李雪和魏擎一边随意地聊天，一边看窗外的景色。这时，魏擎忍不住拿出香烟吸了起来，坐在一旁的李雪和单晓斌面露不悦。

请问：这是为什么？

【综合情景训练】

一日，景苑汽贸公司秘书单晓斌乘坐飞机前往北京出差，在飞机飞行过程中，单晓斌打开座位前的小桌板，放倒了座位靠背，一边吃午餐，一边听音乐。吃完饭，他又站起来东看看西瞧瞧，还把座位下面的救生衣拿出来摆弄；又从前排到后排来回走动，总想发现点儿什么似的。

实训要求：

（1）讨论：单晓斌这样做是否合适？

（2）实训：请演示正确、规范的做法。

第 2 单元　住宿礼仪和用餐礼仪

情景导入

星盛汽贸公司办公室主任罗正阳、秘书聂晶（女）一起出差去天津开会，主办方安排罗正阳、聂晶在天津凯悦饭店住宿。由于性别原因，主办方为罗正阳和聂晶分别安排了房间，需要和其他会议代表合住。于是罗正阳和来自北京的会议代表黄博鑫同住一个房间，聂晶和来自上海的会议代表张丽同住一个房间。由于刚参加工作不久，第一次到外地出差的聂晶没有住宿礼仪方面的经验，更不懂得如何与同住一个房间的会议代表相处。

项目任务

假如你是聂晶，如何与同房间的人相处？又如何拜访其他房间的客人？

任务分析

出差在外必须住宿，有时还要与其他差旅者同住一房，这是非常普遍的。住宿虽不属于正式的商务场合，但与商务活动紧密相关。因为出差在外，正式商务活动以外的时间可能都与同住一房的人或同一宾馆的其他会议代表在一起，会有更多的接触和交往，而这也是增进友谊、了解同行相关情况的一个好机会。因此，不可忽视住宿期间的住宿礼仪。做得好，它可以为本人和组织加分，反之，可能会造成不良影响。

聂晶虽没有住宿方面的经验，但只要时时、处处为他人着想，尽量体贴照顾对方的感受，不影响他人正常休息，时常沟通，尊重对方隐私，就一定会给对方留下良好的印象。

相关知识

住宿礼仪是商务活动的重要组成部分。通常情况下，住宿礼仪不被重视的原因是住宿礼仪一般都出现在较小的空间范围内，以特定的空间范围和人员范围为对象，不具有普遍性，但处理好住宿礼仪可以弥补商务活动中的不足，以达到良好效果。

1. 住宿礼仪

（1）办理住宿登记。

前往某地进行商务活动，首先要到达驻地酒店办理住宿登记。办理住宿登记的步骤：

① 在酒店前台办理住宿登记。当遇到多人同时办理住宿手续时，应按顺序排队等候，也可以暂时在酒店大厅休息区休息，等候办理住宿登记手续。

② 如果事先在网上预订了房间，则需在规定时间内入住。如果不能按时入住，应事先电话告知酒店方保留房间，否则酒店方会取消预订。

③ 在酒店前台办理住宿登记时，应主动出示有效登记证件（包括身份证、临时身份证或机动车驾驶证），领取房卡。

④ 问清酒店每天的结账时间和房费结算方法。一般在中午12:00（有的是下午2:00）以前退房者，不收当天房费，超过规定时间则要收半天或一天的费用。

（2）单独居住礼仪。

通常情况下，在商务活动中，作为会议代表参加各种会议活动时，一般主办方会尽量考虑到个人习惯、休息和隐私等问题，为会议代表安排单人房间。在单独居住时要注意以下几方面：

① 熟悉环境。每个人出差入住一个新的环境都要熟悉和适应环境，特别是自己房间所处的地理位置、楼层位置，还应熟悉和了解电梯（楼梯）及安全出口的位置。对于居住房间内物品的摆放位置、物品使用功能和作息时间，都应尽快熟悉和了解，这样可以方便居住。

温馨提示

入住时，可以让服务员对房间内的陈设和物品进行介绍，并介绍总服务台联系电话、供水和用餐的时间和地点。如果入住的是档次较高的酒店，可在服务员介绍后根据个人情况付给服务员一定小费。

② 文明住宿。单独住宿是一种较自由的住宿方式，可根据个人的生活习惯对住宿期间的活动进行安排，但在住宿时仍应注意文明住宿。应妥善保管和爱护房间内的设施和物品，不应故意破坏和损坏设施和物品。

（3）共同居住礼仪。

和他人同住一个房间是需要格外注意礼节的，通常讲究以礼为先、以彼为先，所以和他人同住一个房间是一个人礼仪、修养的全面展现。

① 床位选择。在标准的双人间中，床位的选择通常是两人同住首先面临的问题，在选择床位时，应主动将临窗明亮、噪声较小、房间内侧的床位让与同住的人，将临近房门、噪声较大、房间外侧的床位留给自己。

小锦囊

床位的选择

与同事同行外出住宿时，可请同事先选择床位。

② 及时沟通。由于生活习惯不同，彼此陌生的人同住一室必然在生活习惯和作息方式上存在差异，为了能够很好地避免尴尬和矛盾，彼此双方应及时沟通，并客观、真实地向对方介绍自己的某些可以示人的生活习惯和作息方式，以在共同居住过程中彼此了解、相互谅解。

温馨提示

有吸烟习惯的人，应尽量避免在房间内吸烟，不要让他人被动吸烟；

有打鼾习惯的人，应尽量请他人先休息入眠，以免打扰他人休息。

③ 尊重隐私。同住一室，要相互尊重，特别是尊重彼此隐私，对方的禁忌要特别注意，同时不应将对方隐私作为聊天话题，更不应主动询问对方隐私。应围绕对方谈论的话题循序渐进地攀谈，尽量不提出与对方观点矛盾的观点，可保留自己的意见和观点。

小锦囊

尊重隐私，“四不”做

对于对方隐私，可以遵循“四不”原则处理：不该说的不说、不该听的不听、不该看的不看、不该问的不问。

（4）拜访他人礼仪。

这里的拜访他人礼仪一般较多用于住宿礼仪中，这种拜访虽不是正式的拜访，却可以通过拜访他人熟悉对方、了解情况、增进感情、加强交流。

① 精心选择目标。拜访他人之前要首先对被拜访人进行了解，熟悉被拜访人的姓名、性别、公司、职务及其他一些基本情况，然后有针对性地进行甄别和筛选，明确需要拜访的目的和意义，确定需要拜访的人员。

② 拜访他人的准备工作。

a. 时间。应提前联络被拜访者，约定拜访时间，最佳拜访时间为晚餐后 20 分钟左右。

b. 服装。拜访他人时应尽量不着正装，可选择休闲类服装，容易被对方接受。

c. 礼物。如果将拜访他人列入计划之内，应准备适当的礼品前往拜访，如果只是随访，则不需精心准备礼物。

③ 拜访他人步骤。

a. 在即将前往某房间拜访前，应先以打电话的方式提示对方即将来访。

b. 确认房间号，然后敲门。

c. 被拜访者开门后，在互致问候时握手，同时随被拜访者进入房间。

d. 进入房间后按照对方引导的位置就座，不宜坐在被拜访者的床上交谈。

e. 交谈结束离开房间时，应向被拜访者致谢。

（5）他人来访的礼仪。

住宿中经常会出现他人来访的情况，这种来访能够强化印象、增进感情。

① 诚意接受请求。当对方发出拜访请求时，要根据实际情况诚意接受，不可敷衍了事或随意应付，应热情地表示欢迎，并主动提供房间位置和号码，以便对方可以随时来访。遇有特殊情况或紧急情况无法接待来访者时，应说明情况或解释原因，不可蛮横拒绝或置之不理。

② 他人来访准备。

a. 时间。应按与拜访者约定的时间，准时等候拜访者来访，不可不在房间。

b. 服装。可选择休闲类服装，不宜着睡衣，特别是女性不宜穿吊带装和低胸装。

c. 物品。应在拜访者到达前准备茶杯等物品，条件允许的可以适当准备水果，等候拜访者来访。

温馨提示

在等候拜访者来访前，应整理房间内的物品，不摆放与会见不相适宜的物品。

③ 他人来访步骤。

a. 听到敲门声后，应首先答应或回应“稍等”，提示拜访者已经听到敲门声，随后打开房门迎接拜访者进入房间。

b. 引导拜访者进入后，互致问候并握手，同时引导拜访者入座，为拜访者提供茶水或水果。

c. 同拜访者对面而坐，进行交谈。

温馨提示

女性在面对异性拜访者时，应适当保持座位间的距离。

d. 交谈结束后，应送拜访者离开房间，并发出“欢迎常联系”等诚挚的邀请。

2. 用餐礼仪

（1）问清用餐情况。

通常情况下，客人住宿的酒店一般会为住宿客人提供免费的早餐，部分酒店会为客人提供全日餐券，客人凭早餐券或全日餐券到指定餐厅就餐。作为住宿客人，在领取餐券时应向酒店服务员认真询问酒店用餐的起止时间和地点。

（2）用餐注意事项。

在“商务酬宾礼仪”一章中已经比较详细地讲过用餐礼节，在此不再赘述。需要注意的是：

① 如果是免费早餐，就餐时要带好就餐凭证。如果中晚餐也需要在宾馆里解决，就要当场付费或采取记账的方式，有的还要事先预订。

② 参加商务会议等活动时，会议餐一般不是分餐制的，而是 8 人或 10 人一桌。与不太熟识的人坐在一起用餐，是锻炼交际能力、拓展业务联系的好机会。应该尽量多与周围的人交谈，但是声音不能太大，可在就餐前或就餐后交换名片。在餐桌旁互相介绍时不需握手和站起来，只要欠身、微笑、问候即可。

实践训练

1. 情景训练

【情景】一天，景苑汽贸公司王总经理准备派秘书李雪、魏擎前往酒店拜访来此出差的黄经理。李雪和魏擎……

实训要求：

（1）讨论：如果你是秘书李雪和魏擎，你该怎么拜访黄经理？

（2）分组训练，角色扮演：一人扮演李雪，一人扮演李擎，一人扮演黄经理。

2. 综合训练

【案例分析】

景苑汽贸公司办公室秘书李雪出差时同桃园汽贸公司业务员崔丽同住一个房间，崔丽出于热心不断询问李雪关于男友、婚姻、家庭等方面的问题，李雪无奈地回应，却面露难色。

请问：这是为什么？

【综合情景训练】

景苑汽贸公司总经理办公室秘书周海潮陪同王朝刚总经理前往北京出差。事先他预订了两张卧铺车票，一张下铺，一张中铺。前往车站时，他主动帮王总拿行李。到了候车大厅，他主动询问车次的候车区，并找到一个座位，让王总坐下，自己则站在一旁看行李。上车以后，周海潮主动要了中铺，让王总睡下铺。与王总聊天时，他也非常注意自己的言行和谈吐，声音不高不低。向列车乘务员询问事项时，面带微笑。当他们到达酒店时，周海潮又主动办理入住手续，到了客房，他让王总睡在里侧靠窗的床铺，自己则选择靠外侧、紧挨卫生间的床铺。到了用餐时间，他主动提醒王总，并彬彬有礼地与王总共进晚餐。由于自己睡觉有打呼噜的毛病，所以他一直等到王总入睡以后才睡。

这一次出差，王总明显感到周海潮做事认真、细致、踏实。在以后的工作中，他也常常把一些重要的工作交给周海潮做，遇到出差，他当然也愿意带着周海潮去。

实训要求：

（1）讨论：周海潮为什么能赢得王总的欣赏？

（2）实训：

① 角色扮演，分组训练。六人一组，两人分别扮演周海潮和王总，其他同学扮演旅客和乘务人员。

② 请演示周海潮陪同王总出差的过程。

第3单元　与不同对象出差的礼仪

情景导入

星盛汽贸公司王总经理派办公室主任罗正阳、秘书李雪（女）、单晓斌到北京参加全国汽车贸易展销会。对于这种既有上下级，又有异性同事，又从来没有和顶头上司一起出差的单晓斌和李雪来说，如何顺利完成出差任务是一个考验。

项目任务

假如你是秘书李雪、单晓斌，该如何与顶头上司相处？

假如你是女秘书李雪，该如何与男同事相处？

任务分析

秘书会经常跟随上司一起到外地出差处理公务，这种既有上下级关系又有男女同事关系的差旅，与较单一的平级、同性同事的差旅略有不同。那就是要正确对待上下级关系，要正确处理男女同事间的关系。若处理不当，可能会影响彼此的关系，甚至影响到工作的正常进行。

相关知识

出差礼仪在各种商务活动中广泛应用。在两人或两人以上同行的商务出差活动中，如何与同事相处，是很多经常从事商务出差活动的人员应注意的问题。

1. 正确对待上下级关系

在两人同行的商务出差活动中，多为上下级同行，在与上级（下级）相处时应正确对待彼此关系，采取适宜的方式沟通、交往。

（1）平等互尊。

作为同行出差的下级，要对上级保持心理上的尊重态度，这里的尊重不仅尊重上级的职务，更要尊重上级的人格，但又不能表现得过分谦恭、唯唯诺诺。同样，上级也应表现出对下级人格的尊重。

小锦囊

与领导交往时的关系定位

对待上级，最好的方法就是在商务活动中视其为上级，在非商务活动中视其为朋友。

（2）团结互助。

出差活动中，身处异地会给商务活动带来许多困难和问题，同一公司的上下级之间应团结互助，特别是在乘坐各种交通工具时。

在乘坐各种交通工具时，要注意观察同行人员的随身物品，当对方提出看管需要的时候，应为对方妥善看管。男性秘书随同上级出差时，应当为上司提包拿袋，能在体力方面为上司分担。作为女性秘书，即使不能在体力方面为上司分担，也应该在其他方面尽量做到细心，可在适当的时候准备一些零食，以免长途旅行乏味。在火车上可适当地端茶取水，并主动申请为上级管理各种票据等。

2. 正确处理男女同事间关系

在商务出差活动中，男女同事同行，应注意言谈举止等礼仪行为，特别是在乘坐各种交通工具出行时须格外注意。

（1）男女同事之间的礼仪。

① 女士优先原则。在商务出差活动中，乘坐各种交通工具出行应遵循“女士优先”原则，乘坐各种交通工具时应将较舒适、较宽敞的位置留给女士，并将女士随身携带的行李物品摆放好。在乘坐火车、飞机出行时，应将靠近窗户的位置留给女士，这样便于女士浏览风景；在乘坐火车卧铺座位时，不应穿着暴露，特别是夏季，不应在车厢穿着短裤和背心；不应大声喧哗；不应在车内吸烟；不应在来回走动；不应随意搭讪等。

② 对方接受原则。在某些时候无法做到事事女士优先，可根据实际情况遵循“对方接受”原则，即各种活动行为以能够让对方接受为原则。例如，乘坐公共汽车上车时，无法做到顺序上车，女士优先时，可在上车时尽量不拥挤，做到文明乘车。当遇到公共汽车中人员比较拥挤时，不应将身体重心靠在女士一侧，同时应为身边的女士留出可以拉拽的扶乘位置。

温馨提示

在实际接触中应有意识地去了解对方，熟悉和掌握对方的习惯、爱好等，使对方接受你的行为，并留下深刻印象。

（2）男女同事相互配合。

商务出差中男女同行时，在饮食、住宿等很多方面都不方便，这就需要男女同事互相配合，减少不便。

① 求同存异。当男女同事在饮食和习惯等方面存在差异时，力争用求同存异的方式解决，即在意见相反时各自按照各自的方式处理和解决。在外就餐时，应主动问询女士的饮食习惯和口味，尽量选择适合的餐厅就餐，在点菜时，为女士安排可口的饭菜，并通过选择环境幽雅的餐厅等细节弥补饭菜的不足。

温馨提示

男士在商务出差活动中一般多承担安全和保障性质的工作，女士在商务出差活动中一般多承担公关和交流性质的工作。

② 协作互补。虽然在男女同事间容易出现分歧，但处理好彼此的关系可以形成协作互补的良好效果，即双方各自发挥自身优势，相互配合。当男女同行出差时，容易出现意见差异，当发生意见分歧的时候，应当比较各自优势。例如，在购物和饮食方面，男士应多听取女士的意见和建议，而在办事和商谈方面，女士应多听取男士的意见和建议，这样会形成优势互补的良好效果。

实践训练

1. 情景训练

【情景】一天，景苑汽贸公司王总经理准备派秘书单晓斌（男）、庞玉鑫（女）到香港出差学习，对于他们两人来说这是一个非常难得的学习机会，他们非常珍惜。可是单晓斌和庞玉鑫都没有去过香港，而且他们的出差机会不多，也不太懂得出差礼仪，这可让单晓斌和庞玉鑫为难了。

实训要求：

（1）讨论：单晓斌、庞玉鑫在整个去香港出差的过程中要注意哪些礼节？（2）分组训练，角色扮演。

2. 综合训练

【案例分析 1】

景苑汽贸公司办公室主任王宝带着秘书单晓斌、李雪一起到上海出差，其间单晓斌为缓解旅途疲劳，不断和秘书李雪开玩笑，这让李雪非常尴尬。

请问：单晓斌的这种做法是否正确？

【案例分析 2】

24 岁的李然然长得很漂亮，还是某名牌大学的高材生。李然然是一个事业心很强的人，她不想随便嫁给一个平庸的人，对事业的追求也让她没有时间和精力来恋爱。

丰富的工作经历使年龄不大的李然然显得格外成熟稳重，因为不甘心做一个徒有外表式的人物，她跳槽到了一家 IT 制造企业，主要负责采购工作。

李然然的专业能力和创意能力都很出色，也很善于组织运用各种资源和外部力量，有时甚至比老板想得更多更周全。有一天，公司与长沙一家供应商有一个重要的谈判，老板便放心地派她和另一名业务骨干赵强前往。老板是这样考虑的：赵强能言善辩、气势逼人，会先在气势上胜人一筹；李然然习惯不动声色，却能在出其不意的时刻后发制人，这样的组合去谈判肯定能大获全胜。

可结果出乎老板意料，与对方成交的价格比他能接受的最高限价略低一点儿，这令他大为不满。盘问半天他才明白过来："冷美人"李然然平时就与男同事缺乏交流，出差途中更是拒人于千里之外，一路上除了登机、取行李、办住宿手续两人聊了有限的几句话，其他时间，李然然或若有所思地望着舷窗外，或在闭目养神，或翻看画报。一直到走进谈判会场前，赵强找李然然商量对策时，她还是淡淡的，让赵强以为她已胸有成竹。

谈判一开始，精明的对方并没有开口报价，而是迂回试探他们可以接受什么样的价格。敏感的李然然当然察觉了，她正沉默着考虑斡旋的策略时，性急的赵强误以为她被对方的问题难住了，忙抢先解释，一下子就陷进了对方的圈套。结果，李然然再冷静、沉着，再足智多谋，也无力回天，她只能接受了那个显然是偏高了的价格。

请问：出差途中李然然的做法合适吗？为什么？

【综合情景训练】

景苑汽贸公司办公室主任王宝带着秘书单晓斌一起到重庆出差，其间单晓斌为王宝主任沏茶倒水、照顾起居，面面俱到，这让王宝主任感觉非常不舒服。

实训要求：

（1）讨论：单晓斌的这种做法是否正确？单晓斌该怎样做？

（2）实训：请演示正确、规范的做法。

第 4 单元 涉外差旅礼仪

情景导入

星盛汽车商贸公司王总经理带领办公室主任罗正阳、秘书单晓斌到德国参观世界汽车贸易展会。他们三个人都是第一次出国，为了圆满完成此次出访任务，王总经理委派罗正阳做出访前的准备。

项目任务

如果你是办公室主任罗正阳，该怎样完成王总经理布置的任务？

任务分析

涉外出访不同于国内一般的差旅，因为出国前必须办理一系列的相关证件，包括护照、签证、国际预防接种证、出入境登记卡，另外还要购买机票、购买保险等，还要进行诸多其他的准备，以及出入境手续。那么，如何办理，作为秘书应该了解和掌握，否则相关工作无从开展。

办公室主任罗正阳必须了解相关步骤，再到相关部门办理，才能顺利、圆满地完成工作任务。

相关知识

涉外礼仪是商务活动中规格最高的礼仪活动，涉外差旅能够体现国家、民族和文化，更能体现商务活动者素养水平的高低，因此涉外差旅礼仪有别于一般差旅礼仪，具有针对性和特殊性。

1. 出国手续

办理出国手续应包括办理护照、签证、国际预防接种证、出境登记卡，以及购买机票及办理保险等。

（1）办理护照。

护照是一个国家的公民出入本国国境和在外旅游或居留时，由本国发给的证明该公民身份的合法证件。凡出国人员均应持有本国政府颁发的护照。如果持照人在国外发生意外，所在国必须依照其所持护照判明其身份和国籍，之后才能决定如何处理。同样，护照颁发国的驻外机构也要根据护照来决定怎样对其提供帮助或外交保护。

办理护照的方法如下：

① 领取并填写出境申请表，到户口所在地的公安机关出入境管理部门领取《中国公民出境申请表》，同时携带户口簿、身份证或其他户籍证明、两张正面免冠彩色照片等。

② 办理护照。持上级主管部门的出国任务批件、出国人员政审批件、所去国有关公司的邀请函办理护照。因公出国人员办理护照到外交部或其授权单位办理，因私出国护照由公安部授权机关办理。

办理护照最好能够提前一些，有时可能因为某些材料不合格而花费更多时间补充材料，所以应预留出一些时间。

③ 等候护照。公安机关的出入境管理部门接受本人所递交的申请表格和相应材料并审核后即可做出是否批准同意申请人的护照申领决定，并一般在30日内（地处交通不便、偏僻的，在60天内，加急的一般在一周左右）通知申请人。

④ 领取护照。

温馨提示

拿到护照后，要认真检查姓名、出生年月、性别、身份证号等内容。目前我国普通护照（16岁以上）的有效期为10年。

（2）办理签证。

由出国人员本人亲自持护照、对方公司邀请信和其他申请签证的材料，到前往国驻我国大使馆或领事馆申办签证；或委托可靠的签证代办机构（如中国旅行总社签证代办处）代办；也可以委托发出邀请的公司在其所在国的有关部门办理。

办理签证有时要花费较长时间。有时因为邀请方寄来的文件不合要求，需要重新邮寄，一般在 15 个工作日内（偏远地区可再延长至 30 日）。有时赶上大使馆放假（不同国家都有自己特别的假期，如国庆节等），所以办理出国商务旅行应在时间上留出余地，尽量提前办理。

小锦囊

就近申请原则

因地域不同，申请者应就近申请。美国驻中国大使馆位于北京，领事馆包括：美国驻成都总领事馆（闭馆）、美国驻广州总领事馆、美国驻上海总领事馆、美国驻沈阳总领事馆、美国驻武汉总领事馆。

（3）办理国际预防接种证。

该证书俗称“黄皮书”（有的国家需要，有的国家不需要）。它是世界卫生组织为了保障出入国境人员的身体健康、避免疫病的传播而采取的卫生检疫措施。如果出入境者没带黄皮书，海关卫生检疫人员有权拒绝其出入境。在办理完护照、签证以后，出国人员持单位介绍信到所在地的卫生检疫部门进行检疫和预防接种，接种的疫苗根据所去国的不同、疫情的变化而有所不同。

领到“黄皮书”后，要认真检查，查看姓名等内容是否与护照、签证上的一致，检疫机关的盖章、医生的签字是否清晰，已接种的疫苗是否记录在案。

（4）出入境登记卡。

出境登记卡是护照的重要组成部分。办理完上述手续后，再携带出国人员的护照、签证、户口本、身份证等证件办理临时出国登记手续。

（5）购买飞机票。

可通过航空公司进行机票预定，也可联系旅游公司代理机票业务或自行前往航空公司订票。

（6）办理保险。

出国人员应通过代理人由保险公司办理有关保险，以便在发生意外事故、医疗、行李丢失等问题时把损失降到最小。注意应购买意外险。

2. 出入境检查

出入境检查是为了保卫国家的主权和安全，而对出入国境的人员等进行的检查。出入境检查的内容包括：护照检查、证件检查、签证检查、出入境登记卡检查、行李物品检查、交通运输工具检查等。

小锦囊

合理分配行李

可事先将托运行李和手提行李分开，建议使用带轮子的行李箱，以方便随身携带。各航空公司要求不同，一般大件行李免费托运 20 公斤（超重需自付现金），手提行李不得超过两件，国外个别航空公司只限一件，规格要求也不尽相同。

3. 其他准备

（1）了解时差。

出国（境）考察前，应对被考察国家的时间有所了解和熟悉，特别是相对于我国的时差规律，以便于时间的推算。

（2）兑换外币。

需要了解被考察国家使用的货币和兑换汇率，并兑换部分货币以方便使用，一般有三种方式：

① 携带现钞。按照《中华人民共和国人民币管理条例》和《中华人民共和国国家货币出入境管理办法》的有关规定：一是中国公民出入境每人每次携带 20000 元以内人民币、或者不超过等值 5000 美元（含 5000 美元）的外币现钞时可直接放行；二是出境人员携带外币现钞金额在等值 5000 美元以上至 10000 美元（含 10000 美元）时，应向外汇管理局指定银行申领《携带外汇出境许可证》（简称《携带证》），海关凭加盖外汇指定银行印章的《携带证》验证放行；三是如携带超过等值 10000 美元的外币现钞出境，需凭外汇管理局发的《携带外汇出境许可证》放行。

② 旅行支票。旅行支票是指银行或旅行社为方便旅游者或出差人员所签发的特种支票。是一种定额本票，能在全世界通用，其作用是专供旅客购买和支付旅途费用，它与一般银行汇票、支票的不同之处在于其没有指定的付款地点和银行。不仅可在发行银行的代兑行兑取票款，而且还可以在旅行社、旅店、机场、车站等地随时兑付。旅行支票的兑换和携带都很方便，而且流通期限长，可以长期使用。

小锦囊

旅游支票的使用

在支票上签上您的名字，待在境外消费时，在支票的“复签”处再签一次您的名字即可。使用旅行支票消费和使用现金一样，还可以找零。旅行支票和现金最大的不同是，只要携带购买协议，旅行支票是可以挂失的。

③ 国际信用卡。国际信用卡提供的服务更全面，携带也比较安全，在境外消费可直接刷卡，还可以透支。无论是哪个银行发行的信用卡，只要属于国际信用卡组织，如 VISA 或 MASTERCARD，就可以在不同国家和地区的全部特约商户消费，也可在会员银行取现或在全球标有 “PLUS”或“CIRRUS”的 ATM 机上提款。无论是在哪个国家消费或取现，银行都会按照国际信用卡组织公布的外汇买卖牌价，自动转换成所持信用卡的币种进行结算。不必顾及签账国家的流通货币，减少了外币兑换的损失和麻烦，避免携带大量外币现金的风险，非常方便。但国际信用卡申领所需时间较长，对申领者审查比较严格，手续比较烦琐。另外，根据信

用卡的信用额度和申请者的信用情况，还要缴纳一定的保证金，并收取一定的手续费。

（3）准备礼物。

应准备一些具有纪念意义的礼物，如具有中国传统特色的中国结，既轻巧又便携。

（4）了解资料。

在从事涉外商务活动前，应全面了解和熟悉被考察国家的概况，其中包括位置、性质、人口、文化及礼仪等方面的内容。

① 语言。需要学会基本、简单的问候语和告别语等常用词语和句子。

② 习惯。需要了解一些被考察国家人民的生活习惯和方式，便于沟通和交流。

（5）准备行装。

应于出行前准备好护照、身份证、机票、个人出行用品（包括毛巾、牙刷、牙膏、茶叶、拖鞋）及常用药品，还应携带雨伞、相机等物品。

4. 涉外出行

在涉外出行过程中，一般需要从很多方面规范自身礼仪和言谈举止，特别是以下三个方面：

（1）着装。

在涉外差旅礼仪中，男士以穿着正装（西装）为宜，女士以穿着正装（裙装）为宜，尽量不要随意着装，集体考察时应统一佩戴识别标志徽章。

（2）交谈。

乘坐涉外交通工具时应尽量避免和周围人搭讪，以免因语言表达意思误差造成不必要的麻烦和误会。

小锦囊

巧妙应答

当外方朋友主动和你搭讪而你听不懂时，应先面带微笑回应道："I am sorry."随后用中文回应："对不起，我无法理解您的意思。"这样既表达了一种因语言不通无法交流的歉意，又体现了中国作为礼仪之邦的礼仪。

（3）乘车。

涉外乘车时应遵守交通法规和注意交通安全，乘坐计程车时应注意部分国家左驶的特点，因此等候乘车时应选择好乘车方向和车辆。

实践训练

1. 情景训练

【情景】一天，景苑汽贸公司王总经理准备到英国去考察，交办秘书聂晶去办理出国的相关手续，聂晶因为临时有事将办手续的事情委托给了公司秘书袁英明，可是袁英明并不知道该如何去办理相关手续。

实训要求：

（1）如果你是秘书袁英明，你该怎么办？

（2）请演示办理手续的过程。

2. 综合训练

【案例分析】

景苑汽贸公司王总经理安排秘书聂晶去英国出差，聂晶兑换了英镑和欧元，同时准备好了各种出国的手续和物品，到了英国后，聂晶发现携带的衣物中没有正装，无法出席正式的场合。

请问：如果你是聂晶，出国前你该做哪些准备？

【综合情景训练】

景苑汽贸公司王总经理安排秘书聂晶去法国出差，聂晶电话询问同为秘书的李雪到法国出差应该注意哪些礼仪，如果你是秘书李雪，你该如何帮助聂晶呢？

实训要求：

（1）李雪该怎么帮助聂晶？

（2）请说明出国时在礼仪方面的注意事项。

知识小结

交通出行成为人们日常生活中必不可少的活动。我们要注意驾车出行礼仪，乘坐飞机礼仪，乘坐火车、轮船及长途车的礼仪。

住宿是外出商务活动的重要组成部分，虽不属于正式场合的商务活动，却与商务活动紧密相关。

出差时，要正确处理好上下级关系、男女同事间关系。

办理出国手续包括办理护照、办理签证、办理国际预防接种证、办理出境登记卡、购买机票、办理保险等。还要办理好出入境手续，包括边防检查、海关检查、安全检查、检疫检查等手续，并做好其他各项准备工作。

模块7　商务活动主持礼仪

学习目标

知识学习目标：

- 了解和掌握商务活动主持的一些基本技巧、商务活动主持及主持人的语言艺术。

能力培养目标：

- 能运用商务活动主持的基本技巧和基本特征灵活、顺利地主持商务活动。

素质拓展目标：

- 将礼仪真正融入各种商务活动的主持过程中。

第1单元　商务活动主持的基本技巧

情景导入

星盛商业集团的业务进一步扩展，旗下的若干家分公司经常要举办一些商务活动，可是，从总公司到分公司都没有比较专业的主持人才，于是，总经理就让刚刚大学毕业不久、在本公司任总经理办公室秘书的吴诗怡主持。而吴诗怡毕竟不是科班出身，虽然举止大方、吐字清晰、表达流利，但总感觉还有不尽如人意的地方。在一次为星盛商业集团举办的周年庆典活动之后，一位出席活动的客人说了这么一句话："这个主持人相貌不错，吐字清晰，举止得体，就是声音太尖了，有些刺耳。"客人的一句话引起了总经理的注意，他这时才幡然醒悟，原来"不尽如人意"的原因就是这个啊！应该提醒小吴改变发声方法，希望她既是一个称职的秘书，也是一个合格的主持人。于是，总经理找到吴诗怡，说了自己的想法。吴诗怡也意识到了这个问题，她表示自己非常喜欢主持这个工作，也很想学习一些有关主持方面的专业知识，希望能够做一个出色的商务活动主持人。于是，她借阅了许多相关的专业书籍，又经常收听广播、收看电视节目，注意观察和模仿那些专业的播音员、主持人的发声方法。经过一段时间的摸索，总觉得还有些地方不明白，于是，她又到大众传媒学院向专业的播音老师请教。

项目任务

作为一个主持人，应该怎样科学发声才能使声音圆润动听、有感染力？

作为一个商务活动主持人，应具备哪些基本素养？

任务分析

商务活动是企业为扩大影响、推销产品或提高自己的声誉而开展的一种宣传活动，商务活动的成功与否往往直接关系到企业的生存和发展，因此，每一次对外宣传都应该精心组织、周密安排，以取得最佳效果。商务活动主持人往往直接代表企业形象，无论是衣着妆容还是言谈举止，都应该得体庄重、恰到好处。

吴诗怡举止大方、吐字清晰、表达流利，这些都是商务活动主持人必备的条件，但由于发声方法不对，声音显得有些刺耳，这可能会影响到人们的收听效果，甚至直接影响整个商务活动的效果。因此，她一定要向专业人员学习，培训后是能够以专业水准展现在人们面前的。

相关知识

商务活动主持的基本技巧有商务活动主持人的语言技巧和非语言技巧，语言技巧包括语音、发声、停连、重音、语气和节奏等，非语言技巧包括仪表、姿态和表情等。

1. 商务活动主持人的语言技巧

（1）语音知识。

语音是由人的发声器官发出的声音和意义的结合体，是语言的物质外壳。人们用语言表达思想，进行交流时必须借助语音。语音在社会交际中代表了一定的意义，也就是说无论是说还是听，都离不开语音。

商务活动主持人的语音知识主要包括声母、韵母、声调、语流音变等，语音学习的基本要求是准确、熟练，从发音及辨正两个方面去努力，不但要动脑，而且要上口，通过反复的实践，加深记忆。

① 声母。一个汉语音节起头的辅音部分是声母，共有21个辅音声母和1个零声母。

按照发音部位把声母分为7类，见表7.1。

表7.1 声母分类

声母分类	声母	发音部位	音节练习
双唇音	b p m	上下唇	摆布 排炮 偏旁 匹配 埋没
唇齿音	f	上齿下唇	发放 方法 非法 肺腑 复方
舌尖前音	z c s	舌尖、上或下齿背	栽赃 草丛 苍翠 速算 僧俗
舌尖中音	d t n l	舌尖、上齿龈	带动 贪图 男女 流露 岭南
舌尖后音	zh ch sh r	舌尖、前硬腭	战争 查抄 山水 荏苒 融入
舌面音	j q x	舌面前部、硬腭	积极 亲切 群情 现象 艰巨
舌根音	g k h	舌根、软腭	规格 改革 开课 海河 祸患

小锦囊

注意分辨容易混淆的声母

声母发音中要区分 h 与 f，n 与 l，z、c、s 与 zh、ch、sh、r，z、c、s 与 j、q、x，zh、ch、sh 与 j、q、x 的不同发音。

② 韵母。汉语音节中声母以后的部分是韵母。共有 39 个韵母，按语音结构分为单韵母、复韵母、鼻韵母 3 类，见表 7.2。

表 7.2　韵母分类

分类	组　成	组 成 特 点	发 音 特 点	其他特点
单韵母	ɑ、o、e、i、u、ü、ê -i（前）、-i（后）、er	7 个舌面元音韵母和三个特殊元音韵母	舌位和口形始终保持不变	
复韵母	ɑi、ei、ɑo、ou、 iɑ、ie、uɑ、uo、ue iɑo、iou、uɑi、uei	有两个或 3 个元音	从一个元音的舌位逐渐滑动到另一个元音的舌位	
鼻韵母	ɑn、en、in、iɑn、uɑn、üɑn、uen、ün、ɑng、eng、ing、iɑng、uɑng、ueng、ong、iong	有 1 个或两个元音和鼻辅音	由发元音的舌位逐渐转化为发鼻辅音的状态，最后用不除阻的鼻音收尾	鼻辅音 n 或 ng 作鼻韵母的韵尾

温馨提示

韵母中发音最响亮清晰、开口度最大的那个元音是韵腹（不可少），它前面的元音是韵头（也可以没有），后面的音素是韵尾（也可以没有）。发音时韵腹的开口度要到位，这样可以带动其他元音的发音。

③ 声调。汉语音节固有的、有区别意义的声音的高低升降变化叫声调。调类见表 7.3。

表 7.3　调类

调　类	调　值	特　点	例　字
阴平	55	起音高一路平	音　春　天
阳平	35	由中到高往上升	阳　娘　盘
上声	214	先降后升曲折型	赏　抢　蠢
去声	51	高起猛降到底	例　胜　去

可采用五度标记法标记调值，即声调的实际读法。

温馨提示

音乐中音阶的移动变化是跳跃式的，而声调的音高变化是逐渐滑动的。

④ 语流音变。在语流中，由于相邻音节、相邻音素的互相影响，一些音节中的声母、韵母或声调会发生变化，这种现象叫语流音变。普通话中最典型的音变现象有轻声、儿化、变调、语气词“啊”的变读等。

a．轻声。普通话每个音节都有一定的声调。在一定的语言环境下，有的音节常常失去原来的声调，念成又短又轻的调子，叫轻声。

轻声音节的音高取决于前一个音节声调的高低：上声音节后面的轻声较高，阴平、阳平音节后面的轻声较低，去声音节后面的轻声最低。

普通话语音读轻声的情况：

- 助词“的、地、得、着、了、过”，如：哭了、笑着、我的、走过；
- 语气词“吧、吗、呢、啊”等，如：还好吧、行啊、是谁呢；
- 名词的后缀“子、头、们”等，如：凳子、石头、我们；
- 叠音词的第二个音节，双音节重叠形容词的第一音节重叠部分，如：框框、说说、漂漂亮亮、客客气气、热热闹闹；
- 表示趋向的动词、方位词，如：下去、进来、右边、前面；
- 习惯读轻声的词语，如：窗户、云彩、聪明、先生、学生。

温馨提示

轻声一般不出现在词或句子开头，轻声音节总是出现在其他音节后面，或是夹在词语中间。

b．儿化。后缀“儿”不自成音节，而是同前面的音节合在一起，使前一个音节的韵母成为卷舌韵母。

儿化的积极作用：

- 表示喜爱、亲切的情感，如：小孩儿、红红的小脸蛋儿；
- 表示小或少的意思，如：一点儿、一会儿、一袋儿；
- 区分词性，如：画（动词）与画儿（名词）；
- 区分词义，如：头（脑袋）与头儿（领头者）。

小锦囊

儿化韵的拼写与发音

儿化韵的拼写，只在音节末尾加一个卷舌符号 r 即可。儿化韵的发音是在前面韵母的主要元音上附加一个卷舌动作，使韵母带上卷舌声。

c．变调。音节连续时，相邻音节的声调发生变化的现象叫作变调。主要有上声变调、“一”和“不”的变调。

上声的变调：

- 上声在阴、阳、去声前读半上：广播、感情、理论；
- 上声在上声前读阳平：美好、窈窕、粉笔；
- 三个上声相连：前面两个音节联系紧密或三个字并列，前两个音节变为阳平，如：演讲稿、洗脸水、甲乙丙、好懒散。

后面两个音节联系紧密，第一个音节变为半上，第二个音节变为阳平，如：好厂长、纸老虎；

- 三个以上的上声音节相连，按词语划分两个字或三个字一节，再按照上述方法去变调，如：请给我｜买把｜小雨伞。

● 上声在轻声音节前的变调：

上声在本调为非上声的轻声音节前读半上，如：老实、脑袋；

上声在本调为上声的轻声音节前读半上或阳平，如：奶奶、姐姐、耳朵、把手、哪里、走走。

“一”的变调：

“一”念本调阴平的情况：单念、表示序数词、在词句末尾时。例如：一、第一、始终如一、一来二去。

● 在去声前念阳平，如：一定、一切、一会儿；
● 在非去声前念去声，如：一心、一群、一起；
● 夹在重叠词中间念轻声，如：试一试、尝一尝。

“不”的变调：

“不”念本调去声的情况：单念、词句末尾、在非去声音节前时。例如：不、我决不、不哭、不行、不想、不即不离。

● 在去声音节前读阳平，如：不是、不去；
● 在词语中间读轻声，如：信不信、了不起。

温馨提示

变调的音节在书写拼音时除了轻声不标声调，其余的变调音节都标本调。

d. “啊”的变读。“啊”作为感叹词用在句前时发“ɑ”的声音，用以表达语气感情，作为语气助词，用在句尾时，由于受前面音节末尾音素的影响，会发生不同的音变现象。

“啊”前面音节收尾音素	“啊”的音变	汉字书写	练　习
u（包括ɑo、iɑo）	wɑ	“啊”或“哇”	跳舞啊、真好啊
n	nɑ	“啊”或“哪”	好人啊、小心啊
ng	ngɑ	啊	真行啊、凶啊
-i（后）、er	rɑ	啊	老师啊、悦耳啊、没事儿啊
-i（前）	zɑ	啊	几次啊、真丝啊
ɑ、o、e、ê、i、ü（不包括ɑo、iɑo）	yɑ	“啊”或“呀”	回家啊、稀奇啊、下雨啊

小锦囊

“啊”的音变

“啊”的音变，都是顺着上一个音节收尾音素的口形发出，用最省力的动作发出最好听的声音。

（2）科学发声的知识。

掌握科学的发声技巧并熟练运用，可以使气息通畅、持久、变化自如，使声音宽松、有弹性、有力度，使唇齿灵活，从而语言更有感染力和表现力。主持人科学的发声技巧主要把握以下几个方面：

① 呼吸控制。气息是发声的动力，是声音的支撑，是有声语言表达的重要手段。气息运用

得正确与否，决定了声音的好坏。也就是说，只有获得了灵活有力的气息状态，才能发出理想的声音。所以，主持人应把气息的训练放在发声技巧训练的首位。

a．胸腹联合式呼吸法。

主持人科学的呼吸方法是胸腹联合式呼吸法，其要领是：

- 吸气：如闻花香，腹部放松，吸气时腰带周围和腹部都有膨胀的感觉，胸廓扩张，口鼻同时迅速无声地吸气。
- 呼气：呼气时要保持腰部膨胀的感觉，即保持住吸气时的膨胀状态，随着发声，气息徐徐而出。
- 换气：随着气息的徐徐呼出，腰带周围和两肋微微收缩，感到需要换气时，口鼻都打开，气息自然而然就进来了。有三种换气形式：偷气——快速无声的补气；抢气——为了表达的需要，不顾有没有吸气声；就气——为了使语句意思表达完整，用体内余气把句子表达完。

温馨提示

不要把体内气都用尽了才换气，要留有余地。

b．胸腹联合式呼吸法的训练。

训练的目的：找到发声时腰带周围膨胀并保持膨胀的感觉，掌握腹部灵活弹动的技巧，练习呼气的持久性。

- 快速吸气感受及练习：突然看到远处一个很久没见的朋友，想喊住她："李强——"
- 慢呼练习：快速吸气后，保持膨胀 5 秒左右后发"丝"音，感受发"丝"的一刹那，腰带周围再膨胀一下，发"丝"过程中仍然保持膨胀的感觉，反复练习。
- 换气练习：感觉体内气息不够了，就打开口鼻，快速吸气，继续慢呼动作。
- 弹动练习：小声但有力地发"嘿""哈"或喊操"一二一！一二一！一二一 ！"感受腹部的灵活弹动，训练腹部肌肉力量，反复练习。
- 数葫芦、数枣：不换气一直往下数，练习气息持久性；每数一个或几个换气，练习换气的灵活性。
- 锻炼腹部肌肉：仰卧起坐、俯卧撑、引体向上等。
- 日常说话时坚持用胸腹联合式呼吸法：使生活中的呼吸状态与主持时的呼吸状态统一起来，持之以恒，使科学呼吸下意识地自动化。

② 口腔控制。主持人吐字应该准确清晰、圆润饱满。吐字归音是使字音清楚、准确、完整、饱满的传统发音手段。

a．吐字归音在出字、立字、归音三过程中的要领。

- 出字——对字头的处理，字头包括声母和韵头。要求出字有力，叼住弹出，吐字清晰有力。零声母前的"附加"字头也要做到出字有力。
- 立字——对字腹的处理，字腹即韵腹。要求立字饱满，拉开立起。字腹一般是开口度较大的元音，口腔开度到位，发音饱满圆润。
- 归音——对字尾的处理，要求字尾归音弱收到位，趋向鲜明。弱收是发音渐弱趋止，到位是尾音归到应到达的位置。

● 枣核形。

字头、字腹、字尾俱全的音节吐字的状态是：字头叼住弹出、字腹拉开立起、字尾弱收到位，合起来是一个中间大两头小的“枣核形”，整个字音的发音过程是滑动的，有整体感，如图 7.1 所示。

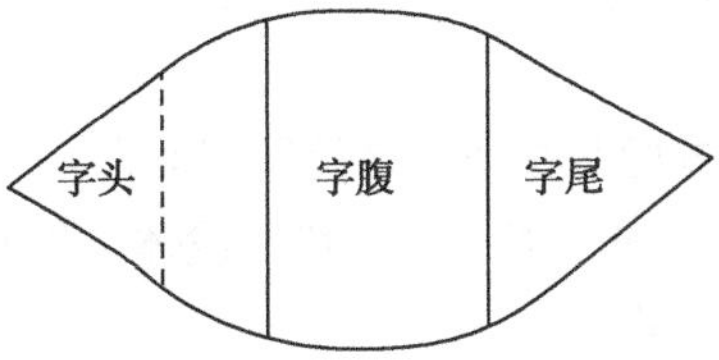

声母	韵头	韵腹	韵尾
声母	韵母		

图 7.1　枣核形发音图

b．咬字器官互相配合的要领。

字音主要是由咬字器官配合发出的，所以要熟悉咬字器官，并能控制咬字器官。要领是四个字：打、挺、提、松。

- 打——打开口腔，提起双侧上后牙槽，加大口腔开度，丰富口腔共鸣，为字音的拉开立起创造条件。
- 挺——挺起软腭，就是抬起上腭后部的动作，可以加大口腔后部的空间，避免气流过多地进入鼻腔，避免鼻音。
- 提——提颧肌，使颧肌稍有紧张的感觉，使口腔前部及上颚顶部有展宽的感觉，上唇贴住上齿，使吐字清晰、明亮。
- 松——放松下巴，也是为了打开口腔，下巴不放松会造成发声紧张吃力，易疲劳。

c．口部操。

● 唇的练习。

喷——双唇打响；咧——双唇紧闭并尽力向前噘起；撇——双唇紧闭并向左右上下歪、抬；绕——双唇紧闭并转圈。

● 舌的练习。

刮舌、顶舌、神舌、绕舌、立舌、舌打响等。

③ 共鸣控制。学会共鸣，发声才能达到较高的境界，主持人要掌握“以口腔共鸣为主、胸腔共鸣为基础”的声道共鸣方式。

a．以口腔共鸣为主。语言传播中，准确、清晰是第一位的，所有的字音都形成于口腔，能否保证语言清晰，口腔共鸣非常重要。所以，要充分发挥口腔共鸣的作用，提高声音的质量，口腔共鸣的控制就是充分打开口腔，增强共鸣效果，即上面讲到的咬字器官控制四字要领的把握。

b．以胸腔共鸣为基础。胸腔共鸣可以使声音浑厚结实、朴实大方，但胸音成分不能过多，否则会使字音混浊不清。

④ 情、声、气结合。

a．主持人发声中的情、声、气。

情——在主持过程中，服务于主持目的、由具体话题引发的、由有声语言表达出来的、始终运动着的情感。情是我们进行主持创作活动的依托。

声——主持人依据话题，使用发声器官，运用语言表达技巧所发出的、经过了科学训练后的规范化的、艺术化的有声语言。

气——主持人使用胸腹联合式呼吸法所获得的发声动力。

b．情、声、气的关系。情是依托，是内涵；声是载体，是形式；气是动力，是基础。气随情动，声随情出，气生于情而融于声。

c．情、声、气的结合。主持人在主持创作活动的过程中，声音是唯一的或是很重要的表现形式。情要通过声音和气息才能表达出来。主持人发声时，情、声、气结合所追求的境界应该是：情声气交融，主客观高度统一。

⑤ 发声器官的保护。

a．锻炼身体，增强体质：身体的抵抗力增强，感冒不能乘虚而入，避免嗓子受到伤害。

b．充足的睡眠：有了充足而旺盛的精力，才可能有铿锵有力的声音。

c．用声保护，控制情绪：生活中过分的情绪表现或突然的大喊大叫都对嗓子不利，主持人要尽量避免。

d．饮食保护：多吃对嗓子保护有益的食品，如苹果、柿子、绿豆等，少吃对嗓子有害的食品，如辣椒、大蒜等刺激性较强的东西。

（3）停连。

停是停顿，连是连接，停连是有声语言的标点符号。在有声语言的表达中，停连常常是同时存在的，有停顿、有连接才能更好地传神达意。

① 停连的作用。

a．生理需要：一口气说完一个话题是不行的，也是不可能的，句子间、层次间一定要换气，要调节声音，要休息声带、唇舌等。

b．心理需要：利用停连准确、鲜明、充分地表达思想感情。思想感情的运动需要在哪里停连就要在哪里停连。

停连的生理需要应服从心理需要，千万不要因停断情。停顿处理得好，可以起到“此处无声胜有声”的作用。

② 停连的位置和时间。

在停连的位置和时间上，没有万能的公式，因为语言艺术的生命力在于变化，总的原则是：根据稿件内容和内心情感的需要，参考标点符号，做停连处理。

③ 停连的方法。

停连的方法有扬停和落停、直连和曲连。

扬停——句尾语势上扬或平着走。

落停——句尾语势往下落。

直连——紧密相连。

曲连——藕断丝连，悠悠向前。

④ 停连中应注意的问题。

a．不要见标点符号就停。

b．不要没标点符号就不敢停。

c．不要断错句。

> **温馨提示**
>
> 停连仅仅是多种表达技巧中的一种，有声语言的表达是多种表达技巧的综合运用，它们是同时起作用的。

（4）重音。

重音是句子中需要着重强调的词或词组。

① 重音的作用。突出地、明晰地表达语句目的和鲜明地表达思想感情。

② 重音的确定。一个句子的重音放在什么位置，取决于说话的目的，以“我爱这个工作。”这句话为例来说明。

<u>我</u>爱这个工作。（谁爱这个工作）

我<u>爱</u>这个工作。（爱不爱这个工作）

我爱<u>这个</u>工作。（爱哪个工作）

我爱这个<u>工作</u>。（爱这个什么）

③ 重音的表达。运用对比的手法显现重音：虚实对比、轻重对比、高低对比、明暗对比、快慢对比……常常将几种方法综合运用。

④ 注意事项。

a．克服习惯重音：完全按照个人习惯，不管语句目的的习惯重音一定要克服。

b．克服重音多，淹没语句目的的习惯，重音多则没重音。

c．不能把重音与轻重格式等同。

（5）语气。

能够表达说话人思想感情的语句的声音形式叫语气，也叫语调。语句蕴涵的情感和语句的声音形式是密不可分的，同一句话，说话人情感不同，说出来的声调当然也就不同了。

① 语气的作用。表达语句的感情色彩和分量，使表达形象、生动、感人。

② 语气的情感。语句所包含的喜、怒、哀、乐、爱、恶、欲等各方面的具体性质是情感的色彩，把握语句的情感色彩要以句子为单位。情感的强度是情感的分量，情感的色彩要分明，分量要适度。如：喜——有窃喜、暗喜、沾沾自喜、喜出望外、狂喜等。同一类情感，态度和浓淡程度是不同的。

③ 语气的声音形式。语气的声音形式是语气的躯体，语气的感情色彩和分量就是通过恰当的声音形式来体现的。所以，我们表达时要综合运用口腔状态、气息状态、多种声音要素的变化，如高低、轻重、虚实、明暗等各方面的变化，来表达不同的思想感情，不能单一化、程式化。例如：“你真好看啊！”这句话在表达时，由衷赞扬与讥讽嘲弄的感情色彩视声音形式是不同的：由衷赞扬时，声音形式是气徐声柔；讥讽嘲弄时，声音形式是气浮声跳。

小锦囊

情感支配声音

一定要用情感来支配声音，不同情感的句子应该用不同的声音来表达，任何时候都不要把声音形式框死了，要在具体的语境中把握语气的特点。

（6）节奏。

① 什么是节奏。一切交替出现的、有一定规律的有序运动都可以形成节奏。例如，大自然中春夏秋冬周而复始的变化是节奏，大海的潮涨潮落是节奏……人的心脏的规律跳动、呼吸运动等都是节奏。

有声语言的节奏——有声语言中抑扬顿挫、轻重缓急的回环往复。

节奏要从全篇去把握。

抑扬——音高的变化。声高是扬，声低是抑。高低是相对的，在对比中显现。

顿挫——声音间歇的长短。间歇长为停顿，间歇短为稍挫。顿挫是思想感情的延续，要做到声断情不断。

轻重——声音强弱的变化。

缓急——语句速度的快慢变化和语节内音节的疏密变化。

全篇的节奏由全篇的抑扬、顿挫、轻重、缓急构成。

② 节奏的作用。

a．使语言产生美感。凌乱的节奏是不美的。

b．使语言表达生动。节奏是强调对比变化的，有对比、有变化，才能不刻板、不僵化，才会自然生动、打动人心。

c．不同的节奏能引起人们不同的情感。例如：战鼓——让人振奋，昂扬；少儿鼓乐队——给人单纯、稚气、生机的感觉。

③ 节奏的类型。分析全篇节奏，有六种节奏类型：

高亢型、低沉型、紧张型、舒缓型、轻快型、凝重型。

④ 运用节奏的方法。

a．欲抑先扬，欲扬先抑；

b．欲停先连，欲连先停；

c．欲轻先重，欲重先轻；

d．欲快先慢，欲慢先快。

温馨提示

四种方法要综合运用，不要单一使用，核心是对比和变化，要变化自如、操控有度。

2．商务活动主持人的非语言技巧

在交际中，伴随着有声语言，人们经常会使用一些非语言的因素来帮助表情达意，这些非语言因素包括仪表、姿态和表情等。

（1）仪表。

仪表包括主持人的妆容、发型和服饰等几方面的因素。

① 妆容。化妆不仅是自身仪容美的享受需要，还是礼仪主持人工作的需要，主持人要根据所主持活动的内容、性质、规模、正式与非正式的程度，来决定化妆的浓淡。

商务活动中，主持人要体现出大方、得体、优雅的职场形象。因此，妆容也应该是清新淡雅、自然光亮的。越正式的活动，越不要浓妆艳抹。

② 发型。发型选择的总原则是：符合主持活动的内容、符合自己的职业特点，也要与年龄、脸形、体形、气质、服饰、环境等因素结合起来，体现美观、大方、得体的要求。

③ 服饰。主持人要根据主持节目的时间、地点和目的来选择服饰。例如：白天参加会议应该穿职业正装，晚会应穿晚装。服饰要与场合协调，参加公务活动时的服饰应该是庄重的；社交场合的服饰应该是典雅、时尚的。所以，参加商务会议时应该是正装出席，参加联谊活动时可以选择时装、礼服等服饰。

（2）姿态。

主持人行姿的运用要以生活化为好，防止表演的成分，根据所主持节目的不同，选择采取轻快步伐或是沉稳的步伐等。

主持人的手势语言非常丰富，也很有讲究，总的原则是简练，不要太多。

① 主持人在自然情况下双手可以自然下垂，偶尔变换，辅以手势动作，显得轻松、自然、有风度。

② 如果主持人使用手持话筒，通常用左手拿话筒，右手做手势，如果是用微型无线话筒，可以别在衣服上，两只手便可以自由地做手势了。

温馨提示

主持人的手势应该是伴随着语言的十分自然的一种动作。主持人的手势一定不要过分表演化，要真实自然。

（3）表情。

表情是人类最主要的一种非语言因素，也是主持人最主要的非言语技巧。主持人平时要注意多观察、多积累，做到用恰当的非语言技巧去传情达意。眼睛特别重要，每一个眼神都配合着有声语言，它能够表达语言可表达的思想感情，甚至语言难以表达的思想感情。所以，主持人一定要注意自己的目光，一定要看着观众，和观众交流。

实践训练

1. 单项训练

（1）音节练习。

纳凉 四十 老农 凌虐 男女 南岭 烂漫 浪漫 清真 成本 频繁 信誉 心情 灵敏 简直 罐装 稳重 寻机 窈窕 勉强 坎坷 哪里 走走 奶奶 猩猩 一会儿 了不起 试一试

（2）四音节练习。

要求：夸张练习。

暴风骤雨 满园春色 发奋图强 大快人心 谈笑风生 鸟语花香 老当益壮 盖世无双
豪言壮语 千军万马 辗转反侧 山水相连 人才辈出 赞不绝口 所向披靡 一唱一和

（3）绕口令练习。

要求：不要首先就求快，要先准后快。

① 八百标兵奔北坡，炮兵并排北边跑，炮兵怕把标兵碰，标兵怕碰炮兵炮。

② 粉红墙上画凤凰，凤凰画在粉红墙，红凤凰，黄凤凰，粉红凤凰花凤凰。

③ 山前有 44 棵涩柿子树，山后有 44 只石狮子，山前的 44 棵涩柿子树涩死了山后的 44 只石狮子，山后的 44 只石狮子咬死了山前的 44 棵涩柿子树。

④ 稀奇稀奇真稀奇，麻雀踩死老母鸡，蚂蚁身长三尺七，七十七岁的老头儿躺在摇篮里。

⑤ 牛郎年年恋刘娘，刘娘连连念牛郎，牛郎恋刘娘，刘娘恋牛郎，郎恋娘来娘念郎。

⑥ 天上日头，嘴里舌头，地上石头，桌上纸头儿，手掌指头，树上枝头。

⑦ 有个小孩儿叫小兰儿，挑着水桶上庙台儿，摔了个跟头儿拣了个钱儿，又打醋又买盐儿，还买了一个小饭碗儿。小饭碗儿，真好玩儿，红花儿绿叶儿镶金边儿，中间儿还有个小红点儿。

⑧ 啪啪啪，谁啊？张果老啊！怎么不进来啊？怕狗咬啊。衣兜里兜着什么啊？大酸枣啊。你怎么不吃啊？怕牙倒啊。胳肢窝里夹着什么啊？破棉袄啊。怎么不穿上啊？怕虱子咬啊。怎么不叫你老伴儿拿拿啊？老伴儿死了。你怎么不哭啊？盒儿啊，罐儿啊，我的老伴儿啊！

（4）诗词练习。

①《声母歌》春日起每早，采桑惊啼鸟。风过扑鼻香，花开落，知多少。

②《黄鹤楼》昔人已乘黄鹤去，此地空余黄鹤楼。黄鹤一去不复返，白云千载空悠悠。晴川历历汉阳树，芳草萋萋鹦鹉洲。日暮乡关何处是，烟波江上使人愁。

③《过零丁洋》辛苦遭逢起一经，干戈寥落四周星。山河破碎风飘絮，身世浮沉雨打萍。惶恐滩头说惶恐，零丁洋里叹零丁。人生自古谁无死，留取丹心照汗青。

（5）重音练习。

要求：强调下面句子的不同部分，练习重音。

① 她是多么聪明的孩子啊！

② 日本人是"笨"，但关键是人家知道自己"笨"，并设计了一套适合于"笨"人的"笨"办法。

③ 不缺少名牌服装，不缺少电子宠物，不缺少麦当劳快餐，不缺少祖辈父辈双重呵护的孩子们，偏偏缺少适合他们的歌曲。

④ 如果你是一个人，我可不可以跟你聊聊？

（6）停连训练。

① 你说不过他也得说。

② 请听电影"飞吧，足球"插曲。

③ 要充分兼顾青年的工作、学习和娱乐、体育、休息两个方面。

④ 坚持"发展是硬道理"的思想不动摇。

（7）语气练习。

① 看！漫山遍野的紫罗兰汇成了花的海洋。（如欣喜的、冷漠的语气）

② 你可真好看啊！（如赞扬的、嘲讽的、害怕的语气）

（8）节奏练习。

① 真好，朋友送我一对珍珠鸟。（轻快型）

② 暖国的雨，向来没有变过冰冷的坚硬的灿烂的雪花。（舒缓型）

③ 这时候，敌人把四个团兵力完全集中起来，向我军反扑，打得很激烈。（紧张型）。

④ 邻居们把她抬上车时，她还在大口大口地吐着鲜血。（低沉型）

⑤ ——让暴风雨来得更猛烈些吧！（高亢型）

⑥ 在山西水文县，一个叫作云周西村的地方，上个月 12 号，有一个 17 岁的女共产党员刘胡兰，被阎锡山匪军杀害了。（凝重型）

（9）微笑训练。

（10）化妆练习。

（11）服饰搭配练习。

2. 综合训练

【综合情景训练】

总公司的主持人专业培训进入了尾声，决定举行一场专业汇报演出，一是为了增进友谊，二是为了提高大家对学习的兴趣，三是考查大家对主持人基本技巧的掌握情况。于是，学员们绞尽脑汁地想招儿，怎样才能在自己的节目中既体现自己对语音、发声、表达和仪容、表情等的把握，又使自己的节目有看头、有亮点、吸引人。

实训要求：

（1）角色扮演，互评、自评。

（2）多次演练，挑选出表演出色的两个组在班上彩排表演。

第 2 单元　商务活动的主持

情景导入

星盛大世界服装公司下周要与同属总公司的兄弟公司——星盛大酒店举行联谊会，公司老总把这次联谊会的主持任务交给了刚刚从总公司培训回来的秘书张蓉和干事郑重两个人。张蓉虽然在总公司参加了商务活动主持人的培训，经多名外聘专家授课，又由总经理办公室秘书吴诗怡作训练指导，并协助主持过几次商务活动，但真正完全由自己主持，这还是第一次。而干事郑重从未参加过培训，所以他们心里忐忑不安。

项目任务

如果你是秘书张蓉或干事郑重，你该怎样主持这场联谊会呢？

任务分析

作为联谊会的主持人，应该具备良好的口头语言表达能力和一定的表演才能，还要能根据节目和现场观众的不同进行不同的设计，并与合作者默契配合，有效地控制联谊会现场。

张蓉参加过相关培训，但还缺乏主持经验，而郑重则没有任何相关知识与经验。这就要求他们首先要做出符合这次联谊会特点的总体设计与策划，同时张蓉还要向郑重介绍一些主持联谊会的相关知识与经验，再反复练习与磨合，才能顺利完成这次联谊会的主持任务。

相关知识

从会议主持、仪式主持、晚会主持三个方面介绍商务活动的主持。

1. 会议主持（包括商务会议、洽谈会和茶话会）

（1）商务会议的主持。

商务会议主持人是负责主持会议的人，所主持会议应与身份相符。

① 主持人的礼仪要求。

主持人的服饰、仪容、姿势和发言等都要符合身份，要自然大方。应着工作装；女士化工作淡妆，男士要把胡须剃干净；主持人要沉稳、自信地走入主持位置；在整个会议过程中，主持人的姿势、谈吐都要表现得令人信服。

② 主持过程。

a. 自信地走上主席台——观众对你的初步印象决定了你是否是一名受欢迎的主持人，自信而果断地走向主席台是非常重要的第一步。

b. 主持前的片刻停顿——在主持人主持演讲之前，先用几秒的时间审视一下会场的观众，这是非常有必要的。观众会把目光集中在主持人身上，注意力也就过来了。

c. 准时宣布会议开始——准时不仅是一种美德，还能显示出会议的重要性。

d. 精彩的开场白——开场白简洁、幽默、贴切是会议轻松、愉快、吸引人的前提。

e. 主持过程中的表达——可以变换语速，保持适当的停顿，注意强调重点。详细阐述观点和计划时，要使你的语言充满乐观情绪。

f. 让观众参与——一个成功的主持人是能与观众互动的，也就是能让观众参与到要讨论的话题中来。与观众沟通越多，得到的支持也就越多。

g. 学会倾听——善于倾听是主持人必备的基本功。

h. 主持人的控场能力——主持人要根据会议的主题引导别人发言，使会议不空场、不冷场。说服他人的能力也是非常重要的。例如，当批评或反对意见出现时，甚至离题万里的建议出现时，主持人要能纵控自如，想办法将大家的注意力拉回到主题上来。

i. 结束语——正点散会，会议最后的结束语也是不容忽视的。

温馨提示

主持人要口齿清晰，表达内容明确，能够把握会议进程的缓急，思维要敏捷，善于引导并能够及时穿插，这样才能使会议不冷场。

【案例 1】

背景：星盛凯丽服装公司讨论新产品推介的会议。

主持人：（会议准时开始）各位，今天我们会议的目的是讨论我们公司新产品的推介工作。

主持人：首先请服装设计部的肖经理给我们展示、介绍将要推介的新款服装。

主持人：谢谢肖经理。我们现在来讨论这些服装的推介途径。

主持人：好的，谢谢各位。对刚才我们讨论的结果，请财务部门今天下班前做出财务预算。宣传部着手宣传工作。

主持人：会议取得圆满成功，感谢各位高效率的工作作风，散会。

（2）洽谈会的主持。

① 主持人的礼仪要求。

洽谈会的主持人在礼仪上有严格的要求和统一的规定，主持人既要重语言，又要懂礼貌、讲礼仪。男士应当理发、剃胡须、吹头发，穿正式的礼仪服装，如深色西装，佩戴素色或素条纹领带，穿深色袜子和黑色系带皮鞋；女士要选择端庄、素雅的发型，化淡妆，穿深色西装套裙、肉色长筒袜、黑色高跟或半高跟皮鞋。如果是两名主持人搭档主持，要注意主持人服饰的协调。

② 主持人的充分准备。

a. 知己知彼，百战不殆——在洽谈之前，对对手应有充分的了解，这样在洽谈中才能够扬长避短，取得更好的成绩。

b. 熟悉洽谈会的程序——研究洽谈的常规程序及灵活变化，以便在洽谈过程中胸有成竹、处变不惊。

c. 掌握洽谈策略——主持人要依靠对洽谈策略的灵活运用使洽谈取得成功，熟识策略，知道谈判术语。

d. 充分演练——主持人对自己的主持稿应反复审核，充分模拟演练，精益求精。

③ 主持原则。

a. 互相尊重的原则。主持人在洽谈会的整个过程中，要始终礼敬对方；主持人要面带微笑，文明礼貌，态度诚恳，彬彬有礼，这样有助于消除对方的反感、漠视甚至抵触情绪，这种“绅士风度”或“淑女风范”有助于赢得对手的好感和尊重，反之，则会给自己增添阻力和障碍，所以，主持人要维护好现场气氛。

b. 关系平等的原则。洽谈各方要关系平等、互相尊重，不能以势压人、以大欺小。在洽谈中要相互商量，达成一致，营造公开、公平、公正的竞争局面。

c. 互利互惠的原则。主持人在洽谈中不能偏向任何一方，要让洽谈的有关各方互利互惠，各取所需，利益均沾，共同胜利。

d. 存在差异的原则。主持人要清楚，洽谈会上，要获得和维护自身的利益，必定会有某种程度上的妥协，这种妥协并不是对等的，只要尽最大努力争取到了各自的最大利益，就是可以接受的，主持人不能一味地“和稀泥”。

e. 主持理智的原则。在洽谈会上，双方的价值观等会存在分歧，主持人一定要把对人和对事区别开来，重点放在洽谈的内容上，不能意气用事；要在洽谈的方针、技巧、策略上花工夫，心思不能用在见不得阳光的地方，这样才能名正言顺地获得成功。

④ 主持过程。

a. 相互认识——主持人要努力营造一种轻松、愉快的气氛，进而形成一个彼此信任、相互合作的洽谈环境。

b. 相互了解——主持人可以适当采用简短、明确、感情色彩比较浓厚的语言，有利于营造洽谈所需要的一致性气氛。

c. 讨价还价——不要想着一方胜于一方、一方强于一方，而要利用给与取、施与受的原则，找出双方能妥协的范围。

d. 适当让步——必要时在某些方面要做出适当的让步，以满足对方的一些要求。在这些方面做了让步，就要在其他方面得到相应的补偿。

e. 签订合同——达成共识后，签订协议，通过合同的形式来确立、变更、终止双方的权利义务关系。

（3）茶话会的主持。

① 茶话会的礼仪。

主持人要清楚召开茶话会有应遵守的礼仪规范，这些内容包括：主题、来宾、场所、时间、座次和茶点等。

a. 主题——茶话会的中心议题。以联谊为主题的茶话会的目的是联络主办单位与与会者的感情，增进友谊；以娱乐为主题的茶话会，以现场参与者即兴进行文娱活动或文娱节目表演的方式，增加热烈和喜庆的气氛；以专题为主题的茶话会，是主办方为了对某些专门的问题收集反映、听取见解或与相关人士对话等而召开的。

b. 来宾——根据主题邀请来宾，确定主要与会者。

c. 场所——根据主题和来宾选择合适的场所，兼顾考虑花费、服务、周边环境和与会者的交通等。

d. 时间——茶话会的时间选择得恰当是茶话会产生应有效果的重要条件。

e. 座次——座次安排的目的是便于大家活动，所以，茶话会不要求排座次，不摆与会者的名签。

f. 茶点——茶话会重点在“说”不在“吃”，精心准备与会者的茶叶和茶具，再准备一些点心、水果或小吃。

② 现场发言时主持人要控场。

a. 示范作用——为了让与会者在现场发言时表现得体，主持人的示范作用很重要。主持人发言要口齿清楚、语速适中、神态自然、用语文明，不随便打断别人的发言，不与人争抢发言等。

b. 引导作用——主持人在现场要能审时度势、因势利导地引导大家发言，从而控制整个会议的全局。冷场时，主持人要及时引出话题；有人争执时，主持人要想办法阻止；有人跑题时，主持人要使其转换话题等。

③ 主持茶话会的过程。

a. 宣布茶话会正式开始；

b. 主办方主要负责人发言；

c. 现场与会者发言；

d. 主持人总结。

2. 商务典礼（包括签约仪式、开业仪式、剪彩仪式、庆典仪式）主持

（1）签约仪式的主持。

① 签约仪式的准备。

a. 准备好合同文本——主办方负责准备待签的合同文本，确定使用的文字，并以精美的白纸印制，按大八开规格装订，封面要用高档材料，如金属、真皮、软木等。

b. 确定好参加人员——按照签字人员的条件确定参加人员。

c. 布置好签字厅——签字厅布置总的要求是庄重、整洁、清静。

d. 安排好座次——最能体现礼遇高低的座次问题要认真对待。

● 主席式。

主席式的座次适用于多方签字。签字桌要横放，签字席面对正门。但签字席只设一个，其他各方人员都背对正门、面向签字席就座。正式签字时，各方签字人以一定的顺序依次走到签字席就座签字。签字之后，再退回原座，如图 7.2 所示。

● 并列式。

并列式的座次是最常见的一种签字排座方式。签字桌面门横放，双方人员并排，双方签字人居中面门而坐，主方居左，客方居右，如图 7.3 所示。

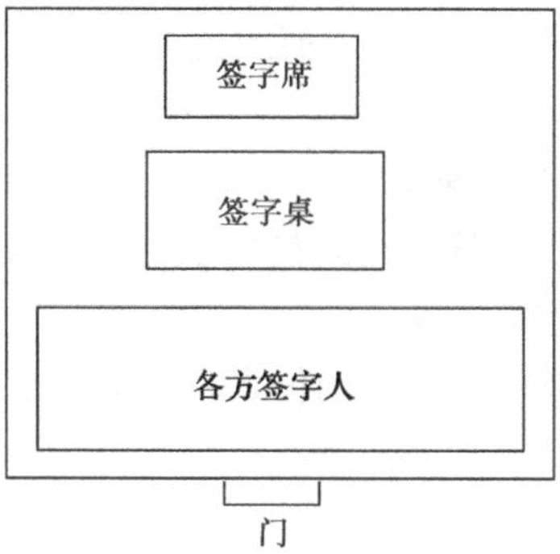

图 7.2　主席式签约

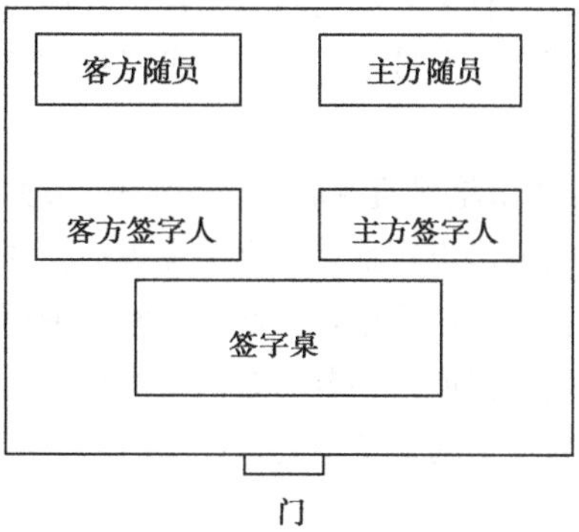

图 7.3　并列式签约

● 相对式。

相对式也是常见的一种签字排座方式。与并列式不同的是，它把双方随员席移到了签字人的对面，如图 7.4 所示。

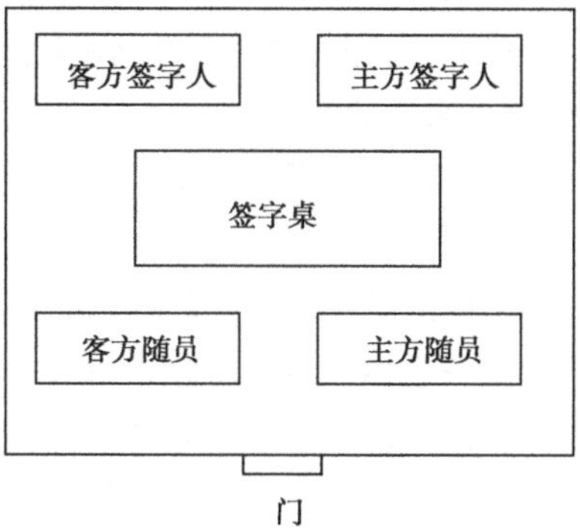

图 7.4　相对式签约

② 签约仪式的主持程序。这是签署合同的高潮，程序要规范、庄重、热烈。

a. 人员就座——有关人员进入签字厅，在既定的座位上依次就座。

b. 正式签署合同文本——首先签署己方保存的合同文本，再签署他方保存的合同文本。

c. 交换合同文本——此时，双方签字人应该热烈握手，互致祝贺，相互交换刚才各自的签字笔留作纪念，全场鼓掌祝贺。

d. 道贺——交换已经签署的合同文本后，有关人员当场喝一杯香槟酒，以示喜庆和祝贺。

③ 主持人的仪表。着具有礼服性质的深色西装套装、中山装套装、白色衬衫、深色皮鞋。男士要系单色领带，女士淡妆，以示庄重。

【案例2】

星盛凯丽服装公司与蓝天商业集团的签约仪式在星盛大酒店举行，参加签约仪式的双方代表有星盛凯丽服装公司的总经理×××先生、蓝天商业集团的总经理×××先生。本次签约仪式议程有五项。

主持人："各位来宾，大家下午好！星盛凯丽服装公司与蓝天商业集团的签约仪式现在正式开始。请双方的有关人员进入签字厅，在座位上坐好。"

主持人等双方人员坐好后，正式宣布："签字仪式开始，请蓝天商业集团的总经理×××先生到桌前签字。"

主持人："请星盛凯丽服装公司的总经理×××先生到桌前签字。"

签字人交换已正式签署的合同文本后，主持人："为了庆祝这次友好合作的成功，双方签字人握手，互致祝贺，并相互交换各自刚才使用过的签字笔，以示纪念。"

双方负责人交换已签署的合同文本后，主持人："为了庆贺签约仪式的圆满成功，让我们举起这杯象征着友谊的香槟酒吧！"

（2）开业仪式的主持。

主持开业仪式的指导思想是营造一种欢快、隆重、喜庆的氛围。

① 主持开业仪式的准备。

a. 宣传工作——选择有效的媒体进行广告宣传。

b. 约请来宾——认真书写请柬，用精美的信封装好，提前送达被邀请的来宾手中。

c. 场地布置——在来宾站立的地方铺设红地毯，可以显示隆重的氛围和对客人的尊敬。场地的装饰物、音响设备等要检查、调试好。

d. 程序拟定——认真拟定好开场、过程、结局三个基本程序。

e. 礼品准备——精心准备好赠予来宾的礼品。

f. 接待服务——安排专人负责接待来宾及服务工作。

② 主持人的礼仪。

女主持人要化淡妆，穿深色西装套裙或套装，配长筒肉色丝袜，穿黑色高跟或半高跟皮鞋；男主持人要梳理好头发，剃胡须，穿深色西装或中山装、白衬衫，佩戴素色领带，穿黑皮鞋。对来宾要主动热情、真诚友好，来宾致贺词后，要主动表示欢迎或表示感谢。

温馨提示

仪式结束后，主持人要与宾客等握手话别，并互致谢意。

③ 开业仪式的主持程序。

a. 主持人宣布仪式开始；

b. 全体起立、奏乐；

c．主持人宣读重要嘉宾名单；

d．开幕词；

e．来宾致贺词；

f．邀请嘉宾揭幕剪彩；

g．主人陪来宾参观；

h．迎接顾客。

（3）剪彩仪式的主持。

① 主持剪彩仪式的准备。

a．布置——会场四周可以张灯结彩、挂上气球等，使会场气氛更热烈。

b．人员确定——剪彩人员除了主持人以外，还要选定剪彩者和助剪者。

c．剪彩用品的准备——精心准备剪彩仪式上的用品，包括红色缎带、新剪刀、白色薄纱手套、托盘、红色地毯等。

② 剪彩仪式的主持程序。剪彩仪式的时间要短。

a．出席者就位——剪彩人员安排在前排。

b．宣布剪彩仪式开始——主持人宣布仪式开始，要鼓掌向与会者表示感谢，再介绍参加剪彩的人员，并表示谢意。

c．奏乐——全场起立，奏国歌或本单位标志性歌曲。

d．简短发言——发言人的发言要言简意赅、充满热情，时间要短，三分钟左右即可。

e．剪彩——如果剪彩者不止一个人，要重视上场剪彩的位次尊卑。全体鼓掌，同时还可以奏乐或放鞭炮。

f．参观或者聚会——根据不同的剪彩仪式采取不同的方法。

③ 主持人的仪表。主持人的举止关系到剪彩仪式的效果和企业形象，所以，主持人在主持过程中要保持稳重的姿态，举止大方文雅。女式着西装套裙，男士着西装或中山装，头发梳理整齐，颜面洁净，女主持人可以化淡妆，给人容光焕发、精干、有修养的感觉。

温馨提示

剪彩者剪彩完，主持人要与他们一一握手致谢。

（4）庆典仪式的主持。

① 主持庆典仪式的准备。

a．出席人员的确定——始终以庆典的宗旨为指导思想，确定好出席人员，包括上级领导、社会名流、大众传媒人士、合作伙伴、社区关系户、单位员工等，并尽早发出邀请。

b．来宾的接待工作——要热心细致地照顾好来宾，使来宾感受到主人的尊重和敬意，让他们心情舒畅。

c．仪式现场的准备——选择好具体地点，面积要根据出席人数来定；着力美化庆典现场的环境，在现场张灯结彩、挂彩带等，营造热烈、隆重、喜庆的氛围；现场的音响设备等要准备好、检查好。在庆典举行前后可以播放喜庆、欢快的音乐。

② 庆典仪式的主持程序。

a．来宾就座——请来宾就座后，出席者保持安静，介绍嘉宾。

b. 庆典正式开始——宣布开始，全体起立，奏国歌，唱本单位之歌。

c. 致辞——本单位主要负责人致辞。

d. 致贺词——嘉宾讲话。

e. 来宾参观。

③ 主持人的礼仪。

仪容要整洁，男主持人要剃胡须，梳理头发，着深色西装或中山装、白衬衫、素色领带、黑皮鞋；女主持人要化淡妆，穿深色西装套裙、长筒肉色丝袜、黑色高跟鞋。

在整个庆典过程中，要表情庄重、全神贯注，对来宾态度友好、主动热情，来宾致辞后要主动鼓掌欢迎、感谢。

3. 晚会主持

晚会主持包括文艺晚会主持、舞会主持（舞会已在模块 6 中介绍，此处略）。

文艺晚会主持（舞台主持）主要有以下要点。

（1）主持人的准备。

① 良好的语言表达能力。语言是主持人魅力的灵魂，是一台晚会的脉络，主持人的语言对于渲染气氛和调动情绪起到了关键的作用，所以，主持人平时要在语言的内容和表达上下功夫。文艺晚会主持人的语言多是散文化和诗化的，语气委婉、语调抑扬顿挫，语速快慢有序，音色优美，发声多在中音区。

② 培养一定的表演才能。文艺晚会主持人的表演是完成一台晚会主持必不可少的部分，主持人对自己的定位就是确定自己在这台晚会中扮演的角色。根据活动的整体节奏和气氛，主持人要准确把握自己的情感，对观众进行引导和暗示。

温馨提示

主持人的表演，最重要的是要有主持人本人的真情实感，所以，主持人要以自己的真实个性为表演的出发点，真切感受活动的内容与现场的气氛，这样才能有真切、自然、动人的表演。

③ 具备综合的素养。主持人要多进行音乐、舞蹈、美术和表演等方面的训练，具备多方面的素养，在活动时能把艺术表演与活动很好地融合，既赢得观众的心，又有利于主持人整体艺术形象的塑造。

主持人要提高文化基础知识素养，因为语言风格是靠内在的积淀，不是只靠一时的修炼和工作热情就能具备的，需要长时间的积累和丰富。

（2）主持人的仪表美。

主持人要适当化妆，化妆的要求是贴近活动类型和晚会的观众，选择好与活动背景色彩和服饰协调的粉底和口红、腮红颜色。服饰的总要求是根据自己的体形、脸形、皮肤颜色及气质来选择个性化的服饰，与背景条件和谐。如西装、礼服和长裙等，从色彩到款式、从面料到饰物，只要能够和谐得体，就可以自由选择、一展风采。

（3）主持的技巧。

① 串联词、开场语在活动中具有承上启下的作用，要根据节目和现场观众的不同进行设计。

a. 串联词的形式。

报幕式——最简单的串联词，把晚会的相关情况向观众做简短的介绍。

交流式——主持人好像在和观众对话，能引起观众的兴趣。

介绍式——通过介绍作品，引出整台活动，使观众了解作品，引起他们的兴趣。

b. 串联词的技巧。

开门见山——主持人三言两语向观众介绍活动后，马上进入第一个节目。

借景抒情——借用与活动相关的景物抒发感情，引出相关的节目。

风趣幽默——用风趣的话语调动观众的兴趣，再导入节目。

温馨提示

主持人妙语连珠、潇洒自如、游刃有余，靠的是扎实的基本功和深厚的文化素养。

② 与合作者的协作。

与编导的协作——在活动中主持人是编导意图的体现者，又是编导意图的传达者，所以，主持人在现场要按编导的意图展现自我、调整自我，两者的关系应该是非常融洽的。

与演员的协作——对演员有充分的了解后，节目中的串联词就能有内容，在积极调动演员的最佳状态、为演员的表演添彩的同时，也突出了主持人作为绿叶的光辉。

与观众的协作——观众就是主持对象，活动的目的就是与参与活动的观众达成共识。

与工作人员的协作——主持人要让现场的工作人员充分了解自己的特点，如让灯光师了解自己的形象特点，灯光师可以使主持人的形象更完美；让音响师了解自己声音的特点，音响师就会对音质、音量进行调节和修饰。

实践训练

1. 情景训练

【情景1】

背景：星盛凯丽服装公司讨论新产品推介的会议。

主持人：（会议准时开始）各位，今天我们会议的目的是讨论我们公司新产品的推介工作。

主持人：首先请服装设计部的肖经理给我们展示、介绍将要推介的新款服装。

主持人：谢谢肖经理。我们现在来讨论这些服装的推介途径。

主持人：好的，谢谢各位。对刚才我们讨论的结果，请财务部门今天下班前做出财务预算，宣传部着手宣传工作。

主持人：会议取得圆满成功，感谢各位高效率的工作作风，散会。

【情景2】

背景：星盛大世界服装公司新产品推介暨经贸洽谈会。

主持人：各位朋友，各位嘉宾，女士们，先生们：你们好！星盛大世界服装公司新产品推介暨经贸洽谈会现在开始！

在世界经济全球化进程日趋加快的今天，为了促进公司的对外开放，增强与各界朋友的交往和合作，在这里隆重举行星盛大世界服装公司新产品推介暨经贸洽谈会。会议期间，我们将向各位来宾介绍星盛大世界服装公司的发展情况及重点合资合作项目，并将与各位来宾进行广泛、深入的经贸洽谈。

主持人：我们非常荣幸地请来了×××先生、×××先生、×××先生、×××先生、×××先生，以及企业界人士或商务代表参加今天的洽谈会。

湖南电视台、湖南经济电视台、湖南日报、三湘都市报等新闻单位的朋友也应邀参加了今天的会议。

主持人：下面，首先请××先生致辞。

……

主持人：请×××先生介绍星盛大世界服装公司的发展情况和合资合作项目。

……

主持人：朋友们，今天在这里推介合资合作项目，为大家提供了难得的商机。为了促进合资合作，下面开始进行经贸洽谈活动。

……

主持人：各位朋友、各位来宾，下面举行项目签约仪式。首先请星盛大世界服装公司与××××公司进行产品出口项目签约。

……

主持人：星盛大世界服装公司新产品推介暨经贸洽谈会到此结束。请各位嘉宾参加星盛大世界服装公司举办的招待酒会。

【情景3】

背景：星盛商业集团联谊茶话会。

主持人：各位领导、各位来宾，今晚，带着金秋的喜悦和祝福，带着星光的深情和梦幻，带着神圣的使命和夙愿，我们又一次在这里欢聚。在各级政府和领导的亲切关怀和高度重视下，在我们星盛商业集团所有职员的共同努力下，我们星盛商业集团今年又取得了丰硕的成果。为了增进我们星盛大家庭成员的相互了解，总公司特举办这次联谊茶话会，大家在一起叙叙旧、唠唠家常，说说这一年来做的和想的，结识结识新朋友……请允许我宣布，星盛商业集团茶话会现在正式开始！

主持人：首先请我们尊敬的集团总经理欧阳毅先生讲话！

（欧阳毅……）

主持人：感谢我们的总经理！接下来我们在场的每一位都可以畅所欲言，说说您这一年做的、想的、收获的及期望的……让我们中更多的人认识您，同时您也会结识更多的朋友。您的每一句话、每一个字我们都会用心聆听！（与会者可以自由发言，畅所欲言，还可以数次发言来补充、完善自己的主张。）

……

主持人：非常感谢今天到场的各位，今天的茶话会比我们预期的还要完美！我们大家都感觉意犹未尽！很可惜，由于时间关系，我不得不对大家说一声再会了。

【情景4】

星盛凯丽服装公司与蓝天商业集团的签约仪式在星盛大酒店举行，参加签约仪式的双方代表有星盛凯丽服装公司的总经理×××先生、蓝天商业集团的总经理×××先生。本次签约仪式议程有五项：

主持人："各位来宾，大家下午好！星盛凯丽服装公司与蓝天商业集团的签约仪式现在正式开始。请双方的有关人员进入签字厅，在座位上坐好。”

主持人等双方人员坐好后，正式宣布：“签字仪式开始，请蓝天商业集团的总经理×××先生到桌前签字。”

主持人：“请星盛凯丽服装公司的总经理×××先生到桌前签字。”

签字人正式交换已经有关各方正式签署的合同文本后，主持人：“为了庆祝这次友好合作的成功，双方签字人热烈握手，互致祝贺，并相互交换各自刚才使用过的签字笔，以示纪念。”

双方负责人交换已签的合同文本后，主持人：“为了庆贺签约仪式的圆满成功，让我们举起这杯象征着友谊的香槟酒吧！”

【情景5】

背景：星盛汽车服务公司开业仪式。

主持人：“各位来宾，星盛汽车服务公司隶属于星盛商业集团，占地500平方米，拥有现代化的汽车维修、维护车间，以东风标致汽车的维护、维修为主营业务。今天，星盛汽车服务公司举行隆重的开业仪式。”

主持人：“现在我宣布，星盛汽车服务公司的开业仪式正式开始！全体起立。参加这次开业仪式的有：我市市委书记×××同志，星盛商业集团总经理欧阳毅先生，东方汽车制造厂厂长×××先生，还有兄弟单位的几位代表。”

主持人：“请市委书记×××同志为星盛汽车服务公司揭幕！”

主持人：“请星盛商业集团总经理×××同志带领各位来宾进入幕门。”

主持人：“请星盛汽车服务公司经理×××同志致辞。”

主持人：“请东方汽车制造厂厂长×××先生讲话。”

主持人：“星盛汽车服务公司正式开始营业！”

【情景6】

背景：星盛电脑公司剪彩仪式。

主持人：“各位朋友，你们好！改革开放带来累累硕果，十七大东风又吹来朵朵新花。在这万象更新的金秋时节，湖南星盛电脑公司隆重开业了。在此，我代表星盛电脑公司的领导和全体员工，向参加星盛电脑公司剪彩仪式的各位朋友表示衷心的感谢！”

“今天的剪彩仪式分7个程序。”

“下面进行剪彩仪式的第一项：星盛电脑公司的剪彩仪式，现在正式开始。各位朋友，在欢快的乐曲声中，在喜庆的鞭炮声中，我向大家介绍一下参加今天仪式的几位贵宾。他们是××市委书记×××同志、××局副局长×××同志、××公司董事长×××同志、××报社社长×××同志、星盛电脑公司经理×××同志、兄弟公司的经理×××同志。请大家用热烈的掌声欢迎他们的到来。”

主持人：“现在进行剪彩仪式的第二项：奏国歌，全体起立。”

主持人：“现在进行剪彩仪式的第三项：请星盛电脑公司经理×××同志讲话。”

主持人：“现在进行剪彩仪式的第四项：请××市委书记×××同志讲话。”

主持人：“现在进行剪彩仪式的第五项：请兄弟公司的经理×××同志讲话。”

主持人：“现在进行剪彩仪式的第六项：请××市委书记×××同志和××局副局长×××同志为星盛电脑公司剪彩。在欢快的乐曲声和热闹的鞭炮声中，让星盛电脑公司经理×××同志和大家一起参观被剪下来的彩带，这红红的彩带将给星盛电脑公司带来滚滚财运！”

主持人：“现在宣布，星盛电脑公司开业剪彩仪式到此圆满结束！”

实训要求：

（1）分组训练：策划、安排并主持以上各仪式活动。

（2）在演练过程中，要认真对待，注意语言与主题的协调。

2. 综合训练

【综合情景训练】

【情景 1】星盛大酒店成立十周年庆典仪式。

主持人：“金秋十月，清风送爽。今天，四面八方的朋友汇聚在这里，都是为了一个共同的盛事——星盛大酒店成立十周年庆典！”

“这是青春的律动，这是个性的张扬，这是心灵的呼唤，这是生命的礼赞！”

“现在出场的是星盛大酒店的员工服装展示队。看，他们正迈着坚定的步伐向我们走来，他们精神抖擞、气宇轩昂，自信的笑容洋溢在他们的脸上，举手投足间无不展示出酒店人非凡的气质。这是一个朝气蓬勃的团队，这是一道美丽的风景。”

“尊敬的各位来宾，请允许我宣布：星盛大酒店十周年庆典仪式现在正式开始！让我们用热烈的掌声，欢迎各位领导和嘉宾就座。”

主持人：“女士们，先生们，今天出席我们星盛大酒店十周年庆典仪式的领导和嘉宾有……（介绍到场的领导和嘉宾）。我们用热烈的掌声欢迎各位领导和嘉宾的到来！”

主持人：“全体起立，奏国歌。”

主持人：“有请×××领导讲话。”

主持人：“有请特邀嘉宾××同志讲话。”

主持人：“女士们，先生们，这里是星盛大酒店十周年庆典仪式现场。洪亮震天的锣鼓，欢腾活跃的舞狮，绚丽缤纷的礼花，烘托出了一个喜气洋洋的热闹场面，点缀出了一个姹紫嫣红的金秋盛景，这是酒店人的盛事，这是酒店人的盛典！”

“让我们共同庆祝这一盛事，让我们共享这一美好时刻！”

“今天，给我们庆典现场带来祝贺的单位和个人有……”

“发来贺信和贺电，送来花篮祝贺的单位和个人有……”

“下面我们用热烈的掌声欢迎星盛大酒店总经理×××同志致答谢词。”

主持人：“各位来宾，各位朋友，让我们共同祝愿星盛大酒店生意兴旺发达！非常感谢各位能够光临今天的庆典仪式现场！我们星盛大酒店为了款待和答谢各位领导和来宾，精心准备了庆典午宴，请各位随我们一起步入四楼宴会厅入席。”

【情景 2】

背景：星盛商业集团庆五四文艺晚会。

开场：

1．歌伴舞

女主持：“各位领导、各位来宾！”

男主持：“亲爱的观众朋友们！”

合：“晚上好！”

女："我们的激情燃烧明天的希望。"

男："小康的中国升华缤纷的理想。"

女："亲爱的观众朋友们，一首激情飞扬的《××××》拉开了我们今天晚会的序幕。"

男："再过几天啊，就是五四青年节了。5月4日，对于我们青年人来说可不寻常。"

女："下面请允许我为大家介绍今天出席我们星盛商业集团五四晚会的各位领导和来宾，他们是……感谢你们的光临！"

男："同时，我们也要感谢现场的所有观众朋友们，欢迎你们的到来！"

2. 大合唱《万岁祖国》《共青团员之歌》

女："下面请大家欣赏由星盛大酒店表演的大合唱《万岁祖国》。指挥：××，钢琴伴奏：××。"

（《万岁祖国》演唱毕，主持人退至幕后）

女："再请欣赏《共青团员之歌》，由星盛电脑公司表演。"

3. 健美操《青春飞扬》

男："让激情燃烧，让青春飞扬，在这个激扬的时代，当代青年始终是一股锐不可当的奋进力量。"

女："在新世纪崛起的洪流中，我们青年始终充满着蓬勃向上的青春气息。"

男："朋友们，下面请欣赏由星盛凯丽服装公司表演的健美操《青春飞扬》。"

4. 小品《相亲》

男："青年是主力军，青年是突击队。在社会主义事业的各条战线上，我们的青年人敬业爱岗、顾全大局，为经济的发展做着默默的奉献和无私的付出。由豪翔大酒店表演的小品《相亲》，讲述的就是这样一个发生在我们身边的故事，让我们一起来欣赏。"

5. 歌伴舞《世纪春雨》

女："清爽的春风送来了世纪的春雨，大地一片新绿。"

男："世纪的春雨润泽了神州的沃土，传递出崭新的人生创意。"

女："下面请大家欣赏由星盛商业广场表演的歌伴舞《世纪春雨》。"

6. 时装表演《青春放歌》

男："青春的旋律最优美动听，年轻的身影最自信动人。朋友们，下面让我们在轻柔的乐曲声中一起欣赏由凯丽时装表演队为我们带来的时装表演《青春放歌》。"

7. 舞蹈《荷韵》

女："诗仙李白曾有诗云：'镜湖三百里，菡萏发荷花。五月西施采，人看隘若邪。回舟不待月，归去越王家。'寥寥几句，勾勒出好一派江南风情！朋友们，下面就请大家欣赏由总公司表演的舞蹈《荷韵》。"

8. 现代舞《创造者之路》

男："青年是决定未来和影响当前的重要力量，青年最富有创造力，最少保守思想，最勇于开风气之先。"

女："是的，作为青年集聚的组织，他们敢于牺牲、敢于奋斗、敢于创造，写下了无愧于时代、无愧于青春的辉煌诗篇。"

男："下面请欣赏由星盛大金行表演的现代舞《创造者之路》。"

9．相声《说星盛》

女：目前，我公司上下正在开展“争做文明星盛人”活动，文明公司人民创，公司人民呈文明，接下来就让我们一起来听一段反映社会公德的相声《说星盛》，这个节目是由星盛电脑公司表演的。

10．舞蹈《长空飞歌》

女：“嫦娥奔月，敦煌飞天，是华夏儿女五千年的渴望。”

男：“拥抱蓝天，自由翱翔，是我们全人类共同的梦想。”

女：“当‘嫦娥一号’顺利升空，随着那冲天而起的火光和轰鸣，欢呼声和雷动声响彻每位炎黄子孙的心间。”

男：“因为我们知道，那升起的是中国人的骄傲和自豪！”

女：“下面请欣赏星盛豪翔大酒店带来的舞蹈《长空飞歌》。”

11．歌舞《未来战士》

女：“少年儿童是祖国的未来和希望，少年儿童健康成长永远是我们全社会关注的目标。今天啊，有一群活泼可爱的《未来战士》也来到了我们的晚会现场，他们是来自星盛幼儿园的小朋友，让我们把最热烈的掌声送给他们吧。”

12．诗朗诵《五月颂歌》

女：“五月，鲜红的团旗迎风飘扬；五月，赞美的歌声起伏成波涛的力量；五月，祖国的五月，我们把幸福与祖国相连！五月，青春的五月！我们把青春和热血奉献！下面请欣赏由总公司主持培训班表演的诗朗诵《五月颂歌》。”

13．歌舞《今夜无眠》

男：“今夜歌如潮，今夜花似海。”

女：“今夜是歌舞的海洋，今夜是星盛的盛会。”

男：“朋友们，最后请大家欣赏由星盛总公司表演的歌舞《今夜无眠》。”

结束语：

女：“今夜无眠，当欢乐穿越时空，激荡豪情无限。”

男：“今夜有约，当梦想挽起明天，拥抱生活的灿烂。”

女：“让我们珍惜青春年华，在奋斗中领悟青春的瑰丽和人生的真谛吧，用满腔的激情和热血共同创造我们的美好未来！”

男：“让我们担负起振兴星盛的责任，用坚定的信心支撑起中华民族的精神脊梁！”

女：“各位领导，各位来宾！”

男：“亲爱的观众朋友们！”

女：“星盛商业集团五四文艺晚会到此结束，感谢所有观众朋友们光临。”

男：“朋友们，再见！”

实训要求：

（1）分组训练：每10人一组，综合运用商务活动主持的知识，策划、安排并主持本次庆典及文艺晚会。

（2）在演练过程中，认真对待，注意语言与身份、服饰、举止、仪容的协调。

第3单元　主持人的语言艺术

情景导入

星盛大世界服装公司成立五周年在即，公司为进一步扩大影响、提高声誉，决定趁此机会举办庆祝活动，并向广大市民打折促销。庆祝活动定于周五早上8:08举行，主持人是大世界服装公司总经理办公室秘书张蓉。开业当天，总公司的领导来了，各个兄弟分公司也来了很多祝贺的代表，可以说是嘉宾云集，场面热闹非凡。在活动进行过程中，突然一个悬挂标语的气球爆炸了，引起了现场的一片混乱。这时，主持人张蓉……

项目任务

如果你是当时的主持人张蓉，你会用怎样睿智的语言处理当时的情况？

任务分析

在主持活动过程中可能会遇到一些不可预知的突发状况，这时，主持人一定要沉着冷静、理智应对。可以顺水推舟，化不利为合理；也可以戏谑幽默，化窘困为轻松；还可以真诚面对，承认自己的失误。

当此次活动主持人张蓉突然遇到一个悬挂标语的气球爆炸时，她可以顺势说："看看我们的现场气氛多么热烈吧，连浮在空中的气球都忍不住要为我们鸣炮庆贺呢！"这种顺水推舟的做法，就是化不利为合理。这需要主持人临场应变能力要强，能随机变通，从而制造出更有效的现场效果。

相关知识

1. 主持人的语言特点

主持人通过使用轻松、诙谐、明快、委婉的语言，营造出愉悦、自然、亲切的氛围，建立起与听众的情感纽带，增进人与人之间的关系。

（1）情感化。

主持人的语言情感化主要体现在：通过主持人的语言，引起对方愉悦性的互动，形成一种良好的交际情感氛围。

【案例1】

背景：中央台、天津台联合录制的少儿春节晚会中的一段。

鞠萍："啊呀！这么高的电视塔！我还是第一次见到！（与孩子们同惊、同喜）我们天津的小朋友们有福气啊。你们知道吗？世界上最高的电视塔在加拿大，你们看到的天塔是咱们亚洲最高的电视塔。除了加拿大的多伦多电视塔、莫斯科电视塔，我们天津的电视塔数世界第三呢！

我们工人叔叔只用了3年零100天的时间，就把这么高的电视塔建成了，他们伟大不伟大啊？”

（2）情境化。

双方的语言要符合自己的身份、地位、社会背景和文化传统等因素，在不同的情境下，区分必须说的话、允许说的话和禁止说的话。

【案例2】

背景：敬一丹经常给学生说自己当初“不会说话的”例子。

一次，敬一丹就农村信息产业化问题采访一位农村分会会长。这位会长是一位农民，没读过多少书。敬一丹问：“您这个分会辐射了多少会员啊？”这位会长瞠目结舌：“什么是辐射啊？”反问让敬一丹感到很尴尬，因为她没有想到采访对象会不理解“辐射”的意思。于是她飞快地在脑中找合适的词，马上就想到了：“您现在管着多少农户？”这样，这位会长对答如流了。

还有一次是敬一丹采访郑州的盲人节目主持人古灏，地点在电台直播室。

敬一丹好心提议说：“古妈妈，让古灏摸摸这儿的环境吧。”

古妈妈点点头，转过身对古灏说：“来，让我们体会一下，让我们来感受一下这儿的环境吧。”

敬一丹脸红了。

（3）口语化。

主持人在主持过程中，无论是应答、评述，还是串联、报道，一般都没有太多的时间进行思索和斟酌。在主持过程中，主持人不断调整思路，组织语言。主持人要做到亲切、通俗、自然、简明、质朴。

【案例3】

背景：中央电视台少儿节目《红红火火迎犬年》片段。

鞠萍：“小朋友们，同学们，你们看，这么巨大的雕塑群啊，是为了纪念古丝绸之路修建的。在一千多年以前，我们的祖先就是从这里出发的，把我们古老的文明、文化，还有什么？”

小朋友：“还有丝绸。”

鞠萍和小朋友：“还有劳动技术。”

鞠萍：“带了出去，传了出去。同时呢，又把西方的文明、文化带了回来。如今的西安也可以说得上是内陆开放的大城市了，是不是啊？”

小朋友：“是。”

鞠萍：“我们除了纺织业还有什么？”

小朋友：“轻工业。”

鞠萍和小朋友：“电子城。”

鞠萍：“高新技术产业集团的开发区叫“电子城”，它是鼎鼎有名的。”

（4）简洁化。

主持人要用简洁精练的表达明确自己的思想，废话不能太多，多一些顺序表达，语序不要颠倒，修饰成分不要太多。这种简洁是恰如其分的，也不是一味求简，当长则长，当简则简。

【案例4】 下面是两个不简洁的案例。

其一：想知道这样极端的行为主要是因为什么原因。（2003年3月24日中央电视台《实话实说》栏目主持人和晶）。

其二：下一步前元庄将要面临的问题是应该如何尽快地走上高产、优质、高效的现代农业

的道路上来。（2003年3月16日中央电视台《新闻调查》栏目主持人董倩）

（5）形象化。

主持人具体、形象的语言会让受众感到有声有色、亲切。例如用比拟手法，语言通俗生动、具体形象，可以大大增强活动的可信度和主持人的可感性。

【案例5】

主持人：×××的舞蹈语汇十分丰富，他那修长而有力的双臂，忽而舒展伸长，为我们展现雄鹰翱翔天际的英姿，忽而弯曲摆动，让我们仿佛看到波涛的涌动……

（6）个性化。

主持人有自己独特的个性，在主持中就会形成自己独特的主持风格，使节目风格更加鲜明。主持人的语言有平易亲切的、严肃凝重的、稳重大气的、调侃幽默的、理性睿智的，这些独具特征的语言使主持人更加个性化。

【案例6】

凌峰在一次出任节目嘉宾主持时，这样“直销”自己：“我，60多岁的身体，50多岁的长相，40多岁的年龄，30多岁的心情，20多岁的智商（众人大笑）。”

在一次“希望工程深圳大型义演晚会”上，他这样说：“我叫凌峰，凌峰的凌，凌峰的峰。（众人大笑）你们听过凌峰的歌吗？没有听过凌峰唱歌的朋友，终身遗憾。听了一次凌峰唱歌，又会遗憾终身。”

温馨提示

主持人要舍弃语言中不规范、不纯洁的部分，对语言要进行筛选、提炼。

2. 主持人的语言控场艺术

（1）开场语艺术。

主持人精确、巧妙的开场语能很快吸引受众的注意，先声夺人。开场语要随活动的类型、内容和参加人员等的不同而变化。

① 开门见山——主持人不进行过多的陈述，简单明了的开场语后就进入活动中，一般在商务活动中使用。

② 讨论思考——在讨论某个道理的过程中进入活动，引起受众兴趣。一般用于社会活动中。

③ 借景抒情——借用与活动相关的环境或景致抒发情感，调动受众的情感。一般用于服务类活动中。

④ 引用事实——使听者从触目惊心的事实中醒悟过来，造成悬念。

⑤ 幽默风趣——通过主持人幽默风趣的话语，带动受众的情绪，使之产生兴趣，再导入活动。

⑥ 称赞颂扬——真诚地称赞颂扬变化和成绩，拉近与受众的距离，活跃气氛。

【案例7】

说财富故事，品人生百味，欢迎收看《财富故事会》，我是王凯。不知道你有没有听说过曲别针换别墅的事。说的是美国一个青年凯尔·迈克唐纳买不起房子，但他有极富创意的办法：学习原始居民，物物交换。从2005年7月起，迈克唐纳就利用互联网，用一枚红色曲别针开始与人交换，最终没花一分钱，换回了一套漂亮的双层公寓的一年居住权。一时间，曲别针换别墅的故事引起了人们的关注。我今天要给你讲的就是一个用乌龟换价值 160 万元顶级宝马车的事。不过，人家乌龟的主人老杨却不愿意换。

（2）衔接语艺术。

主持活动中环节间的连接是非常重要的，也是非常关键的。衔接语是使活动的内容、形式和风格联系紧密。根据不同活动类型、内容，可以使用不同风格的衔接语。

① 承上启下——概括上一环节后，介绍引出下一环节。

② 一问一答——主持人提出与下一环节内容有关的问题，由相关人士回答，自然地过渡到下一环节。

③ 制造悬念——主持人给观众提出一个有悬念的问题，使观众对下一个环节产生兴趣。

【案例 8】

主持人：刚才说了，养的鸟能学猫狗叫，还能背唐诗，现在又出来扶贫，还可以治疗高血压……的确，许多人都从养鸟中得到了乐趣。我见过一个调查，有一个城市，在 100 多个小学生中做了调查，问他们见过什么样的野生鸟类，有 61%的学生答的都是麻雀，39%的学生干脆连麻雀都没写上。这个城市的孩子看鸟实在是少。今天在场的有几个孩子，让我们听听他们怎么讲。（问一女孩）你见过什么鸟？

（3）即兴语艺术。

主持人如果能在某些关键场合即兴发挥，可以让主持活动大放异彩。即兴发挥需要扎实的语言功底，智慧地运用一切现场的人、物、语言等，灵活变通，为自己所用，营造出其乐无穷的现场效果。

【案例 9】

著名酒业营销专家赵义祥曾到河南某酒厂讲课。赵老师在轻松幽默的讲课之余，还开玩笑地说："医学研究证明，人的手掌含有丰富的毛细血管，所以，如果能经常活动并有所振动，将会舒筋活血、延年益寿。"言下之意就是侧面告诉学员们要经常鼓掌。于是，一堂课下来，学员们好像形成了条件反射，赵老师一说"医学研究证明"，大家就开始鼓掌。赵老师讲课结束后，轮到主持人发言了。主持人一上来就跟着说了一句"医学研究证明"，大家便也鼓起掌来。主持人稍微顿了一下，说："医学研究证明，赵老师的课程确实讲得非常有医学效果……"

（4）应变语艺术。

主持现场的情况是千变万化的，经常会有一些意想不到的事情发生，这时就需要主持人临场发挥，迅速反应，结合现场的气氛、嘉宾或观众发言，甚至现场的某个实物等，一两句恰当的应变语，不仅会使活动顺利进行，还可以给活动增色。

① 顺水推舟——意外发生，主持人干脆顺应意外，化不利为合理。

【案例 10】

某大学艺术节开幕式上，主持人出场时才发现话筒线事先没有调整好，只好边走边拽，引起观众的笑声。主持人指着话筒线说："看来，咱们感情的纽带实在是难分难解啊！"

【案例 11】

曹可凡也有过一次类似的经历。有一次在国际"白玉兰"电视节群英荟萃音乐会上，当法国著名歌星多罗黛正款款地走向舞台中央时，音响设备"轰"地一响，场上顿时十分尴尬。在法国主持过少儿节目的多罗黛当即做出一个打手枪的动作，曹可凡马上接着说："这一声是我们观众对您表示欢迎所放的礼炮！”

② 解除窘困——主持人在紧急情况下机智、灵活的幽默语言，可以避免因表达“卡壳”而造成的尴尬。

【案例 12】

2005 年 11 月，张会亭在清华大学经管学院主持《中国经营报》“挑战企业家”论坛，北京金色世纪商旅网是赞助商之一，他们在现场将赠送若干商旅贵宾卡，里面含有保额不低的航空意外险。在现场他突然忘了保额是 80 万元还是 100 万元，于是，他急中生智，说：“刚才抽到的朋友每人将获得一张由北京金色世纪商旅网提供的贵宾卡，里面有价值‘好几十万元’（这时候他注意到有些人一听这么多钱，眼睛都直了）……”他顿了顿接着又说：“是价值‘好几十万元’的航空意外险。欢迎有兴趣的朋友兑换现金。”他这么一说，全场的人都笑了。

③ 戏谑幽默——主持人在活动中出了洋相后，马上用幽默的语言，化窘困为轻松。

【案例 13】

有一次，杨澜在广州主持一场文艺晚会，上场时不小心踩空了台阶，一下子滚到了台下，顿时观众哗然。只见杨澜很快站起来，面带笑容，从容不迫地说：“真是人有失足，马有失蹄啊，我刚才的狮子滚绣球还不够熟练吧？看来这一次演出的台阶不那么好下啊。但台上的节目会很精彩，不信，你们瞧他们。”一席风趣机智的话语不仅让自己巧妙地摆脱了困境，而且赢得了现场观众的一片喝彩。

【案例 14】

倪萍有一次主持一台游戏节目，节目要求观众上台把球放进筐子里。由于语速太快，竟说成了“把筐子放进球里”。话一出口，倪萍马上意识到自己说错了，她一边笑一边说：“哎呀，瞧我乐的，把话都说反了，谁也没这个本事把这么大的筐子放进这么小的球里去啊。应该是把球放进筐子里，游戏开始。”话音一落，台上台下笑声一片，观众为倪萍的机敏叫好。

④ 真诚面对——主持人不掩饰自己的错误，开诚布公地承认错误。

【案例 15】

有一次，央视主持人崔永元在节目中把“勿以恶小而为之，勿以善小而不为”这句名言的作者说成是孟子，许多观众纷纷去信去电指出他的错误。后来，崔永元在《实话实说》之“小事不小”节目中，一开场就提起了这件小事：“……我给孟子打了个电话，他说他好像没有说过这句话……我特意买了本《三国志》，从里面找到了这句话的出处。我错了，在此我向全国的电视观众，特别是给我写信的观众朋友致以谢意和歉意。”说完深深地鞠了一躬。

崔永元敢于自嘲和认错，恰好成为本期节目主题的生动注脚，与嘉宾、现场观众的访谈构成了和谐的整体。

（5）结束语艺术。

好的结束语能够让观众长久回味，在活动结束之后，仍然延续这一情结。

① 开门见山——根据节目的需要，简洁地向观众致谢、祝愿。

② 情深意切——通过主持人的一些情深意切的话语，表达离别之情。

③ 总结归纳——总结归纳，帮助观众回忆，使活动的影响力更加持久。

④ 设置疑问——提出一些与活动有关的问题，发人深省，深化活动主题。

【案例 16】

演播室主持人敬一丹：“让人感动的是，郑州市救助保护流浪少年儿童中心在帮助流浪儿的时候采用的那些办法，比如说，让孩子用乐器来宣泄心中的郁闷；比如说，引入“类家庭”的概念，让四处漂泊惯了的孩子们逐渐熟悉家的感觉。这些先进的方法，不仅为流浪儿提供了一个遮风避雨的去处，让他们过上衣食无忧的正常生活，更主要的是让他们受伤的心灵逐渐康复，重新获得感知家庭温暖和人间关爱的能力。让他们和所有孩子一样，身心健康，长大成人，这是我们共同的心愿。”

“好，感谢收看今天的《焦点访谈》，再见。”

实践训练

1. 情景训练

【情景 1】豪翔大酒店剪彩典礼时，主持人在宣布了嘉宾剪彩后，发现嘉宾的胸花脱落了。

请演练：这时候主持人该怎么处理？

【情景 2】在隆盛商厦开业典礼上，主持人在介绍嘉宾时，把一位嘉宾姓名中的单（shàn）念成单（dān），引起哄笑。

请主持人改变这时候的窘境。

【情景 3】又到岁末年尾，总公司在豪翔大酒店举行茶话会，出席的是本公司的领导、年度先进集体和先进个人，还有一些公司的元老。来宾踊跃发言，气氛很热烈，这时候不知道怎么回事，突然有两人发生了争执，使现场秩序有点乱。

请主持人想办法协调、控制这种场面。

【情景 4】星盛商业集团每年都要举办一次职工文艺晚会，由职工自编自导自演。今年的文艺晚会刚开始，主持人上场时，由于灯光强烈，没看清楚布景，不小心在舞台上摔倒，引得观众哄堂大笑。

请主持人改变窘况、控制场面。

【情景 5】在一个文艺晚会上，一位女（男）嘉宾突然要亲吻你，你怎样处理才能既不使嘉宾失望，又不使自己难堪？

请主持人改变窘况、控制场面。

实训要求：

（1）分组训练，角色扮演；

（2）示范表演。

2. 综合训练

【综合情景训练】

星盛商业集团成立 50 周年大型系列活动的最后一站。周六下午，总公司举办盛大、热闹的庆典活动。庆典活动后，也就是从当天晚上 8:08 开始，举办“星盛 50 年”大型文艺晚会。活动地点定在豪翔大酒店。本次活动邀请的贵宾有本市领导、商界名流、与公司有重大往来的合作伙伴代表、本公司的高层领导及职工代表等。活动的总负责人是总公司的资深秘书周洁，各个分公司的主持人都加入了本次系列活动的主持队伍。本次活动由男、女主持人联袂主持。

请策划、安排并主持本次庆典活动及文艺晚会。认真策划好文艺晚会的开场语、各个节目之间的衔接语、节目最后的结束语。对于在节目过程中有可能出现的突发状况，主持人要进行一些假设，并想出应对方案。

实训要求：

（1）分组训练：每 15 人一组。

（2）在演练过程中，每一位同学要认真对待，注意语言与身份、服饰、举止、仪容的协调。

知识小结

商务活动主持的基本技巧有商务活动主持人的语言技巧及非语言技巧。语言技巧包括语音、发声、停连、重音、语气、节奏；非语言技巧包括仪表、姿态、表情。

商务活动的主持主要有会议主持、商务典礼主持、晚会主持等。

商务典礼主持：签约仪式主持、开业仪式主持、剪彩仪式主持、庆典仪式主持。

晚会主持主要包括文艺晚会主持、舞会主持。

主持人应该通过使用轻松、诙谐、明快、委婉的语言营造出愉悦、自然、亲切的氛围，建立起情感的纽带，增进了人与人之间的关系。其特点是：情感化、情境化、口语化、简洁化、形象化、个性化。

主持人的语言控场艺术：开场语艺术、衔接语艺术、即兴语艺术、应变语艺术、结束语艺术。

模块8　涉外礼仪与礼俗

习训目标

知识学习目标：

- 了解和掌握涉外商务交往中不同国家的见面、问候及礼宾次序等一般礼仪知识。
- 了解和掌握涉外商务会见与会谈、涉外馈赠等礼仪知识，同时了解世界上一些国家的风俗习惯及禁忌。

能力培养目标：

- 提升礼仪素质，规范礼仪行为，增强涉外接待能力。
- 熟练掌握和运用相关的涉外礼仪知识，能独立承担并完成简单的涉外接待任务。
- 通过了解其他国家的风俗和禁忌，学以致用，养成尊重他人的良好习惯。

素质拓展目标：

- 培养学生学习涉外礼仪基础知识的意识，通过学习，学生能在世界各国来宾面前展示中国作为“礼仪之邦”的良好形象。
- 增强学生的综合素质，养成讲文明、懂礼仪的良好习惯。

第1单元　涉外商务一般礼仪

情景案例

近年来，星盛商业集团业务范围不断拓展，国内各公司的业绩节节攀升，与欧美、东南亚等国家和地区的涉外业务也日益增多。为了树立星盛商业集团良好的国际业务形象，进一步扩展国际业务，集团公司总经理欧阳毅先生准备组织召开秘书工作会议，布置有关加强秘书涉外礼仪知识学习的事宜，以便提高集团内所有秘书的理论水平和国际业务操作水平。

会议通知下达后，资深的总经理办公室主任赵建中先生找到了总公司行政助理兼资深秘书周洁，将收集会议学习资料及进行会前准备的工作任务交给她。周洁作为一个尽职尽责的资深秘书，向来得到公司领导的赏识，但是由于离开学校已经好几年，再加上平时参与公司接待时大多只是注重操作性的涉外礼仪，而且并未进行过系统的总结，所以对这种突如其来的系统性的理论学习感到有点儿措手不及，更何况这是总经理亲自布置的任务，所以她非常重视。为了保证这次组织学习能够达到理想的效果，周洁自己首先对涉外商务一般礼仪的基础知识进行了系统的整理和精心的准备。

项目任务

假如你是秘书周洁，你该为这次会议准备哪些商务一般礼仪知识内容？

任务分析

由于不同的国家风俗禁忌不同，礼仪规范往往不同。在交往之前一定要了解各国的宗教信仰、风俗禁忌，考虑交往者的身份、国别、性别等背景材料，才能明确应该如何正确交往。

周洁为使这次秘书涉外礼仪培训成功举办，必须首先从商务一般礼仪知识开始收集相关资料。商务礼仪知识一般主要包括：见面礼节、涉外问候方式、礼宾次序等。

相关知识

涉外商务礼仪接待需要考虑对象的身份、国别、性别、宗教信仰等因素，针对不同的情况分别予以对待。既要了解交往对象的禁忌，在交往过程中不触犯对方的风俗禁忌；又要知晓对方的常用礼节，知道如何与对方进行交往才是得体、合适的。

1. 见面礼节

前面我们介绍了致意、握手、举手、脱帽等见面礼节，这些都可作为涉外礼仪的见面礼节，而握手礼适用于多数涉外礼仪交往活动。在与不同国家人员交往中使用握手礼，还应注意以下几点：

（1）阿拉伯国家握手礼的禁忌。

在与阿拉伯国家的朋友交往时，男性之间可行握手礼，女性一般不会主动与男性握手，男性更不能主动与女性握手；而海湾地区国家的女性绝对不与男性握手。

在几乎所有的阿拉伯国家都不能不经允许拍摄女性，尤其是戴面纱的女性。

（2）佛教国家的合十礼。

合十礼是流行于泰国、缅甸、老挝、柬埔寨、尼泊尔等国家的见面礼节。行合十礼时，一般是两掌相合，十指伸直，举至胸前，身子略下躬，头微微下低。合十礼手举的高度根据对象身份不同而有所不同。一般来讲，向身份越高的人行礼则手举的高度越高，但不可以超过眉。例如，晚辈给长辈行礼时，要双手高举至前额，两掌相合后需举至脸部，两拇指靠近鼻尖。长辈还礼时，只需双手合十放在胸前即可。无论地位多高的人，遇见僧人时都要向僧人行礼，而僧人则不必还礼。

（3）欧美国家的拥抱礼。

拥抱礼是流行于欧美的一种见面礼节，多行于官方或民间迎送宾朋或祝贺致谢等场合。行礼时，两人相对而立，各自右臂偏上，左臂环抚对方后腰，彼此将身体向左倾相抱，头部相贴，然后向右倾相抱，接着再向左倾相抱一次。男士与女士及女性之间不采用这种方式。

（4）日本、韩国的鞠躬礼。

日本人在人际交往中通常使用鞠躬礼，韩国人见面时也行鞠躬礼。不过，男人既可鞠躬又可握手，而女性一般只鞠躬。中国的鞠躬礼主要用于致谢、致歉、致哀、演出谢幕、婚礼和晚辈对长辈致礼等场合。

行鞠躬礼时须脱帽，呈立正姿势，面带笑容面向受礼者。男士双手自然下垂并紧贴裤线，女士双手叠放于腹前，头胸一线，弯腰鞠躬，同时口中说一些礼貌用语，如：“初次见面，请多关照。”鞠躬速度不可过快，鞠躬角度也不可以过大，90° 鞠躬一般只用于致哀和致歉中。

小锦囊

男士与女士的站姿

在日本，初次见面鞠躬弯腰15° 左右，分别时则达到30° ，这表示经过交往了解后，双方感情有所加深。当表达感谢之意时，鞠躬角度可达到45° ，只有致哀和致歉时才使用90° 左右的鞠躬。

日本人初次见面时经常使用“初次见面，请多关照”等礼貌用语，第二次见面时还会对上次见面表示感谢，如“谢谢上次的关照”等。

2. 涉外问候方式

（1）问候内容。

由于中外国情和传统不同，中国人常用的见面问候语通常以关心对方为主，如“吃了没有”“最近身体如何”“最近忙什么”“到哪儿去”等。在中国的日常生活中，这种问候让人感觉亲切，但在涉外礼仪中不适用，因为此类问候涉及个人隐私，所以不便当作问候语。

涉外礼仪的问候中，通常只道“早安”“午安”“晚安”或“很高兴见到你”和“您好”等。

（2）问候次序与态度。

涉外礼仪的问候次序与前面所提到的致意顺序相同，一般由身份较低者问候身份较高者。当别人问候自己时，应立刻给予回应。

对他人进行问候时态度要热情，面带微笑，正视对方面部，声音要清晰。

3. 礼宾次序

礼宾次序是指国际交往中对出席活动的国家、团体、各国人士的位次按某些规则和惯例进行排列的次序。一般来说，礼宾次序体现东道主对各国宾客所给予的礼遇，在一些国际性的集会上则表示各国主权平等。礼宾次序安排不当或不符合国际惯例，会引起不必要的争执和交涉，甚至影响国家间关系。因此，对礼宾次序应给予一定的重视。

礼宾次序的安排，国际上通常有三种方法。

（1）按身份与职务的高低排列。

这种排列方法以各国提供的正式名单或正式通知为确定职务高低的依据。在政务、商务、科技、学术、军事交往中，通常采用此法排列礼宾次序。

（2）按拉丁字母顺序排列。这种排列方法多见于国际会议、体育比赛等，最典型的就是奥运会这种大型集会的入场仪式。

（3）按来宾抵达现场的具体时间早晚来排列其先后次序。当各国大使同时参加派驻国的某项活动时，一般均以其到任的具体时间的早晚来排定其礼宾次序。在非正式的涉外活动中，亦可采用此种排序方法。

（4）按来宾告知东道国自己决定到访的具体时间的先后来排列其次序。举办较大规模的国际性的招商会、展示会、博览会时，大都采用这一排序方法。

（5）不排次序。为体现各国家、地区身份平等，创造良好和谐的氛围，也可以不排序。

采用何种排序方法，东道国在致各国的邀请书中一般都会明确注明。

在安排礼宾次序时要考虑的其他因素：国家之间的关系，所在地区，活动的性质、内容和对活动的贡献的大小，参加活动的人的威望、资力等。通常把同一国家的、同一地区的、同一宗教信仰的或关系特殊的国家的代表团安排在前面或排在一起。对同一级别的人员，常把威望高、资历深、年龄大者排在前面。有时还要考虑女士优先的原则，以及业务性质、相互关系、语言交流等因素。例如观看演出、比赛，特别是大型宴请时，在考虑身份与职务的前提下，通常将业务性质对口的、语言相通的、宗教信仰一致的、风俗习惯相近的来宾安排在一起。

（6）国旗悬挂礼仪。

国旗是国家的标志，是国家的象征。在一个主权国家的领土上，一般不得随意悬挂他国国旗。在国际交往中，形成了悬挂国旗的一些惯例，为各国所公认。

① 国旗悬挂的一般规定。

a．在建筑物上，或在室外悬挂国旗时，一般应日出升旗、日落降旗。

b．悬挂双方国旗，按国际惯例，以右为上，以左为下。两国国旗并挂，以旗本身面向为准，右挂客方国旗，左挂主方国旗。

c．所谓主客，不以举办活动所在国为依据，而以举办活动的主办方为依据。

d．国旗不能倒挂。有些国家的国旗虽然由于文字和图案的原因，给悬挂造成了困难，但即便这样，也不能竖挂或反挂。有的国家明确规定，竖挂需另制旗，将图案转正。

e．各国国旗图案、样式、颜色和比例均由本国宪法规定，不同国家的国旗如果比例不同，却用同样的尺寸制作，那么，两面旗帜放在一起，就会显得大小不一，因此，并排悬挂不同比例的国旗时，应将其中一面略放大或缩小。

② 双边国旗排定。

a．并列悬挂。主客两国国旗无论是在墙上悬挂，还是在地面上升挂，皆应以国旗自身面向为准，以右侧为上位，如图 8.1、图 8.2 所示。

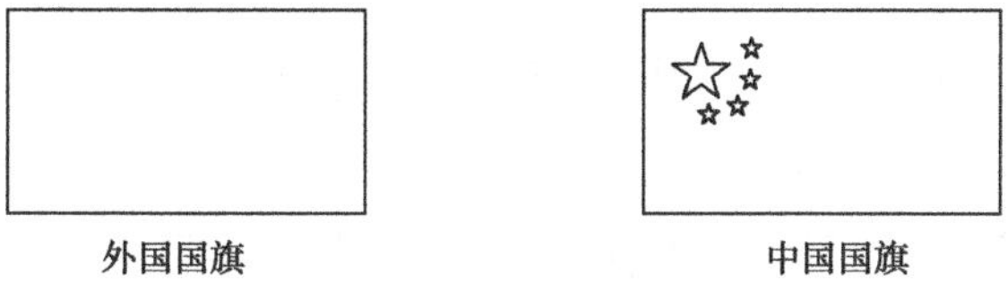

图 8.1　在墙上并列悬挂中外两国国旗（中方为主方）

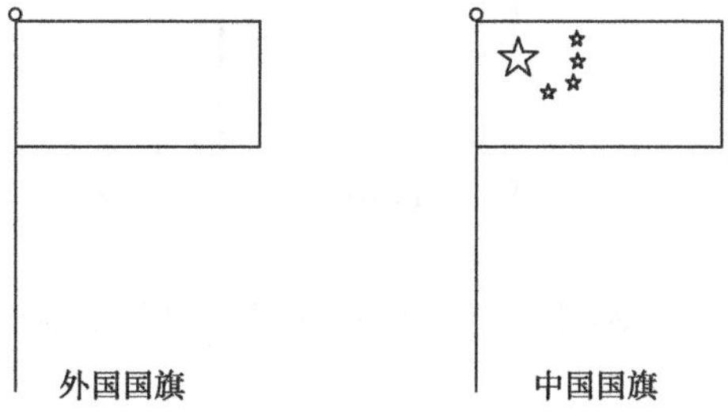

图 8.2　在地面上并列升挂中外两国国旗（中方为主方）

b. 交叉悬挂。在正式场合，主客两国国旗既可以交叉摆放于桌面上，又可以悬空交叉升挂。此时，仍应以国旗自身面向为准，以右侧为上位，如图 8.3、图 8.4 所示。

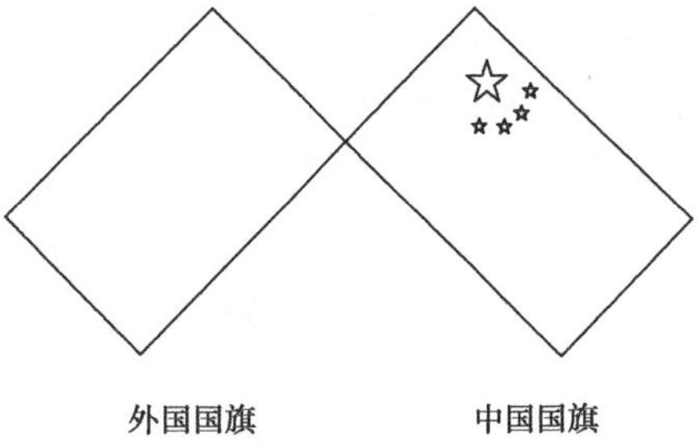

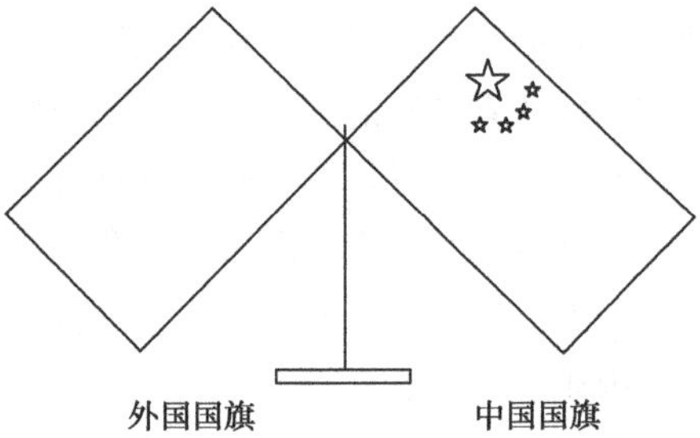

图 8.3　悬空交叉中外两国国旗（中方为主方）　图 8.4　在桌面之上交叉摆放中外两国国旗（中方为主方）

③ 多边国旗排定。

以国旗自身面向为准，主方国旗应处于最左方，其他国家国旗由左至右依次按字母顺序排列，如图 8.5 所示。或主方国旗处于中间，其他国家国旗以主方国旗为中心按字母顺序左右排列，如图 8.6 所示。

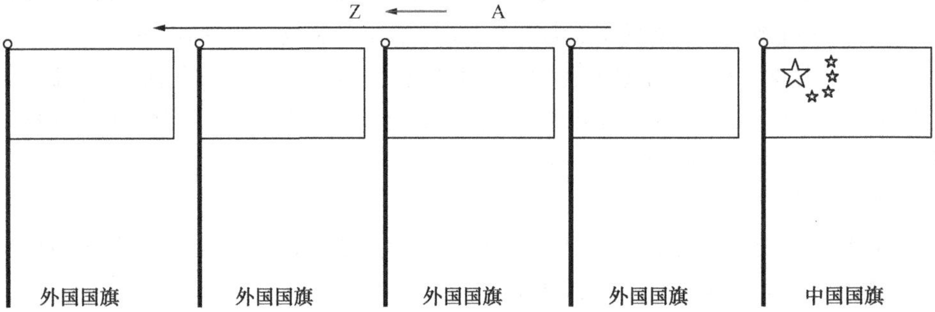

图 8.5　单行排列，主方国旗在右（中方为主方）

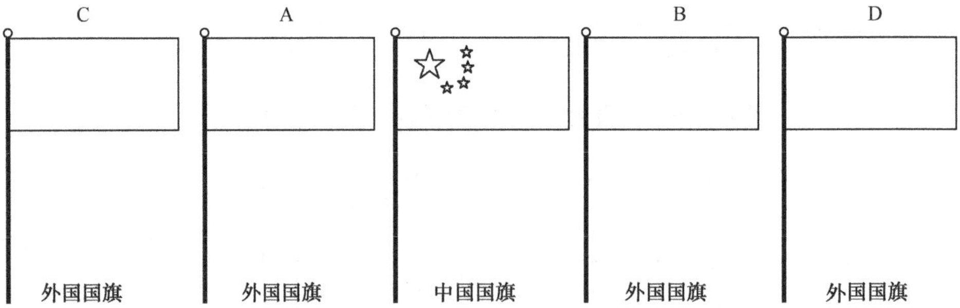

图 8.6　单行排列，主方国旗居中（中方为主方）

实践训练

1. 单项训练

（1）见面礼节的单项训练。

① 合十礼的规范做法。

② 拥抱礼的规范做法。

③ 鞠躬礼的规范做法（包括 15°、30°、45° 和 90°）。

（2）问候礼仪的单项训练。

① 上班时与同事见面的问候。

② 路遇上司时的问候。

（3）问候次序的单项训练。

公司董事长与秘书路遇时的问候次序。

2. 情景训练

（1）见面及其问候的情景训练。

【情景】达成酒店是位于某海滨城市的一家以“会议酒店”为主题的五星级国际大酒店，在接待国际性的大型团队方面具有相当的实力和经验。朴先生是韩国一家跨国企业的中国区总经理，兼办公室主任，该跨国集团公司老总近期将到中国考察。为了搞好这次接待，该跨国公司中国区总经理还是选择了达成酒店。朴先生到酒店与酒店销售部王经理洽谈具体的接待事宜。根据约定，他们于上午 10:00 在酒店六号会议室见面。

请根据以下提示进行上述情景训练：

① 朴先生与王经理是初次见面。

② 因为以前有过很多次合作，朴先生已经是达成酒店的老客户，与王经理已经十分熟悉。

（2）问候次序和问候态度的情景训练。

根据上面的案例，如果朴先生带了一位秘书，而王经理也带了一名经理助理，他们见面时都需要向对方问候（双方为初次见面）。

（3）其他情景训练。

① 好朋友见面时的问候。

② 普通朋友见面时的问候。

实训要求：

① 情景训练需要分小组进行。

② 在训练过程中应尽量表现出所扮演角色应有的形象和气质。

③ 第一次训练结束后，各小组进行角色互换，重新进行一次情景训练，以充分领会见面问候及问候态度等礼仪。

3. 综合训练

【案例分析 1】

孔冰和王娜是某高校的学生会负责人。为了迎接校庆，该校需要举办一系列活动，部分活动由与学生相关的组织和社团负责。作为学生会负责人，孔冰和王娜接到了上级交给的一项任务——在近期组织一次文化交流活动。考虑到该校有许多留学生朋友，他们决定邀请N国驻中国大使馆的一位工作人员到学校举办一次演讲，让学生对异国文化有所了解和认识，从而达到文化交流的目的。

通过孔冰家长的关系，孔冰和王娜成功邀请到了一名N国驻中国大使馆工作人员Lisa女士，演讲时间定在一个礼拜以后的星期三下午 1:00。平时活动的接待对象大多是国内人士，孔冰和王娜没有接待外宾的经验和充足的涉外礼仪知识，为此，他们专门请教了本校的一位礼仪专家。经过专家的精心指点，他们的接待工作做得非常好，Lisa女士非常满意。

请问：如果你是本校的那位礼仪专家，你将如何为两位同学支招儿？

【案例分析 2】

赵凯是国内一家大型外贸公司的总经理，为出口一批机械设备携秘书孙小姐一行赴伊朗参加最后的商务洽谈。他们在抵达伊朗的当天下午就到交易方的公司进行拜访，正巧碰上他们做祷告，主人示意他们稍等，但是以办事效率高而闻名的赵先生对此表示不满。

东道主为表示对赵先生一行的欢迎，特意举行了欢迎晚会。秘书孙小姐希望以自己简洁的服饰向众人展示中国妇女的精明能干和美丽大方。她穿着白色无袖紧身上衣、蓝色短裙，在众人略显异样的眼光中步入会场。为表示敬意，主人向每一位中国来宾递上饮料。当习惯使用左手的孙小姐很自然地伸出左手接饮料时，主人立即改变了神色，并很不礼貌地将饮料放在了餐桌上。令赵先生一行不解的是，在接下来的会谈中，一向很有合作诚意的东道主没有再和他们进行任何实质性的会谈。

请问：为什么会出现这种结果？

【综合情景训练】

2005年4月，广州商品交易博览会上厂家云集，企业家们济济一堂。X公司的徐总经理在交易会上听说Y集团的罗董事长也来了，特别想利用这个机会认识一下这位素未谋面但又久仰大名的商界名人。

在一次午餐会上，他们终于见面了。徐总经理很远就看见罗董事长正在宴会厅的另一端与其他人交谈，于是便热情地走上前去，“嗨，罗董，您好，我是X公司的总经理。”说着，还从随身带的公文包里拿出名片，也不管对方做何反应，就把自己的名片递给了对方。罗董事长显然对这个突如其来的接触感到莫名其妙，因为在他的印象中没有一个关系不错的朋友是眼前这个样子的。他顺手接过徐刚的名片，淡淡地回应了一句“你好”，便回过头来继续他与另一位人士的谈话，对身后的徐总经理则置之不理。

徐总见状，尴尬地说了声“再见”，便失望地走开了。

实训要求：

（1）你认为徐总经理为什么会受到冷落？

（2）如果你是X公司的徐总经理，你会怎样安排你和罗董事长的初次见面？

（3）再次进行正确操作的演练。

第2单元　涉外商务会见与会谈礼仪

情景案例

星盛商业广场是星盛商业集团的一家分公司。近年来，由于公司绩效逐年提高，所以该公司领导层开会决定：为了实现公司的资本增值和资源的优化组合，在湖南省乃至全国提升企业公司的品牌效应，准备在湖南省岳阳市投资建设一座商业广场，主要经营百货类产品，但是由于所需资金量较大，所以打算寻找国际资本进行合作。

星盛商业广场负责人通过相关渠道了解到瑞士一家投资商有合作意向，于是便邀请投资方代表来中国参观考察，商谈合作事宜。除了瑞士方代表，这次会谈还请来了星盛商业集团总公司总经理欧阳毅和其他部分集团领导，并邀请当地政府官员和同行业知名人士出席。由于出席的重要人物多，会议组织者决定用U形的桌子，但是由于该公司平时几乎没有举办过这种涉外商务的重要会议，所以缺乏相应的涉外会见与会谈礼仪知识。他们安排分公司领导坐在位于长U字横头处的下首，而其他参加会议者坐在U形桌的两侧。会议当天，当贵宾们都进入会场并按安排好的座签找到自己的座位后，便开始有人议论纷纷，瑞士方部分代表甚至表现出了不愉快的情绪。当坐在桌子横头处的分公司领导宣布会议正式开始时，发现会场气氛有些不对，原先很有合作诚意的瑞士方代表在谈判中很不配合，故意制造一些不可能的条件为难分公司领导。在座的政府官员也相互低语，纷纷借口有事，站起来要走。面对如此情景，星盛商业广场分公司的谈判代表不知道发生了什么事或出了什么差错，显得很尴尬。

事后请教了集团公司总经理办公室的赵建中主任才知道，原来是因为会议桌及座位的安排不符合涉外商务礼仪，让瑞士方代表和其他受邀嘉宾感觉到自己没有被重视，导致一个很有前景的合作项目不得不暂时搁浅。

项目任务

如果你是星盛商业广场方谈判代表，你该如何避免遭遇这种尴尬的场面？

任务分析

礼宾次序是体现商务礼仪的重要方面，因为它往往体现了主方对客方的重视和尊重的程度，因此不可出现差错，否则可能影响双方的关系。

这次会谈中之所以瑞士方代表不满，导致合作项目暂时搁浅，就是由于会议桌及座位的安排不符合涉外商务礼仪规范，让瑞士方代表和其他受邀嘉宾感觉到自己没有被重视。

正确的做法是：由于重要客人较多，应该采用圆桌或方桌。根据门的位置的不同判断上座的位置（即面对门、离门远的座位），因总公司领导职务最高，应坐在上座，其右侧是瑞士方代表，左侧是政府官员及同行知名人士，分公司代表则应坐在离门近、背对门的位置。另外，还有一种排序方法，即除分公司领导应坐在离门近背对门的下座外，其他代表可不排序，以表示平等尊重。

总之，次序是商务礼仪的一个重要特点，次序体现礼仪，礼仪体现于细节。从细节做起，可让对方充分感受到受重视的程度，也可表明自身及所在组织的综合素质。

相关知识

1. 会见与会谈的定义

（1）会见。

会见，指为某一特定目的而进行的约会、见面，在国际上被称为接见或拜会。身份高者会见身份低者，一般称为接见或召见；身份低者会见身份高者，或是客人会见主人，一般称为拜会或拜见。拜见君主，又称谒见、觐见，我国一般不做上述区别而统称为会见。

就其内容来说，会见有礼节性的、政治性的、事务性的，或兼而有之。礼节性会见时间较短，话题较为广泛；政治性会见一般涉及双边关系、国际局势等重大问题；事务性会见则是一般性的外交交涉、业务商谈等。企业常用的会见主要是社交上的礼节性会见和涉及业务商谈、经贸洽谈等内容的事务性会见。

（2）会谈。

会谈，特指双方或多方就某些重大的或共同关心的问题交换意见。会谈也可以指洽谈公务和业务谈判。会谈的内容一般较为正式，政治性、专业性较强。在企业中主要指商务谈判和业务会商。

2. 会见与会谈的程序

应根据来访者的身份及来访目的，安排身份相应的本单位领导和部门负责人进行会见和会谈。来访者也可根据本人的身份、业务性质，主动提出拜会对方单位的某领导和部门负责人。

会见与会谈的流程图如图 8.7 所示。

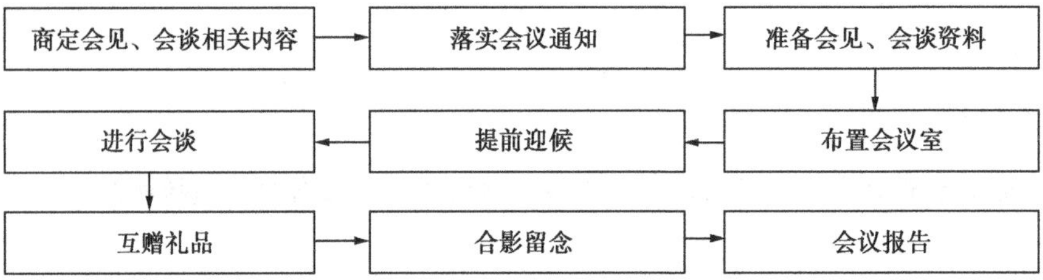

图 8.7　会见与会谈的流程图

（1）商定会见、会谈相关内容。

根据提出会见、会谈要求的人的身份和要求，初步商定会见或会谈的内容、时间、地点和出席人员，会见、会谈双方人数应相同或相近。

（2）落实会议通知。

主办方将商定后的会见或会谈的出席人员、时间、地点、具体安排和注意事项等通知给双方相关人员，如遇重要会见、会谈，还应事先通知新闻记者。

（3）准备会见、会谈资料。

充分收集对方相关资料，拟定会见和会谈主要发言人的提纲，并准备好会议所需背景材料，以供主办方领导参考；若有记者招待会，还应准备媒体所需的相应材料。

通常要求会见方准备的资料应包括以下内容：

① 会见的目的；

② 会见对象；

③ 相关社会背景，如习俗、禁忌、礼仪等；

④ 参加会见的人数、姓名、职务等；

⑤ 主要会见人的详细资料。

除材料准备外，还应准备馈赠的礼品，礼品准备应数量充足；还要落实会后合影的相应安排。

（4）布置会议室。

根据参会人数，准备充足的座位；视情况布置话筒、鲜花盆景、条幅、座位卡和饮料等。座位卡要同时标明中、外文姓名，方便双方对号入座（中方人员的座位卡中文一面朝向就座者，外方人员的座位卡外文一面朝向就座者）；有签字仪式的，要准备双方国旗、签字笔等文具。

涉外会谈、会见的座次安排遵循“以右为上”“面门为上”的原则，即主方背门而坐，客方面门而坐。

① 双边会谈。小范围的双边会谈不设会议桌，人数较多的双边会谈一般采用长桌或椭圆形会议桌，如图 8.8、图 8.9、图 8.10 所示。

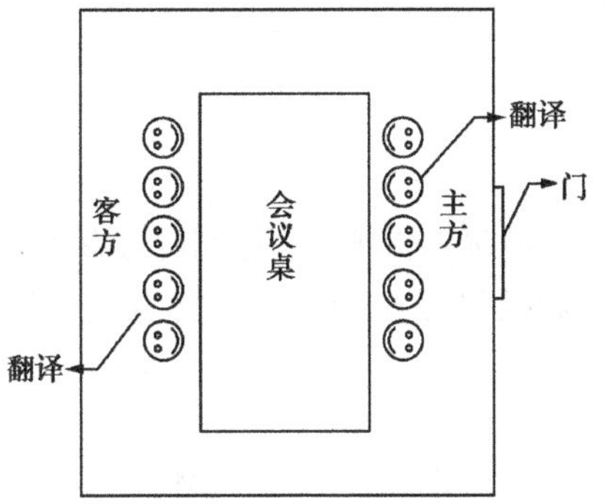

图 8.8　双边会议座位安排

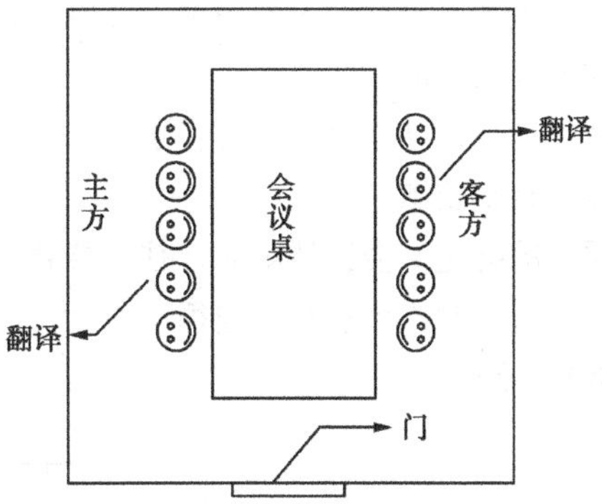

图 8.9　双边会议座位安排

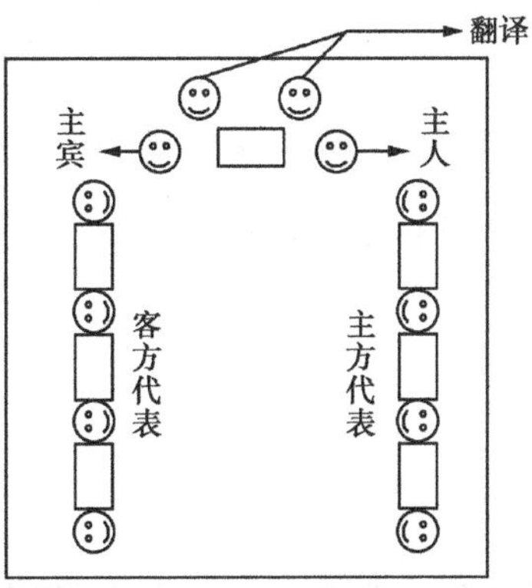

图 8.10　双边会议座位安排

② 多边会谈。多边会谈，座位可摆成圆形或方形，采用圆桌或方桌，如图 8.11、图 8.12 所示。

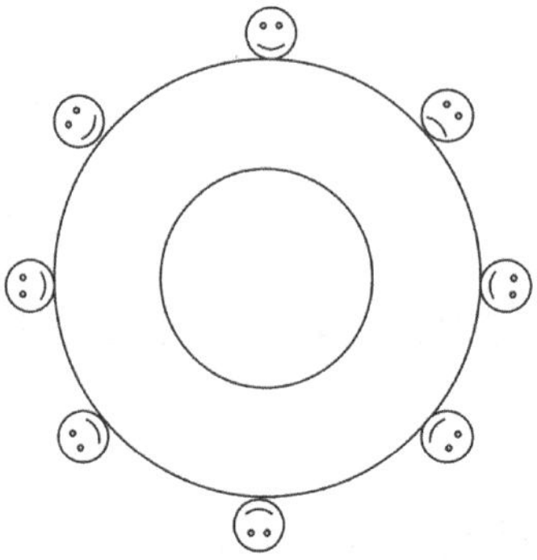

图 8.11　多边会议座位安排

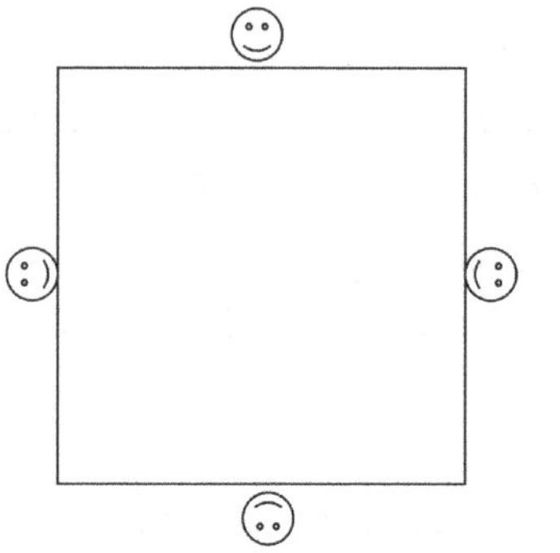

图 8.12　多边会议座位安排

（5）提前迎候。

中方主人及参加会见的中方人员应提前抵达会见地点，提前安排新闻媒体，再到指定位置迎候前来会见、会谈的客人，安排专人引导来宾入座。

（6）进行会见、会谈。

按既定程序进行会见、会谈，并做好相应的会议记录。

（7）互赠礼品。

会见、会谈结束后，双方将事先准备好的礼品相互馈赠。

（8）合影留念。

重要的会见、会谈活动后，往往要合影留念，所以应事先安排好合影图。合影图一般是主人居中，按礼宾次序安排，遵循以右为上、以中为上和以前为上的原则，主客双方间隔排列，如图 8.13 所示。

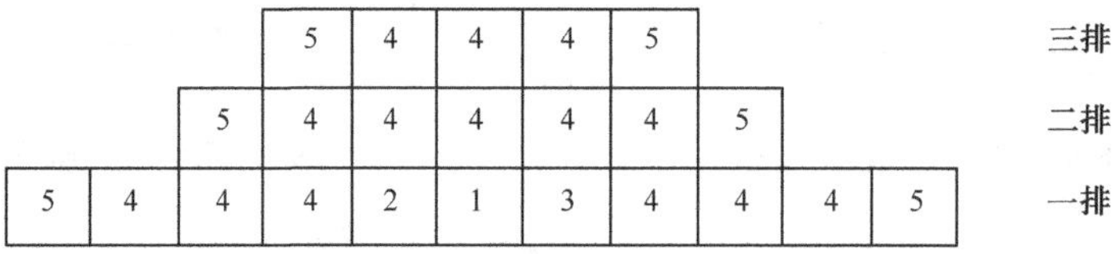

注：1—主人；2—主宾；3—第二主宾；4—客方人员（或主客插排）；5—主方人员。

图 8.13　合影留念位次

实践训练

1．情景训练

【情景】假设学生所在班级需要照一张合影，并邀请了院系相关领导及部分任课老师参加。请根据一般的礼仪原则进行合影时的站位排练。

实训要求：分组后各小组先内部讨论，得出排练方案后选出代表，指挥全班站位；小组内其他成员暂时充当院系领导和老师。

2. 综合训练

【案例分析1】

23岁的吴诗怡是某高校中文系毕业生，由于在校时表现优异，毕业后被星盛商业集团总公司看中，成了总公司的一名新秘书。刚刚踏上工作岗位的她有充足的理论知识，但是缺乏一定的实践经验，所以她处处小心翼翼。

欧阳毅先生是星盛商业集团总公司的经理，最近需要与一位很重要的德国客户会谈。他把会谈的准备工作交给了总经理办公室主任赵建中，而赵主任为了培养新人，又把这个工作交给了刚到公司不久的吴诗怡。

吴诗怡秘书知道这是一个难得的表现机会，于是便全身心地投入到工作之中。

请问：吴秘书应该为这次会谈做哪些相应的准备？

【案例分析2】

众所周知，日本是一个资源严重匮乏的国家，尤其是发展工业必不可少的钢铁和煤炭资源，他们只能向其他国家购买。澳大利亚是煤和铁的生产大国，在国际贸易中不愁找不到买主。按常规来说，日本人如果要跟澳大利亚人做钢铁和煤炭的贸易，就应该是日本人到澳大利亚去谈生意。但是事实并非如此，日本人总是想尽一切办法把澳大利亚人请到日本去。

通过搜集大量澳大利亚商人的背景资料，并对其进行分析，日本人清晰地知道澳大利亚商人一般都比较谨慎，讲究礼仪，而且不会过分侵犯东道主的权利，所以他们不惜花费大笔资金，按最高规格接待，邀请澳大利亚人到日本。这样一来，日本方面和澳大利亚方面在商务会谈桌上的相互地位就发生了显著的变化。澳大利亚人过惯了富裕的舒适生活，他们的会谈代表到了日本之后没几天，就急于想回到故乡别墅的游泳池、海滨和妻儿身旁去，在谈判桌上常常表现出急躁的情绪，而作为东道主的日本会谈代表则不慌不忙地讨价还价，他们最终掌握了会谈的主动权。

请问：日本人为什么能在会谈中最终取得主动权？

【综合情景训练】

星盛巨福广告公司是星盛商业集团麾下的一家子公司，风行旅游集团是一家东南亚企业最近在××省新组建的旅游集团公司。为了增强该旅游企业在××省旅游行业及旅游消费者中的影响力，风行旅游集团准备投巨资在全省范围内做一次广告宣传。

通过调查，该旅游集团选择了信誉和业绩较好的星盛巨福广告公司作为这次广告宣传的合作伙伴，并且双方负责人决定就合作事宜在星盛大酒店（也是星盛商业集团麾下的一家子公司）举行一次正式会谈。

实训要求：

（1）结合之前学过的礼仪知识，充分发挥自己的主动性和积极性，把你认为这次会谈应该包含的内容及其整个程序饰演一遍。

（2）分组训练，十人一组。每一组的成员都要参与，每个学生都应多次体验、反复训练。在分组时，要注意各组成员的组合与搭配情况，应根据不同的角色扮演指导小组角色的分配，包括不同性别的男女搭配、性格开朗与性格内向的不同搭配等，力争达到协调，只有角色扮演相对逼真，实训才会取得更好的效果。

（3）实训开始前，每个小组要做出相应的计划，确定演员，并按计划实施。

（4）饰演角色至少应包括三大方面：广告公司方、旅游企业方及会谈所在酒店方，鼓励学生按照本小组的计划内容增加相应角色。

（5）饰演内容至少应包括工作人员商定会谈的相关内容、落实会议通知、准备会议资料、进行会谈（会议记录）、提前迎候、布置会议室、互赠礼品、合影留念等主要程序。

（6）在所有小组中评选出某个角色的最佳扮演者，进行最优化组合，给全班同学示范表演这次会谈的核心程序。

第3单元　涉外馈赠礼仪

情景案例

欧阳毅先生作为星盛商业集团的总经理，虽然身居企业最高领导者和决策者的位置，但是从来不摆领导架子，非常有亲和力，对部下十分和蔼，在集团内部是出了名的“慈善领导”。欧阳总经理还时刻想着员工的个人发展问题，尤其是注重作为“公司的形象代言人”的秘书人员综合素质的提高和对身边几员“大将”的培养。在年终的欧洲考察活动中，他除了带上集团及分公司的一、二把手以外，还特别批准了总公司行政助理、28岁的资深秘书周洁参与此次考察。由于在考察过程中他们会在法国与一家长期合作的公司举行会谈，并签署下一年度的相关合作协议，所以带上秘书周洁，一方面可以与对方接洽一些接待方面的事宜，另一方面也是对周洁的一种考验和提高。

周秘书很珍惜这次机会，为了不辜负领导的期望，她在出发前做了充分的准备，并且提前考虑到了在整个过程中将会出现的一些情况和自己该做些什么。因为按照涉外商务礼仪的一般原则，在与法方的合作伙伴举行会谈后，对方可能会赠送礼物，而自己这边也应该准备回礼才不会显得失礼，所以她首先想到了给法方的合作伙伴准备一份具有中国特色的礼物。为了让自己准备的礼物不冒犯法国人的风俗禁忌，并让对方的喜欢，她特意重新学习了涉外馈赠礼仪的相关知识。

项目任务

你认为周洁这次为法方准备礼物要注意哪些问题？

任务分析

在商务交往中，双方往往会赠送对方一些有纪念性、有特色的纪念品，以示尊重和友好的情意。

在涉外馈赠礼仪需要掌握以下几个基本原则：轻重得当原则，应“轻礼寓重情”；选时择机原则；效用性原则；投其所好和避过忌讳的原则。同时赠送礼品时一定要注意礼品的选择和包装，注意赠礼的具体时间和场合，注意赠礼的方式及收礼和回礼等的礼仪。另外，因为法国人忌黄色和墨绿色，礼品及包装纸不应选用这两种颜色。礼品或包装纸还应避免菊花、杜鹃花、孔雀和仙鹤等图案，因为他们忌讳这些花卉和动物，认为是不祥的。

根据以上原则及注意事项，周洁可选择那些具有中国特色的或具有纪念意义的礼品送给法方的合作伙伴。

相关知识

馈赠，也称赠送，是指交往中向他人表示尊敬、友好而将某种物品不求报偿地送给对方，以达到沟通感情和保持联系的目的。成功的馈赠不仅是现代社会交往中情感的合理表达方式和礼节形式，也是增进客户间友谊的桥梁。随着交际活动的日益频繁，馈赠礼品因为能起到联络感情、加深友谊、促进交往的作用，越来越受到人们的重视，所以，馈赠活动对礼节的要求也就值得强调。掌握送礼技巧，不仅能收到大方得体的效果，还可增进彼此感情，维护良好的人际关系，体现馈赠者的诚意、人品和涵养。

通常来说，涉外馈赠礼仪需要掌握以下几个基本原则：轻重得当原则，应“轻礼寓重情”；选时择机原则；效用性原则；投其所好和避过忌讳的原则。同时赠送礼品时一定要注意礼品的选择和包装，注意赠礼的具体时间和场合，注意赠礼的方式及收礼和回礼等的礼仪。

1. 礼品选择

选择馈赠礼品要“因人而宜”“因事制宜”，尤其是在涉外交往中，礼品的挑选要根据不同国别、地区、民族、性别、个人兴趣爱好而有所不同，既要避免触犯各种“禁忌”，又要“投其所好”，这样才能收到预期效果。我们可以通过仔细观察或打听了解受礼者的兴趣爱好，有针对性地精心挑选合适的礼品，尽量让受礼者感觉到馈赠者在礼品选择上是花了一番心思的，是真诚的。除此之外，选择礼物还要考虑具体的情况或场合。

在经济日益发达的今天，人与人之间的距离逐渐缩短。人们与社会的接触面越广，迎来送往及喜庆宴贺等活动越多，彼此送礼的机会也就随之增加。懂得送礼技巧，不仅能收到大方得体的效果，还可以增进彼此感情，在公共场所更具社交礼仪风度。在挑选适宜礼品的时候，应该注意以下几点。

（1）突出纪念性、独特性。

涉外交往的礼品挑选应突出礼品的纪念意义，讲求“礼轻情义重”，过于贵重的礼品会使受礼者有受贿之感。礼品可以是某一具有特殊含义的纪念品，也可以是具有国家特色、民族特色和地区特色的物品，这种具有纪念性、独特性的礼品，可使受礼者深刻地体味送礼者的心意。但不可将有明显广告标志或广告语的物品作为礼品赠送。

（2）明确礼品的针对性。

礼品的针对性是指针对受礼者的性别、文化品位、性格爱好等，尽量使所选礼品得到受礼者的认同。比如：瑞士军刀、蒙古刀等作为礼品赠送，可能会受到部分男士的欢迎，但将其作为礼品赠送给女性，往往得不到相同的效果。而在某些国家或地区，刀子作为礼品赠送，含有“一刀两断”、不再来往之意。男性给女性不能赠送香水、内衣和玫瑰花等容易引起误解的物品。另外，如果不是第一次给对方送礼，应该避免赠送与上次同样的礼物。

小锦囊

避免重复送礼

为避免几年选同样的礼物给同一个人的尴尬情况发生，最好每年送礼时做一下记录。切勿直接去问对方喜欢什么礼物。切忌送一些会刺激别人的礼物。

（3）具有时尚性。

礼品的选择还应具有时代或时间特征，虽然流行的未必是好的，但明显落后于时代的物品肯定是没有人喜欢的。

温馨提示

礼物不宜过于贵重。即使你比较富裕，送礼物给一般朋友时也不宜太过贵重，而送一些有纪念意义的礼物较好。接受一份对方难以负担的精美礼品，内心会过意不去，因此，送礼者最好在自己能力负担范围内选择礼品。

2. 礼品包装

涉外馈赠礼品更重视包装，讲究包装材料、包装材料的色彩和包装的具体方法。良好的包装可使礼品显得更为正式、高档，相反，过于马虎的包装，甚至不包装，会使礼品“贬值”。涉外馈赠礼品通常要求礼品包装的价格不低于礼品总价值的三分之一，可见，包装对于涉外馈赠礼品的重要性。

在精心包装涉外馈赠礼品的同时，也要对包装颜色、图案和缎带的结法有所选择，要回避不同国家、地区和宗教的相应禁忌。例如，日本人不喜欢“蝴蝶结”，也不用白色、绿色的包装纸；英国人忌讳“孔雀”“大象”等图案。

礼品在进行包装之前，还要注意去掉礼品的价格标签。

温馨提示

多名贵的礼物也应包装。谨记包装时一定要除去礼物上面的价格标签及商店的包装袋。无论礼物本身如何名贵，都要用包装纸包装。有时细微的地方更能显出送礼人的心意。

3. 馈赠时机

馈赠礼品没有严格的时间限定，但一般都是在刚刚见到受礼者或即将分别时，而送花一般是在见面时。一般礼品馈赠时机见表 8.1。

表 8.1　礼品馈赠时机

场　合		时　机
会　谈		结束时赠送
签　字		结束时赠送
就　餐	正式宴会	结束时赠送
	家　宴	开始时赠送
祝贺欢庆		开始时或提前赠送

4. 馈赠方式

馈赠礼品的方式可分为礼仪公司递送、邮寄赠送、请人代转和当面赠送等几种形式，以当面亲自赠送最为正式。

在赠送时应表现大方、泰然自若，赠送时最好双手亲自奉上；面对多人赠送礼品时，应依位次高低赠送。

涉外礼品馈赠不同于国内礼品的馈赠方式。中国传统礼仪强调自谦，在赠送礼品时，馈赠者往往说“小小东西，不成敬意”“也不是什么好东西，凑合收着吧”。这种谦语国内的受礼者都能“心领神会”，但涉外交往却不合适，因为这种说法会让人感到不受重视。涉外馈赠的馈赠者应对受礼者说“这是我精心为您准备（挑选）的”，这样更能为对方所接受。

有些国家或地区的人在接受馈赠时有推辞的习惯，但不表示真的拒绝，应再坚持片刻，若再三要求，对方仍不肯接受，则可能确有不便接受馈赠的理由，不能一再强求。

5. 礼品的接受

在涉外馈赠中，接受礼品可不必推辞，应面带微笑，正视对方，伸出双手，同时说一些感谢的话，欣然接受；但在接受礼品时应保持风度，不可伸手去抢。接受礼品后，不管礼品是否符合自己的心意，受礼者都应表示对礼品的重视。对贺礼及精美礼物，通常应当面打开欣赏，并赞美一番。这是与中国接受礼品赠送完全不同的。打开礼品后无论对礼品是否满意都要表示欣赏。但是有些国家是忌讳当着送礼者的面打开礼物的，所以要视具体情况而定。

一般情况下，不应当拒绝受礼，受礼者应在赞美和夸奖声中收下礼品，并表示感谢，双手接过礼品。但是如果觉得送礼者别有所图，则应该向对方明示自己拒收的理由，态度可坚决，而方式要尽量委婉，好让对方比较容易接受。因其他原因确实不能接受礼品时，要婉言相告，或直接说明原因，以防引起对方无端猜测。比如，对方赠送价值明显过高的礼品时，可说明“相同的物品我已经有了”“我单位有规定，你送我的这件东西我必须上交”。如果当时周围人数较多，不方便当面拒绝，则可以当时接受下来，事后退还。如果在未打开包装前就知道包内是何物品，则收取后保存好包装，事后完好地退还给赠礼者。

温馨提示

礼物不应转送。在接收礼物后，千万不要把以前接收的礼物转送出去或丢掉。

6. 回礼

一般来讲，馈赠礼品时，对方是要给予回礼的，但是否回礼完全出于自愿，因为礼品赠送的初衷也是不求对方的回报。回礼也要掌握恰当的方法和时机。有礼有节、有来有往的馈赠活动才更有利于拉近双方的距离、增加合作的机会。作为商务活动的重要内容之一，回礼活动越来越受重视，并得到广泛的使用。

公务场合的礼品馈赠，往往主客双方都会有所准备，所以，应在对方馈赠礼品时予以回礼；而私人赠送礼品则要选择一个恰当的时机或理由，如节日或对方的喜庆活动日。回礼的时间不宜相隔过久，也不宜马上回礼，让人感觉像是“欠债还钱”。

通常回礼的礼品价值可与所收礼品的价值相当，但不可明显高于所收礼品，否则给人以攀比之嫌，既可能造成对方不快，也会造成对方再次回礼的负担。

“往而不来非礼也，来而不往亦非礼也。”礼品的馈赠贵在双方的心意表达，所以回礼的方式也未必局限于以礼品回赠，也可以在接受对方的赠礼后以其他形式还礼。例如，在接受赠礼后以口头或书面的形式表示感谢，或以宴请的形式回礼。

相关链接

中国馈赠礼仪

随着社会的发展，中国社会生活中的诸多礼仪形式逐渐与世界“接轨”，中国的馈赠礼仪也日渐变化，在中国馈赠礼仪中，也需考虑礼品的选择、包装，赠送时机、方式，礼品的接受和回礼等方面的内容，但与涉外馈赠礼仪相比，中国的馈赠礼仪还有其自身的特点。

（1）礼品选择突出寓意。

① 趋吉。中国人在生活中凡事一向讲求有良好的寓意，尤其是在礼品选择中，往往要针对不同的对象、场合赠送不同的礼品，以突出吉祥、美好的心愿或意义。例如，在婚礼上经常选择龙凤的图案作为礼品，寓意“龙凤呈祥”；而为老人祝寿可选择带有松树、仙鹤等图案的礼品，象征“松鹤延年”。礼品数量的选择普遍有“好事成双”的说法，所以中国的礼品数量通常为双数，带有数字“8”的礼品也很受人青睐，因“8”与“发”同音，广东的很多商人很喜欢把北方所产的“发菜”作为礼物，同样的原因，“6”也有象征“顺利”的含义。

② 避凶。中国馈赠礼仪中，除追求美好寓意外，还要避免不良的发音或寓意。例如，中国馈赠礼仪喜欢双数，但广东人忌讳“4”这个偶数，因为在广东话中，“4”听起来就像是“死”，是不吉利的。再如，白色虽有纯洁之意，但中国人比较忌讳，因为在中国，白色常是悲哀之色和贫穷之色；同样，黑色也被视为不吉利的，是凶灾之色、哀丧之色。另外，我国人民还常常讲究给老人不能送“钟”，给夫妻或情人不能送“梨”，因为“送钟”与“送终”、“梨”与“离”谐音。

（2）礼品赠授谦恭、互让。

中国馈赠礼仪中，对于礼品的馈赠和礼品的接受都表现出与涉外礼仪中截然不同的自谦和礼让。例如，赠送礼品的一方无论礼品价值如何，往往在赠送礼品时自谦“小小礼物，不成敬意”“请别嫌弃”等，而双方要进行几次推托方可接受礼物，并且礼物不当面打开，也通常不过问所赠是何物品，无论礼品是否适合都应表示感谢。

小锦囊

国际交往中的馈赠常识

亚洲国家的馈赠：

① 形式重于内容；

② 崇尚礼尚往来，而且更愿意以自己的慷慨大方表示对他人的恭敬；

③ 讲究馈赠对象的具体指向性；

④ 忌讳颇多。

西方国家的馈赠：

① 实用的内容加漂亮的形式；

② 赠受双方喜欢共享礼品带来的欢乐；

③ 讲究赠礼的时机；

④ 忌讳较少。

实践训练

1. 情景训练

【情景 1】××公司是在美国上市的一家跨国企业，股东和业务遍及世界各地。中国分公司今年的年终总结会议决定在三亚召开，董事会邀请了中国各大市场的各大股东参加这次会议。会议结束后，需要给与会者赠送礼物。刘云作为董事长办公室秘书承担了准备礼品这项任务。与会人员中有一名日本人，并且是第一次来到中国。

现在，刘云正在一家大型礼品店购买礼物，并指导商店工作人员对礼品进行包装。

实训要求：

（1）请给大多数与会者准备、购买和包装礼物；

（2）请给第一次来到中国的日本股东准备礼物。

【情景 2】延续上面的情景，刘云准备好礼物回到公司，接下来的工作就是把礼物分发到各位股东手上。其他股东的礼物交由别的秘书去送，而唯一的一位日本外宾需要她亲自将礼物送上。通过电话预约以后，她拿着准备好的礼物来到位于酒店东侧的休闲区等候，那位日本人正慢慢地向她走过来。

实训要求：

请根据情景提示继续刘秘书赠送礼品的过程。

【情景 3】延续上面的情景，刘秘书友好地向日本股东送出礼物以后，这位日本客人在接收礼品时彬彬有礼，并口头表示感谢。因为他是作为被邀请对象在中国参加公司会议，所以不必回礼。但是回到自己的房间之后，这位日本股东还是专门为此事打电话给公司董事长，表示感谢。

实训要求：

（1）请演示这位日本人接收礼品的全过程；

（2）请演示这位日本人回到房间后打电话给公司董事长致谢的过程。

2. 综合训练

【案例分析 1】

2005 年 4 月 29 日，连战访问北京大学，获得一份特殊的礼物：母亲赵兰坤女士在 76 年前毕业于燕京大学的学籍档案和相片，其中包括在宗教系就读的档案、高中推荐信、入学登记表、成绩单等，大多是她亲笔写的字。在这份特殊的礼物面前，一贯严谨的连战先生也难掩内心的激动。他高举起母亲年轻的照片，放在面前细细端详，眼里泛着晶莹的泪光。这一刻，他满脸都是幸福的微笑。

请问：结合礼品的选择原则谈谈这次礼品馈赠的成功之处。

【案例分析 2】

国内某家专门接待外国游客的旅行社，有一次在接待来华的意大利游客时准备给每个人送一件小礼品。于是，该旅行社订购了一批纯丝手帕，杭州名厂名产，每个手帕上都绣着花草图案，十分美观大方。手帕装在特制的纸盒内，盒上又有旅行社社徽，显得很高档。中国丝织品闻名于世，料想会受到客人的喜爱。旅游接待人员带着盒装的纯丝手帕，到机场迎接来自意大利的游客。欢迎词热情、得体。在车上接待人员代表旅行社赠送给每位游客两盒包装甚好的手帕，作为礼品。没想到车上一片哗然，议论纷纷，游客显出很不高兴的样子。特别是一位夫人，在看到送她的菊花图案的手帕时，大声叫喊，极为气愤，还有些伤感。旅游接待人员心慌了，好心好意送人家礼物，不但得不到感谢，还出现了这般景象。

请问：中国人总以为“送礼人不怪”，这些外国人为什么“怪”起来了？

【综合情景训练】

Micheal是美国一家投资公司的总裁，在金融界有着极高的地位和威望，是一个业界人士都想接触的焦点人物。恰好他最近在中国大连参加一个金融论坛。参加这次金融论坛的人当中还有一位叫付庆彪的先生。付先生也是国内比较知名的金融家，但是比起Micheal来，他自己也认为逊色不少，他有几分崇拜对方。于是他让自己的助手准备了礼物：一颗价值上万元人民币的千年人参，打算亲自去拜访一下这位金融界的名人。

在论坛期间的一次宴会上，他见到了Micheal，于是便带着自己的礼物走到Micheal身边：“尊敬的Micheal先生，您好，我是付庆彪，也在金融行业工作。久仰您的大名，今日得以一见，倍感荣幸。这是我为您准备的一点小小的见面礼，不成敬意，请笑纳。”说罢便递上准备好的千年人参。他万万没有料到，Micheal没有表现出像传闻中说的那么平易近人、不摆架子、容易结交，而是冷冷地看着他，用生硬的中国话说了句：“对不起，无功不受禄，我不能接受你的小小见面礼。”说完便走开了。

付先生顿时尴尬至极，他不明白自己哪儿做错了。

实训要求：

（1）你知道付先生哪儿做错了吗？

（2）如果是你想结识Micheal，你会怎么做？请写一篇台词。

（3）小组训练，角色扮演。

（4）根据编写的台词和表演的情况在所有小组中选出一个表现比较优秀的小组，给全班同学做示范表演。

第4单元　国外习俗与禁忌

情景案例

星盛商业集团总经理欧阳毅率商务考察团在欧洲考察，该团成员主要是星盛商业集团下属子公司的一些领导，其中很多人第一次出国，所以对欧洲的很多事情都感到新奇。一天傍晚，他们到达法国，在巴黎的一家五星级酒店登记入住。当晚，欧阳先生因为要去会见一位在巴黎的老客户兼老朋友，所以就只带了秘书周洁一人离开了酒店。晚餐时间，各子公司领导聚在一起用餐。因为没有上司在场，而其他所有人的职位都差不多，都是子公司的一、二把手，所以都没有太多的顾虑。几杯高度酒下肚，酒桌上的气氛就开始活跃起来了。

得知用餐的是一个中国团队，酒店方一开始就增派了几位颇有经验和耐心的侍者为他们提供服务。当侍者向他们介绍了一些法国菜以后，他们不问价格，主菜配菜一下子点了好几十道，侍者担心他们吃不完，何况菜价不菲，但他们并不在乎，并责怪服务员“多管闲事”。酒过三巡，他们便开始对酒店餐厅四处拍照，也不管别人是否愿意就竞相和法国服务小姐合影，甚至突然跑到其他餐桌与一位非洲黑人留影，还不停地大声说笑。用餐时杯盘刀叉的撞击声、嘴巴咀嚼食物的声音，始终不绝于耳，一会儿便搞得杯盘狼藉，桌子、地毯上到处是油渍和污秽。坐在附近的一位先生终于忍无可忍，向店方提出抗议，要求马上停止喧闹，否则就要求换座位。被突然拍照的那位非洲黑人也趁机提出了抗议，要求他们停止拍照，并删除刚才拍下的照片。

项目任务

这些中国考察团成员为什么会遭到餐厅其他客人的抗议？

任务分析

每一个国家都有自己的风俗习惯，作为客人应该遵守，这既是对对方的一种尊重，也是体现自身修养的重要方面。在西餐礼仪中我们了解和学习了西餐与中餐不同，西餐讲究的是温馨祥和的情调，是体现一个人绅士风度和淑女风范的重要场合，它不同于中餐热热闹闹的氛围。

因此，星盛商业集团的几位中层干部在法国五星级大酒店就餐时大声喧哗、杯盘相向，不事先征得他人同意就随意拍照等许多目中无人的做法，是有违西餐最起码的礼仪习俗的，因此，令周围客人和非洲友人忍无可忍，致使他们向店方提出抗议。

这提醒我们在今后的涉外交往中应特别注意了解和掌握涉外习俗与禁忌，否则一旦犯忌，会有损个体和组织的声誉和形象。

相关知识

“十里不同风，百里不同俗。”各国各地人民都有其特定的习俗与禁忌，各种习俗和禁忌通常与其心理情感相联系，往往被视为不可侵犯的，因此秘书不仅要妥善做好日常性的接待工作，还要了解、掌握接待对象所在国家的风俗习惯。

各个国家或地区因文化传统、民族和宗教信仰等方面的差异产生了各自不同的习俗与禁忌。习俗禁忌主要包括颜色、数字、交谈、动物、图案、食物、礼品和行为等方面的禁忌。

1. 亚洲国家习俗、禁忌

（1）日本（东亚）。

① 服饰礼仪。日本人无论是在正式场合还是在非正式场合，都很注重自己的衣着。在正式场合，男子和大多数中青年妇女都着西服。男子穿西服时通常都系领带。和服是日本的传统服装，其特点是由一块布料缝制而成。现在男子除一些特殊职业者外，在公共场所很少穿和服。日本妇女喜欢描眉，她们普遍爱画略有弯度的细眉，认为这种最具现代女性气质。

② 餐饮礼仪。日本人自古以来就以大米为主食，他们爱吃鱼。一般不吃肥肉和猪内脏，有的人不吃羊肉和鸭子。在家中或餐馆内，座位都是有等级的，一般要听从主人的安排。

③ 商务礼仪。到日本从事商务活动，宜选择在 2～6 月、9～11 月，其他时间当地人多休假或忙于过节。日本人在商务活动中很注意名片的作用，他们认为名片能表明一个人的社会地位，因此，总是随身携带。日本商人比较重视建立长期的合作伙伴关系。他们在商务谈判中十分注意维护对方的面子，同时希望对方也这样做。

④ 日本禁忌（见表 8.2）。

表 8.2　日本禁忌

颜色	数字	交谈话题	礼品	图案	其他
忌 绿色 紫色	忌 4 9	可谈论天气、电器、动漫等，忌谈论政治、历史等敏感话题	礼品一般送奇数，不可为偶数，但切勿赠送数字为“9”的礼物。不以梳子、手帕做礼物送人。忌讳将菊花和有菊花图案的东西作为礼物赠送别人。忌送夕阳风景国画	忌 狐狸、獾、荷花等图案	日本人讨厌金银眼的猫，认为看见这种猫会倒霉。不可三个人合影，认为中间的人被左右二人夹着，是不祥和死亡的预兆。邮寄信件时，邮票不能倒贴，这样表示绝交

（2）韩国（东亚）。

① 餐饮礼仪。口味偏清淡，不喜油腻。他们通常采用烤、蒸、煎、炸、炒等烹饪方式，也吃汤类菜，辣泡菜和汤这两种食品是不可缺少的。

② 商务礼仪。与韩国客户进行商务活动，约会必须守时，着装应整洁，男子可穿西服，女子可穿西服套装，也可穿其他样式的庄重、大方的服装。

③ 韩国其他禁忌。韩国人用双手接礼物，但不会当着客人的面打开。忌到别人家里剪指甲，吃饭时忌戴帽子，睡觉时忌枕书，忌杀正月里生的狗。

未征得同意前，不能在上级、长辈面前抽烟，不能向其借火或接火。吃饭时不要随便发出声响，更不许交谈。进入家庭住宅或韩式饭店时应脱鞋。在大街上吃东西、在人面前擤鼻涕都被认为是粗鲁的。

在韩国人面前切勿提朝鲜。

（3）马来西亚（东南亚）。

① 服饰礼仪。在服饰上，男子习惯穿传统的民族服装，其上衣无领，头戴无边帽。在比较正式的社交场合，男子穿白衬衣、便裤。马来西亚女子的传统服装样式和男装差不多，她们也穿“沙笼”，颜色和图案则艳丽得多。

② 餐饮礼仪。食物一般以米饭、糕点为主，口味偏淡。到马来西亚人家做客，应准时赴约。主客应坐在主人的右边，或坐在餐桌的首位。在取食时，不要使公用勺碰到自己的盘子。应等主人邀请后再开始进食，不要自己动手。

③ 商务礼仪。每星期五的中午 2:30，员工正在祈祷，这会儿不办公。见面要递名片，从事商务活动时要提前一个月用电报安排。如受邀吃饭，不要回绝。宴会是社交性的，不要讨论商务。

④ 马来西亚禁忌（见表 8.3）。

表 8.3　马来西亚禁忌

颜色	数字	交谈话题	礼品	图案	其他
忌 白黄色	忌 0 4 13	忌极力赞赏他们的某件物品。 忌谈及猪、狗的话题	严禁偶像崇拜，切忌送此类礼物。忌讳用左手接受、馈赠物品。	忌 乌龟图案	不要用左手触摸人或传递物品，轻微点头以示礼貌。马来西亚人介绍人们相互认识时，通常先介绍年长者或比较有身份的人，先介绍妇女，后介绍男子。不要穿着鞋子进清真寺，不要穿鞋子进别人家的客厅

（4）泰国（东南亚）。

泰国大部分居民信奉佛教，所以，在与泰国人交往中要格外注意佛教禁忌。

① 服饰礼仪。泰国各个民族都有自己的传统服饰。现在，泰国城市中的男子在正式社交场合通常穿深色的西装，打领带。妇女在正式社交场合穿民族服装，也可穿裙子；在日常生活中，可穿各式流行服装，但在公共场合忌穿短裤。

② 餐饮礼仪。泰国人不喝热茶，而习惯在茶里放冰块，称为冰茶。用餐时，泰国人习惯围着小圆桌跪膝而坐，用手抓食，不用筷子，但现在有用叉子和勺子的。泰国食品和中国食品大同小异。

③ 商务礼仪。泰国商人喜欢互赠礼物。在商务活动中，接受邀请后，一般不能再随意改变主意，否则显得反复无常，极不礼貌。

④ 泰国禁忌（见表8.4）。

表8.4　泰国禁忌

颜色	交谈话题	图　案	其　他
忌 红色 紫色 黑色	泰国人在社交场合见面交谈时习惯行合十礼，也流行握手礼，但是不能用于异性	不可丑化佛、大象形象	泰国人认为头部神圣不可侵犯，忌讳别人拿着东西从他们头上掠过，而脚被认为是低下的，忌跷腿而坐。忌讳睡觉时头朝西方

（5）沙特阿拉伯（西亚）。

沙特阿拉伯是世界上最大的石油输出国，伊斯兰教为其国教，因此与沙特人交往要格外注意伊斯兰教的宗教禁忌。

① 服饰礼仪。沙特男子通常穿一种长袖外套，头戴一种四方形的帽子。如果男子无意中窥见陌生女子的脸容，则被认为是件倒霉的事情。女子订婚仪式以后就可以不蒙面了。

② 餐饮礼仪。沙特人的主食是米饭、大饼、面条、面包，米饭一般都是用大米与肉、油等混合在一起做成的肉饭。他们常饮红茶、咖啡等，严禁饮酒。沙特人习惯用手抓饭吃，不用桌椅。

③ 商务礼仪。对初次见面的工商界人士不要送礼，相互熟识之后，可在应邀去对方家中做客时带些礼品。

④ 沙特阿拉伯禁忌（见表8.5）。

表8.5　沙特阿拉伯禁忌

颜色	交谈话题	礼　品	图　案	其　他
忌 黄色	不宜谈论中东政治、妇女权力及国际石油政策等	忌将酒作为礼品，不能单独给女主人送礼，也别送物品给已婚女子。忌送女性图片及女性形象的雕塑品	忌熊猫、十字架和六角星图案	忌左手递接物品。 禁止佩戴装饰物、禁止下国际象棋、禁止外人拍摄他们进行宗教活动的照片。不要给沙特女性拍照

2. 欧洲国家习俗、禁忌

（1）俄罗斯（东欧）。

① 服饰礼仪。俄罗斯人服饰与欧洲流行的服饰已无多大差别，男子多穿西服、戴呢帽，冬天则罩长外衣、戴皮帽。女子穿连衣裙、西服上衣或西服裙，秋冬两季戴呢帽或皮帽，罩长大衣，夏天系花头巾。

② 餐饮礼仪。俄罗斯人很注重餐台设计，讲究陈设的艺术性，他们认为这样做可以使人有好的心情，增加食欲。除城市外，俄罗斯人一般每日两餐，城市人对一日三餐的要求是不同的，晚餐一般比较简单，对早、中餐则较为重视。俄罗斯人比较爱吃中国的四川菜、广东菜，还特别爱吃北京烤鸭等。

③ 商务礼仪。每年4～6月是俄罗斯人的度假季节，不宜进行商务活动。同时商务活动还应当尽量避开节假日。会见客户时要清楚地介绍自己，并把同伴介绍给对方。但要注意，俄罗斯商人一般在初次见面时不轻易交换名片。进入客户会客室后，要等对方招呼才入座。

④ 俄罗斯禁忌（见表8.6）。

表8.6 俄罗斯禁忌

颜色	数　字	交谈话题	礼　品	其　他
忌黑色	忌13和偶数，视奇数为吉祥的数字	与俄罗斯人谈话，要坦诚相见，不能在背后议论其好坏，更不能说他们小气。谈话中“你”和“您”的界限很清楚，朋友之间如果使用“您”，即意味着友谊的破裂。他们不善掩饰感情，但说话时指手画脚会被看作缺乏教养，在公共场合大声交谈被看作是不文明的行为	俄罗斯人通常可以将鲜花、酒、艺术品和书等作为礼物赠送对方	俄罗斯人性格开朗、豪放、集体观念强。在家中，主人给客人吃面包，则是最殷勤的表现。 镜子在俄罗斯人看来是神圣的物品，打碎镜子就意味着灵魂的毁灭

（2）德国（中欧）。

① 服饰礼仪。德国人不喜欢花哨的服装，但都很注重衣冠的整洁，穿西装一定要系领带。在赴宴或到剧院看文艺演出时，男士经常穿深色礼服，女士则穿长裙，并略施粉黛。在东部地区，已婚者都戴上金质戒指。

② 餐饮礼仪。德国人在宴会上和用餐时，注重以右为上的传统和女士优先的原则。德国人举办大型宴会时，一般在两周前发出请帖，并注明宴会的目的、时间和地点。他们讲究餐具的质量和齐备。宴请宾客时，桌上摆满酒杯、盘子等。他们有个习俗，那就是吃鱼的刀叉不能用来吃别的。

③ 商务礼仪。德国人对工作严肃认真，思考总是深刻敏锐。德国人的时间观念很强。因此，一旦约定时间，迟到或过早抵达都被视为不懂礼貌。他们在谈判时态度明朗，谈生意时一般使用商业名片。

④ 德国禁忌（见图8.7）。德国有约50%的人信奉基督教，有约45%的人信奉天主教，另有少数人信奉东正教和犹太教，所以应注意相应的宗教禁忌。

表 8.7　德国禁忌

颜色	数字	交谈话题	礼　　品	图案	其　他
忌 茶色 红色 深蓝色	忌 13 星期五	与德国人交谈时要尊重传统和权威，称呼时要带上头衔，不可直呼其名。交谈中不要议论打垒球、篮球或美国式橄榄球。最好谈德国的原野、个人的业余爱好和足球之类的体育项目。洽谈生意时不能随便，否则会带来不愉快	男子不可以送长筒袜和内衣给女方，最常见的礼物有花束、糖果、书籍、精巧的皮革制品、相册、漂亮的围巾或其他适合对方的小礼物	忌讳使用纳粹标记图案“卐”	德国人有朝气、守纪律、好清洁，时间观念强。在德国，送钱给对方是被看成不礼貌的，但是如果把钱装入信封连同其他礼物一起送出也不是不可以

（3）英国（西欧）。

① 服饰礼仪。英国人的穿衣模式受到世界许多人的推崇。尽管英国人讲究衣着，但十分节俭，一套衣服一般要穿十年八年之久。一个英国男子一般有两套深色衣服、两三条灰裤子。英国人的衣着已向多样化、舒适化发展，比较流行的有便装夹克、牛仔服。

② 餐饮礼仪。英国的宴请方式多种多样，主要有茶会和宴会，茶会包括正式茶会和非正式茶会。英国人在席间不布菜，也不劝酒，全凭客人的兴趣取用。一般要将取用的菜吃光才礼貌，不喝酒的人在侍者斟酒时，将手往杯口一放就行。客人之间告别时可相互握手，也可点头示意。

③ 商务礼仪。到英国从事商务活动要避开 7、8 月，这段时间工商界人士多休假；另外在圣诞节、复活节也不宜开展商务活动。在英国送礼不得送重礼，以避贿赂之嫌。在商务会晤时，按事先约好的时间光临，不得早到或迟到。英国工商界人士办事认真，不轻易动感情和表态，他们视夸夸其谈、自吹自擂为缺乏教养的表现。

④ 英国禁忌（见表 8.8）。

表 8.8　英国禁忌

颜色	数字	交谈话题	礼品	图案	其　他
忌 绿色	忌 3、13、星期五，尤其 13 号正逢星期五被认为是最不吉利的日子	通常谈天气情况或新闻。不谈政治、宗教和皇家的事情。交流时切忌使用“英格兰人”一词，而要使用“不列颠人”。英国人不愿讲的事情旁人不应打听	英国人送礼不宜过重，晚间送礼可以送名酒、鲜花等，但是不能带有商标和标价等。忌以百合花送人	忌 大象、 孔雀图案	英国人在第一次相识时，紧紧握住双手以示友好。并肩步行时除了热恋中的情侣，一般人不会手拉着手。英国人也不像东欧人那样常常拥抱。 不可一次火点三次烟

（4）法国（西欧）。

① 服饰礼仪。法国素有时装王国之称，巴黎更有时装之都的美誉。进入 20 世纪 90 年代，法国女装朴实风格走俏，素色衣裳尽领风骚；男人也特别注重穿着和仪表，出门前总要刮脸梳头，在外面总是衣冠整齐，令人赏心悦目。

② 餐饮礼仪。作为世界三大烹饪王国之一的法国，在饮食上十分讲究。他们的菜肴种类众多，烹饪方法独特。法式菜肴的特点是：选料新鲜，烹调讲究，美味可口。宴请客人时，主人

总是把最拿手的菜做给客人吃，而且菜肴往往很丰盛。法国盛产名酒，法国人也特别善饮，几乎餐餐离不开酒。

③ 商务礼仪。与法国人会面，可由第三者介绍，也可自我介绍。自我介绍应讲清姓名、身份或将自己的名片主动送给对方。法国人很重视建立良好的人际关系。一般情况下，未成朋友前，是不会跟你做大宗生意的。和法国人谈生意，一定要守时，否则不会被原谅。和法国人谈生意，要避开商业淡季。每年 8 月份由于天气较热，几乎全国放假。

④ 法国禁忌（见表 8.9）。

表 8.9　法国禁忌

颜色	数字	交谈话题	礼　品	图案	其　他
忌 黄色 墨绿色	忌 13 和星期五	谈话尽量不涉及对方的私事，避免谈论政治和金钱	不要送带有公司明显标记的礼品。初次见面时不要送礼。忌讳菊花、杜鹃花、纸花和黄色花朵	忌孔雀和仙鹤图案	法国人乐观开朗，特别讲究衣着服饰。在法国，“女士优先”的国际惯例体现得异常明显。忌用核桃待客

3. 美洲国家习俗、禁忌

（1）美国（北美）。

① 服饰礼仪。在美国虽然不乏西装笔挺的绅士淑女，但在日常生活中，人们很难从衣着上来判断一个人的贫富或贵贱。一些耐穿的牛仔服或工装裤比较流行，为显示个性，有的妇女喜欢编织各种没有章法、色彩杂乱的毛衣，有的年轻女子喜欢着男装。在正式社交场合她们穿戴比较保守，讲求西装革履。

② 餐饮礼仪。美国人请客人吃饭时，先用电话邀约，客人接到邀请后要给予回答，参加者一般提前 5～10 分钟到达。若迟到 15 分钟以上，应先给女主人打电话。美国人的饮食特点是咸中带甜，喜欢清淡，不爱吃肥肉，不吃蒸的食物和红烧食品，忌食各种动物内脏。

③ 商务礼仪。美国商人喜欢边吃边谈，一般洽谈活动从吃早点开始，晚上一般不谈生意或做重大决定。同美国人做生意，最重要的原则之一就是：必须表述清楚，不能模棱两可。美国的商业习惯是每一种产品都要投保，非常重视专利与商标。

④ 美国禁忌（见表 8.10）。

表 8.10　美国禁忌

数字	交谈话题	礼　品	图案	其　他
忌 13 星期五	交谈时忌问个人收入和财产状况，忌问妇女婚否、年龄及衣饰价格等隐私问题	给美国人送礼物必附上卡片。收礼后应致信或电话表示感谢。 特别忌讳带有本公司标志的便宜东西	忌 蝙蝠图案	美国人忌讳“老”，所以不应轻易搀扶，否则他们会认为你小看了他

（2）墨西哥（中美）。

① 服饰礼仪。墨西哥的现代服装是印第安式样和西班牙式样长期混合的结果。大城市居民的服饰已基本欧化，各种款式都有，但仍可看到传统文化的印记。居民们的衣着偏好鲜艳的色

彩，据说这和当年玛雅人的习俗是一致的。他们认为色彩对比强烈的衣着能吓退妖魔，保佑众生平安。墨西哥妇女喜欢把头发梳得很高，常常插上花朵装饰，有的还用五颜六色的羊毛线编头发。

② 餐饮礼仪。墨西哥的传统食物是玉米、菜豆和辣椒。人们说玉米是墨西哥人的面包，墨西哥人可以用玉米制作出各种各样的食品。另外，墨西哥有仙人掌之国的美称，当地人喜食仙人掌，他们把它与菠萝、西瓜并列，当作一种水果食用，并用它配制成各种家常菜肴。墨西哥也是世界上食用昆虫消耗量最大的国家。

③ 商务礼仪。墨西哥许多商人都会说英语，但你与他交谈时最好说西班牙语，特别是收到对方用西班牙文写来的信函后，最好也用西班牙文回复，否则他们会认为你缺乏教养。与墨西哥人交往，可以带一些本国特色的工艺品作为礼物。

④ 墨西哥禁忌（见表 8.11）。

表 8.11　墨西哥禁忌

颜色	数字	礼　品	图案	其　他
忌 紫色	忌 13 星期五	忌 黄花、红花、紫花	忌 蝙蝠图案	舞会上通常只能女人邀请男人，不能相反；也不能用手比画小孩的身高

（3）巴西（南美）。

① 服饰礼仪。巴西的男子平时穿短裤和衬衫，但是上班或参加社交活动则必须衣冠楚楚；对于女士，在穿着上则没有严格的限制，她们通常喜欢穿色彩艳丽的裙装。巴西的黑人妇女习惯上身穿短上衣，肩披又长又宽的围巾，下身穿肥大的花裙。她们喜欢戴手镯，并在腰带上系上许多垂饰。

② 餐饮礼仪。巴西人以吃欧式西菜为主。由于巴西畜牧业较发达，所以食品中肉类较多，他们常食猪牛肉，一般较富有的人家牛肉吃得多些，反之则食猪肉多些。烤牛肉是巴西的著名风味菜肴，每逢家宴、外出野餐，都少不了烤牛肉。巴西人喜欢饮浓咖啡，一天喝上十来杯咖啡是常见的事。

③ 商务礼仪。巴西人在商务活动中很重视建立良好的私人关系，如果你在他眼中是一个值得信赖的朋友，那么他将会对你以诚相待。巴西的官方语言是葡萄牙语，不要把译成西班牙文的宣传品送给巴西人，否则他们会认为你是在侮辱他。

④ 巴西禁忌（见表 8.12）。

表 8.12　巴西禁忌

颜　色	数　字	礼　品	图　案	其　他
忌黄色、紫色、深咖啡色	8 月 13 日是巴西禁忌日	忌 手帕或刀子	忌绛紫色的花或图案	“OK”手势是表示下流的手势

4. 非洲国家习俗、禁忌

（1）埃及（北非）。

埃及人口的 87%左右是阿拉伯人，所以，各种礼俗与阿拉伯国家相近。

① 服饰礼仪。埃及的传统服装是阿拉伯大袍。在农村不论男女仍以穿大袍者为多，城市贫民也有不少以大袍加身。20 世纪 20 年代后期，西方服装逐步进入埃及。当地妇女喜欢戴耳环、手镯等。在一些边远地区，女子外出还保留着蒙面纱的习俗。

② 餐饮礼仪。埃及人的主食有米饭、面包等，荤菜有牛肉、羊肉，素菜有洋葱、黄瓜等。当地人就餐前一般都要说："以大慈大悲真主的名义。"请客时菜肴丰盛、气氛热烈，主人总是希望客人多吃点。

③ 商务礼仪。当地人不喜欢有星星图案的衣服，商务活动用英语。到埃及进行商务活动，最好是在 10 月到次年 4 月。另外，当地每周工作日是从本星期六到下星期四，星期五是伊斯兰教的休息日。

④ 埃及禁忌（见表 8.13）。

表 8.13　埃及禁忌

颜色	数字	交 谈 话 题	图案	其　他
忌 蓝色 黄色	忌 13	通常称呼对方"阿凡提"，意为"先生""阁下"； 避免谈论中东政治，可以谈论埃及的建设成就、领导人的威望及埃及的古老文明等	忌 熊猫图案	忌饮酒； 埃及人有很多亲吻的礼节。吐唾沫是对仇人的诅咒，吐在地下表示对对方的轻蔑，也不可吐在身上

（2）南非。

① 服饰礼仪。南非是一个多部族国家，各族都有自己的传统服饰。在城市中，南非人的穿着打扮基本西化了。大凡正式场合，他们都讲究着装端庄、严谨。因此进行官方交往或商务交往时，最好穿样式保守、色彩偏深的套装或裙装，不然就会被对方视为失礼。不同部族的黑人，在着装上往往会有自己不同的特色。他们有一种被称为卡罗斯的斗篷和外套，这种服装一般是用羚羊皮制成的。南非的印度人服装仍保持着传统的东方特色。穆斯林妇女多穿宽筒长裤，长外衣，并披戴长巾；印度教妇女则多穿纱丽。

② 餐饮礼仪。当地白人的餐饮习惯仍保持欧洲传统，以吃西餐为主。黑人部族主要食用面食、奶和肉类。有的部族喜欢用玉米或高粱煮稀饭，用牛奶提制奶油，做奶渣。他们还喜欢饮用一种用高粱酿制出的风味啤酒。南非的印度人主要食用羊肉和一种叫作罗蒂的面包。印度教教徒家庭严禁吃牛肉，穆斯林家庭则不吃猪肉。

③ 商务礼仪。南非工商界人士在商务活动中习惯事先联系，他们遵守约会时间。同时，他们信守合同，交易方式力求正式，喜欢对方有话直说，不喜欢转弯抹角地拖延时间。他们在付款方面也严格按照规定执行。

④ 南非禁忌。与南非朋友交往时打招呼忌用左手，不可称呼他们为 Negro、Black 和 African。在非洲，握手时用力的程度跟对方好意的程度是成正比的，最好握得手都感到麻木喊痛。非洲人普遍认为"用相机对准某物，某物的"精气"就被吸收殆尽"。人、房屋、家畜一律不准拍摄。如想拍照或合影，最好征得对方的同意。

跟南非人交谈，有四个话题不宜涉及：不要为白人评功摆好；不要评论不同黑人部族或派别之间的关系及矛盾；不要非议黑人的古老习惯；不要因为对方生了男孩而表示祝贺。

相关链接

部分国家的生活喜好见表 8.14。

表 8.14　部分国家的生活喜好

国家名称	喜　好
日本	喜欢土特产和工艺品
韩国	喜欢吃辣味菜肴
马来西亚	喜欢穿天然织物做成的衣服
泰国	喜欢大象图案
沙特阿拉伯	喜欢白色
俄罗斯	喜欢红色、粉红色、白色、黄色、紫色
德国	喜欢喝酒，爽快
法国	喜欢有文化和美学素养的礼品，说话时爱用手势加强语气，特别喜欢喝浓咖啡
巴西	喜欢谈论关于足球的话题，喜欢蝴蝶图案
埃及	喜欢数字 3、5、7、9
南非	有些部落“重女轻男”，喜欢女孩

实践训练

1. 情景训练

【情景 1】杜先生是中国一家国际旅游公司的组团部经理，经常组团到日本旅游，在日本有很多合作伙伴，并且结交了不少业界的日本朋友。今年夏天，杜先生休假陪同妻子到日本旅游。得知杜先生光临日本，一位名叫三木堂年的朋友便盛情邀请杜先生到家中做客。杜先生与对方一直是很好的业务合作伙伴，于是便准备前往。

杜先生带上礼物来到这位日本朋友家以后，发现这是一个非常传统的日本家庭，穿传统服饰、吃传统饮食，总之让他真正地了解到了日本的一些民俗。

实训要求：

（1）请根据情景提示表演一下杜先生造访这个日本家庭的全过程。

（2）要求注意穿着。选择礼物时应回避日本人的禁忌。

（3）分组训练，角色扮演。

【情景 2】周先生移民到英国已经很多年了，虽然工作很忙，但是他依然坚持每天晨练的好习惯。一个周末的清晨，他在晨跑时偶遇一位年龄相仿的锻炼者，看上去还有几分眼熟，好像是自己的邻居，但是以前从没有接触过。正在他思考的时候，对方却主动与他打招呼了：“Good morning…”于是他们开始交谈，直到晨练结束才愉快地告别。

实训要求：

（1）请根据情景提示，补充并表演以上交谈过程。

（2）分组训练，角色扮演。

【情景 3】吴经理最近一直在巴西出差。周末，他约了一位巴西朋友在一家烤吧见面，他们准备在享用巴西烧烤风味美食的同时聊聊天，交流一下感情。

实训要求：

（1）请根据以上提示演示一下吴经理和他的巴西朋友见面的过程。

（2）分组训练，角色扮演。

2. 综合训练

【案例分析 1】

20 世纪 60 年代，美国总统约翰逊访问泰国。在受到泰国国王接见时，约翰逊竟毫无顾忌地跷起了二郎腿，脚尖正对着国王，而这种姿势，在泰国是视为侮辱性的，因此引起泰国国王的不满。

更为糟糕的是，约翰逊在告别时竟然用得克萨斯州的礼节紧紧拥抱了王后。在泰国，除了泰国国王外，任何人都不得触及王后，这使泰国举国哗然。约翰逊的举动引起了不小的遗憾，也成了涉外交往中的典型笑话。

请问：你看了这个案例后有何感想？

【案例分析 2】

泰国的人妖表演是具有世界影响力的，许多国外旅游者慕名前往观看。一天晚上旅游活动结束后，中国游客孙某和李某在没有地方导游人员陪同的情况下，相约去曼谷一家豪华夜总会观看人妖表演。孙、李二人边喝着红酒边观看，玩得很尽兴，现场气氛也很热烈。但是由于习惯的原因，孙某在看台下坐着观看时将脚抬起来搭在了另一个座位上，而脚底则正好向着台上正在表演的演员。

不知不觉间表演已经结束，当两人正准备起身离开时，突然身边围上来七八个身强力壮的泰国小伙子，没说上几句话便动手将孙、李二人狠揍了一顿，之后将他们扔在了夜总会门口。

孙、李二人感到莫名其妙，不知哪里出了差错。

请问：

（1）你知道他们为什么会有如此遭遇吗？

（2）从上面的案例中你学到了什么？

【综合情景训练】

星盛广源服装公司是星盛商业集团下属的一家服装公司，在服装行业经营多年，跟法国某时装公司有着密切的合作关系。今年年终开总结会时，公司决定邀请法方代表来华会谈，以便商定明年的相关合作事宜。

斯特劳斯作为法方代表，于春节前带着助手来到中国。负责接待他的是星盛广源服装公司的副总经理许晴女士。进行相应的前期安排后，双方决定于第二天在星盛大酒店举行会谈，出席会议的中方代表还有星盛广源服装公司的总经理乔先生，他对斯特劳斯先生早有耳闻，却初次见面。

现在，乔经理率许晴副总经理按照约定时间准时在酒店门口等候斯特劳斯先生及其助手的到来。

（斯特劳斯先生的专车来到酒店门口，门童为其打开车门，乔总经理迎上去。）

乔：您好，欢迎来到中国。

（握手）

斯：您好，很高兴见到你（说罢向旁边曾接待过她的许晴女士微笑着点头致意）。

许：欢迎您的到来，请允许我先为两位做一下简单介绍。

（许女士正准备继续，乔总经理却微笑着先开口了。）

乔：不用了，还是我自己来介绍吧。我是星盛广源服装公司的总经理，我姓乔。感谢贵公司一直以来对我公司的大力支持，希望我们在来年依然能够很好地合作，创造更辉煌的业绩。这是我的名片。

（说罢从西服上衣口袋里掏出自己的名片，双手递给斯特劳斯。）

（斯特劳斯接过名片以后，仔细看了一下，然后小心翼翼地装在了公文包里。）

斯：谢谢，希望能跟你们继续合作。

（然后回递了自己的名片。）

（一行数人在礼宾工作人员的引领下向会议室走去，开始了他们的会谈。）

（会议进行得很顺利，双方达成了很好的合作意向。会后，中方就在酒店宴请斯特劳斯先生及其助手一行。现在他们步入酒店的“欧洲厅”雅间。）

乔：先生，您这边请。

（乔总经理主动给法国客人让座。）

斯：（略显尴尬地）谢谢，许小姐，您先请。

（转身把座位让给了身边的许晴女士。）

（宴会继续。）

（法国人普遍很健谈。宴会期间，他们谈了一些很轻松的话题，当然也少不了跟服装有关的话题，但是中方人员为了避免触犯对方的一些风俗和禁忌，依然十分谨慎。宴请结束后，许晴副总经理将提前准备好的一幅中国名画赠送给斯特劳斯。）

（翌日，斯特劳斯致电乔总经理和许晴女士，对中方的热情款待和极具文化素养的精美礼品表示感谢。）

（之后乘机愉快地返回法国。）

请问：你觉得整个情景中有哪些欠妥当的地方及值得学习的地方？请一一列出，觉得欠妥当的地方请纠正。

实训要求：

（1）分级讨论，哪些地方欠妥当？

（2）分组训练，角色扮演，重新规范演示当时的情景。注意不同性别的男女搭配、性格开朗与性格内向的不同搭配等，力争达到协调。只有角色扮演相对逼真，实训才会取得更好的效果。

（3）饰演的角色至少应包括三个大方面：中国公司方、法方代表及会谈所在酒店方，同时鼓励学生充分发挥主动性，增加相应内容。

（4）在所有小组中评选出某个角色的最佳扮演者，最优化组合后，给全班同学做示范表演。

知 识 小 结

与不同国家人员交往应注意一些不同的禁忌。

礼宾次序体现东道主对各国宾客所给予的礼遇，在一些国际性的集会上则表示各国主权平等。

企业常用的会见主要是社交上的礼节性会见和涉及业务商谈、经贸洽谈等内容的事务性会见。会谈的内容一般较为正式，政治性、专业性较强，在企业中主要指商务谈判和业务会商。

涉外馈赠礼仪需要掌握以下几个基本原则：轻重得当原则；选时择机原则；效用性原则；投其所好和避过忌讳原则。注意礼品的包装，注意赠礼的具体时间和场合，注意赠礼的方式及收礼和回礼等礼仪。

各国人民都有其特定的习俗与禁忌。商务人员不仅要妥善做好日常性的接待工作，还要了解、掌握接待对象所在国家的风俗习惯。习俗禁忌主要涉及颜色、数字、交谈、动物、图案、食物、礼品和行为等方面。

附录A 仪容要求

表 A.1 仪容要求

男性		女性	
头发	是否理得短而整齐？ 是否整洁？ 有无落在西服上	头发	是否整理？ 是否遮脸？ 发型是否适合所去场合
胡须	每天早上都剃干净了吗	化妆	是否适合所去场合？是否过浓或过淡
领带	颜色或图案是否过于耀眼？ 和上衣、裤子颜色是否搭配	衬衣	领口袖口干净吗？ 纽扣是否有掉落？ 是否和外衣协调
西服	颜色和图案是否过于耀眼？ 上衣和裤子颜色是否搭配？ 是否熨烫	服装	是否过于随便？ 是否怪异？ 是否过紧
衬衣	颜色和图案是否过于耀眼？ 和上衣、裤子颜色是否搭配？ 领口、袖口是否洁净？ 领子、袖子是否露出西服	内衣	有无外露
工作服	是否有破损或斑迹	工作服	是否有破损或斑迹
手和指甲	手是否洁净？ 指甲是否剪短并清洁	手和指甲	手是否干净？ 指甲油颜色是否过于艳丽或深重
裤子	穿前是否熨烫？ 膝盖部分是否突出？ 拉链、搭扣是否理好	裙子	穿前是否熨烫？ 拉链有无异常？ 是否有斑迹
袜子	有没有破损？ 和衣服的颜色搭配吗？ 袜口是否过短	丝袜	颜色是否合适？ 有无漏洞？ 是否有另备？ 是否露出腿部
皮鞋	颜色是否合适？ 是否擦拭干净？ 鞋带是否松脱	皮鞋	是否擦拭干净？ 颜色合适吗？ 鞋跟是否过高

附录B　各国国花与花卉语

卓锦·万代兰——新加坡国花。象征卓越锦绣、万代不朽。卓锦·万代兰原名胡姬花，是一位侨居新加坡的西班牙园艺师艾飞丝卓锦，在自己花园里，利用胡姬花育出的优异新品种。1981年新加坡文化部宣布其为国花。

金达莱——朝鲜、韩国国花。金达莱又名无穷花，实为杜鹃花科的迎红杜鹃，即中国的兴安杜鹃，其原意是长久开放的花。朝鲜和韩国人民以它象征长久的繁荣，象征喜悦和幸福。

睡莲——泰国国花。花语是迎着朝气、抛去暮气。

樱花——日本国花。3月15日是日本的樱花节。日本有樱花30多类，300多个品种，世界上共有800多个品种。日本公园里满目都是樱花。日本人民认为樱花具有高雅、刚劲、清秀质朴和独立的精神。他们把樱花作为勤劳、勇敢、智慧的象征。日本有“樱花七日”的谚语，是说花期很短。因此日本家庭里一般不种樱花，认为对家族的兴旺延续不吉利。

毛茉莉——菲律宾国花，也是印尼的国花、友谊之花。茉莉花在菲律宾人民心目中是纯洁、热情的象征，是爱情之花、友谊之花。菲律宾人称茉莉花为“山巴一吉塔”，意思是“你答应我”。来源于传说：情郎把一枝茉莉花赠给他追求的姑娘，并说：“山巴一吉塔。”从此“山巴一吉塔”便成了茉莉花的名称，成了青年男女之间表示坚贞爱情的心声。在国际交往中，把长长的茉莉花环挂在客人颈上，垂到胸口，表示敬重与友好。

郁金香——荷兰、土耳其、匈牙利（一说天竺葵）、伊朗（一说大马士革月季）的国花。郁金香象征美丽、庄严、华贵。它的土耳其语含义是：它像包着头巾的伊斯兰教女人的头一样美。因此，土耳其比荷兰更早将其定为国花。

矢车菊——德国国花。普鲁士皇帝威廉一世的母亲路易斯王后，在一次内战中被迫离开柏林。逃难途中，车子坏了，她和两个孩子停在路边等待之时，发现路边盛开着蓝色的矢车菊，她就用这种花编成花环，戴在九岁的威廉胸前。后来威廉一世加冕成了德意志皇帝，仍然十分喜爱矢车菊，认为它是吉祥之花。矢车菊也启示人们小心谨慎与虚心学习。

石榴花——西班牙国花（一说香石竹）。花语是红得像一团团火焰。

香根鸢尾——法国国花。香根鸢尾是幸福的象征，外貌宁静、和谐、大方，体现法兰西民族的自由乐观和光明磊落的精神。香根鸢尾又叫金百合。

油橄榄花——希腊（一说素馨）、突尼斯、塞浦路斯的国花。这种花象征希腊民族的骄傲，国家的繁荣。举行竞赛时，以橄榄枝做桂冠，奖励优胜者。人们还把橄榄枝作为和平的标志。

莲花——埃及国花，也是印度和斯里兰卡的国花。埃及古传说：托特（鹭头人身，埃及智慧与魔术之神）的妻子埃赫·阿慕纳，奉献给丈夫一束莲花，以表示她对丈夫的忠贞和爱情。后来忠贞与爱情成为莲花花语。在印度、斯里兰卡均视其为美好吉祥的象征。

丁香花——坦桑尼亚国花。此花花语是荣幸、安慰。

糖槭树花——加拿大国花。加拿大素有“枫树之国”的称号。在国旗中央绘着巨大的红艳艳的枫叶。日常生活里枫叶图案随处可见。人们以象征火红、热烈、赤诚的枫叶为傲。糖槭又叫糖枫，是一种高大落叶乔木。高达40米，径40～100厘米，树龄可达500年。树干中含大量淀粉，冬天转化为蔗糖，天暖时蔗糖变成香甜的树液。如果在树上钻孔，树液便会源源流出。树汁熬制成的糖叫枫糖或槭糖。

仙人掌、大丽菊——墨西哥国花。墨西哥主要居民是印第安族的阿斯特克人。相传最初部族神指点他们向南迁移，并说，当看到一只老鹰站在仙人掌上啄食一条蛇，就证明那里富足、吉祥，可定居下来，会繁荣兴旺。他们走到墨西哥，果然看到预示的景象，便在那里定居。仙人掌成为他们坚强不屈，为捍卫自己民族利益而英勇斗争的标志。大丽菊是墨西哥的第二国花。墨西哥是大丽菊原产地，大丽菊到处可见，它的花大方、富丽、绚丽多姿，可与世界名花媲美。

雏菊——意大利国花。外观古朴，花朵娇小玲珑，意大利人民认为这体现了君子风度和天真烂漫。

玫瑰花——美国、英国、西班牙、卢森堡、保加利亚的国花。美国国花经百年争论，于1986年9月23日国会众议院认定玫瑰为国花。他们认为玫瑰是爱情、和平、友谊、勇气和献身精神的化身。美国人还认为红色玫瑰花象征爱、爱情和勇气。淡粉色玫瑰花传递赞同或赞美的信息，粉色玫瑰花代表优雅和高贵的风度，深粉色玫瑰花表示感谢，白色玫瑰花象征纯洁，黄色玫瑰花象征喜庆和快乐。保加利亚是誉满天下的“玫瑰之国”，每年6月初的第一个星期日为传统民族节日——玫瑰节，人们到玫瑰谷举行盛大的庆祝活动。他们认为绚丽、芬芳、雅洁的玫瑰花象征着保加利亚人民的勤劳、智慧和酷爱大自然的精神。玫瑰遍身的芒刺是保加利亚人民在奥斯曼帝国、德国法西斯面前英勇不屈与坚韧不拔的化身。

雪松——黎巴嫩国花。黎巴嫩国旗上印着雪松的图案。久经殖民统治压迫的人民视雪松为偶像。雪松成为勇敢、坚毅、不畏强暴的象征。

白蔷薇——罗马尼亚国花。该花是自己民族热情、纯洁、真挚、高贵、朴素和丰收的象征。每年的收获季节，姑娘们戴着白蔷薇花环，歌舞欢庆。

附录C　中外主要节日

中国主要传统节日

春节：农历正月初一，又称过年、正旦、正朝、新年、新春、元日等。

元宵节：农历正月十五，又称灯节、上元节。

清明节：公历4月5日前后，又称踏青节。

端午节：农历五月初五，又称端阳节、重午节、天中节、天长节，是我国传统的三大节日之一。

七夕节：农历七月初七，又称乞巧节、七巧节、女儿节。人们又称之为中国的“情人节”。

中秋节：农历八月十五，又称团圆节。

重阳节：农历九月初九，又称重九节、茱萸节、菊花节。

腊八节：农历腊月（十二月）初八。

中国官方节日

国际妇女节：3月8日。

植树节：3月12日。

国际劳动节：5月1日。

中国青年节：5月4日。

国际儿童节：6月1日。

建党节：7月1日。

建军节：8月1日。

教师节：9月10日。

国庆节：10月1日。

世界主要节日

圣诞节：12月25日。天主教徒、基督教徒的宗教节日，现已成为欧美国家的主要节日。

复活节：每年春分（3月21日或22日）月圆之后的第一个星期天。

佛斋节：农历四月八日，佛教节日，相传这一天为释迦牟尼的诞生日，又称浴佛节。

开斋节：伊斯兰教节日。在太阳年历10月1日，又称放肉节。

巴西狂欢节：每年二三月中，为期3天。

美国感恩节：每年11月的第四个星期四。

加拿大枫糖节：每年3月，枫糖采制季节。

情人节：2 月 14 日。欧美及大洋洲一些国家的节日。

护士节：5 月 20 日。

美国母亲节：5 月的第二个星期日。

美国父亲节：6 月的第三个星期日。

万圣节：11 月 1 日和 2 日夜晚，又叫万灵节、亡人节。欧美、拉丁国家的节日。

愚人节：4 月 1 日。欧美国家的节日。

莎士比亚戏剧节：4 月 23 日。英国的节日。

老人节：9 月的第二个星期日。美国的节日。

意大利狂欢节：2 月中旬。意大利的节日。

附录D　秘书礼仪实训项目单

表 D.1　秘书礼仪实训项目单

<table>
<tr><td>项目编号
Item No.</td><td>01</td><td>项目名称
Item</td><td>仪态</td><td>训练对象
Class</td><td>文秘专业（三年制）</td><td>学时
Time</td><td>4</td></tr>
<tr><td>课程名称
Course</td><td colspan="3">秘书礼仪</td><td>教材
Textbook</td><td colspan="3">秘书礼仪实务（第 3 版）</td></tr>
<tr><td>目的
Objective</td><td colspan="7">1．树立职业意识，掌握装扮优雅得体的仪容的规范标准。
2．掌握秘书职业仪容的方法与技巧。
3．能根据不同场合，装扮得体自然仪容的技巧。
4．注重秘书外塑形象、内炼修为意识，养成得体大方仪态的习惯，逐步培养优雅气质。</td></tr>
<tr><td colspan="8">一、教学方法
1．任务驱动法——设置工作任务，让学生在做中学。
2．情景模拟法——提供秘书工作情景，要求学生进入秘书角色，演练该工作情景，完成情景中的工作任务。
3．实际操作法——紧贴学生实际，学生的生活中有许多需要用到站姿、坐姿、走姿、蹲姿、手势、各种表情，尽量将其纳入课程实训中来，让学生用所学的仪态知识为自己的工作、学习、生活服务，逐步培养优雅气质。
二、实训内容
1．站姿的训练。
2．坐姿的训练。
3．走姿的训练。
4．蹲姿的训练。
5．手势的训练。
6．各种表情（尤其是微笑）的训练。
三、实训方式
1．针对学生每个姿态的标准程度进行逐一指点纠正。
2．把相关姿态连续起来，综合展示，再进行指正。
3．把全班学生分成适宜的小组，让每一个学生在小组中展示。
4．在各小组中挑选出优秀的个人，在全班学生面前展示，使学生有一个相对标准的比照。
四、实训步骤
1．教师示范，学生模拟。
2．单项训练。
3．综合实训。</td></tr>
</table>

续表

4．小组实训。 5．优秀展示。 五、实训要求 1．按指导教师的安排进行实训。 2．树立职业意识，使学生融入工作情景，真正进入秘书角色。 3．戒除学生思维模式和学生习惯性错误行为。 4．培养优雅的行为习惯。 六、评分标准（100 分） 1．积极主动参与实训。（10 分） 2．能树立职业意识，进入秘书角色，用秘书职业的思维方式展示姿态，做到挺拔的站姿、优雅的坐姿、潇洒的走姿、热情的微笑。（40 分） 3．能时刻提醒自己戒除习惯性的行为错误。（20 分） 4．能用标准规范的言行举止展示自己，树立职业形象。（20 分） 5．行为规范，举止优雅、自然,整体感觉好。（10 分）

表 D.2 秘书礼仪实训项目单

项目编号 Item No.	02	项目名称 Item	仪容	训练对象 Class	文秘专业（三年制）	学时 Time	2
课程名称 Course	秘书礼仪			教材 Textbook	秘书礼仪实务（第 3 版）		
目的 Objective	1．树立职业意识，掌握秘书装扮优雅得体仪容的标准和规范。 2．根据秘书职业要求，掌握得体自然秘书仪容的方法与技巧。 3．根据场合不同，掌握适宜不同场合得体的仪容的方法与技巧。 4．培养外塑形象、内炼修为意识，养成良好的装扮得体仪容的习惯，逐步培养优雅气质。						

一、教学方法

1．任务驱动法——设置工作情景，让学生在做中学。

2．情景模拟法——提供秘书工作情景，要求学生进入秘书角色，演练该工作情景，完成情景中的工作任务。

3．实际操作法——紧贴学生实际，学生的生活中有许多需要装扮不同仪容，尽量将其纳入课程实训中来，让学生用所学的仪容知识为自己的工作、学习、生活服务，逐步培养优雅气质。

二、实训内容

1．头发护理的训练。

2．整理发型的训练。

3．皮肤护理的训练。

4．化淡妆的训练。

5．化浓妆的训练。

6．不同场合选择不同妆容的训练。

三、实训方式

1．实际操作法，让每一个学生亲自动手为自己化妆。

2．教师点评法，学生在为了自己化妆后，教师根据效果进行适当点评。

3．对比训练法，不同的场合妆容的程度不同，通过对比，让学生掌握分寸进行区别。

4．优秀展示法，在各小组中挑选出优秀的个人，在全班学生面前展示，使学生有一个相对标准的比照。

四、实训步骤

1．教师示范，学生模拟。

2．单项训练。

3．综合实训。

4．优秀展示。

五、实训要求

1．按指导教师的安排进行实训。

2．树立职业意识，使学生融入工作情景，能根据不同场合的需要，选择正确妆容的方法。

3．能够了解自己容貌的特点，扬长避短，适宜地装扮自己。

4．既要注重妆容的效果，更看重整体效果，使妆容、服饰为自己的整体形象加分。

六、评分标准（100 分）

1．积极主动参与实训。（10 分）

2．能树立职业意识，能根据不同场合的需要，选择正确妆容的方法，浓妆、淡妆均熟练运用。（40 分）

3．能够了解自己容貌的特点，扬长避短，适宜地装扮自己。（20 分）

4．能用标准规范的言行举止展示自己，树立职业形象。（20 分）

5．妆容与行为举止和谐、优雅、自然，整体感觉好。（10 分）

表 D.3　秘书礼仪实训项目单

<table>
<tr><td>项目编号
Item No.</td><td>03</td><td>项目名称
Item</td><td>仪装</td><td>训练对象
Class</td><td>文秘专业（三年制）</td><td>学时
Time</td><td>2</td></tr>
<tr><td>课程名称
Course</td><td colspan="3">秘书礼仪</td><td>教材
Textbook</td><td colspan="3">秘书礼仪实务（第 3 版）</td></tr>
<tr><td>目的
Objective</td><td colspan="7">1．树立职业意识，掌握优雅得体仪装的规范标准。
2．掌握选择秘书职业服装的方法与技巧。
3．能根据不同场合，搭配得体自然的服饰的方法与技巧。
4．注重外塑形象内炼修为，培养优雅气质。</td></tr>
<tr><td colspan="8">一、教学方法
1．任务驱动法——设置工作任务，让学生在做中学。
2．情景模拟法——提供秘书工作情景，要求学生进入秘书角色，演练该工作情景，完成情景中的工作任务。
3．实际操作法——学生在生活、学习中有许多需要用到的不同场合选择和搭配不同服饰，尽量将其纳入课程实训中来，让学生用所学的仪装知识为自己的工作、学习、生活服务，从而塑造良好的秘书形象，更好地为工作服务。
二、实训内容
1．了解自己体型特征的训练。
2．男性服饰选择与搭配的训练。
3．女性服饰选择与搭配的训练。
4．鞋袜与服饰的选择与搭配的训练。
5．不同场合选择不同服饰的训练。
6．打领带与系丝巾的训练。
三、实训方式
1．利用图片展示进行分析比对。
2．观看光碟，进行服饰款式、色彩的展示。
3．利用学生现场的着装，进行搭配的训练。
4．利用自身现有的服饰资源，进行不同风格的搭配的训练。
四、实训步骤
1．案例分析，了解服饰对秘书形象塑造的重要性。
2．观看光碟，进行整体效果的分析比对。
3．小组或班级讨论，如何根据个人自身条件与场合搭配服装。
4．情景训练，根据不同场合，角色不同，选择相宜的服饰。
五、实训要求
1．按指导教师的安排进行实训。
2．树立职业意识，使学生融入工作情景，真正进入秘书角色。
3．服装外观整洁、穿着得体。
4．熟悉不同场合佩戴饰物的规范。
六、评分标准（100 分）
1．积极主动参与实训。（10 分）
2．能根据自身的体型特点进行得体适宜的搭配。（40 分）
3．能用秘书职业的标准为自身选择得体的服饰。（20 分）
4．能根据不同场合选择得体的服饰。（20 分）
5．服饰搭配协调，整体效果好。（10 分）</td></tr>
</table>

表 D.4　秘书礼仪实训项目单

项目编号 Item No.	04	项目名称 Item	见面礼节实训	训练对象 Class	文秘专业（三年制）	学时 Time	2
课程名称 Course	秘书礼仪			教材 Textbook	秘书礼仪实务（第 3 版）		
目的 Objective	1．了解见面礼节的类型。 2．掌握见面礼节的规范操作方式。 3．能够根据来访者的具体情况采用适当的见面方式做好接待工作。 4．能够把见面礼节规范恰当地运用于生活、学习和实际工作中。						

一、教学方法

1．任务驱动法——设置工作任务，让学生在做中学。

2．情景模拟法——提供秘书工作情景，要求学生进入秘书角色，演练该工作情景，完成情景中的工作任务。

3．实际操作法——学生在日常生活、学习、待人接物过程中有许多需要用到见面礼节的，尽量将其纳入课程实训中来，让学生用所学的见面礼节知识为自己的工作、学习、生活服务，培养良好的职业习惯。

二、实训内容

1．致意的训练。

2．问候的训练。

3．握手的训练。

4．介绍的训练。

5．递送名片的训练。

三、实训方式

1．观看光碟，了解见面礼节的规范操作程序。

2．小组训练，小组成员分别扮演不同角色，进行见面礼节的训练。

3．小组内部互评，纠正存在的问题，不断改进。

4．挑选出优秀的小组，在全班展示，使学生有一个相对标准的比照。

四、实训步骤

1．观看光碟。

2．单项训练。

3．综合训练。

4．案例分析。

5．情景操作。

五、实训要求

1．按指导教师的安排进行实训。

2．树立职业意识，使学生融入工作情景，真正进入秘书角色。

3．戒除学生思维模式和学生习惯性错误行为。

4．培养秘书规范优雅、大方得体的行为习惯。

六、评分标准（100 分）

1．积极主动参与实训。（10 分）

2．能树立职业意识，进入秘书角色，用规范得体的言谈举止进行致意与问候、称呼与介绍、握手与递送名片等见面礼节的训练。（40 分）

3．能够克服和避免不规范的言行举止。（20 分）

4．能用标准规范的言行举止展示自己，树立职业形象。（20 分）

5．操作规范，程序明确，行为规范，举止优雅、自然,整体感觉好。（10 分）

表 D.5　秘书礼仪实训项目单

<table>
<tr><td>项目编号
Item No.</td><td>05</td><td>项目名称
Item</td><td>日常接待实训</td><td>训练对象
Class</td><td>文秘专业（三年制）</td><td>学时
Time</td><td>4</td></tr>
<tr><td>课程名称
Course</td><td colspan="3">秘书礼仪</td><td>教材
Textbook</td><td colspan="3">秘书礼仪实务（第 3 版）</td></tr>
<tr><td>目的
Objective</td><td colspan="7">1．树立职业意识，做好接待的各项准备工作。
2．掌握秘书接待工作的程序。
3．能够根据客人是否预约及来访目的等有针对性地做好接待工作。
4．对未预约来访者要做好分流工作。</td></tr>
<tr><td colspan="8">一、教学方法
1．任务驱动法——设置工作任务，让学生在做中学。
2．情景模拟法——提供秘书工作情景，要求学生进入秘书角色，演练该工作情景，完成情景中的工作任务。
3．实际操作法——学生在日常生活、学习、待人接物过程中有许多需要用到日常接待的，尽量将其纳入课程实训中来，让学生用所学的日常接待知识为自己的工作、学习、生活服务，培养良好的职业习惯。
二、实训内容
1．环境准备的训练。
2．物质准备的训练。
3．心理准备的训练。
4．接待程序的训练。
5．对未预约来访者进行甄别的训练。
6．对未预约来访者进行分流的训练。
三、实训方式
1．观看光碟，初步了解日常接待的操作程序。
2．小组训练，小组成员分别扮演不同角色，完成接待过程。
3．小组内部互评，纠正存在的问题，不断改进。
4．挑选出优秀的小组，在全班展示，使学生有一个相对标准的比照。。
四、实训步骤
1．观看光碟。
2．小组实训。
3．优秀展示。
五、实训要求
1．按指导教师的安排进行实训。
2．树立职业意识，使学生融入工作情景，真正进入秘书角色。
3．戒除学生思维模式和学生习惯性错误行为。
4．培养秘书规范优雅的行为习惯。
六、评分标准（100 分）
1．积极主动参与实训。（10 分）
2．能树立职业意识，进入秘书角色，以规范得体的秘书形象进行日常接待。（20 分）
3．能用标准规范的言行举止进行日常接待。（20 分）
4．能用标准规范的言行举止并按工作流程进行团体来访的接待。（20 分）
5．能够克服和避免不规范的言行举止。（20 分）
6．操作规范，程序明确，行为规范，举止优雅、自然,整体感觉好。（10 分）</td></tr>
</table>

表 D.6　秘书礼仪实训项目单

<table>
<tr><td>项目编号
Item No.</td><td>06</td><td>项目名称
Item</td><td>方位、次序与距离礼节</td><td>训练对象
Class</td><td>文秘专业（三年制）</td><td>学时
Time</td><td>2</td></tr>
<tr><td>课程名称
Course</td><td colspan="3">秘书礼仪</td><td>教材
Textbook</td><td colspan="3">秘书礼仪实务（第 3 版）</td></tr>
<tr><td>目的
Objective</td><td colspan="7">1．树立职业意识，掌握优雅得体仪装的规范标准。
2．掌握选择秘书职业服装的方法与技巧。
3．能根据不同场合，搭配得体自然的服饰的方法与技巧。
4．注重外塑形象内炼修为，培养优雅气质。</td></tr>
<tr><td colspan="8">一、教学方法
1．任务驱动法——设置工作任务，让学生在做中学。
2．情景模拟法——提供秘书工作情景，要求学生进入秘书角色，演练该工作情景，完成情景中的工作任务。
3．实际操作法——学生在生活中有许多时候需要进行方位次序的安排，在不同场合就要有不同的安排，尽量将其纳入课程实训中来，让学生用所学的方位次序与距离礼节知识为自己的工作、学习、生活服务。
二、实训内容
1．主席台座次的训练。
2．会见会谈座次的训练。
3．宴请座次的训练。
4．行走、进出电梯、上下楼梯、照相次序的训练。
5．距离礼节的训练。
三、实训方式
1．角色扮演法。
2．情景操作法。
3．小组演练法。
4．综合演练法。
四、实训步骤
1．设置不同角色，进行单项方位次序的训练。
2．根据不同情景进行综合的方位次序与距离礼节的训练。
3．小组成员分配角色进行演练。
4．挑选出表现突出的小组在全班展示。
五、实训要求
1．按指导教师的安排进行实训。
2．树立职业意识，使学生融入工作情景，真正进入秘书角色。
3．规范操作，位次顺序正确。
4．职业形象端庄优雅，职业意识强。
六、评分标准（100 分）
1．积极主动参与实训。（10 分）
2．能根据不同场景（包括主席台、会见、会谈、乘车、行走、上下楼梯等）进行规范操作。（40 分）
3．与人交往过程中保持合适的距离礼节。（20 分）
4．人际沟通过程中用语规范得体、有礼貌。（20 分）
5．职业形象优雅端庄、大方得体。（10 分）</td></tr>
</table>

表 D.7　秘书礼仪实训项目单

<table>
<tr><td>项目编号
Item No.</td><td>07</td><td>项目名称
Item</td><td>谈话礼仪实训</td><td>训练对象
Class</td><td>文秘专业（三年制）</td><td>学时
Time</td><td>2</td></tr>
<tr><td>课程名称
Course</td><td colspan="3">秘书礼仪</td><td>教材
Textbook</td><td colspan="3">秘书礼仪实务（第 3 版）</td></tr>
<tr><td>目的
Objective</td><td colspan="7">1. 树立职业意识，掌握谈话技巧。
2. 掌握称呼的技巧。
3. 掌握谈话者的技巧。
4. 掌握听者的礼貌技巧。</td></tr>
<tr><td colspan="8">一、教学方法
1. 任务驱动法——设置工作任务，让学生在做中学。
2. 情景模拟法——提供秘书工作情景，要求学生进入秘书角色，演练该工作情景，完成情景中的工作任务。
3. 实际操作法——学生在日常生活、学习、待人接物过程中离不开谈话，尽量将其纳入课程实训中来，让学生用所学的日常谈话礼仪知识为自己的工作、学习、生活服务，培养良好的职业习惯。
二、实训内容
1. 恰当的称呼的训练。
2. 谈话者技巧的训练。
3. 听者的礼貌的训练。
三、实训方式
1. 多媒体教学，通过观看图片、光碟掌握谈话的礼节。
2. 小组训练，小组成员分别扮演不同角色，完成接待过程。
3. 小组内部互评，纠正存在的问题，不断改进。
4. 挑选出优秀的小组，在全班展示，使学生有一个相对标准的比照。
四、实训步骤
1. 观看光碟。
2. 小组实训。
3. 小组互评。
4. 优秀展示。
五、实训要求
1. 按指导教师的安排进行实训。
2. 树立职业意识，使学生融入工作情景，真正进入角色。
3. 培养良好的交谈习惯，戒除学生思维模式和学生习惯性错误行为。
4. 规范优雅大方的交谈。
六、评分标准（100 分）
1. 积极主动参与实训。（10 分）
2. 能树立职业意识，进入秘书角色，行为规范得体、言谈从容淡定。（40 分）
3. 能够克服和避免不礼貌的言语，避免触及个人隐私。（20 分）
4. 能用标准规范的言行举止展示自己，树立职业形象。（20 分）
5. 操作规范，程序明确，行为规范，举止优雅、自然，整体感觉好。（10 分）</td></tr>
</table>

表 D.8　秘书礼仪实训项目单

<table>
<tr><td>项目编号
Item No.</td><td>08</td><td>项目名称
Item</td><td>中餐宴请礼仪实训</td><td>训练对象
Class</td><td>文秘专业（三年制）</td><td>学时
Time</td><td>2</td></tr>
<tr><td>课程名称
Course</td><td colspan="3">秘书礼仪</td><td>教材
Textbook</td><td colspan="3">秘书礼仪实务（第 3 版）</td></tr>
<tr><td>目　的
Objective</td><td colspan="7">1．树立职业意识，做好中餐宴请的各项准备工作。
2．掌握中餐餐具的使用礼节。
3．掌握中餐酒菜的搭配、敬酒、干杯的礼节。
4．掌握席间的礼节。</td></tr>
<tr><td colspan="8">一、教学方法
1．任务驱动法——设置工作任务，让学生在做中学。
2．情景模拟法——提供秘书工作情景，要求学生进入秘书角色，演练该工作情景，完成情景中的工作任务。
3．实际操作法——学生在日常生活中经常进行中餐宴请，尽量将其纳入课程实训中来，让学生用所学的中餐宴请知识为自己的工作、学习、生活服务，培养良好的职业习惯。
二、实训内容
1．使用中餐餐具的训练。
2．中餐点菜的训练。
3．敬酒礼节的训练。
4．中餐席间礼节的训练。
三、实训方式
1．观看图片、光碟，掌握中餐餐具规范的操作方法。
2．小组训练，小组成员分别扮演不同角色，规范完成中餐宴请。
3．小组内部互评，纠正存在的问题，不断改进。
4．挑选出优秀的小组，在全班展示，使学生有一个相对标准的比照。
四、实训步骤
1．观看图片、光碟。
2．小组实训。
3．学生互评。
4．优秀展示。
五、实训要求
1．按指导教师的安排进行实训。
2．树立职业意识，使学生融入工作情景，真正进入秘书角色。
3．有意识地戒除错误习惯。
4．培养规范优雅的举止行为，谈吐大方得体的职业形象。
六、评分标准（100 分）
1．积极主动参与实训。（10 分）
2．了解中餐的特点，组织与策划合理，包括宴请时间、地点、环境的选择均合宜。（40 分）
3．正确使用餐具、敬酒与饮酒有分寸，有意识地克服和避免不规范的言行举止和错误习惯。（20 分）
4．能用标准规范的言行举止展示自己，树立职业形象。（20 分）
5．操作规范，程序明确，行为规范，举止优雅、自然，整体感觉好。（10 分）</td></tr>
</table>

表 D.9　秘书礼仪实训项目单

项目编号 Item No.	09	项目名称 Item	西餐宴请礼仪实训	训练对象 Class	文秘专业（三年制）	学时 Time	2
课程名称 Course	秘书礼仪			教材 Textbook	秘书礼仪实务（第 3 版）		
目的 Objective	1．树立职业意识，做好西餐宴请的各项准备工作。 2．掌握西餐入席、餐桌布置等礼节。 3．掌握西餐餐具的用法。 4．掌握西餐进餐的礼仪。 5．掌握招待会的礼仪。						

一、教学方法

1．任务驱动法——设置工作任务，让学生在做中学。

2．情景模拟法——提供秘书工作情景，要求学生进入秘书角色，演练该工作情景，完成情景中的工作任务。

3．实际操作法——学生在日常生活中经常进行西餐宴请，尽量将其纳入课程实训中来，让学生用所学的西餐宴请礼仪知识为自己的工作、学习、生活服务，培养良好的职业习惯。

二、实训内容

1．西餐入席、餐桌布置的训练。

2．各种餐具使用的训练。

3．西餐进餐礼仪的训练。

4．招待会礼仪的训练。

三、实训方式

1．案例分析，了解西餐礼仪的重要性。

2．观看图片，掌握西餐餐具规范的操作方法。

3．小组训练，小组成员分别扮演不同角色，规范完成西餐宴请。

4．小组内部互评，纠正存在的问题，不断改进。

5．挑选出优秀的小组，在全班展示，使学生有一个相对标准的比照。

四、实训步骤

1．观看图片。

2．小组实训。

3．学生互评。

4．优秀展示。

五、实训要求

1．按指导教师的安排进行实训。

2．树立职业意识，使学生融入工作情景，真正进入秘书角色。

3．有意识地戒除错误习惯。

4．培养规范优雅的举止行为，谈吐大方得体的职业形象。

六、评分标准（100 分）

1．积极主动参与实训。（10 分）

2．了解西餐特点，遵守西餐宴请的礼节、座次无误、入席退席正确，餐具使用方法正确。（40 分）

3．注意餐桌礼仪、有意识地克服和避免不规范的言行举止和错误习惯。（20 分）

4．能够妥当处理餐桌上特殊情况，能用标准规范的言行举止展示自己。（20 分）

5．操作规范，程序明确，行为规范，举止优雅、自然，整体感觉好。（10 分）

表 D.10　秘书礼仪实训项目单

<table>
<tr><td>项目编号
Item No.</td><td>10</td><td>项目名称
Item</td><td>电话礼仪实训</td><td>训练对象
Class</td><td>文秘专业（三年制）</td><td>学时
Time</td><td>2</td></tr>
<tr><td>课程名称
Course</td><td colspan="3">秘书礼仪</td><td>教材
Textbook</td><td colspan="3">秘书礼仪实务（第 3 版）</td></tr>
<tr><td>目的
Objective</td><td colspan="7">1．树立职业意识，做好接、听的准备工作。
2．接电话规范操作的礼仪。
3．听电话规范操作的礼仪。
4．规范使用手机的礼仪。</td></tr>
<tr><td colspan="8">一、教学方法
1．任务驱动法——设置工作任务，让学生在做中学。
2．情景模拟法——提供秘书工作情景，要求学生进入秘书角色，演练该工作情景，完成情景中的工作任务。
3．实际操作法——学生在日常生活、学习、待人接物过程中有许多需要用到接听电话，尽量将其纳入课程实训中来，让学生用所学的接听电话的礼仪知识为自己的工作、学习、生活服务，培养良好的职业习惯。
二、实训内容
1．接电话的训练。
2．听电话的训练。
3．规范使用手机的训练。
三、实训方式
1．通过案例分析，了解接、听电话的重要性。
2．观看光碟，正确掌握接、听电话的规范操作方法。
3．小组训练，小组成员分别扮演不同角色，完成接、听电话的训练。
4．挑选出优秀的小组，在全班展示，使学生有一个相对标准的比照。
四、实训步骤
1．接、听电话、手机使用的单项训练。
2．接、听电话、手机使用的综合训练。
3．小组训练。
4．优秀展示。
五、实训要求
1．按指导教师的安排进行实训。
2．树立职业意识，使学生融入工作情景，真正进入秘书角色。
3．戒除学生思维模式和学生习惯性错误行为。
4．培养秘书规范优雅的行为习惯。
六、评分标准（100 分）
1．积极主动参与实训。（10 分）
2．用规范的言谈举止进行日常打电话、接听电话、使用手机和录音电话。（40 分）
3．能够克服和避免不规范的拨打和接听电话的操作行为。（20 分）
4．能用标准规范的言行举止展示自己，树立职业形象。（20 分）
5．操作规范，程序明确，行为规范，举止优雅、自然，整体感觉好。（10 分）</td></tr>
</table>

表 D.11　秘书礼仪实训项目单

项目编号 Item No.	11	项目名称 Item	主持人风采展示	训练对象 Class	文秘专业（三年制）	学时 Time	6
课程名称 Course	秘书礼仪			教材 Textbook	秘书礼仪实务（第 3 版）		
目的 Objective	1．注重加强学生外塑形象内炼修为的综合素养。 2．锻炼他们真诚宽容、友好诚恳的待人态度，培养庄重大方、自信热情、讲究礼貌的行为举止。 3．使学生在公众面前能够阳光自信、大方得体地展示自己。						

一、教学方法

1．任务驱动法——设置工作任务，让学生在做中学。

2．情景模拟法——提供主持活动工作情景，要求学生进入主持人角色，演练该工作情景，完成情景中的工作任务。

3．实际操作法——锻炼学生庄重大方、自信热情、讲究礼貌的行为举止；使他们在公众面前能够阳光自信、大方得体地进行展示。

二、实训内容

主持某一活动，即当一次主持人。可主持的活动类型有：会议主持；晚会（元旦或春节、三八妇女节）主持；仪式（合作成功、落成典礼）主持。不可是运动类、幼儿类活动主持。

三、实训方式

1．通过案例分析，了解对主持人的基本要求。

2．观看影视作品，学习掌握主持人的发声方法、语言表达及临场发挥技巧。

3．小组训练，在小组成员面前大方得地体展示自己，锻炼胆量，培养自信。

4．挑选出优秀的小组，在全班展示，使学生有一个相对标准的比照。

四、实训步骤

1．确定主持搭档，确定主持活动类型。

2．拟写主持词。

3．熟悉并背诵主持词，能声情并茂地进行展示。

五、实训要求

1．语言要求：普通话语音标准、科学发声，做到声音洪亮、有感染力。

2．妆容要求：彩妆要浓淡适宜。

3．举止要求：洒脱自然、彬彬有礼、仪态端庄大方、表情自然（站、坐、走姿、手势语）。

4．衣着要求：适宜、端庄大方（衣、裤、鞋），适合该活动。

5．主持形式：可以是一个人主持，也可以是两个或三个，最好不要四个及以上（因为时间有限，不宜四人以上）。

六、评分标准（100 分）

1．仪态。（20 分）

2．仪容。（10 分）

3．服饰。（10 分）

4．表现力。（20 分）

5．流畅度。（10 分）

6．声音。（10 分）

7．语音。（10 分）

8．创意。（10 分）

参 考 文 献

[1] 向多佳. 职业礼仪. 四川：四川大学出版社，2006.
[2] 宋莉萍. 礼仪与沟通教程. 上海：上海财经大学出版社，2006.
[3] 张兰平，罗元. 商务礼仪实训指导. 北京：化学工业出版社，2007.
[4] 周鹂. 秘书礼仪. 合肥：合肥工业大学出版社，2005.
[5] 金正昆. 商务礼仪教程. 北京：中国人民大学出版社，1999.
[6] 徐白. 公关礼仪教程. 上海：同济大学出版社，2007.
[7] 徐晶. 现代职场形象设计. 北京：中信出版社，2007.
[8] 孙景峰. 酒桌上的生意经. 哈尔滨：哈尔滨出版社，2006.
[9] 刘森. 商务秘书实务与训练教程. 成都：西南财经大学出版社，2006.
[10] 众行管理资讯研发中心. 接待技巧训练. 广州：广东经济出版社，2003.
[11] 吴新红. 商务礼仪. 北京：化学工业出版社，2006.
[12] 未来之舟. 礼仪手册. 北京：海洋出版社，2005.
[13] 未来之舟. 商务礼仪. 北京：中国经济出版社，2006.
[14] 周思敏. 你的礼仪价值百万. 北京：中国纺织出版社，2012.
[15] 王岩. 秘书礼仪项目教程. 杭州：浙江大学出版社，2012.